Rowohlts Klassiker der Literatur und der Wissenschaft

Herausgegeben von
Ernesto Grassi
unter Mitarbeit von
Walter Hess

Griechische Philosophie
Band 1

PLATON

Sämtliche Werke

1

APOLOGIE, KRITON, PROTAGORAS, HIPPIAS II, CHARMIDES, LACHES, ION, EUTHYPHRON, GORGIAS, BRIEFE

In der Übersetzung
von Friedrich Schleiermacher
mit der Stephanus-Numerierung
herausgegeben von
Walter F. Otto † · Ernesto Grassi
Gert Plamböck

ROWOHLT

Umschlagentwurf Hans Hermann Hagedorn

1.–150. Tausend	1957–1979
151.–155. Tausend	Februar 1980
156.–160. Tausend	Mai 1981

Veröffentlicht im Rowohlt Taschenbuch Verlag GmbH,
Hamburg, April 1957

Gesetzt aus der Linotype-Aldus-Buchschrift
und der Palatino (D. Stempel AG)
Gesamtherstellung Clausen & Bosse, Leck
Printed in Germany
780-ISBN 3 499 45001 1

Platon · Sämtliche Werke 1

Die Ziffern am Rande sind die Seiten- und Abschnittszahlen der dreibändigen Platon-Ausgabe von Henricus Stephanus (Paris 1578), nach denen man Platon allgemein zitiert. Sie sind gegeben nach der gebräuchlichsten modernen Ausgabe, der von Ioannes Burnet (Oxford 1899–1906). In den Gliederungen bedeutet die letzte Ziffer die Zeilenzahl des Stephanus-Abschnitts bei Burnet. Diese stimmt mit der der Übersetzung nicht notwendig genau überein.

DES SOKRATES VERTEIDIGUNG

GLIEDERUNG

1. Rede

A. Einleitung: Begründung und Kriterium der Verteidigungsweise (1. Kap., 17 a 1—18 a 6).

B. Hauptteil:

I. Die alten Ankläger: 1. Ursprung und Gefährlichkeit der Verleumdung (2. Kap., 18 a 7—19 a 7). 2. Die alte verkehrte Meinung über S.: S. der übermenschliche Weise (3. Kap., 19 a 8—19 d 7) und S. der Menschenerzieher (4. Kap., 19 d 8—20 c 3). 3. Widerlegung: a. Das wahre Geschäft und die wahre Weisheit des S. (5. Kap., 20 c 4—21 a 8). b. Das sokratische Fragen als Prüfung des Orakels an den Staatsmännern (6. Kap., 21 b 1—21 e 2), an den Dichtern (7. Kap., 21 e 3—22 c 8) und an den Handwerkern (8. Kap., 22 c 9—22 e 5). c. Ergebnis der Prüfung und ihre Folgen: Anschein der Weisheit (9. Kap., 22 e 6—23 c 1) und Anschein der Jugendverführung (10. Kap., 23 c 2—24 b 2).

II. Die Anklage des Meletos. 1. Wortlaut der Klage (11. Kap., 24 b 3 bis 24 c 9). 2. Widerlegung a. Erweis der Inkompetenz des M. (12. Kap., 24 c 9—25 c 4); b. Erweis der Inkonsequenz des M. (13. Kap., 25 c 5 bis 26 a 7); c. These der Gottlosigkeit des S. (14. Kap., 26 a 8—27 a 7) und ihre Ungereimtheit (15. Kap., 27 a 8—28 a 1).

III. Die Lebensführung des S. 1. Rechtfertigung ihrer Art und Gefährlichkeit (16. Kap., 28 a 2—28 d 10). 2. Ihre Notwendigkeit (17. Kap., 28 d 10 bis 30 c 1). 3. Ihr Nutzen für die Athener (18. Kap., 30 c 2—31 c 3). 4. Grund für die Zurückhaltung des S. von den Staatsgeschäften. Das Daimonion (19. Kap., 31 c 4—32 a 3). 5. Bewährung der Haltung des S. im Staat (20. Kap., 32 a 4—32 e 1). 6. S. ohne Lehre und ohne Schüler (21. Kap., 32 e 2—33 b 8). 7. Ergebenheit seiner Anhänger (22. Kap., 33 b 9 bis 34 b 5).

C. Schluß: 1. Rechtfertigung des ungewöhnlichen sokr. Verhaltens vor Gericht (23. Kap., 34 b 6—35 b 8). 2. Pflicht der Richter (24. Kap., 35 b 9 bis 35 d 8).

2. Rede

1. S. und das Urteil (25. Kap., 35 e 1—36 b 2). 2. Gegenschätzung des S. (26. Kap., 36 b 3—37 a 1). 3. Begründung der Schätzung (27. Kap., 37 a 2—37 e 2). 4. Unmöglichkeit der Aufgabe der sokr. Lebensform, 2. Schätzung (28. Kap., 37 e 3—38 b 9).

3. Rede

1. Urteil des S. über den Prozeß (29. Kap., 38 c 1—39 b 8). 2. Weissagung an die Verurteilenden (30. Kap., 39 c 1—39 d 9). 3. An die Freisprechenden: Ausbleiben des Daimonions und seine Bedeutung (31. Kap., 39 e 1—40 c 3), Hoffnungen für den Tod (32. Kap., 40 c 4—41 c 7). 4. Schlußworte an die Richter (33. Kap., 41 c 8—42 a 5).

[1. Begründung und Kriterium der Verteidigungsweise] Was wohl
euch, ihr Athener, meine Ankläger angetan haben, weiß ich nicht: 17a
ich meines Teils aber hätte ja selbst beinahe über sie meiner selbst
vergessen; so überredend haben sie gesprochen. Wiewohl Wahres,
daß ich das Wort heraussage, haben sie gar nichts gesagt. Am mei-
sten aber habe ich eins von ihnen bewundert unter dem vielen, was
sie gelogen, dieses, wo sie sagten, ihr müßtet euch wohl hüten, daß
ihr nicht von mir getäuscht würdet, weil ich gar gewaltig wäre im
Reden. Denn daß sie sich nicht schämen, sogleich von mir widerlegt b
zu werden durch die Tat, wenn ich mich nun auch im geringsten
nicht gewaltig zeige im Reden, dieses dünkte mich ihr Unverschäm-
testes zu sein; wofern diese nicht etwa den gewaltig im Reden nen-
nen, der die Wahrheit redet. Denn wenn sie dies meinen, möchte ich
mich wohl dazu bekennen, ein Redner zu sein, der sich nicht mit ih-
nen vergleicht. Diese nämlich, wie ich behaupte, haben gar nichts
Wahres geredet; ihr aber sollt von mir die ganze Wahrheit hören.
Jedoch, ihr Athener, beim Zeus, Reden aus zierlich erlesenen Wor-
ten gefällig zusammengeschmückt und aufgeputzt, wie dieser ihre c
waren, keineswegs, sondern ganz schlicht werdet ihr mich reden hö-
ren in ungewählten Worten. Denn ich glaube, was ich sage, ist ge-
recht, und niemand unter euch erwarte noch sonst etwas. Auch wür-
de es sich ja schlecht ziemen, ihr Männer, in solchem Alter gleich ei-
nem Knaben, der Reden ausarbeitet, vor euch hinzutreten. Indes
bitte ich euch darum auch noch recht sehr, ihr Athener, und bedin-
ge es mir aus, wenn ihr mich hört mit ähnlichen Reden meine Ver-
teidigung führen, wie ich gewohnt bin auch auf dem Markt zu re-
den bei den Wechslertischen, wo viele unter euch mich gehört ha-
ben, und anderwärts, daß ihr euch nicht verwundert noch mir Ge- d
tümmel erregt deshalb. Denn so verhält sich die Sache. Jetzt zum
erstenmal trete ich vor Gericht, da ich siebzig Jahre alt bin; ganz
ordentlich also bin ich ein Fremdling in der hier üblichen Art zu
reden. So wie ihr nun, wenn ich wirklich ein Fremder wäre, mir es
nachsehen würdet, daß ich in jener Mundart und Weise redete, wor-
in ich erzogen worden: eben so erbitte ich mir auch nun dieses Bil- 18a
lige, wie mich dünkt, von euch, daß ihr nämlich die Art zu reden
überseht — vielleicht ist sie schlechter, vielleicht auch wohl gar bes-
ser — und nur dies erwägt und acht darauf habt, ob das recht ist
oder nicht, was ich sage. Denn dies ist des Richters Tüchtigkeit, des
Redners aber, die Wahrheit zu reden.

[2. Ursprung und Gefährlichkeit der Verleumdung] Zuerst nun, ihr
Athener, muß ich mich wohl verteidigen gegen das, dessen ich zu-
erst fälschlich angeklagt bin, und gegen meine ersten Ankläger, und
hernach gegen der späteren Späteres. Denn viele Ankläger habe ich

b längst bei euch gehabt und schon vor vielen Jahren, und die nichts
Wahres sagten, welche ich mehr fürchte als den Anytos, obgleich
auch der furchtbar ist. Allein jene sind furchtbarer, ihr Männer,
welche viele von euch schon als Kinder an sich gelockt und überre-
det, mich aber beschuldigt haben ohne Grund, als gäbe es einen So-
krates, einen weisen Mann, der den Dingen am Himmel nachgrüb-
le und auch das Unterirdische alles erforscht habe und Unrecht zu
c Recht mache. Diese, ihr Athener, welche solche Gerüchte verbreitet
haben, sind meine furchtbaren Ankläger. Denn die Hörer meinen
gar leicht, wer solche Dinge untersuche, glaube auch nicht einmal
Götter. Ferner sind auch dieser Ankläger viele, und viele Zeit hin-
durch haben sie mich verklagt und in dem Alter zu euch geredet,
wo ihr wohl sehr leicht glauben mußtet, weil ihr Kinder wart, ei-
nige von euch wohl auch Knaben, und offenbar an leerer Stätte
klagten sie, wo sich keiner verteidigte. Das übelste aber ist, daß
d man nicht einmal ihre Namen wissen und angeben kann, außer et-
wa, wenn ein Komödienschreiber darunter ist. Die übrigen aber, wel-
che euch gehässig und verleumderisch aufgeredet und auch die,
selbst nur überredet, andre Überredenden, in Absicht dieser aller bin
ich ganz ratlos. Denn weder hierher zur Stelle bringen noch aus-
fragen kann ich irgendeinen von ihnen: sondern muß ordentlich wie
mit Schatten kämpfen in meiner Verteidigung und ausfragen, ohne
daß einer antwortet. Nehmt also auch ihr an, wie ich sage, daß ich
zweierlei Ankläger gehabt habe, die einen, die mich eben erst ver-
e klagt haben, die andern, die von ehedem, die ich meine; und glaubt,
daß ich mich gegen diese zuerst verteidigen muß. Denn auch ihr
habt jenen, als sie klagten, zuerst Gehör gegeben, und weit mehr
als diesen späteren.

Wohl! Verteidigen muß ich mich also, ihr Athener, und den Ver-
19 a such machen, die verkehrte Meinung, die ihr in langer Zeit bekom-
men habt, euch in so sehr kurzer Zeit zu benehmen. Ich wünschte
nun zwar wohl, daß dieses so erfolgte, wenn es so besser ist für euch
sowohl als für mich, und daß ich etwas gewönne durch meine Ver-
teidigung. Ich glaube aber, dieses ist schwer, und keineswegs ent-
geht mir, wie es damit steht. Doch dieses gehe nun, wie es dem Gott
genehm ist, mir gebührt, dem Gesetz zu gehorchen und mich zu
verteidigen.

[3. Die alte verkehrte Meinung: S., der übermenschliche Weise] Ru-
fen wir uns also zurück von Anfang her, was für eine Anschuldi-
gung es ist, aus welcher mein übler Ruf entstanden ist, worauf bau-
b end auch Meletos diese Klage gegen mich eingegeben hat. Wohl!
Mit was für Reden also verleumdeten mich meine Verleumder? Als
wären sie ordentliche Kläger, so muß ich ihre beschworene Klage
ablesen: «Sokrates frevelt und treibt Torheit, indem er unterirdi-
sche und himmlische Dinge untersucht und Unrecht zu Recht macht
c und dies auch andere lehrt.» Solcherart ist sie etwa: denn solcher-
lei habt ihr selbst gesehen in des Aristophanes Komödie, wo ein
Sokrates vorgestellt wird, der sich rühmt, in der Luft zu gehen, und

viel andere Albernheiten vorbringt, wovon ich weder viel noch wenig verstehe. Und nicht sage ich dies, um eine solche Wissenschaft zu schmähen, sofern jemand in diesen Dingen weise ist — möchte ich mich doch nicht solcher Anklagen von Meletos zu erwehren haben! —, sondern nur, ihr Athener, weil ich eben an diesen Dingen
keinen Teil habe. Und zu Zeugen rufe ich einen großen Teil von d
euch selbst und fordere euch auf, einander zu berichten und zu erzählen, so viele euer jemals mich reden gehört haben. Deren aber gibt es viele unter euch. So erzählt euch nun, ob jemals einer unter euch mich viel oder wenig über dergleichen Dinge hat reden gehört. Und hieraus könnt ihr ersehen, daß es ebenso auch mit allem übrigen steht, was die Leute von mir sagen.

[4. . . . *und S., der Menschenerzieher]* Aber es ist eben weder hieran etwas, noch auch wenn ihr etwa von einem gehört habt, ich unternähme es, Menschen zu erziehen, und verdiente Geld damit; auch
das ist nicht wahr. Denn auch das scheint mir meines Teils wohl et- e
was Schönes zu sein, wenn jemand imstande wäre, Menschen zu erziehen, wie Gorgias der Leontiner und Prodikos der Keier und auch Hippias von Elis. Denn diese alle, ihr Männer, verstehen es, in allen Städten umherziehend die Jünglinge — die dort unter ihren Mitbürgern zu wem sie wollten sich unentgeltlich halten könnten —
diese also überreden sie, mit Hintansetzung jenes Umgangs sich 20a
Geld bezahlend zu ihnen zu halten und ihnen noch Dank dazu zu wissen. Ja es gibt auch hier noch einen andern Mann, einen Parier, von dessen Aufenthalt ich erfuhr. Ich traf nämlich auf einen Mann, der den Sophisten mehr Geld gezahlt hat als alle übrigen zusammen, Kallias, den Sohn des Hipponikos. Diesen fragte ich also, denn er hat zwei Söhne: Wenn deine Söhne, Kallias, sprach ich, Füllen oder Kälber wären, wüßten wir wohl einen Aufseher für sie zu fin-
den oder zu dingen, der sie gut und tüchtig machen würde in der b
ihnen angemessenen Tugend, es würde nämlich ein Zureiter sein oder ein Landmann: nun sie aber Menschen sind, was für einen Aufseher bist du gesonnen ihnen zu geben? Wer ist wohl in dieser menschlichen und bürgerlichen Tugend ein Sachverständiger? Denn ich glaube doch, du hast darüber nachgedacht, da du Söhne hast. Gibt es einen, sprach ich, oder nicht? O freilich, sagte er. Wer doch, sprach ich, und woher ist er und um welchen Preis lehrt er? Euenos der Parier, antwortete er, für fünf Minen. Da pries ich den Euenos
glücklich, wenn er wirklich diese Kunst besäße und so vortrefflich c
lehrte. Ich also würde gewiß mich recht damit rühmen und großtun, wenn ich dies verstände: aber ich verstehe es eben nicht, ihr Athener.

[5. *Das wahre Geschäft und die wahre Weisheit des S.]* Vielleicht nun möchte jemand von euch einwenden: Aber Sokrates, was ist denn also dein Geschäft? Woher sind diese Verleumdungen dir entstanden? Denn gewiß, wenn du nichts Besonderes betriebest vor andern, es würde nicht solcher Ruf und Gerede entstanden sein, wenn

du nicht ganz etwas anderes tätest als andere Leute. So sage uns
d doch, was es ist, damit wir uns nicht aufs Geratewohl unsere eige-
nen Gedanken machen über dich. Dies dünkt mich mit Recht zu
sagen, wer es sagt, und ich will versuchen, euch zu zeigen, was das-
jenige ist, was mir den Namen und den üblen Ruf gemacht hat. Hört
also, und vielleicht wird manchen von euch bedünken, ich scherzte:
glaubt indes sicher, daß ich die reine Wahrheit rede. Ich habe näm-
lich, ihr Athener, durch nichts anderes als durch eine gewisse Weis-
heit diesen Namen erlangt. Durch was für eine Weisheit aber? Die
eben vielleicht die menschliche Weisheit ist. Denn ich mag in der
Tat wohl in dieser weise sein; jene aber, deren ich eben erwähnt,
e sind vielleicht weise in einer Weisheit, die nicht dem Menschen an-
gemessen ist; oder ich weiß nicht, was ich sagen soll, denn ich ver-
stehe sie nicht, sondern wer das sagt, der lügt es und sagt es mir
zur Verleumdung. Und ich bitte euch, ihr Athener, erregt mir kein
Getümmel, selbst wenn ich euch etwas vorlaut zu reden dünken
sollte. Denn nicht meine Rede ist es, die ich vorbringe; sondern auf
einen ganz glaubwürdigen Urheber will ich sie euch zurückführen.
Über meine Weisheit nämlich, ob sie wohl eine ist und was für eine,
will ich euch zum Zeugen stellen den Gott in Delphoi. Den Chaire-
21 a phon kennt ihr doch. Dieser war mein Freund von Jugend auf, und
auch euer, des Volkes, Freund war er und ist bei dieser letzten Flucht
mit geflohen und mit euch auch zurückgekehrt. Und ihr wißt doch,
wie Chairephon war, wie heftig in allem, was er auch beginnen
mochte. So auch, als er einst nach Delphoi gegangen war, erkühnte
er sich, hierüber ein Orakel zu begehren; nur, wie ich sage, kein
Getümmel, ihr Männer. Er fragte also, ob wohl jemand weiser wäre
als ich. Da leugnete nun die Pythia, daß jemand weiser wäre. Und
hierüber kann euch dieser sein Bruder hier Zeugnis ablegen, da je-
ner bereits verstorben ist.

*[6. Das sokr. Fragen als Prüfung des Orakels an den Staatsmän-
b nern]* Bedenkt nun, weshalb ich dieses sage; ich will euch nämlich
erklären, woher die Verleumdung gegen mich entstanden ist. Denn
nachdem ich dieses gehört, gedachte ich bei mir also: Was meint doch
der Gott und was will er etwa andeuten? Denn das bin ich mir doch
bewußt, daß ich weder viel noch wenig weise bin. Was meint er also
mit der Behauptung, ich sei der Weiseste? Denn lügen wird er doch
wohl nicht; das ist ihm ja nicht verstattet. Und lange Zeit konnte
ich nicht begreifen, was er meinte; endlich wendete ich mich gar un-
gern zur Untersuchung der Sache auf folgende Art. Ich ging zu ei-
c nem von den für weise Gehaltenen, um dort, wenn irgendwo, das
Orakel zu überführen und dem Spruch zu zeigen: Dieser ist doch
wohl weiser als ich, du aber hast auf mich ausgesagt. Indem ich nun
diesen beschaute, denn ihn mit Namen zu nennen ist nicht nötig; es
war aber einer von den Staatsmännern, auf welchen schauend es
mir folgendermaßen erging, ihr Athener. Im Gespräch mit ihm
schien mir dieser Mann zwar vielen andern Menschen und am meisten
sich selbst sehr weise vorzukommen, es zu sein aber nicht. Darauf

nun versuchte ich ihm zu zeigen, er glaubte zwar, weise zu sein, wäre es aber nicht; wodurch ich dann ihm selbst verhaßt ward und d
vielen der Anwesenden. Indem ich also fortging, gedachte ich bei mir selbst, als dieser Mann bin ich nun freilich weiser. Denn es mag wohl eben keiner von uns beiden etwas Tüchtiges oder Sonderliches wissen; allein dieser meint etwas zu wissen, obwohl er nicht weiß, ich aber, wie ich eben nicht weiß, so meine ich es auch nicht. Ich scheine also um dieses wenige doch weiser zu sein als er, daß ich, was ich nicht weiß, auch nicht glaube zu wissen. Hieraufging ich dann zu einem andern von den für noch weiser als jener Geltenden, und es dünkte mich eben dasselbe, und ich wurde dadurch auch ihm e
und vielen andern verhaßt.

[7. . . . an den Dichtern] Nach diesem ging ich schon nach der Reihe vor, bemerkend freilich und bedauernd, und auch in Furcht darüber, daß ich mich verhaßt machte; doch aber dünkte es mich notwendig, des Gottes Sache über alles andere zu setzen; und so mußte ich denn gehen, immer dem Orakel nachdenkend, was es wohl meine, zu allen, welche dafür galten, etwas zu wissen. Und beim Hunde, ihr Athener, — denn ich muß die Wahrheit zu euch reden — wahr- 22 a
lich, es erging mir so. Die Berühmtesten dünkten mich beinahe die Armseligsten zu sein, wenn ich es dem Gott zufolge untersuchte, andere, minder Geachtete aber noch eher für vernünftig gelten zu können. Ich muß euch wohl mein ganzes Abenteuer berichten, mit was für Arbeiten gleichsam ich mich gequält habe, damit das Orakel mir ja ungetadelt bliebe. Nach den Staatsmännern nämlich ging ich zu den Dichtern, den tragischen sowohl als den dithyrambischen und b
den übrigen, um dort mich selbst durch die Tat zu überführen als unwissender denn sie. Von ihren Gedichten also diejenigen vornehmend, welche sie mir am vorzüglichsten schienen ausgearbeitet zu haben, fragte ich sie aus, was sie wohl damit meinten, auf daß ich auch zugleich etwas lernte von ihnen. Schämen muß ich mich nun freilich, ihr Männer, euch die Wahrheit zu sagen: dennoch soll sie gesagt werden. Um es nämlich geradeheraus zu sagen, fast sprachen alle Anwesenden besser als sie selbst über das, was sie gedichtet hatten. Ich erfuhr also auch von den Dichtern in kurzem dieses, daß sie nicht durch Weisheit dichteten, was sie dichten, sondern durch eine Naturgabe und in der Begeisterung, eben wie die Wahrsager c
und Orakelsänger. Denn auch diese sagen viel Schönes, wissen aber nichts von dem, was sie sagen; ebenso nun ward mir deutlich, erging es auch den Dichtern. Und zugleich merkte ich, daß sie glaubten, um ihrer Dichtung willen auch in allem übrigen sehr weise Männer zu sein, worin sie es nicht waren. Fort ging ich also auch von ihnen mit dem Glauben, sie um das nämliche zu übertreffen wie auch die Staatsmänner.

[8. . . . an den Handwerkern] Zum Schluß nun ging ich auch zu den Handarbeitern. Denn von mir selbst wußte ich, daß ich gar nichts weiß, um es geradeheraus zu sagen, von diesen aber wußte ich doch, d

daß ich sie vielerlei Schönes wissend finden würde. Und darin be-
trog ich mich nun auch nicht; sondern sie wußten wirklich, was ich
nicht wußte, und waren insofern weiser. Aber, ihr Athener, densel-
ben Fehler wie die Dichter, dünkte mich, hatten auch diese treffli-
chen Meister. Weil er seine Kunst gründlich erlernt hatte, wollte je-
der auch in den andern wichtigsten Dingen sehr weise sein; und
diese ihre Torheit verdeckte jene ihre Weisheit. So daß ich mich
e selbst auch befragte im Namen des Orakels, welches ich wohl lieber
möchte, so sein wie ich war, gar nichts verstehend von ihrer Weis-
heit und auch nicht behaftet mit ihrem Unverstande, oder aber in
beiden Stücken so sein wie sie. Da antwortete ich denn mir selbst
und dem Orakel, es wäre mir besser, so zu sein, wie ich bin.

[9. Ergebnis und Folgen der Prüfung: Anschein der Weisheit] Aus
23 a dieser Nachforschung also, ihr Athener, sind mir viele Feindschaf-
ten entstanden, und zwar die beschwerlichsten und lästigsten, so
daß viel Verleumdung daraus entstand, und auch der Name, daß es
hieß, ich wäre ein Weiser. Es glauben nämlich jedesmal die Anwe-
senden, ich verstände mich selbst auf das, worin ich einen andern
zuschanden mache. Es scheint aber, ihr Athener, in der Tat der Gott
weise zu sein und mit diesem Orakel dies zu sagen, daß die mensch-
liche Weisheit sehr weniges nur wert ist oder gar nichts, und offen-
bar nicht dies vom Sokrates zu sagen, sondern nur mich zum Bei-
b spiel erwählend, sich meines Namens zu bedienen, wie wenn er sag-
te: Unter Euch, ihr Menschen, ist der der Weiseste, der wie Sokra-
tes einsieht, daß er in der Tat nichts wert ist, was die Weisheit an-
belangt. Dieses nun gehe ich auch jetzt noch umher nach des Gottes
Anweisung zu untersuchen und zu erforschen, wo ich nur einen für
weise halte von Bürgern und Fremden; und wenn er es mir nicht
zu sein scheint, so helfe ich dem Gotte und zeige ihm, daß er nicht
weise ist. Und über diesem Geschäft habe ich nicht Muße gehabt,
weder in den Angelegenheiten der Stadt etwas der Rede Wertes zu
leisten, noch auch in meinen häuslichen; sondern in tausendfältiger
c Armut lebe ich wegen dieses dem Gotte geleisteten Dienstes.

[10. ... und Anschein der Jugendverführung] Über dieses aber folgen
mir die Jünglinge, welche die meiste Muße haben, der reichsten
Bürger Söhne also, freiwillig und freuen sich, zu hören, wie die Men-
schen untersucht werden; oft auch tun sie es mir nach und versu-
chen selbst, andere zu untersuchen, und finden dann, glaube ich,
eine große Menge solcher Menschen, welche zwar etwas zu wissen
glauben, aber wenig oder nichts wissen. Deshalb nun zürnen die
von ihnen Untersuchten mir und nicht sich und sagen, Sokrates ist
d doch ein ganz ruchloser Mensch und verdirbt die Jünglinge. Und
wenn sie jemand fragt, was doch treibt er und was lehrt er sie: so
haben sie freilich nichts zu sagen, weil sie nichts wissen; um aber
nicht verlegen zu erscheinen, sagen sie dies, was gegen alle Freunde
der Wissenschaft bei der Hand ist, die Dinge am Himmel und unter
der Erde, und keine Götter glauben und Unrecht zu Recht machen.

Denn die Wahrheit, denke ich, möchten sie nicht sagen wollen, daß
sie nämlich offenbar werden als solche, die zwar vorgeben, etwas
zu wissen, wissen aber nichts. Weil sie nun, denke ich, ehrgeizig
sind und heftig, und ihrer viele, welche einverstanden miteinander e
und sehr scheinbar von mir reden: so haben sie schon lange und
gewaltig mit Verleumdungen euch die Ohren angefüllt. Aus diesen
sind Meletos gegen mich aufgestanden und Anytos und Lykon; Me-
letos der Dichter wegen mir aufsässig, Anytos wegen der Handar-
beiter und Staatsmänner, Lykon aber wegen der Redner. So daß, 24a
wie ich auch gleich anfangs sagte, ich mich wundern müßte, wenn
ich imstande wäre, in so kurzer Zeit diese so sehr oft wiederholte
Verleumdung euch auszureden. Dieses, ihr Athener, ist die Wahr-
heit, und ohne weder Kleines noch Großes verhehlt oder entrückt
zu haben, sage ich sie euch. Wiewohl ich fast weiß, daß ich eben des-
halb verhaßt bin. Welches eben ein Beweis ist, daß ich die Wahrheit
rede, und daß dieses mein übler Ruf ist und dies die Ursachen da-
von sind. Und wenn ihr, sei es jetzt oder in der Folge, die Sache un- b
tersucht, werdet ihr es so finden.

[11. Die Anklage des Meletos] Gegen das nun, was meine ersten
Ankläger geklagt haben, sei diese Verteidigung hinlänglich vor euch.
Gegen Meletos aber, den guten und vaterlandsliebenden, wie er ja
sagt, und gegen die späteren will ich hiernächst versuchen mich zu
verteidigen. Wiederum also laßt uns, wie sie denn andere Ankläger
sind, nun auch ihre beschworene Klage vornehmen. Sie lautet aber
etwa so: Sokrates, sagt er, frevle, indem er die Jugend verderbe
und die Götter, welche der Staat annimmt, nicht annehme, sondern c
anderes neues Daimonisches. Das ist die Beschuldigung, und von
dieser Beschuldigung wollen wir nun jeden einzelnen Punkt unter-
suchen. Er sagt also, ich frevle durch Verderb der Jugend. Ich aber,
ihr Athener, sage, Meletos frevelt, indem er mit ernsthaften Dingen
Scherz treibt und leichtsinnig Menschen aufs Leben anklagt und
sich eifrig und besorgt anstellt für Gegenstände, um die doch dieser
Mann sich nie im geringsten bekümmert hat. Daß sich aber dies so
verhalte, will ich versuchen, auch euch zu zeigen.

[12. Erweis der Inkompetenz des M.] Her also zu mir, Meletos, und
sprich! Nicht wahr, dir ist das sehr wichtig, daß die Jugend aufs be- d
ste gedeihe? – Mir freilich. – So komm also und sage diesen, wer
sie denn besser macht? Denn offenbar weißt du es doch, da es dir so
angelegen ist. Denn den Verderber hast du wohl aufgefunden, mich,
wie du behauptest, und vor diese hergeführt und verklagt: so komm
denn und nenne ihnen auch den Besserer und zeige an, wer es ist!
Siehst du, o Meletos, wie du schweigst und nichts zu sagen weißt?
Dünkt dich denn das nicht schändlich zu sein und Beweis genug für
das, was ich sage, daß du dich hierum nie bekümmert hast? So sage
doch, du Guter, wer macht sie besser? – Die Gesetze. – Aber da-
nach frage ich nicht, Bester, sondern welcher Mensch, der freilich die- e
se zuvor auch kennt, die Gesetze. – Diese hier, o Sokrates, die Rich-

ter. — Was sagst du, o Meletos? Diese hier sind imstande, die Ju-
gend zu bilden und besser zu machen? — Ganz gewiß. — Etwa alle?
oder einige nur von ihnen, andere aber nicht? — Alle. — Herrlich,
bei der Hera gesprochen! Und ein großer Reichtum von solchen, die
uns im Guten fördern! Wie aber, machen auch diese Zuhörer sie
25 a besser oder nicht? — Auch diese. — Und wie die Ratmänner? — Auch
die Ratmänner. — Aber, o Meletos, verderben nicht etwa die in der
Gemeinde, die Gemeindemänner, die Jugend? Oder machen auch die-
se alle sie besser? — Auch diese. — Alle Athener also machen sie,
wie es scheint, gut und edel, mich ausgenommen; ich aber allein ver-
derbe sie. Meinst du das so? — Allerdings gar sehr meine ich es so. —
In eine große Unseligkeit verdammst du mich also! Antworte mir
aber, dünkt es dich mit den Pferden auch so zu stehen, daß alle Men-
b schen sie bessern und nur einer sie verdirbt? Oder ist nicht ganz im
Gegenteil nur einer geschickt, sie zu bessern, oder wenige, die Zu-
reiter, die meisten aber, wenn sie mit Pferden umgehen und sie ge-
brauchen, verderben sie? Verhält es sich nicht so, Meletos, bei Pfer-
den und allen andern Tieren? Allerdings so, du und Anytos mögen
es nun leugnen oder zugeben. Gar glückselig stände es freilich um
die Jugend, wenn einer allein sie verderbte, die andern aber alle sie
c zum Guten förderten. Aber, Meletos, du zeigst eben hinlänglich, daß
du niemals an die Jugend gedacht hast, und offenbarst deutlich dei-
ne Gleichgültigkeit, daß du dich nie um das bekümmert hast, wes-
halb du mich hierher forderst.

[13. Erweis der Inkonsequenz des M.] Weiter, sage uns doch beim
Zeus, Meletos, ob es besser ist, unter guten Bürgern zu wohnen oder
unter schlechten? Lieber Freund, antworte doch! Ich frage dich ja
nichts Schweres. Tun die Schlechten nicht allemal denen etwas Üb-
les, die ihnen jedesmal am nächsten sind, die Guten aber etwas Gu-
tes? — Allerdings. — Gibt es also wohl jemanden, der von denen,
d mit welchen er umgeht, lieber geschädigt sein will als gefördert? Ant-
worte mir, du Guter. Denn das Gesetz befiehlt dir zu antworten.
Will wohl jemand geschädigt werden? — Wohl nicht. — Wohlan
denn, forderst du mich hierher als Verderber und Verschlimmerer
der Jugend, so daß ich es vorsätzlich sein soll oder unvorsätzlich? —
Vorsätzlich, meine ich. — Wie doch, o Meletos, soviel bist du weiser
in deinem Alter als ich in dem meinigen, daß du zwar einsiehst, wie
die Schlechten allemal denen Übles zufügen, die ihnen am nächsten
e sind, die Guten aber Gutes; ich aber es so weit gebracht habe im
Unverstande, daß ich auch das nicht einmal weiß, wie ich, wenn ich
einen von meinen Nächsten schlecht mache, selbst Gefahr laufe, Üb-
les von ihm zu erdulden? So daß ich mir dieses große Übel vorsätz-
lich anrichte, wie du sagst? Das glaube ich dir nicht, Meletos, ich meine
aber, auch kein anderer Mensch glaubt es dir; sondern entweder ich
verderbe sie gar nicht, oder ich verderbe sie unvorsätzlich, so daß
26 a du doch in beiden Fällen lügst. Verderbe ich sie aber unvorsätzlich,
so ist es solcher und zwar unvorsätzlicher Vergehungen wegen nicht
gesetzlich, jemand hierher zu fordern, sondern ihn für sich allein

zu nehmen und so zu belehren und zu ermahnen. Denn offenbar ist, daß, wenn ich belehrt bin, ich aufhören werde mit dem, was ich unvorsätzlich tue. Dich aber mit mir einzulassen und mich zu belehren, das hast du vermieden und nicht gewollt, sondern hierher forderst du mich, wohin gesetzlich ist, nur die zu fordern, welche der Züchtigung bedürfen und nicht der Belehrung.

[14. These der Gottlosigkeit des S.] Doch, ihr Athener, das ist wohl
schon offenbar, was ich sagte, daß sich Meletos um diese Sache nie b
weder viel noch wenig bekümmert hat! Indes aber sage uns, Meletos, auf welche Art du denn behauptest, daß ich die Jugend verderbe? Oder offenbar nach deiner Klage, die du eingegeben, indem ich lehre, die Götter nicht zu glauben, welche der Staat glaubt, sondern allerlei neues Daimonisches. Ist das nicht deine Meinung, daß ich sie durch solche Lehre verderbe? – Freilich gar sehr ist das meine Meinung. – Nun dann, bei eben diesen Göttern, o Meletos, von denen jetzt die Rede ist, sprich noch deutlicher mit mir und mit diesen Männern hier.
Denn ich kann nicht verstehen, ob du meinst, ich lehre zu glauben, c
daß es gewisse Götter gäbe – so daß ich also doch selbst Götter glaube und nicht ganz und gar gottlos bin, noch also hierdurch frevle –, nur jedoch die nicht, welche der Staat, und ob du mich deshalb verklagst, daß ich andere glaube; oder ob du meinst, ich selbst glaube überhaupt keine Götter und lehre dies auch andere? – Dieses meine ich, daß du überhaupt keine Götter glaubst. – O wunderlicher
Meletos! Wie kommst du doch darauf, dies zu meinen? Halte ich also d
auch weder Sonne noch Mond für Götter, wie die übrigen Menschen? – Nein, beim Zeus, ihr Richter! denn die Sonne, behauptet er, sei ein Stein, und der Mond sei Erde. – Du glaubst wohl den Anaxagoras anzuklagen, lieber Meletos? Und du denkst so gering von diesen und hältst sie für so unerfahren in Schriften, daß sie nicht wüßten, wie des Klazomeniers Anaxagoras Schriften voll sind von dergleichen Sätzen? Und also auch die jungen Leute lernen wohl das von mir, was sie sich manchmal für höchstens eine Drachme in der Orchestra
kaufen und dann den Sokrates auslachen können, wenn er für sein e
ausgibt, was überdies noch so sehr ungereimt ist? Also, beim Zeus, so ganz dünke ich dich gar keinen Gott zu glauben? – Nein, eben, beim Zeus, auch nicht im mindesten. – Du glaubst wenig genug, o Meletos, jedoch, wie mich dünkt, auch dir selbst. Denn mich dünkt dieser Mann, ihr Athener, ungemein übermütig und ausgelassen zu sein und ordentlich aus Übermut und Ausgelassenheit diese Klage wie einen Jugendstreich angestellt zu haben. Denn es sieht aus, als
habe er ein Rätsel ausgesonnen und wollte nun versuchen: «Ob 27a
wohl der weise Sokrates merken wird, wie ich Scherz treibe und mir selbst widerspreche in meinen Reden, oder ob ich ihn und die andern, welche zuhören, hintergehen werde?» Denn dieser scheint mir ganz offenbar sich selbst zu widersprechen in seiner Anklage, als ob er sagte, Sokrates frevelt, indem er keine Götter glaubt, sondern Götter glaubt, wiewohl einer das doch nur im Scherz sagen kann!

[15. . . .und ihre Ungereimtheit] Erwägt aber mit mir, ihr Männer,
warum ich finde, daß er dies sagt. Du aber antworte uns, o Meletos.
Ihr aber, was ich euch von Anfang an gebeten habe, denkt daran,
b mir kein Getümmel zu erregen, wenn ich auf meine gewohnte Weise
die Sache führe. Gibt es wohl einen Menschen, o Meletos, welcher,
daß es menschliche Dinge gebe, zwar glaubt, Menschen aber nicht
glaubt? Er soll antworten, ihr Männer, und nicht anderes und an-
deres Getümmel treiben! Gibt es einen, der zwar keine Pferde
glaubt, aber doch Dinge von Pferden? Oder zwar keine Flötenspie-
ler glaubt, aber doch Dinge von Flötenspielern? Nein, es gibt kei-
nen, bester Mann; wenn du nicht antworten willst, will ich es dir
und den übrigen hier sagen. Aber das nächste beantworte: Gibt es
c einen, welcher zwar, daß es daimonische Dinge gebe, glaubt, Daimo-
nen aber nicht glaubt? – Es gibt keinen. – Wie bin ich dir verbun-
den, daß du endlich, von diesen gezwungen, geantwortest hast. Dai-
monisches nun behauptest du, daß ich glaube und lehre, sei es nun
neues oder altes, also Daimonisches glaube ich doch immer nach dei-
ner Rede? Und das hast du ja selbst beschworen in der Anklage-
schrift. Wenn ich aber Daimonisches glaube, so muß ich doch ganz
notwendig auch Daimonen glauben. Ist es nicht so? Wohl ist es so!
Denn ich nehme an, daß du einstimmst, da du ja nicht antwortest.
d Und die Daimonen, halten wir die nicht für Götter entweder, oder
doch für Söhne von Göttern? Sagst du ja oder nein? – Ja, freilich.
– Wenn ich also Daimonen glaube, wie du sagst, und die Daimonen
sind selbst Götter, das wäre ja ganz das, was ich sage, daß du Rät-
sel vorbringst und scherzest, wenn du mich, der ich keine Götter
glauben soll, hernach doch wieder Götter glauben läßt, da ich ja Dai-
monen glaube. Wenn aber wiederum die Daimonen Kinder der Göt-
ter sind, unechte von Nymphen oder andern, denen sie ja auch zu-
geschrieben werden: welcher Mensch könnte dann wohl glauben,
daß es Kinder der Götter gäbe, Götter aber nicht? Ebenso unge-
e reimt wäre das ja, als wenn jemand glauben wollte, Kinder gebe es
wohl von Pferden und Eseln, Maulesel nämlich, Esel aber und Pfer-
de wollte er nicht glauben, daß es gäbe. Also Meletos, es kann nicht
anders sein, als daß du, entweder um uns zu versuchen, diese Klage
angestellt hast, oder in gänzlicher Verlegenheit, was für ein wahres
Verbrechen du mir wohl anschuldigen könntest. Wie du aber ir-
gendeinen Menschen, der auch nur ganz wenig Verstand hat, über-
reden willst, daß ein und derselbe Mensch Daimonisches und Gött-
liches glaubt und wiederum derselbe doch auch weder Daimonen
28 a noch Götter noch Heroen, das ist doch auf keine Weise zu ersinnen.

[16. Rechtfertigung der Lebensführung des S.] Jedoch, ihr Athener, daß ich nicht strafbar bin in Beziehung auf die Anklage des Meletos, darüber scheint mir keine große Verteidigung nötig zu sein, sondern schon dieses ist genug. Was ich aber bereits im vorigen sagte, daß ich bei vielen gar viel verhaßt bin, wißt ihr, das ist wahr. Und das ist es auch, dem ich unterliegen werde, wenn ich unterliege, nicht dem Meletos, nicht dem Anytos, sondern dem üblen Ruf und dem

Haß der Menge, dem auch schon viele andere treffliche Männer un-
terliegen mußten und, glaube ich, noch ferner unterliegen werden, b
und es ist wohl nicht zu besorgen, daß er bei mir sollte stehenblei-
ben. Vielleicht aber möchte einer sagen: Aber schämst du dich denn
nicht, Sokrates, daß du dich mit solchen Dingen befaßt hast, die dich
nun in Gefahr bringen zu sterben? Ich nun würde diesem die bil-
lige Rede entgegnen: Nicht gut sprichst du, lieber Mensch, wenn
du glaubst, Gefahr um Leben und Tod müsse in Anschlag bringen,
wer auch nur ein weniges nutz ist, und müsse nicht vielmehr allein
darauf sehen, wenn er etwas tut, ob es recht getan ist oder unrecht,
ob eines rechtschaffenen Mannes Tat oder eines schlechten. Denn
Elende wären ja nach deiner Rede die Halbgötter gewesen, welche c
vor Troja geendet haben, und vorzüglich vor andern der Sohn der
Thetis, welcher, ehe er etwas Schändliches ertragen wollte, die Ge-
fahr so sehr verachtete, daß er — obgleich seine Mutter, die Göttin,
als er sich aufmachte, den Hektor zu töten, ihm so ungefähr, wie ich
glaube, zuredete: Wenn du, Sohn, den Tod deines Freundes Patrok-
los rächst und den Hektor tötest, so mußt du selbst sterben; denn,
sagte sie, alsbald nach Hektor ist dir dein Ende geordnet — er dieses
hörend also dennoch den Tod und die Gefahr gering achtete und,
weit mehr fürchtend, als ein schlechter Mann zu leben und die d
Freunde nicht zu rächen, ihr antwortete: «Möcht' ich sogleich hin-
sterben, nachdem ich den Beleidiger gestraft, und nicht verlacht hier
sitzen an den Schiffen, umsonst die Erde belastend.» Meinst du etwa,
der habe sich um Tod und Gefahr bekümmert? Denn so, ihr Athe-
ner, verhält es sich in der Tat. Wohin jemand sich selbst stellt in
der Meinung, es sei da am besten, oder wohin einer von seinen Obe-
ren gestellt wird, da muß er, wie mich dünkt, jede Gefahr aushal-
ten und weder den Tod noch sonst irgend etwas in Anschlag brin-
gen gegen die Schande.

[17. Ihre Notwendigkeit] Ich also hätte Arges getan, ihr Athener,
wenn ich, als die Befehlshaber mir einen Platz anwiesen, die ihr ge- e
wählt hattet, um über mich zu befehlen, bei Potidaia, bei Amphipolis
und Delion, damals also, wo jene mich hinstellten, gestanden hätte
wie irgendein anderer und es auf den Tod gewagt; wo aber der Gott
mich hinstellte, wie ich es doch glaubte und annahm, damit ich in
Aufsuchung der Weisheit mein Leben hinbrächte und in Prüfung
meiner selbst und anderer, wenn ich da, den Tod oder irgend etwas
fürchtend, aus der Ordnung gewichen wäre. Arg wäre das, und 29 a
dann in Wahrheit könnte mich einer mit Recht hierher führen vor
Gericht, weil ich nicht an die Götter glaubte, wenn ich dem Orakel
unfolgsam wäre und den Tod fürchtete und mich weise dünkte, oh-
ne es zu sein. Denn den Tod fürchten, ihr Männer, das ist nichts
anderes als sich dünken, man wäre weise, und es doch nicht sein.
Denn es ist ein Dünkel, etwas zu wissen, was man nicht weiß. Denn
niemand weiß, was der Tod ist, nicht einmal, ob er nicht für den
Menschen das größte ist unter allen Gütern. Sie fürchten ihn aber,
als wüßten sie gewiß, daß er das größte Übel ist. Und wie wäre dies b

nicht eben derselbe verrufene Unverstand, die Einbildung, etwas zu wissen, was man nicht weiß. Ich nun, ihr Athener, übertreffe vielleicht um dasselbe auch hierin die meisten Menschen. Und wollte ich behaupten, daß ich um irgend etwas weiser wäre: so wäre es um dieses, daß, da ich nichts ordentlich weiß von den Dingen in der Unterwelt, ich es auch nicht glaube zu wissen; gesetzwidrig handeln aber und dem Besseren, Gott oder Mensch, ungehorsam sein, davon weiß ich, daß es übel und schändlich ist. Im Vergleich also mit den Übeln, die ich als Übel kenne, werde ich niemals das, wovon ich nicht weiß, ob es nicht ein Gut ist, fürchten oder fliehen. So daß, wenn
c ihr mich jetzt lossprecht, ohne dem Anytos zu folgen, welcher sagt, entweder sollte ich gar nicht hierher gekommen sein, oder nachdem ich einmal hier wäre, sei es ganz unmöglich, mich nicht hinzurichten, indem er euch vorstellt, wenn ich nun durchkäme, dann erst würden eure Söhne sich dessen recht befleißigen, was Sokrates lehrt, und alle ganz und gar verderbt werden; wenn ihr mir hierauf sagtet: Jetzt, Sokrates, wollen wir zwar dem Anytos nicht folgen, sondern lassen dich los, unter der Bedingung jedoch, daß du diese Nachforschung nicht mehr betreibst und nicht mehr nach Weisheit suchst;
d wirst du aber noch einmal darauf betroffen, daß du dies tust, so mußt du sterben; wenn ihr mich also, wie gesagt, auf diese Bedingung losgeben wolltet, so würde ich zu euch sprechen: Ich bin euch, ihr Athener, zwar zugetan und freund, gehorchen aber werde ich dem Gotte mehr als euch, und solange ich noch atme und es vermag, werde ich nicht aufhören, nach Weisheit zu suchen und euch zu ermahnen und zu beweisen, wen von euch ich antreffe, mit meinen gewohnten Reden, wie: Bester Mann, als ein Athener, aus der größten und für Weisheit und Macht berühmtesten Stadt, schämst du dich nicht, für Geld zwar zu sorgen, wie du dessen aufs meiste
e erlangst, und für Ruhm und Ehre, für Einsicht aber und Wahrheit und für deine Seele, daß sie sich aufs beste befinde, sorgst du nicht und hieran willst du nicht denken? Und wenn jemand unter euch dies leugnet und behauptet, er denke wohl daran, werde ich ihn nicht gleich loslassen und fortgehen, sondern ihn fragen und prüfen und ausforschen. Und wenn mich dünkt, er besitze keine Tugend, behaupte es aber: so werde ich es ihm verweisen, daß er das Wich-
30a tigste geringer achtet und das Schlechtere höher. So werde ich mit Jungen und Alten, wie ich sie eben treffe, verfahren, und mit Fremden und Bürgern, um soviel mehr aber mit euch Bürgern, als ihr mir näher verwandt seid. Denn so, wißt nur, befiehlt es der Gott. Und ich meines Teils glaube, daß noch nie ein größeres Gut dem Staate widerfahren ist als dieser Dienst, den ich dem Gott leiste. Denn nichts anderes tue ich, als daß ich umhergehe, um jung und alt unter euch zu überreden, ja nicht für den Leib und für das
b Vermögen zuvor noch überhaupt so sehr zu sorgen wie für die Seele, daß diese aufs beste gedeihe, indem ich zeige, daß nicht aus dem Reichtum die Tugend entsteht, sondern aus der Tugend der Reichtum und alle andern menschlichen Güter insgesamt, eigentümliche und gemeinschaftliche. Wenn ich nun durch solche

Reden die Jugend verderbe, so müßten sie ja schädlich sein; wenn
aber jemand sagt, ich rede etwas anderes als dies, der sagt nichts.
Demgemäß nun, würde ich sagen, ihr Athenischen Männer, ge-
horcht nun dem Anytos oder nicht, sprecht mich los oder nicht,
aber seid gewiß, daß ich auf keinen Fall anders handeln werde,
und müßte ich noch so oft sterben. c

[18. Ihr Nutzen für die Athener] Kein Getümmel, ihr Athener, son-
dern harrt mir aus bei dem, was ich euch gebeten, mir nicht zu to-
ben über das, was ich sage, sondern zu hören. Auch wird es euch,
glaube ich, heilsam sein, wenn ihr zuhört. Denn ich bin im Begriff,
euch noch manches andere zu sagen, worüber ihr vielleicht schreien
möchtet; aber keineswegs tut das. Denn wißt nur, wenn ihr mich tö-
tet, einen solchen Mann, wie ich sage, so werdet ihr mir nicht grö-
ßeren Schaden zufügen als euch selbst. Denn Schaden zufügen wird
mir weder Meletos noch Anytos im mindesten. Sie könnten es auch
nicht; denn es ist, glaube ich, nicht in der Ordnung, daß dem besse-
ren Manne von dem schlechteren Schaden geschehe. Töten freilich d
kann mich einer, oder vertreiben oder des Bürgerrechtes berauben.
Allein dies hält dieser vielleicht und sonst mancher für große Übel,
ich aber gar nicht; sondern weit mehr dergleichen tun, wie dieser
jetzt tut, einen andern widerrechtlich suchen hinzurichten. Daher
ich auch jetzt, ihr Athener, weit davon entfernt bin, um meiner selbst
willen mich zu verteidigen, wie einer wohl denken könnte, sondern
um euretwillen, damit ihr nicht gegen des Gottes Gabe an euch et-
was sündigt durch meine Verurteilung. Denn wenn ihr mich hin- e
richtet, werdet ihr nicht leicht einen andern solchen finden, der or-
dentlich, sollte es auch lächerlich gesagt scheinen, von dem Gotte der
Stadt beigegeben ist, wie einem großen und edlen Rosse, das aber
eben seiner Größe wegen sich zur Trägheit neigt und der Anreizung
durch einen Sporn bedarf, wie mich der Gott dem Staat als einen
solchen zugelegt zu haben scheint, der ich euch einzeln anzuregen,
zu überreden und zu verweisen den ganzen Tag nicht aufhöre, über- 31 a
all euch anliegend. Ein anderer solcher nun wird euch nicht leicht
wieder werden, ihr Männer. Wenn ihr also mir folgen wollt, werdet
ihr meiner schonen. Ihr aber werdet vielleicht verdrießlich, wie die
Schlummernden, wenn man sie aufweckt, um euch stoßen und mich,
dem Anytos folgend, leichtsinnig hinrichten, dann aber das übrige
Leben weiter fort schlafen, wenn euch nicht der Gott wieder einen
andern zuschickt aus Erbarmen. Daß ich aber ein solcher bin, der
wohl von dem Gotte der Stadt mag geschenkt sein, das könnt ihr
hieraus abnehmen. Denn nicht wie etwas Menschliches sieht es aus, b
daß ich das meinige samt und sonders versäumt habe und es so viele
Jahre schon ertrage, daß meine Angelegenheiten zurückstehen, im-
mer aber die eurigen betreibe, an jeden einzeln mich wendend und
wie ein Vater oder älterer Bruder ihm zuredend, sich doch die Tu-
gend angelegen sein zu lassen. Und wenn ich hiervon noch einen
Genuß hätte und um Lohn andere so ermahnte, so hätte ich noch
einen Grund. Nun aber seht ihr ja selbst, daß meine Ankläger, so

schamlos sie mich auch alles andern beschuldigen, dieses doch nicht
erreichen konnten mit ihrer Schamlosigkeit, einen Zeugen aufzu-
c stellen, daß ich jemals einen Lohn mir ausgemacht oder gefordert
hätte. Ich aber stelle, meine ich, einen hinreichenden Zeugen für die
Wahrheit meiner Aussage, meine Armut.

[19. Das Daimonion und die Staatsgeschäfte] Vielleicht könnte auch
dies jemanden ungereimt dünken, daß ich, um einzelnen zu raten,
umhergehe und mir viel zu schaffen mache, öffentlich aber mich
nicht erdreiste, in eurer Versammlung auftretend dem Staate zu
raten. Hiervon nun ist die Ursache, was ihr mich oft und vielfältig
sagen gehört habt, daß mir etwas Göttliches und Daimonisches wi-
d derfährt, was auch Meletos in seiner Anklage spottend erwähnt hat.
Mir aber ist dieses von meiner Kindheit an geschehen, eine Stimme
nämlich, welche jedesmal, wenn sie sich hören läßt, mir von etwas
abredet, was ich tun will, zugeredet aber hat sie mir nie. Das ist es,
was sich mir widersetzt, die Staatsgeschäfte zu betreiben. Und sehr
mit Recht scheint es mir sich dem zu widersetzen. Denn wißt nur,
ihr Athener, wenn ich schon vor langer Zeit unternommen hätte,
Staatsgeschäfte zu betreiben: so wäre ich auch schon längst umge-
kommen und hätte weder euch etwas genutzt noch auch mir selbst.
e Werdet mir nur nicht böse, wenn ich die Wahrheit rede. Denn kein
Mensch kann sich erhalten, der sich, sei es nun euch oder einer an-
dern Volksmenge, tapfer widersetzt und viel Ungerechtes und Ge-
setzwidriges im Staate zu verhindern sucht: sondern notwendig
32 a muß, wer in der Tat für die Gerechtigkeit streiten will, auch wenn
er sich nur kurze Zeit erhalten soll, ein zurückgezogenes Leben
führen, nicht ein öffentliches.

[20. Bewährung des S. im Staat] Tüchtige Beweise will ich euch hier-
von anführen, nicht Worte, sondern was ihr höher achtet, Tatsachen.
Hört also von mir, was mir selbst begegnet ist, damit ihr seht, daß
ich auch nicht einem nachgeben würde gegen das Recht aus Todes-
furcht und daß ich, wenn ich das nicht täte, sogleich umkommen
müßte. Ich werde euch freilich unangenehme und langweilige Geschich-
ten erzählen, aber doch wahre. Ich nämlich, ihr Athener, habe nie-
b mals irgendein anderes Amt im Staate bekleidet, nur zu Rate bin
ich gesessen. Und eben hatte unser Stamm, der antiochische, den
Vorsitz, als ihr den Anschlag faßtet, die zehn Heerführer, welche die
in der Seeschlacht Gebliebenen nicht begraben hatten, sämtlich zu
verurteilen, ganz gesetzwidrig, wie es späterhin euch allen dünkte.
Da war ich unter allen Prytanen der einzige, der sich euch wider-
setzte, damit ihr nichts gegen die Gesetze tun möchtet, und euch ent-
gegenstimmte. Und obgleich die Redner bereit waren, mich anzuge-
ben und gefangenzusetzen, und ihr es fordertet und schriet: so
c glaubte ich doch, ich müßte lieber mit dem Recht und dem Gesetz
die Gefahr bestehen, als mich zu euch gesellen in einem so unge-
rechten Vorhaben aus Furcht des Gefängnisses oder des Todes. Und
dies geschah, als im Staat noch das Volk herrschte. Nachdem aber

die Regierung an einige wenige gekommen, so ließen einst die Drei-
ßig mich mit noch vier anderen auf die Tholos holen und trugen
uns auf, den Salaminier Leon aus Salamis herzubringen, um ihn
hinzurichten, wie sie denn dergleichen vieles vielen andern auch auf-
trugen, um so viele als irgend möglich in Verschuldungen zu ver-
stricken. Auch da nun zeigte ich wiederum nicht durch Worte, son-
dern durch die Tat, daß der Tod, wenn euch das nicht zu bäurisch d
klingt, mich auch nicht das mindeste kümmerte, nichts Ruchloses aber
und nichts Ungerechtes zu begehen mich mehr als alles kümmert.
Denn mich konnte jene Regierung, so gewaltig sie auch war, nicht
so einschrecken, daß ich etwas Unrechtes tat. Sondern als wir von
der Tholos herunterkamen, gingen die viere nach Salamis und brach-
ten den Leon; ich aber ging meines Weges nach Hause. Und viel-
leicht hätte ich deshalb sterben gemußt, wenn nicht jene Regierung
kurz darauf wäre aufgelöst worden. Dies werden euch sehr viele
bezeugen können. e

[21. S. ohne Lehre und ohne Schüler] Glaubt ihr wohl, daß ich so
viele Jahre würde durchgekommen sein, wenn ich die öffentlichen
Angelegenheiten verwaltet und, als ein redlicher Mann sie verwal-
tend, überall dem Recht geholfen und dies, wie es sich gebührt, über
alles gesetzt hätte? Weit gefehlt, ihr Athener; und ebensowenig ir-
gendein anderer Mensch. Ich werde also mein ganzes Leben hin- 33 a
durch, wo ich etwas öffentlich verrichtet, und ebenso auch für mich
als ein solcher erscheinen, daß ich nie einem jemals irgend etwas
eingeräumt habe wider das Recht, weder sonst jemand noch auch von
diesen einem, die meine Verleumder meine Schüler nennen. Eigent-
lich aber bin ich nie irgend jemandes Lehrer gewesen; wenn aber
jemand, wie ich rede und mein Geschäft verrichte, Lust hat zu hö-
ren, jung oder alt, das habe ich nie jemandem mißgönnt. Auch nicht
etwa nur, wenn ich Geld bekomme, unterrede ich mich, wenn aber
keines, dann nicht; sondern auf gleiche Weise stehe ich dem Armen b
wie dem Reichen bereit zu fragen, und wer da will, kann antworten
und hören, was ich sage. Und ob nun jemand von diesen besser wird
oder nicht, davon bin ich nicht schuldig, die Verantwortung zu tragen,
da ich Unterweisung hierin weder jemals jemandem versprochen
noch auch erteilt habe. Wenn aber einer behauptet, jemals von mir
etwas ganz Besonderes gelernt oder gehört zu haben, was nicht auch
alle andern, so wißt, daß er nicht die Wahrheit redet.

[22. Ergebenheit seiner Anhänger] Aber weshalb halten sich wohl
einige so gern seit langer Zeit zu mir? Das habt ihr gehört, Athener, c
ich habe euch die ganze Wahrheit gesagt, daß sie nämlich diejeni-
gen gern mögen ausforschen hören, welche sich dünken, weise zu
sein, und es nicht sind. Denn es ist nicht unerfreulich. Mir aber ist
dieses, wie ich behaupte, von dem Gotte auferlegt zu tun, durch Ora-
kel und Träume und auf jede Weise, wie nur je göttliche Schickung
einem Menschen etwas auferlegt hat zu tun.

Dies, ihr Athener, ist ebenso wahr als leicht zu erweisen. Denn

d wenn ich von unsern Jünglingen einige verderbe, andere verderbt
habe: so würden doch, wenn einige unter ihnen bei reiferem Alter
eingesehen hätten, daß ich ihnen je in ihrer Jugend zum Bösen gera-
ten, diese selbst jetzt aufstehen, um mich zu verklagen und zur Stra-
fe zu ziehen; wollten sie aber selbst nicht, so würden irgendwelche
von ihren Verwandten, Eltern, Brüder oder andere Angehörige,
wenn ich ihren Verwandten irgend Böses zugefügt, es mir jetzt ge-
denken. Auf jeden Fall sind ja viele von ihnen hier zugegen, die ich
sehe, zuerst hier Kriton, mein Alters- und Demengenosse, der Va-
e ter dieses Kritobulos; dann Lysanias der Sphettier, dieses Aischines
Vater; auch Antiphon der Kephesier, des Epigenes Vater. Und an-
dere sind diese, deren Brüder meines Umgangs gepflogen, Nikostra-
tos, des Theosdotides Sohn, der Bruder des Theodotos — und zwar
ist Theodotos tot, der ihn also nicht kann beschwichtigt haben; und
Paralos, des Demodokos Sohn, dessen Bruder Theages war; und
34a Adeimantos, des Ariston Sohn, der Bruder dieses Platon; und Aianto-
doros, dessen Bruder dieser Apollodoros ist. Und noch viele andere
kann ich euch nennen, von denen doch vor allen Dingen Meletos in
seiner Rede irgendeinen zum Zeugen sollte aufgerufen haben. Hat
er es aber damals vergessen; so rufe er noch einen auf, ich gebe es
nach, und er sage es, wenn er so etwas hat. Allein hiervon werdet
ihr ganz das Gegenteil finden, ihr Männer, alle willig, mir beizuste-
hen, mir, dem Verderber, dem Unheilstifter ihrer Verwandten, wie
b Meletos und Anytos sagen. Denn die Verführten selbst könnten viel-
leicht Grund haben, mir beizustehen; aber die unverderbten, schon
reiferen Männer, die ihnen verwandt sind, welchen anderen Grund
hätten diese, mir beizustehen, als den gerechten und billigen, daß sie
wissen, Meletos lügt, ich aber rede die Wahrheit?

[23. Rechtfertigung des sokr. Verhaltens vor Gericht] Wohl, ihr Män-
ner! Was ich zu meiner Verteidigung zu sagen wüßte, das ist etwa
dieses, und vielleicht mehr dergleichen. Vielleicht aber wird man-
c cher unter euch unwillig gegen mich, wenn er an sich selbst denkt,
wenn er etwa bei Durchfechtung eines vielleicht weit leichteren
Kampfes als dieser die Richter gebeten und gefleht hat unter vielen
Tränen und seine Kinder mit sich heraufgebracht, um nur möglichst
viel Erbarmen zu erregen, und viele andere von seinen Verwand-
ten und Freunden, ich aber von dem allen nichts tun will, und das,
da ich, wie es scheinen kann, in der äußersten Gefahr schwebe. Viel-
leicht wird mancher, dies bedenkend, seine Eitelkeit von mir ge-
kränkt fühlen und, eben hierüber erzürnt, im Zorn seine Stimme
d abgeben. Wenn jemand unter euch so gesinnt ist, ich glaube es zwar
nicht, aber wenn doch: so denke ich, meine Rede wird zu billigen
sein, wenn ich ihm sage: Auch ich, o Bester, habe so einige Verwand-
te. Denn auch ich, wie Homeros sagt, nicht der Eiche entstammte ich
oder dem Felsen, sondern Menschen. Daher ich denn Verwandte
habe und auch Söhne, ihr Athener, drei, einer schon herangewach-
sen, zwei noch Kinder. Dennoch aber werde ich keinen hierher brin-
gen, um euch zu erbitten, daß ihr günstig abstimmen möget. Warum

doch werde ich nichts dergleichen tun? Nicht aus Eigendünkel, ihr
Athener, noch daß ich euch geringschätzte; sondern ob ich etwa be- e
sonders furchtlos bin gegen den Tod oder nicht, das ist eine andere
Sache, aber in Beziehung auf das, was rühmlich ist für mich und
euch und für die ganze Stadt, dünkt es mich anständig, daß ich nichts
dergleichen tue, zumal in solchem Alter und im Besitz dieses Rufes,
sei er nun gegründet oder nicht, angenommen ist doch einmal, daß
Sokrates sich in etwas auszeichnet vor andern Menschen. Wenn 35 a
nun, die unter euch dafür gelten, sich auszuzeichnen durch Weisheit
oder Tapferkeit oder welche andere Tugend es sei, sich so betragen
wollten, das wäre schändlich, wie ich doch öfters gesehen habe, daß
manche, die sich etwas dünken, doch, wenn sie vor Gericht standen,
ganz wunderliche Dinge anstellten, meinend, was ihnen Arges be-
gegnete, wenn sie etwa sterben müßten, gleich als würden sie un-
sterblich sein, wenn ihr sie nur nicht hinrichtetet. Solche, dünkt mich,
machen der Stadt Schande; so daß wohl mancher Fremde denken
mag, diese ausgezeichneten Männer unter den Athenern, denen sie b
selbst unter sich bei der Wahl der Obrigkeiten und allem, was sonst
ehrenvoll ist, den Vorzug einräumen, betragen sich ja nicht besser
als die Weiber. Dergleichen also, ihr Athener, dürfen weder wir tun,
die wir dafür gelten, auch nur irgend etwas zu sein, noch auch, wenn
wir es täten, dürft ihr es dulden, sondern müßt eben dies zeigen,
daß ihr weit eher den verurteilt, der euch solche Trauerspiele vor-
führt und die Stadt lächerlich macht, als den, der sich ruhig verhält.

[24. Pflicht der Richter] Abgesehen aber von dem Rühmlichen dünkt
es mich auch nicht einmal recht, den Richter zu bitten und sich durch
Bitten loszuhelfen, sondern belehren muß man ihn und überzeugen. c
Denn nicht dazu ist der Richter gesetzt, das Recht zu verschenken,
sondern es zu beurteilen; und er hat geschworen, nicht sich gefällig
zu erweisen gegen wen es ihm beliebt, sondern Recht zu sprechen
nach den Gesetzen. Also dürfen weder wir euch gewöhnen an den
Meineid noch ihr euch gewöhnen lassen, sonst würden wir von kei-
ner Seite fromm handeln. Mutet mir also nicht zu, ihr Athener, der-
gleichen gegen euch zu tun, was ich weder für anständig halte noch
für recht, noch für fromm, zumal ich ja, beim Zeus, eben auch der d
Gottlosigkeit angeklagt bin von diesem Meletos. Denn offenbar,
wenn ich euch durch Bitten zu etwas überredete oder nötigte gegen
euren Schwur, dann lehrte ich euch, nicht zu glauben, daß es Götter
gebe, und recht durch die Verteidigung klagte ich mich selbst an,
daß ich keine Götter glaubte. Aber weit gefehlt, daß es so wäre!
Denn ich glaube an sie, ihr Athener, wie keiner von meinen Anklä-
gern, und überlasse es euch und dem Gott, über mich zu entschei-
den, wie es für mich das beste sein wird und für euch.

e *[25. S. und das Urteil]* Daß ich nicht unwillig bin, ihr Athener, über
36a dieses Ereignis, daß ihr mich verurteilt habt, dazu trägt noch sonst
vieles bei, aber auch nicht unverhofft ist mir das Geschehene gesche-
hen; sondern vielmehr wundere ich mich über die sich ergebende
Zahl der beiderseitigen Stimmen. Denn ich glaubte nicht, daß es
nur auf so weniges ankommen würde, sondern auf sehr viel. Nun
aber, wie man sieht, wenn nur dreißig Stimmen anders gefallen
wären, so wäre ich entkommen. Dem Meletos zwar bin ich auch jetzt
entkommen, wie mich dünkt; und nicht nur entkommen, sondern
es liegt auch jedem vor Augen, daß, wenn nicht Anytos und Lykon
aufgetreten wären, mich anzuklagen, er tausend Drachmen erlegen
b müßte, weil er den fünften Teil der Stimmen nicht erlangt hätte.

[26. Gegenschätzung des S.] Zuerkennen also will mir der Mann
den Tod. Wohl! Was soll ich mir nun dagegen zuerkennen, ihr Athe-
ner? Doch gewiß, was ich verdiene! Wie also? Was verdiene ich zu
erleiden oder zu erlegen, weshalb auch immer ich in meinem Leben
nie Ruhe gehalten, sondern unbekümmert um das, was den meisten
wichtig ist, um das Reichwerden und den Hausstand, um Kriegswe-
sen und Volksrednerei und sonst um Ämter, um Verschwörungen
und Parteien, die sich in der Stadt hervorgetan, weil ich mich in der
c Tat für zu gut hielt, um mich durch Teilnahme an solchen Dingen
zu erhalten, mich mit nichts eingelassen, wo ich weder euch noch
mir etwas nutz gewesen wäre, vielmehr nur darauf bedacht, wie ich
jedem einzelnen die meines Dafürhaltens größte Wohltat erweisen
könnte, mich dessen allein, wie ich behaupte, befleißigt, bemüht, je-
den von euch zu bewegen, daß er weder für irgend etwas von dem
seinigen eher sorge, bis er für sich selbst gesorgt habe, wie er immer
besser und vernünftiger, wo möglich, werden könnte, noch auch für
die Angelegenheiten des Staates eher als für den Staat selbst und
nach derselben Weise auch nur für alles andere sorgen möchte. Was
d also verdiene ich dafür zu leiden, daß ich ein solcher bin? Etwas
Gutes, ihr Athener, wenn ich der Wahrheit gemäß nach Verdienst
mir etwas zuerkennen soll, und zwar etwas Gutes von der Art, wie
es mir angemessen ist. Was ist also einem unvermögenden Wohltä-
ter angemessen, welcher der freien Muße bedarf, um euch zu er-
mahnen? Es gibt nichts, was so angemessen ist, ihr Athener, als daß
ein solcher Mann im Prytaneion gespeist werde, weit mehr, als wenn
einer von euch mit dem Rosse oder dem Zwiegespann oder dem Vier-
gespann in den olympischen Spielen gesiegt hat. Denn ein solcher
bewirkt nur, daß ihr glückselig scheint, ich aber, daß ihr es seid;
e und jener bedarf der Speisung nicht, ich aber bedarf ihrer. Soll ich
mir also, was ich mit Recht verdiene, zuerkennen: so erkenne ich
37a mir dieses zu, Speisung im Prytaneion.

[27. Begründung der Schätzung] Vielleicht wird euch nun, daß ich
dieses sage, ebenso bedünken, als was ich von dem Flehen und der

Mitleidserregung sagte, als hartnäckiger Eigendünkel. Das ist aber nicht so, ihr Athener, sondern so vielmehr: Ich bin überzeugt, daß ich nie jemanden vorsätzlich beleidige. Euch freilich überzeuge ich davon nicht, weil wir gar zu kurze Zeit miteinander geredet haben. Denn ich glaube, wenn ihr ein Gesetz hättet, wie man es anderwärts hat, über Leben und Tod nicht an einem Tage zu entscheiden, sondern nach mehreren: so wäret ihr wohl überzeugt worden; nun b
aber ist es nicht leicht, in kurzer Zeit sich von so schweren Verleumdungen zu reinigen. Überzeugt also, wie ich bin, daß ich niemand Unrecht zufüge, werde ich doch wahrlich nicht mir selbst Unrecht tun und selbst gegen mich reden, als ob ich etwas Übles verdiente, und mir etwas dergleichen zuerkennen. Was doch befürchtend? Daß ich das erleiden müßte, was Meletos mir zuerkennt und wovon ich nicht zu wissen gestehe, ob es ein Gut oder ein Übel ist? Anstatt dessen also sollte ich von den Dingen eines wählen und mir zuerkennen, von welchen ich gar wohl weiß, daß sie Übel sind? Etwa Gefängnisstrafe? Und wozu sollte ich doch leben im Kerker, unter dem Befehl der jedesmaligen Obrigkeit? Oder Geldstrafe und ge- c
fangen zu sein, bis ich sie entrichtet habe? Das wäre aber für mich ganz dasselbe wie das vorige. Denn ich habe kein Geld, wovon ich sie entrichten könnte. Aber die Verweisung soll ich mir wohl zuerkennen? Die möchtet ihr mir vielleicht wohl zugestehen. Aber von großer Lebenslust müßte ich wohl besessen sein, ihr Athener, wenn ich so unvernünftig wäre, daß ich nicht berechnen könnte: da ihr, meine Mitbürger, nicht imstande gewesen seid, meine Lebensweise und meine Reden zu ertragen, sondern sie euch zu beschwerlich und d
verhaßt geworden sind, so daß ihr euch nun davon loszumachen sucht, ob also wohl andere sie leichter ertragen werden? Weit gefehlt, ihr Athener! Ein schönes Leben wäre mir das also, in solchem Alter auszuwandern und, immer umhergetrieben, eine Stadt mit der andern zu vertauschen. Denn das weiß ich wohl, wohin ich auch komme, werden die Jünglinge meinen Reden zuhören, eben wie hier. Und wenn ich diese von mir weise, so werden sie selbst bei den Alten meine Verweisung bewirken; weise ich sie nicht von mir, so werden dasselbe doch ihre Väter und Verwandten um jener willen tun. e

[28. Unmöglichkeit der Aufgabe der sokr. Lebensform. 2. Schätzung]
Vielleicht aber wird einer sagen: Also still und ruhig, Sokrates, wirst du nicht imstande sein, nach deiner Verweisung zu leben? Das nun ist wohl am allerschwersten manchem von euch begreiflich zu machen. Denn wenn ich sage, das hieße dem Gotte ungehorsam sein, und deshalb wäre es mir unmöglich, mich ruhig zu verhalten: so werdet ihr mir nicht glauben, als meinte ich etwas anderes als ich 38 a
sage. Und wenn ich wiederum sage, daß ja eben dies das größte Gut für den Menschen ist, täglich über die Tugend sich zu unterhalten und über die andern Gegenstände, über welche ihr mich reden und mich selbst und andere prüfen hört, ein Leben ohne Selbsterforschung aber gar nicht verdient, gelebt zu werden, das werdet ihr mir noch weniger glauben, wenn ich es sage. Aber gewiß verhält

sich dies so, wie ich es vortrage, ihr Männer, nur euch davon zu
überzeugen ist nicht leicht. Auch bin ich nicht gewohnt, mich selbst
etwas Üblen wert zu achten. Hätte ich nun Geld, so würde ich mir
b soviel Geldstrafe zuerkennen, als ich entrichten könnte: denn da-
von hätte ich weiter keinen Schaden. Nun aber, ich habe eben keins;
wenn ihr nicht etwa soviel, als ich zu entrichten vermag, mir zuer-
kennen wollt. Ich vermöchte euch aber vielleicht etwa eine Mine zu
entrichten. Die will ich mir also zuerkennen. Platon aber hier und
Kriton und Kritobulos und Apollodoros reden mir zu, mir dreißig
Minen zuzuerkennen, und sie wollten Bürgschaft leisten. Soviel also
erkenne ich mir zu, und diese werden euch für dies Geld zuverlässige
Bürgen sein.

*

c *[29. Urteil des S. über den Prozeß]* Nur um einer gar kurzen Zeit
willen, ihr Athener, werdet ihr nun den Namen behalten und den
Vorwurf von denen, welche die Stadt gern lästern mögen, daß ihr
den Sokrates hingerichtet habt, diesen weisen Mann. Denn behaup-
ten werden die nun freilich, daß ich weise bin, wenn ich es auch
nicht bin, die euch lästern wollen. Hättet ihr nun eine kleine Weile
gewartet: so wäre auch ja dies von selbst erfolgt. Denn ihr seht ja
mein Alter, daß es schon weit fortgerückt ist im Leben und nahe
d am Tode. Ich sage dies aber nicht zu euch allen, sondern nur zu
denen, die für meinen Tod gestimmt haben. Und zu eben diesen sa-
ge ich auch noch dies: Vielleicht glaubt ihr, Athener, ich unterläge
jetzt aus Unvermögen in solchen Reden, durch welche ich euch wohl
möchte überredet haben, wenn ich geglaubt hätte, alles reden und
tun zu dürfen, um nur dieser Klage zu entkommen. Weit gefehlt!
Sondern aus Unvermögen unterliege ich freilich, aber nicht an Wor-
ten, sondern an Frechheit und Schamlosigkeit und an dem Willen,
dergleichen zu euch zu reden, was ihr freilich am liebsten gehört
hättet: wenn ich gejammert hätte und gewehklagt und viel anderes
e getan und geredet meiner Unwürdiges, wie ich behaupte, dergle-
chen ihr freilich gewohnt seid von den andern zu hören. Allein weder
vorher glaubte ich der Gefahr wegen irgend etwas Unedles tun zu
dürfen noch auch gereut es mich jetzt, mich so verteidigt zu haben;
sondern weit lieber will ich auf diese Art mich verteidigt haben
und sterben, als auf jene und leben. Denn weder vor Gericht noch
im Kriege ziemt es weder mir noch irgend jemandem, darauf zu sin-
39 a nen, wie man nur auf jede Art dem Tode entgehen möge. Auch ist
ja das bei Gefechten oft sehr offenbar, daß dem Tode einer wohl
entfliehen könnte, würfe er nur die Waffen weg und wendete sich
flehend an die Verfolgenden; und viele andere Rettungsmittel gibt
es in jeglicher Gefahr, um dem Tode zu entgehen, wenn einer sich
nicht scheut, alles zu tun und zu reden. Allein, daß nur nicht dies
gar nicht schwer ist, ihr Athener, dem Tode zu entgehen, aber weit
schwerer, der Schlechtigkeit; denn sie läuft schneller als der Tod.

Auch jetzt bin ich daher als ein langsamer Greis von dem langsame- b
ren gefangen worden; meine Ankläger aber, gewaltig und heftig,
wie sie sind, von dem schnelleren, der Bosheit. Jetzt also gehe ich
hin und bin von euch der Strafe des Todes schuldig erklärt; diese
aber sind von der Wahrheit schuldig erklärt der Unwürdigkeit und
Ungerechtigkeit. Und sowohl ich beruhige mich bei der Zuerkennt-
nis als auch diese.

Dieses nun mußte vielleicht so kommen, und ich glaube, daß es
ganz gut so ist.

[30. Weissagung an die Verurteilenden] Was aber nun hierauf fol-
gen wird, gelüstet mich euch zu weissagen, ihr, meine Verurteiler! c
Denn ich stehe ja auch schon da, wo vorzüglich die Menschen weis-
sagen, wenn sie nämlich im Begriff sind zu sterben. Ich behaupte
also, ihr Männer, die ihr mich hinrichtet, es wird sogleich nach mei-
nem Tode eine weit schwerere Strafe über euch kommen als die, mit
welcher ihr mich getötet habt. Denn jetzt habt ihr dies getan in der
Meinung, nun entledigt zu sein von der Rechenschaft über euer Le-
ben. Es wird aber ganz entgegengesetzt für euch ablaufen, wie ich
behaupte. Mehr werden es sein, die euch zur Untersuchung ziehen,
welche ich nur bisher zurückgehalten, ihr aber gar nicht bemerkt d
habt. Und um desto beschwerlicher werden sie euch werden, je jün-
ger sie sind, und ihr um desto unwilliger. Denn wenn ihr meint,
durch Hinrichtungen dem Einhalt zu tun, daß euch jemand schilt,
wenn ihr nicht recht lebt, so bedenkt ihr das sehr schlecht. Denn
diese Entledigung ist weder recht ausführbar noch ist sie edel. Son-
dern jene ist die edelste und leichteste, nicht anderen wehren, son-
dern sich selbst so einrichten, daß man möglichst gut sei. Dieses will
ich euch, die ihr gegen mich gestimmt habt, geweissagt haben und
nun von euch scheiden.

[31. An die Freisprechenden: Ausbleiben des Daimonions] Mit de-
nen aber, welche für mich gestimmt, möchte ich gern noch reden e
über dies Ereignis, welches sich zugetragen, solange die Gewalt-
haber noch Abhaltung haben und ich noch nicht dahin gehen muß,
wo ich sterben soll. Also, ihr Männer, so lange haltet mir noch
aus. Nichts hindert ja, uns vertraulich zu unterhalten miteinander,
solange es noch vergönnt ist. Denn euch als meinen Freunden will
ich gern das erklären, was mir soeben begegnet ist, was es eigentlich 40 a
bedeutet. Mir ist nämlich, ihr Richter – denn euch benenne ich recht,
wenn ich euch Richter nenne –, etwas Wunderbares vorgekommen.
Mein gewohntes Vorzeichen nämlich war in der vorigen Zeit wohl
gar sehr häufig, und oft in großen Kleinigkeiten widerstand es mir,
wenn ich im Begriff war, etwas nicht auf die rechte Art zu tun. Jetzt
aber ist mir doch, wie ihr ja selbst seht, dieses begegnet, was wohl
mancher für das größte Übel halten könnte und was auch dafür an-
gesehen wird; dennoch aber hat mir weder, als ich des Morgens von
Hause ging, das Zeichen des Gottes widerstanden, noch auch als ich b
hier die Gerichtsstätte betrat, noch auch irgendwo in der Rede, wenn

ich etwas sagen wollte. Wiewohl bei anderen Reden es mich oft mit-
ten im Reden aufhielt. Jetzt aber hat es mir nirgends bei dieser
Verhandlung, wenn ich etwas tat oder sprach, im mindesten wider-
standen. Was für eine Ursache nun soll ich mir hiervon denken? Das
will ich euch sagen. Es mag wohl, was mir begegnet ist, etwas Gutes
sein, und unmöglich können wir recht haben, die wir annehmen, der
c Tod sei ein Übel. Davon ist mir dies ein großer Beweis. Denn un-
möglich würde mir das gewohnte Zeichen nicht widerstanden haben,
wenn ich nicht im Begriff gewesen wäre, etwas Gutes auszurichten.

[32. Hoffnungen für den Tod] Laßt uns aber auch so erwägen, wie-
viel Ursache wir haben, zu hoffen, es sei etwas Gutes. Denn eins
von beiden ist das Totsein, entweder soviel als nichts sein noch ir-
gendeine Empfindung von irgend etwas haben, wenn man tot ist;
oder, wie auch gesagt wird, es ist eine Versetzung und ein Umzug
der Seele von hinnen an einen anderen Ort. Und ist es nun gar keine
d Empfindung, sondern wie ein Schlaf, in welchem der Schlafende
auch nicht einmal einen Traum hat, so wäre der Tod ein wunder-
barer Gewinn. Denn ich glaube, wenn jemand einer solchen Nacht,
in welcher er so fest geschlafen, daß er nicht einmal einen Traum
gehabt, alle übrigen Tage und Nächte seines Lebens gegenüberstel-
len und nach reiflicher Überlegung sagen sollte, wieviel angeneh-
mere und bessere Tage und Nächte als jene Nacht er wohl in seinem
Leben gelebt hat: so, glaube ich, würde nicht nur ein gewöhnlicher
Mensch, sondern der Großkönig selbst finden, daß diese sehr leicht
e zu zählen sind gegen die übrigen Tage und Nächte. Wenn also der
Tod etwas solches ist, so nenne ich ihn einen Gewinn, denn die gan-
ze Zeit scheint ja auch nicht länger auf diese Art als eine Nacht. Ist
aber der Tod wiederum wie eine Auswanderung von hinnen an ei-
nen anderen Ort und ist das wahr, was gesagt wird, daß dort alle
Verstorbenen sind, was für ein größeres Gut könnte es wohl geben
als dieses, ihr Richter? Denn wenn einer, in der Unterwelt angelangt,
41 a nun dieser sich so nennenden Richter entledigt, dort die wahren
Richter antrifft, von denen auch gesagt wird, daß sie dort Recht spre-
chen, den Minos und Rhadamanthys und Aiakos und Triptolemos,
und welche Halbgötter sonst gerecht gewesen sind in ihrem Leben,
wäre das wohl eine schlechte Umwanderung? Oder auch mit dem
Orpheus umzugehen und Musaios und Hesiodos und Homeros, wie
teuer möchtet ihr das wohl erkaufen? Ich wenigstens will gern
b oftmals sterben, wenn dies wahr ist. Ja, mir zumal wäre es ein herr-
liches Leben, wenn ich dort den Palamedes und Aias, des Telamon
Sohn, anträfe und wer sonst noch unter den Alten eines ungerech-
ten Gerichtes wegen gestorben ist, und mit dessen Geschick das mei-
nige zu vergleichen, das müßte, glaube ich, gar nicht unerfreulich
sein. Ja was das Größte ist, die dort eben so ausfragend und aus-
forschend zu leben, wer unter ihnen weise ist und wer es zwar glaubt,
es aber nicht ist. Für wieviel, ihr Richter, möchte das einer wohl
annehmen, den, welcher das große Heer nach Troja führte, auszu-
c fragen, oder den Odysseus oder Sisyphos, und viele andere könnte

einer nennen, Männer und Frauen: mit welchen dort zu sprechen und umzugehen und sie auszuforschen auf alle Weise eine unbeschreibliche Glückseligkeit wäre. Gewiß werden sie einen dort um deswillen doch wohl nicht hinrichten. Denn nicht nur sonst ist man dort glückseliger als hier, sondern auch die übrige Zeit unsterblich, wenn das wahr ist, was gesagt wird.

[33. Schlußworte an die Richter] Also müßt auch ihr, Richter, gute Hoffnung haben in Absicht des Todes und dies eine Richtige im Gemüt halten, daß es für den guten Mann kein Übel gibt weder im
Leben noch im Tode, noch daß je von den Göttern seine Angelegen- d
heiten vernachlässigt werden. Auch die meinigen haben jetzt nicht von ungefähr diesen Ausgang genommen: sondern mir ist deutlich, daß Sterben und aller Mühen entledigt werden nun das beste für mich war. Daher auch hat weder mich irgendwo das Zeichen gewarnt, noch auch bin ich gegen meine Verurteiler und gegen meine Ankläger irgend aufgebracht. Obgleich nicht in dieser Absicht sie mich verurteilt und angeklagt haben, sondern in der Meinung, mir Übles zu-
zufügen. Das verdient an ihnen getadelt zu werden. Soviel jedoch e
erbitte ich von ihnen: An meinen Söhnen, wenn sie erwachsen sind, nehmt eure Rache, ihr Männer, und quält sie ebenso, wie ich euch gequält habe, wenn euch dünkt, daß sie sich um Reichtum oder um sonst irgend etwas eher bemühen als um die Tugend; und wenn sie sich dünken, etwas zu sein, sind aber nichts: so verweist es ihnen wie ich euch, daß sie nicht sorgen, wofür sie sollten, und sich einbilden, etwas zu sein, da sie doch nichts wert sind. Und wenn ihr
das tut, werde ich Billiges von euch erfahren haben, ich selbst und 42 a
meine Söhne. Jedoch, es ist nun Zeit, daß wir gehen, ich, um zu sterben, und ihr, um zu leben. Wer aber von uns beiden zu dem besseren Geschäft hingehe, das ist allen verborgen außer nur Gott.

KRITON

GLIEDERUNG

A. Einleitung: Todessituation des S. festgelegt durch die Ankunft des Schiffes aus Delos (1. Kap., 43 a 1—43 d 6) und den Traum des S. (2. Kap., 43 d 7—44 b 4)

B. Hauptteil:

I. Kritons Argumente zur Flucht

1. Die Meinung der Menge (3. Kap., 44 b 5—44 d 10)
2. Möglichkeiten der Flucht (4. Kap., 44 e 1—45 c 4)
3. Scheinbare ethische Gründe zur Flucht (5. Kap., 45 c 5—46 a 8)

II. Widerlegung

1. Prüfung der Frage am Logos, denn nicht jede Meinung zählt (6. Kap., 46 b 1—47 a 12), nur die des Sachverständigen (7. Kap., 47 a 13 bis 47 d 6), und zwar auch beim Gerechten und Ungerechten (8. Kap., 47 d 7—48 b 10)

2. Entscheidungsgrund nur die Frage: Ist es gerecht? (9. Kap., 48 b 11 bis 49 a 3)

3. a) Prämisse: Unrecht ist weder zu tun noch zu vergelten (10. Kap., 49 a 4—49 e 8). b) Flucht bedeutet Gesetzesverletzung (11. Kap., 49 e 9—50 c 3). c) Recht des Vaterlands auf Gehorsam (12. Kap., 50 c 4—51 c 5). d) Zugeständnis dieses Rechts von jedem Bürger (13. Kap., 51 c 6—52 a 3), ganz besonders aber von S. (14. Kap., 52 a 3—53 a 7)

4. Konsequenzen einer Flucht für S. auf dieser Welt (15. Kap., 53 a 8 bis 54 b 1) und im Hades (16. Kap., 54 b 2—54 d 1)

C. Schluß: Unerschütterlichkeit dieser Überzeugung (17. Kap., 54 d 2 bis 54 e 2)

SOKRATES, KRITON

[1. Ankunft des Schiffes aus Delos]

SOKRATES: Warum bist du schon um diese Zeit gekommen, Kriton? Oder ist es nicht noch früh? 43 a

KRITON: Noch gar sehr.

SOKRATES: Welche Zeit wohl?

KRITON: Die erste Morgendämmerung.

SOKRATES: Da wundere ich mich, daß der Schließer des Gefängnisses dir hat aufmachen wollen.

KRITON: Er ist schon gut bekannt mit mir, Sokrates, weil ich oft hierher komme. Auch hat er wohl eher etwas von mir erhalten.

SOKRATES: Bist du eben erst gekommen oder schon lange?

KRITON: Schon ziemlich lange.

SOKRATES: Warum also hast du mich nicht gleich geweckt, sondern b
dich so still hingesetzt?

KRITON: Nein, beim Zeus, Sokrates, wollte ich doch selbst lieber nicht so lange gewacht haben in solcher Betrübnis. Aber sogar dir habe ich schon lange verwundert zugesehen, wie sanft du schliefst; und recht wohlbedächtig habe ich dich nicht geweckt, damit dir die Zeit noch recht sanft hingehe. Denn oft schon freilich auch sonst im ganzen Leben habe ich dich glücklich gepriesen deiner Gemütsart wegen, bei weitem aber am meisten bei dem jetzigen Unglück, wie leicht und gelassen du es erträgst.

SOKRATES: Es wäre ja auch frevelhaft, o Kriton, mich in solchem Alter unwillig darüber zu gebärden, wenn ich endlich sterben muß.

KRITON: Werden doch auch andere, Sokrates, ebenso Bejahrte von c
solchem Unglück bestrickt; aber ihr Alter schützt sie nicht davor, sich nicht unwillig zu gebärden gegen das eintretende Geschick.

SOKRATES: Wohl wahr! Aber warum doch bist du so früh gekommen?

KRITON: Um eine traurige Botschaft zu bringen, Sokrates. Nicht dir, wie ich wohl sehe, aber mir und allen deinen Freunden traurig und schwer, und die ich, wie mich dünkt, ganz besonders am schwersten ertragen werde.

SOKRATES: Was doch für eine? Ist etwa das Schiff aus Delos zu-
rückgekommen, nach dessen Ankunft ich sterben soll? d

KRITON: Noch ist es zwar nicht hier, aber ich glaube doch, es wird heute kommen, nach dem, was einige von Sunion Gekommene berichten, die es dort verlassen haben. Aus dieser Nachricht nun ergibt sich, daß es heute kommt und daß du also morgen dein Leben wirst beschließen müssen.

[2. Traum des S.]

SOKRATES: Also, o Kriton, Glück auf! Wenn es den Göttern so genehm ist, sei es so. Jedoch glaube ich nicht, daß es heute kommt.

44a KRITON: Woher vermutest du das?

SOKRATES: Das will ich dir sagen. Ich soll doch an dem folgenden Tage sterben, nachdem das Schiff gekommen ist.

KRITON: So sagen wenigstens die, die darüber zu gebieten haben.

SOKRATES: Daher glaube ich nun nicht, daß es an dem jetzt anbrechenden Tage kommen wird, sondern erst an dem nächsten. Ich schließe das aber aus einem Traume, den ich vor einer kleinen Weile in dieser Nacht gesehen habe, und beinahe mag es sich recht gelegen gefügt haben, daß du mich nicht aufgeweckt hast.

KRITON: Und was träumte dir?

SOKRATES: Es kam mir vor, als ob eine schöne wohlgestalte Frau,
b mit weißen Kleidern angetan, auf mich zukam, mich anrief und mir sagte: O Sokrates, möchtst du am dritten Tag in die schollige Phthia gelangen.

KRITON: Welch ein sonderbarer Traum, o Sokrates!

SOKRATES: Deutlich gewiß, wie mich dünkt, o Kriton!

[3. Meinung der Menge als Fluchtgrund]

KRITON: Gar sehr, wie es scheint. Aber, du wunderlicher Sokrates, auch jetzt noch folge mir und rette dich. Denn für mich ist es nicht ein Unglück nur, wenn du stirbst: sondern außerdem, daß ich eines solchen Freundes beraubt werde, wie ich nie wieder einen finden kann, werden auch viele glauben, die mich und dich nicht genau
c kennen, daß, ob ich schon imstande gewesen wäre, dich zu retten, wenn ich einiges Geld aufwenden gewollt, ich es doch verabsäumt hätte. Und was für einen schlechteren Ruf könnte es wohl geben, als dafür angesehen sein, daß man das Geld höher achte als die Freunde. Denn das werden die Leute nicht glauben, daß du selbst nicht weggehn gewollt habest, wiewohl wir alles dazu getan.

SOKRATES: Aber du guter Kriton, was soll uns doch die Meinung der Leute so sehr kümmern? Denn die Besseren, auf welche es eher lohnt, Bedacht zu nehmen, werden schon glauben, es sei so gegangen, wie es gegangen ist.

d KRITON: Aber du siehst doch nun, Sokrates, daß es nötig ist, auch um der Leute Meinung sich zu kümmern. Eben das Gegenwärtige zeigt ja genug, daß die Leute wohl vermögen, nicht das kleinste Übel nur zuzufügen, sondern wohl das größte, wenn jemand bei ihnen verleumdet ist.

SOKRATES: Möchten sie nur, o Kriton, das größte Übel zuzufügen vermögen, damit sie auch das größte Gut vermöchten. Das wäre ja vortrefflich! Nun aber vermögen sie keines von beiden. Denn weder vernünftig noch unvernünftig können sie machen; sondern sie machen nur, was sich eben trifft.

[4. Möglichkeiten der Flucht]

e KRITON: Das mag immer so sein. Dies aber, Sokrates, sage mir, ob

du auch nicht etwa um mich besorgt bist und um die anderen Freun-
de, daß nicht, wenn du von hier weggingest, die Angeber uns Hän-
del anrichten, weil wir dir heimlich fortgeholfen hätten, und wir
dann entweder unser ganzes Vermögen darangeben müßten oder
doch vieles Geld, und vielleicht noch sonst etwas dazu erleiden.
Denn wenn du dergleichen etwas fürchtest, das laß gut sein. Uns 45 a
gebührt es ja wohl, über deiner Rettung diese Gefahr auf uns zu
nehmen, und wenn es sein müßte, eine noch größere. Also gehorche
mir und tue ja nicht anders.

SOKRATES: Auch darum bin ich besorgt; auch noch um vieles andere.

KRITON: Also weder dieses befürchte. Denn zuerst ist es nicht ein-
mal viel Geld, wofür einige dich retten und von hier wegführen
wollen. Und dann, siehst du nicht diese Angeber, wie wohlfeil sie
sind und wie gar nicht viel Geld für sie nötig sein würde? Für dich
also, glaube ich, würde auch mein Geldvorrat hinreichend sein. b
Wenn du aber etwa aus Vorsorge für mich nicht leiden wolltest, daß
ich von dem meinigen aufwendete: so sind hier die Fremden bereit,
es auszulegen. Ja, einer hat ausdrücklich hierzu eine hinreichende
Summe zur Stelle gebracht, Simmias von Theben. Auch Kebes ist
bereit und gar viele andere. So daß, wie gesagt, weder aus dieser
Besorgnis du es aufgeben darfst, dich zu retten, noch auch, was du
vor Gericht sagtest, dir hinderlich sein muß, daß du nämlich nach dei-
ner Auswanderung von hier nicht wissen würdest, was du anfan-
gen solltest mit dir selbst. Denn an vielen Orten auch anderwärts, c
wohin du nur kämest, würde man dich gern sehen; wolltest du aber
nach Thessalien gehen, so habe ich dort Gastfreunde, die dich sehr
wert achten und dir Sicherheit genug gewähren würden, so daß dir
niemand etwas anhaben dürfte in Thessalien.

[5. Ethische Gründe zur Flucht] Ferner, Sokrates, dünkt mich auch
nicht einmal recht zu sein, daß du darauf beharrst, dich selbst preis-
zugeben, da du dich retten kannst, und selbst betreibst, daß es so
mit dir werde, wie nur deine Feinde es betreiben könnten und be-
trieben haben, welche dich verderben wollen. Überdies dünkst du
mich deinen eigenen Söhnen untreu zu sein, die du ja auferziehen d
und ausbilden könntest, nun aber verläßt du sie und gehst davon,
so daß es ihnen, was dich anlangt, ergehen wird, wie es sich trifft.
Es wird sie aber wahrscheinlich so treffen, wie es Waisen zu erge-
hen pflegt im Waisenstande. Denn entweder solltest du keine Kin-
der erzeugt haben oder auch treulich aushalten bei ihrer Erziehung
und Ausbildung. Du aber scheinst das Bequemste zu erwählen; und
solltest doch, was ein tüchtiger und tapferer Mann wählen würde,
nur das wählen, da du ja behauptest, dein ganzes Leben hindurch
dich der Tugend befleißigt zu haben. Wie denn auch ich für dich und
für uns deine Freunde mich schäme, daß es fast das Ansehen hat, als e
ob diese ganze Geschichte mit dir nur durch eine Unmännlichkeit von
unserer Seite so geschehen sei, sowohl die Einlassung der Klage, daß
du dich vor Gericht gestellt hast, da es dir freistand, dich nicht zu
stellen, als auch der ganze Rechtshandel selbst, wie er ist geführt wor-

den; und nun gar dieses Ende, recht das Lächerliche von der Ge-
schichte, wird uns nur aus Feigheit und Unmännlichkeit entgangen
46 a zu sein scheinen, die wir dich nicht gerettet haben, noch du dich selbst,
da es gar wohl möglich gewesen wäre und auch ausführbar, wenn
wir nur irgend etwas nutz waren. Dies also, o Sokrates, sieh wohl zu,
daß es nicht außer dem Unglück auch zur Schande gereiche dir wie
uns. Also berate dich! Oder es ist vielmehr nicht einmal mehr Zeit,
sich zu beraten, sondern sich beraten zu haben. Und es gibt nur einen
Rat. Denn in der nächsten Nacht muß dies alles geschehen sein, oder
wenn wir zaudern, ist es unausführbar und nicht mehr möglich.
Also auf alle Weise, Sokrates, gehorche mir, und tue ja nicht an-
ders.

[6. Prüfung der Frage am Logos: denn nicht jede Meinung zählt]

b Sokrates: Deine Sorge um mich, du lieber Kriton, ist viel wert,
wenn sie nur irgend mit dem Richtigen bestehen könnte; wo aber
nicht, so ist sie je dringender um desto peinlicher. Wir müssen also
erwägen, ob dies wirklich tunlich ist oder nicht. Denn nicht jetzt nur,
sondern schon immer habe ich ja das an mir, daß ich nichts ande-
rem von mir gehorche als dem Satze, der sich mir bei der Untersu-
chung als der beste zeigt. Das aber, was ich schon ehedem in mei-
nen Reden festgesetzt habe, kann ich ja nun nicht verwerfen, weil
mir dieses Schicksal geworden ist; sondern jene Reden erscheinen
c mir noch ganz als dieselben, und ich schätze und ehre sie noch eben-
so wie vorher. Wenn wir also nicht bessere als sie jetzt vorzutragen
haben: so wisse nur, daß ich dir nicht nachgeben werde, und wenn
auch die Macht der Menge noch mehr, als schon geschieht, um uns
wie Kinder einzuschrecken, Gefangenschaft und Tod auf uns los-
ließe und Verlust des Vermögens. Wie können wir also dies recht zu
unserer Befriedigung untersuchen? Wenn wir zuerst den Satz auf-
nehmen wegen der Meinungen, von dem du sprichst, ob wohl für
d jeden Fall gut gesagt war oder nicht, daß man auf einige Meinun-
gen zwar achten müsse, auf andere aber nicht? Oder ob es zwar, ehe
ich sterben sollte, gut gesagt war, nun aber offenbar geworden ist,
daß es nur obenhin des Redens wegen gesagt, in der Tat aber nichts
war als Scherz und Geschwätz? Ich meines Teils habe Lust, Kriton,
dies mit dir gemeinschaftlich zu untersuchen: ob diese Rede mir
jetzt etwa wunderlicher erscheinen wird, nun es so mit mir steht,
oder noch ebenso; und demgemäß wollen wir sie entweder gehen
lassen oder ihr gehorchen. So aber, glaube ich, wurde sonst immer von
denen behauptet, die etwas zu sagen meinten, wie ich jetzt eben sag-
e te, daß von den Meinungen, welche die Menschen hegen, man ei-
nige zwar sehr hoch achten müsse, andere aber nicht. Sprich nun,
Kriton, bei den Göttern, dünkt dich dies nicht gut gesagt zu sein?
Denn du bist doch menschlichem Ansehen nach fern davon, morgen
47 a sterben zu müssen, und das bevorstehende Schicksal könnte dich
nicht berücken. Erwäge also: scheint dir das nicht gut gesagt, daß
man nicht alle Meinungen der Menschen ehren muß, sondern eini-
ge wohl, andere aber nicht, und auch nicht aller Menschen, sondern

die einiger wohl, die anderer aber nicht? Was meinst du? Ist das nicht gut gesagt?

KRITON: Gut.

SOKRATES: Nämlich doch die guten Meinungen soll man ehren, die schlechten nicht?

KRITON: Ja.

SOKRATES: Und die guten, sind das nicht die der Vernünftigen, die schlechten aber die der Unvernünftigen?

KRITON: Wie anders?

[7. . . . nur die des Sachverständigen]

SOKRATES: Wohlan, wie wurde wiederum hierüber gesprochen?
Ein Mann, der Leibesübungen treibt und sich dies zum eigentlichen b
Geschäfte macht, wird der wohl auf jedermanns Lob und Tadel und
Meinung achten, oder nur auf jenes einen allein, die des Arztes oder
des Turnmeisters?

KRITON: Auf jenes allein.

SOKRATES: Also fürchten muß er auch nur den Tadel und Freude haben nur an dem Lobe jenes einen, und nicht der Menge?

KRITON: Offenbar.

SOKRATES: Auf die Art also muß er zu Werke gehn und sich üben und essen und trinken, wie dieser eine es gut findet, der Meister und Sachverständige, vielmehr als wie alle anderen insgesamt.

KRITON: So ist es.

SOKRATES: Wohl! Ist er aber diesem einen unfolgsam und achtet c
seine Meinung und sein Lob gering, höher aber das der andern, un-
kundigen Leute: wird ihm dann nichts Übles begegnen?

KRITON: Wie sollte es ihm nicht?

SOKRATES: Was ist nun wohl dieses Übel? Worauf zielt es, und was trifft es von dem Unfolgsamen?

KRITON: Seinen Leib offenbar: denn diesen zerrüttet er.

SOKRATES: Wohl gesprochen. Ist es nun nicht ebenso mit allem an-
dern, Kriton, damit wir nicht alles durchgehn; also auch mit dem
Gerechten und Ungerechten, dem Schändlichen und Schönen, dem
Guten und Bösen, worüber wir eben jetzt beratschlagen, ob wir
hierin der Meinung der Vielen folgen und sie fürchten müssen, oder d
nur der des einen, wenn es einen Sachverständigen hierin gibt, den
man mehr scheuen und fürchten muß als alle anderen, welchem
dann nicht folgend wir uns das verderben werden und verstüm-
meln, was eben durch das Recht besser wird, durch das Unrecht
aber untergeht. Oder gibt es dergleichen nichts?

KRITON: Jawohl, denke ich wenigstens, Sokrates.

[8. . . . und zwar auch beim Gerechten und Ungerechten]

SOKRATES: Wohlan denn! Wenn wir nun das, was durch das Un-
gesunde zerrüttet, durch das Gesunde aber gebessert wird, indem
wir nicht der Sachkundigen Meinung gehorchen, zerrüttet haben,
lohnt es wohl noch zu leben nach dessen Zerrüttung? Dies ist aber e
doch der Leib? Oder nicht?

Kriton: Ja.

Sokrates: Lohnt es nun wohl, zu leben mit einem abgeschwächten und zerrütteten Leibe?

Kriton: Keineswegs.

Sokrates: Allein, wenn jenes zerrüttet ist, soll es doch noch lohnen zu leben, was eben durch Unrechthandeln beschädigt wird, durch Rechthandeln aber gewinnt? Oder halten wir das etwa für schlechter als den Leib, was es auch sei von dem unsrigen, worauf Gerechtig-
48 a keit und Ungerechtigkeit sich beziehen?

Kriton: Keineswegs.

Sokrates: Sondern für edler?

Kriton: Bei weitem.

Sokrates: Also keineswegs, o Bester, haben wir das so sehr zu bedenken, was die Leute sagen werden von uns, sondern was der eine, der sich auf Gerechtes und Ungerechtes versteht, und die Wahrheit selbst. So daß du schon hierin die Sache nicht richtig einleitest, wenn du vorträgst, wir müßten auf die Meinung der Leute vom Gerechten, Schönen und Guten und dem Gegenteil Bedacht nehmen. Aber doch, könnte wohl jemand sagen, haben die Leute es ja in ihrer Gewalt, uns zu töten.

b Kriton: Offenbar freilich auch dieses; und so könnte es leicht jemand sagen, o Sokrates.

Sokrates: Ganz wahr. Allein, du Wunderlicher, nicht nur dieser Satz selbst, den wir durchgenommen, erscheint mir wenigstens noch immer ebenso wie vorher; sondern betrachte nun auch diesen, ob er uns noch fest steht oder nicht, daß man nämlich nicht das Leben am höchsten achten muß, sondern das gut Leben.

Kriton: Freilich besteht der.

Sokrates: Und daß das Gute mit dem gerecht und sittlich Leben einerlei ist, besteht der, oder besteht er nicht?

Kriton: Er besteht.

[9. Entscheidungsgrund nur die Frage: Ist es gerecht?]

Sokrates: Also von dem Eingestandenen aus müssen wir dieses erwägen, ob es gerecht ist, daß ich versuche, von hier fortzugehen,
c ohne daß die Athener mich fortlassen, oder nicht gerecht. Und wenn es sich als gerecht zeigt, wollen wir es versuchen: wo nicht, es unterlassen. Die du aber vorbringst, o Kriton, die Überlegungen über Verlust des Geldes und den Ruf und die Erziehung der Kinder, daß das nur nicht recht eigentlich Betrachtungen dieser Leute sind, die leichtsinnig töten und ebenso auch hernach gern wieder lebendig machten, wenn sie könnten, alles ohne Vernunft; und daß nur nicht im Gegenteil für uns, da ja unsere Rede es so festgesetzt, gar nichts anderes zu überlegen ist, als, wie wir eben sagten, ob wir gerecht handeln werden, wenn wir denen, welche mich von hier fortbrin-
d gen wollen, Geld zahlen und Dank dazu, und wenn wir selbst, ihr mich fortbringt und ich mich fortbringen lasse, oder ob wir nicht in Wahrheit unrecht handeln werden, indem wir dies alles tun! Und wenn sich zeigt, wir können dies nur ungerechterweise ausführen,

daß wir dann nur nicht jenes, ob wir sterben müssen, wenn ich hier bleibe und mich ruhig verhalte, oder was sonst erleiden, gar nicht in Anschlag bringen dürfen gegen das Unrechthandeln.

Kriton: Schön dünkt mich das gesagt, Sokrates. Sieh aber, was wir tun wollen.

Sokrates: Gemeinschaftlich, du Guter, wollen wir das überlegen; und hast du etwas einzureden, wenn ich rede, so rede ein, und ich e
will dir folgen. Wo aber nicht, so höre auf, mir immer dieselbe Rede zu wiederholen, ich solle wider der Athener Willen von hier fortgehn. Denn es ist mir ja wohl viel wert, wenn du mich überredest, dieses zu tun, nur nicht wider meinen Willen. Betrachte also den Anfang der Untersuchung, ob er dir genügt, und suche das Gefragte 49 a
zu beantworten nach deiner besten Meinung.

Kriton: Das will ich versuchen.

[10. Unrecht ist weder zu tun noch zu vergelten]

Sokrates: Sagen wir, man müsse auf gar keine Weise vorsätzlich Unrecht tun oder auf einige zwar, nur auf andere nicht? Oder ist auf keine Weise das Unrechthandeln weder gut noch schön, wie wir oft ehedem übereingekommen sind und auch jetzt eben gesagt worden? Oder sind uns alle jene Behauptungen von ehedem seit diesen wenigen Tagen verschüttet? Und so lange, o Kriton, haben wir, so bejahrte Männer, nicht gemerkt, daß wir im ernsthaftesten Gespräch miteinander doch nichts besser waren als Kinder? Oder b
verhält es sich auf alle Weise so, wie wir damals sagten, die Leute mögen es nun annehmen oder nicht, und es mag uns nun deshalb noch härter ergehen als jetzt oder auch besser, das Unrechttun ist doch dem, der es tut, schädlich und schändlich auf alle Weise? Wollen wir dies sagen oder nicht?

Kriton: Das wollen wir.

Sokrates: Auf keine Weise also soll man Unrecht tun?

Kriton: Nein freilich.

Sokrates: Also auch nicht der, dem Unrecht geschehen ist, darf wieder Unrecht tun, wie die meisten glauben, wenn man doch auf keine Weise Unrecht tun darf?

Kriton: Es scheint nicht. c

Sokrates: Und wie doch? Darf man mißhandeln oder nicht?

Kriton: Man darf es wohl nicht, Sokrates.

Sokrates: Aber wie, wieder mißhandeln, nachdem man schlecht behandelt worden, ist das, wie die meisten sagen, gerecht, oder nicht?

Kriton: Auf keine Weise.

Sokrates: Denn jemanden schlecht behandeln ist nicht unterschieden vom Unrechttun.

Kriton: Wahr gesprochen.

Sokrates: Also weder wiederbeleidigen darf man, noch irgendeinen Menschen mißhandeln, und wenn man auch, was es immer sei, von ihm erleidet. Und siehe wohl zu, Kriton, wenn du dies eingestehst, daß du es nicht gegen deine Meinung eingestehst. Denn ich d

weiß wohl, daß nur wenige dieses glauben und glauben werden.
Welche also dies annehmen, und welche nicht, für die gibt es keine
gemeinschaftliche Beratschlagung; sondern sie müssen notwendig
einander gering achten, wenn einer des andern Entschließungen
sieht. Überlege also auch du recht wohl, ob du Gemeinschaft mit mir
machst und dies auch annimmst und wir hiervon unsere Beratung
anfangen wollen, daß niemals weder Beleidigen noch Wiederbelei-
digen recht ist, noch auch, wenn einem Übles geschieht, sich dadurch
helfen, daß man wieder Übles zufügt; oder ob du abstehst und kei-
e nen Teil haben willst an diesem Anfang. Ich meines Teils habe
schon immer dieses angenommen und auch jetzt noch. Du aber,
nimmst du irgend etwas anderes an, so sprich und trage es vor;
bleibst du aber bei dem ehemaligen, so höre nun das Weitere.

KRITON: Allerdings bleibe ich dabei und nehme es mit dir an. Also sage.

SOKRATES: Ich sage also hierauf weiter, oder vielmehr ich frage, ob, was jemand jemandem Billiges versprochen hat, er auch leisten müsse, oder ob er betrügen dürfe?

KRITON: Leisten muß er es.

[11. Flucht bedeutet Gesetzesverletzung]

SOKRATES: Von hier aus nun schaue um. Wenn wir, ohne die Stadt
50 a zu überreden, von hier weggehen, ob wir dann jemanden schlecht
behandeln, und zwar die, welchen es am wenigsten geschehen soll-
te, oder ob nicht? Und ob wir an dem halten, was wir Billiges ver-
sprochen haben, oder ob nicht?

KRITON: Darauf weiß ich nicht zu antworten, Sokrates, was du fragtest: denn ich verstehe es nicht.

SOKRATES: Erwäge es denn so. Wenn, indem wir von hier davon-
laufen wollten, oder wie man dies sonst nennen soll, die Gesetze
kämen und das gemeine Wesen dieser Stadt und, uns in den Weg
tretend, fragten: Sage mir, Sokrates, was hast du im Sinne zu tun?
Ist es nicht so, daß du durch diese Tat, welche du unternimmst, uns
b den Gesetzen und also dem ganzen Staat den Untergang zu berei-
ten gedenkst, soviel an dir ist? Oder dünkt es dich möglich, daß je-
ner Staat noch bestehe und nicht in gänzliche Zerrüttung gerate,
in welchem die abgetanen Rechtssachen keine Kraft haben, sondern
von Einzelpersonen können ungültig gemacht und umgestoßen wer-
den? Was sollen wir hierauf und auf mehr dergleichen sagen, Kri-
ton? Denn noch gar vieles könnte einer, und zumal ein Redner, vor-
bringen zum Besten dieses gefährdeten Gesetzes, welches befiehlt,
daß die geschlichteten Rechtssachen sollen gültig bleiben. Oder sol-
c len wir zu ihnen sagen: die Stadt hat uns ja unrecht getan und
die Klage nicht recht gerichtet? Dies, oder was sollen wir sagen?

KRITON: Dies beim Zeus.

[12. Recht des Vaterlandes auf Gehorsam]

SOKRATES: Wie nun, wenn die Gesetze sagten: O Sokrates, war denn auch das unser Abkommen, oder vielmehr, dich dabei zu beru-

higen, wie die Stadt die Rechtssachen schlichtet? Wenn wir uns nun über ihre Rede wunderten, würden sie vielleicht sagen: Wundere dich nicht, Sokrates, über das Gesagte, sondern antworte, da du ja gewohnt bist, in Fragen und Antworten zu reden. Denn sprich, welche Beschwerden hast du gegen uns und die Stadt, daß du d
suchst, uns zugrunde zu richten? Sind wir es nicht zuerst, die dich zur Welt gebracht haben, und durch welche dein Vater deine Mutter bekommen und dich gezeugt hat? Erkläre also, tadelst du etwas an denen unter uns Gesetzen, die sich auf die Ehe beziehen, was nicht gut wäre? Nichts tadle ich, würde ich dann sagen. Aber an den Gesetzen über des Geborenen Auferziehung und Unterricht, nach denen auch du bist unterrichtet worden? Ist es etwa nicht gut, was die unter uns, die hierüber gesetzt sind, gebieten, indem sie deinem Vater auflegten, dich in den Geistesübungen und Leibes- e
künsten zu unterrichten? Sehr gut, würde ich sagen. Wohl. Nachdem du nun geboren, auferzogen und unterrichtet worden, kannst du zuerst wohl leugnen, daß du unser warst als Abkömmling und Knecht, du und deine Vorfahren? Und wenn sich dies so verhält, glaubst du, daß du gleiches Recht hast mit uns und daß, was immer wir uns beigehen lassen, dir anzutun, auch du das Recht habest, uns wieder zu tun? Oder hattest du gegen deinen Vater zwar nicht gleiches Recht oder gegen deinen Herrn, wenn du einen gehabt hättest, so daß du, was dir geschähe, ihm wieder antun dürftest, weder wenn er dich verunglimpfte, widersprechen, noch wenn er dich schlug, wie- 51 a
derschlagen und mehreres dergleichen: gegen das Vaterland aber und gegen die Gesetze soll es dir erlaubt sein, so daß, wenn wir darauf ausgingen, dich zugrunde zu richten, indem wir es für gerecht hielten, auch du wieder auf unsern, der Gesetze und des Vaterlands Untergang, so viel an dir ist, ausgehen und dann sagen dürftest, du handeltest hierin recht, du, der sich in Wahrheit der Tugend befleißigt? Oder bist du so weise, daß du nicht weißt, wieviel höher als Vater und Mutter und alle anderen Vorfahren das Vaterland geachtet ist und wieviel ehrwürdiger und heiliger bei den Göttern und b
bei allen Menschen, welche Vernunft haben? Und wie man ein aufgebrachtes Vaterland noch mehr ehren und ihm nachgeben und es besänftigen muß als einen Vater und entweder es überzeugen oder tun, was es befiehlt, und was es zu leiden auflegt ganz ruhig leiden, wenn es auch wäre, dich schlagen zu lassen oder dich fesseln zu lassen oder wenn es dich in den Krieg schickt, wo du verwundet und getötet werden kannst, du dies doch alles tun mußt und es so allein recht ist? Und daß du nicht weichen und nicht weggehen und nicht deine Stelle verlassen mußt, sondern im Kriege und vor Gericht und überall tun, was der Staat gebietet und das Vaterland, c
oder es überzeugen, was eigentlich Recht sei? Gewalt aber nicht ohne Frevel gebraucht werden kann gegen Vater oder Mutter und noch viel weniger als gegen sie gegen das Vaterland? Was sollen wir hierauf sagen, o Kriton? Daß es wahr ist, was die Gesetze sagen, oder nicht?

KRITON: Mich dünkt, ja.

[13. Zugeständnis dieses Rechts von jedem Bürger]

SOKRATES: Überlege also, o Sokrates, würden die Gesetze vielleicht
weiter sagen, wenn wir dies wahr gesprochen haben, daß du als-
dann nicht mit Recht uns das antun willst, was du jetzt willst. Denn
wir, die wir dich zur Welt gebracht, auferzogen, unterrichtet und
d alles Gute, was nur in unserm Vermögen stand, dir und jedem Bür-
ger mitgeteilt haben, wir verkünden dennoch, indem wir Freiheit
gestatten jedem Athener, der es nur will, daß, wenn jemand Bür-
ger geworden ist und den Zustand der Stadt und uns, die Gesetze,
kennengelernt hat und wir ihm dann nicht gefallen, er das Seinige
nehmen und fortgehen dürfe, wohin er nur will. Und keins von uns
Gesetzen steht im Wege oder verbietet, wenn jemand von euch, dem
wir und die Stadt nicht gefallen, in eine Pflanzstadt ziehen will oder
auch anderswohin sich als Schutzverwandter ansiedeln, dorthin zu
e gehen, wo er nur will, mit Beibehaltung alles des Seinigen. Wer von
euch aber geblieben ist, nachdem er gesehen, wie wir die Rechtssa-
chen schlichten und sonst die Stadt verwalten, von dem behaupten
wir dann, daß er uns durch die Tat angelobt habe, was wir nur im-
mer befehlen möchten, wolle er tun. Und wer nicht gehorcht, sagen
wir, der tue dreifach Unrecht, weil er uns als seinen Erzeugern nicht
gehorcht und nicht als seinen Erziehern und weil er, unerachtet er
uns angelobt, er wolle gewiß gehorchen, doch weder gehorcht noch
uns überzeugt, wo wir etwas nicht recht tun; und da wir ihm doch
52 a vortragen und nicht auf rauhe Art gebieten, was wir anordnen,
sondern freistellen eins von beiden, entweder uns zu überzeugen
oder zu folgen, er doch hiervon keines tut.

[14. ... ganz besonders aber von S.] Und diese Verschuldungen nun,
behaupten wir, werden auch auf dir, Sokrates, haften, wenn du aus-
führst, was du im Sinne hast, und zwar auf dir nicht am wenigsten
unter den andern Athenern, sondern wohl ganz vorzüglich. Wenn
ich nun fragte: Weshalb denn das? so würden sie mich wohl ganz
recht angreifen, wenn sie sprächen, daß ich ganz vorzüglich vor an-
dern Athenern ihnen das Versprechen geleistet hätte. Denn, würden
b sie sagen, hiervon haben wir große Beweise, daß wir sowohl als die
Stadt dir wohl gefallen haben. Sonst würdest du ja wohl nicht so
vorzüglich vor allen Athenern immer einheimisch darin geblieben
sein, wenn sie dir nicht vorzüglich gefiele. Denn weder bist du je
zur Schau der großen Feste aus der Stadt herausgegangen, außer
einmal auf den Isthmos, noch sonst irgendwohin anders als nur
mit dem Heere ziehend, oder hast sonst eine Reise gemacht, wie an-
dere Menschen, noch auch hat dich jemals Lust angewandelt, ande-
re Städte und andere Gesetze zu sehen, sondern wir genügten dir
c und unsere Stadt: so sehr zogst du uns vor und gelobtest uns ge-
mäß dein Bürgerleben zu führen, hast auch überdies Kinder in der
Stadt erzeugt, weil sie dir gefiel. Ja auch noch während des Rechts-
handels konntest du dir ja die Verweisung zuerkannt haben, wenn
du gewollt hättest, und so, was du jetzt gegen den Willen der Stadt
unternimmst, damals mit ihrem Willen tun. Du aber tatest damals

gar schön, als wärest du gar nicht unwillig, wenn du sterben müß-
test, sondern wähltest, wie du sagtest, lieber als die Verweisung den
Tod: nun hingegen schämst du dich weder vor jenen deinen Reden,
noch scheust du uns, die Gesetze, sondern versuchst uns zu zerstören
und handelst, wie nur der schlechteste Knecht handeln könnte, in- d
dem du zu entlaufen versuchst gegen alle Verträge und Versprechun-
gen, nach denen du uns versprochen hast, als Bürger zu leben. Zu-
erst also beantworte uns nur dieses, ob wir die Wahrheit reden, in-
dem wir behaupten, du habest nach unserer Anordnung dein Bür-
gerleben zu führen uns durch die Tat versprochen, nicht bloß durch
Worte, oder nicht die Wahrheit? Was sollen wir hierauf sagen, Kri-
ton? Sollen wir es nicht einräumen?

Kriton: Wir müssen wohl, Sokrates.

Sokrates: Ist es also nicht so, würden sie sagen, daß du deine
Verträge mit uns und deine Versprechungen übertrittst, die du doch e
nicht gezwungen abgelegt hast noch überlistet noch in der Notwen-
digkeit, dich in kurzer Zeit zu beraten, sondern siebzig Jahre lang,
während deren du hättest fortgehen können, wenn wir dir nicht ge-
fielen und du die Bedingungen nicht für billig hieltest. Du aber hast
weder Lakedaimon vorgezogen noch Kreta, die du doch immer
rühmst als wohlgeordnete Staaten, noch irgendeinen andern von
den hellenischen Staaten oder von den unhellenischen, sondern we- 53 a
niger hast du dich von hier entfernt, als die Lahmen, Blinden und
andere Verstümmelte. So vorzüglich vor allen Athenern hat dir die
Stadt gefallen, und wir, die Gesetze, also auch. Denn wem würde
eine Stadt wohl gefallen ohne die Gesetze! Und nun also willst du
doch dem Versprochenen nicht treu bleiben? Wohl, wenn du uns
folgst, o Sokrates, und wirst dich nicht lächerlich machen durch dei-
nen Auszug aus der Stadt.

[15. Konsequenzen einer Flucht für S. hier] Denn erwäge nur,
wenn du es übertrittst und etwas davon verletzt, was du Gutes dir
selbst bereiten wirst und deinen Freunden. Denn daß deine Freun-
de ja freilich in Gefahr geraten, auch selbst flüchtig zu werden b
und sich der Stadt entsagen zu müssen oder ihr Vermögen einzu-
büßen, das ist wohl offenbar. Du selbst aber, wenn du zuerst in
eine der nächstgelegenen Städte gehst, sei es nach Theben oder
nach Megara, denn wohleingerichtet sind beide: so kommst du
als ein Feind ihrer Verfassung; und wer nur seiner eignen Stadt
zugetan ist, wird dich scheel ansehen als einen Verderber der Ge-
setze, und so wirst du nur das Ansehen deiner Richter befestigen, daß
sie dafür gelten werden, in deiner Sache recht gerichtet zu haben:
denn wer der Gesetze Verderber ist, muß wohl gar sehr dafür ge- c
halten werden, auch der jüngeren und noch unvernünftigen Men-
schen Verderber zu sein. Willst du also etwa die wohleingerichtet-
sten Staaten und die ehrenwertesten Menschen meiden? Und wenn
du dieses tust, wird es dir etwa noch lohnen zu leben? Oder willst
du dich zu ihnen halten und unverschämt genug sein, was doch für
Reden vorzubringen, o Sokrates? Etwa dieselben wie hier, daß über

Tugend und Gerechtigkeit nichts gehe für den Menschen und über Ordnungen und Gesetze? Und glaubst nicht, des Sokrates Sache d werde dann ganz unanständig erscheinen? Wohl muß man das glauben! Aber aus diesen Gegenden wirst du dich wohl fortmachen und dich nach Thessalien begeben zu den Gastfreunden des Kriton! Denn dort sind ja Unordnung und Ungebundenheit am größten, und die möchten dir wohl mit Vergnügen zuhören, wie lächerlich du aus dem Gefängnis entlaufen bist, in irgendein Stück Zeug eingehüllt oder mit einem gemeinen Kittel umgetan, oder wie sich sonst die Entfliehenden zu verkleiden pflegen, und nachdem du dich ganz unkenntlich gemacht. Daß du aber als ein alter Mann, dem wahrscheinlich nur noch wenig Lebenszeit übrig ist, dich nicht gescheut e hast, mit solcher Gier nach dem Leben lüstern zu sein mit Übertretung jedes heiligsten Gesetzes, wird das niemand sagen? Vielleicht nicht, wenn du niemanden beleidigst: wenn aber, o Sokrates, dann wirst du auch viel deiner Unwürdiges hören müssen. Kriechend also vor allen Menschen wirst du leben; und was denn tun als schmausen in Thessalien? So daß du wie zum Gastgebot wirst hingereist scheinen nach Thessalien! Und jene Reden von der Gerechtigkeit 54 a und von den übrigen Tugenden, wo werden uns die bleiben? Doch deiner Kinder wegen willst du leben, um sie selbst aufzuziehen und zu unterrichten? Wie also? Nach Thessalien willst du sie mitnehmen und dort aufziehen und unterrichten? Und sie zu Fremdlingen machen, damit sie dir auch das noch zu verdanken haben? Oder das wohl nicht; aber hier sollten sie, wenn du nur lebst, besser aufgezogen und unterrichtet werden, obgleich du nicht bei ihnen bist? Deine Freunde nämlich werden sich ihrer annehmen. Ob nun wohl, wenn du nach Thessalien wanderst, sie sich ihrer annehmen werden, wenn du aber in die Unterwelt wanderst, dann nicht? Wenn b sie anders etwas wert sind, die deine Freunde zu sein behaupten, so muß man es ja wohl glauben.

[16. ... und im Hades] Also, Sokrates, gehorche uns, deinen Erziehern, und achte weder die Kinder, noch das Leben, noch irgend etwas anderes höher als das Recht, damit, wenn du in die Unterwelt kommst, du dies alles zu deiner Verteidigung anführen kannst den dortigen Herrschern. Denn es zeigt sich ja weder hier für dich besser oder gerechter oder frömmer, dies wirklich auszuführen, oder für irgendeinen der Deinigen, noch auch wird es, wenn du dort ankommst, besser für dich sein. Sondern wenn du jetzt hingehst, so gehst du hin als einer, der Unrecht erlitten hat, nicht zwar von uns c Gesetzen, sondern von Menschen. Entfliehst du aber so schmählich, Unrecht und Böses mit gleichem vergeltend, deine eignen Versprechungen und Verträge mit uns verletzend und allen denen Übles zufügend, denen du es am wenigsten solltest, dir selbst nämlich, deinen Freunden, dem Vaterlande und uns: so werden nicht nur wir auf dich zürnen, solange du lebst, sondern auch unsere Brüder, die Gesetze der Unterwelt, werden dich nicht freundlich aufnehmen, wenn sie wissen, daß du auch uns zugrunde zu richten versucht hast,

so viel an dir war. Also, daß ja nicht Kriton mehr dich überrede, zu tun, was er sagt, als wir. d

[17. Unerschütterlichkeit dieser Überzeugung] Dies, lieber Freund Kriton, glaube ich zu hören, wie die, welche das Ohrenklingen haben, die Flöte zu hören glauben. Denn auch in mir klingt so der Ton dieser Reden und macht, daß ich andere nicht hören kann. Also wisse nur, was meine jetzige Überzeugung betrifft, daß, wenn du etwas hiergegen sagst, du es vergeblich reden wirst. Dennoch aber, wenn du glaubst, etwas damit auszurichten, so sprich.

KRITON: Nein, Sokrates, ich habe nichts zu sagen.

SOKRATES: Wohl denn, Kriton! So laß uns auf diese Art handeln, e
da uns hierhin der Gott leitet.

PROTAGORAS

GLIEDERUNG

A. Einleitung: Nach dem Zusammensein mit dem «weisesten Mann»: Protagoras (1. Kap., 309 a 1—310 a 7)

B. Hauptteil: Erzählung des Sokrates

I. Vorspiel am Morgen:

1. Eifer des Hippokrates, Protagoras zu hören (2. Kap., 310 a 8—311 a 7).

2. Erprobung des jungen Mannes: a) Zweck des Unterrichts bei dem Sophisten (3. Kap., 311 a 8—312 b 6). b) Was ist ein Sophist? (4. Kap., 312 b 7—312 e 6). c) Sophistischer Unterricht bedeutet Gefahr für die Seele (5. Kap., 313 a 1—314 c 2).

3. Hindernisse beim Eintritt ins Haus des Kallias (6. Kap., 314 c 3 bis 314 e 2).

II. Die Gespräche bei Kallias:

1. Einleitung: a) Aufzug der Sophisten (7. Kap.. 314 e 3—316 a 5), b) Zurüstung zum Gespräch. Protagoras über Alter und Art seiner Kunst (8. Kap., 316 a 6—317 e 2).

2. Die Thesen: a) Behauptung des Prot., zum guten Staatsbürger zu erziehen (9. Kap., 317 e 3—319 a 7). b) Gegenthese des Sokr.: die Tugend nicht lehrbar (10. Kap., 319 a 8—320 c 7).

3. Antwort des Protagoras durch einen Mythus und daraus zu ziehende Folgerungen: a) Ausstattung des Menschen mit Kunstfertigkeit und Feuer durch Prometheus (11. Kap., 320 c 8—322 a 2). b) Verteilung der bürgerlichen Tugend an alle. Grund dafür (12. Kap., 322 a 3—323 c 2). c) Erweis, daß alle Menschen die Tugend für lehrbar halten (13. Kap., 323 c 3—324 d 1). d) Postulat, daß die vortrefflichen Männer ihre Söhne in der Tugend unterrichten (14. Kap., 324 d 2—325 c 5). e) Ständiges Handeln der Menschen nach dieser Maxime (15. Kap., 325 c 6—326 e 5). f) Grund für das Mißraten der Söhne von guten Vätern (16. Kap., 326 e 6—328 d 2).

4. Problem des Sokrates: a) Sind die Einzeltugenden Teile der Tugend oder nur verschiedene Namen? (17. Kap., 328 d 3—329 d 2). b) Bestimmung des Teilseins der Tugenden (18. Kap., 329 d 3—330 e 2). c) Widersprüchlichkeit einer Trennung der Teile (19. Kap., 330 e 3 bis 332 a 4). d) Beweis der Identität von Weisheit und Besonnenheit (20. Kap., 332 a 4—333 d 3). e) Prot. über die Relativität des Nützlichen (21. Kap., 333 d 3—334 c 6).

5. Methodisches Intermezzo: a) Drängen des S. auf kurze Gesprächsführung (22. Kap., 334 c 7—336 b 6). b) Alkibiades, Kritias und Prodikos zur Methode der Weiterführung des Gesprächs (23. Kap., 336 b 7—337 c 6). c) Vermittlungsvorschlag des Hippias (24. Kap., 337 c 6—338 b 1). d) Festlegung der Art der Fortsetzung des Gesprächs durch S. (25. Kap., 338 b 2—338 e 6).

6. Protagoras Gesprächsführer. Auslegung des Simonides: a) Enthält seine Dichtung einen Widerspruch? (26. Kap., 338 e 6—340 d 5). b) Bedeutung von «schwer» (27. Kap., 340 d 6—342 a 5). S. über das Gedicht: c) Weisheit der Lakedaimonier und Absicht des Sim. (28. Kap., 342 a 6—343 c 5). d) Aufzeigung der Absicht am «schon» des Anfangs (29. Kap., 343 c 6—344 b 5). e) Unmöglichkeit, ein trefflicher Mann dauernd zu sein (30. Kap., 344 b 6—345 c 3). f) Grund des Tadels an Pittakos (31. Kap., 345 c 4—347 a 5).

7. Ablehnung der Gedichtauslegung durch S. Prot. zum Antworten genötigt (32. Kap., 347 a 6—348 c 4).

8. Sokrates Gesprächsführer: a) Rückgang zur Frage nach der Einheit der Tugend (33. Kap., 348 c 5—349 d 1). b) Weisheit gleich Tapferkeit? Einspruch des Prot. (34. Kap., 349 d 2—351 b 2). Beweis der These durch S.: c) Die Lust und das Gute. Macht oder Ohnmacht der Erkenntnis (35. Kap., 351 b 3—353 b 6). d) Lust und Unlust als Handlungsprinzipien der Menge (36. Kap., 353 c 1—355 b 3). e) Verkehrtes Handeln beruht auf Unverstand (37. Kap., 355 b 3—357 e 8). f) Niemand wählt freiwillig das Böse (38. Kap., 358 a 1—359 a 1). g) Folgerung: Tapferkeit gleich Wissen (39. Kap., 359 a 2—360 e 5).

9. Verweis auf die Frage nach der Tugend selbst (40. Kap., 360 e 6 bis 362 a 4).

Ein Freund, Sokrates

[1. Nach dem Zusammensein mit dem «weisesten Mann»]

309 a FREUND: Woher erscheinst du uns, Sokrates? Oder, versteht sich, von der Jagd auf des Alkibiades Schönheit? Wahrlich, auch ich fand den Mann erst neulich, als ich ihn sah, noch recht schön; aber ein Mann ist er doch, Sokrates, unter uns gesagt, dem der Bart schon überall hervorwächst.

SOKRATES: Nun, und was ist das mehr? Lobst du nicht den Homeros,
b welcher das die holdesten Reize der Jugend nennt, wenn nun der Bart aufkeimt? Und dieser eben erfreut sich jetzt Alkibiades.

FREUND: Aber was nun? Kommst du von ihm? Und wie zeigt sich der Jüngling gegen dich?

SOKRATES: Sehr gut, dünkt es mich, und zumal heute. Denn gar vieles hat er zu meiner Verteidigung geredet; auch komme ich gerade von ihm. Etwas Wunderbares aber muß ich dir sagen: nämlich, obgleich er zugegen war, habe ich doch wenig auf ihn geachtet, ja, ihn nicht selten ganz vergessen.

c FREUND: Was kann doch so Großes zwischen dir und ihm gewesen sein? Denn einen anderen, schöneren hast du doch hier in der Stadt wohl nicht angetroffen.

SOKRATES: Und zwar einen weit schöneren.

FREUND: Was sagst du? Einen Einheimischen oder einen Fremden?

SOKRATES: Einen Fremden.

FREUND: Und woher?

SOKRATES: Von Abdera.

FREUND: Und so schön dünkte dich der Fremde, daß er dir schöner erschien als der Sohn des Kleinias?

SOKRATES: Wie sollte denn nicht, du kluger Freund, das Weisere immer als das Schönere erscheinen?

FREUND: So bist du wohl eben mit einem Weisen zusammen gewesen und kommst uns von daher?

d SOKRATES: Und zwar mit dem Weisesten, unter denen wenigstens, die jetzt leben; wenn du den Protagoras für den Weisesten hältst.

FREUND: Oh, was du sagst! Protagoras hält sich bei uns auf?

SOKRATES: Seit drei Tagen schon.

FREUND: Und eben aus seiner Gesellschaft kommst du?

310 a SOKRATES: Nachdem ich gar vieles mit ihm gesprochen und von ihm gehört.

FREUND: Warum also läßt du nicht den Knaben dort aufstehen und setzt dich hierher, um uns eure Verhandlungen zu erzählen, wenn dich nichts hindert?

SOKRATES: Sehr gern sogleich, und ich werde euch noch Dank wissen, wenn ihr zuhört.

FREUND: Wahrlich auch wir dir, wenn du erzählst.
SOKRATES: Beiden geschieht also Erwünschtes. So hört denn.

2. *[Vorspiel am Morgen: Eifer des Hippokrates, Protagoras zu hö-
ren]* Diese vergangene Nacht, noch am ersten grauen Morgen, poch-
te Hippokrates, der Sohn des Apollodoros, des Phason Bruder, ge-
waltig mit dem Stock bei mir an die Tür, und als ihm einer geöffnet b
hatte, stürmte er sogleich herein und rief mit lauter Stimme: So-
krates, wachst oder schläfst du? Ich, ihn an der Stimme erkennend,
entgegnete: Das ist ja Hippokrates! Du bringst doch nichts Neues? –
Nichts wenigstens, sagte er, als Gutes. – Das möge wahr sein, sprach
ich, was gibt es aber? Und weshalb bist du so früh schon hier? –
Protagoras ist hier, sagte er, indem er zu mir herantrat. – Seit vor-
gestern, sprach ich, und du hast es jetzt erst erfahren? – Bei den
Göttern, sagte er, gestern abend. Zugleich tappte er nach dem Bette, c
setzte sich mir zu Füßen und fuhr fort. Gestern abend also ganz spät,
als ich aus Oinoë zurückkam. Satyros, der Bursche, war mir entlau-
fen; ich wollte dir auch sagen, daß ich ihm nachsetzen würde, über
etwas anderem aber entfiel es mir wieder. Als ich nun zurück war,
nach der Mahlzeit erst, da wir uns eben zur Ruhe legen wollten, sag-
te mir der Bruder, Protagoras ist da. Zuerst wollte ich sogleich zu
dir gehen, hernach aber dünkte es mich doch schon zu spät in der
Nacht zu sein. Nun aber bin ich, sobald nur nach solcher Ermüdung
der Schlaf mich verlassen wollte, aufgestanden und hierher gegan- d
gen. – Ich nun, der ich sein mutiges und eifriges Wesen kenne, frag-
te: Was hast du denn aber? Tat dir Protagoras etwas zuleide? – Da
sagte er lachend: Ja bei den Göttern, Sokrates, daß er allein weise
ist und mich nicht dazu macht. – Nun, beim Zeus, sprach ich, wenn
du ihm nur Geld gibst und ihn überredest, wird er dich auch wohl
weise machen. – Wollte doch Zeus und alle Götter, rief er aus, es
beruhte nur hierauf, so ließ ich es weder an dem meinigen erman- e
geln, noch an der Freunde Beistand. Aber eben deshalb komme ich
jetzt zu dir, damit du meinetwegen mit ihm redest. Denn ich selbst
bin nicht nur zu jung, sondern habe auch den Protagoras noch nie-
mals weder gesehen noch gesprochen, denn ich war noch ein Kind,
als er das erstemal hierher kam. Aber alle, o Sokrates, loben ja den
Mann und sagen, er wäre der kunstreichste im Reden. Warum aber
gehen wir nicht gleich zu ihm, damit wir ihn noch zu Hause treffen?
Er wohnt, wie ich gehört habe, bei dem Kallias, dem Sohne des Hip- 311 a
ponikos. Laß uns doch gehen. – Da sagte ich: Jetzt gleich, mein Gu-
ter, laß uns noch nicht dorthin gehen, denn es ist noch zu früh; son-
dern laß uns aufstehn und komm in den Hof hinaus, da wollen wir
auf- und abgehend verweilen, bis es Tag wird, und dann gehen. Ohne-
dies hält sich Protagoras meist zu Hause auf, darum sei guten Mutes,
wir wollen ihn wohl finden.

[3. Zweck des Unterrichts bei dem Sophisten] Somit standen wir auf
und gingen im Hofe umher. Ich nun wollte gern des Hippokrates Stär-
ke versuchen, betrachtete mir ihn daher recht und fragte ihn: Sa- b

ge mir, Hippokrates, zum Protagoras willst du jetzt, um ihm Geld
für dich zu entrichten, hingehen; aber als zu wem willst du doch hin-
gehen und um was zu werden? Wie, wenn du zu deinem Namens-
verwandten, dem Hippokrates von Kos, dem Asklepiaden, gehen woll-
test, dem Lehrgeld für dich zu bezahlen, und es fragte dich jemand:
Sage mir, Hippokrates, dem Hippokrates willst du Lehrgeld entrich-
c ten: als wem doch? Was würdest du antworten? – Ich würde sa-
gen, sprach er, als einem Arzte. – Und um was zu werden? – Ein
Arzt, sagte er. – Oder wenn du zum Polykleitos von Argos oder zum
Pheidias hier aus Athen zu gehen im Sinne hättest, um ihnen Lehr-
geld für dich zu entrichten, und es fragte dich jemand: Als wem
gedenkst du denn dem Polykleitos oder dem Pheidias dieses Geld
zu entrichten? Was würdest du antworten? – Ich würde sagen, als
Bildhauern. – Und um was selbst zu werden? – Offenbar ein Bild-
d hauer. – Gut, sprach ich. Nun aber gehen wir zum Protagoras, ich
und du, und sind bereit, ihm Lehrgeld für dich zu bezahlen, wenn das
unsrige dazu hinreicht und wir ihn um diesen Preis überreden kön-
nen, wo nicht, auch noch das unserer Freunde daran zu wenden.
Wenn nun jemand, in solchem Eifer über diese Sache uns sehend,
fragte: Sagt mir doch, Sokrates und Hippokrates, als wem gedenkt
ihr dem Protagoras dieses Geld zu geben? Was würden wir antwor-
e ten? Mit was für einem anderen Namen hören wir den Protagoras
noch genannt, wie den Pheidias einen Bildhauer und den Homeros
einen Dichter? Was hören wir Ähnliches vom Protagoras? – Einen
Sophisten, o Sokrates, sagte er, nennen sie den Mann. – Also als
einem Sophisten wollen wir ihm das Geld entrichten gehen? – Frei-
lich. – Wenn dich nun jemand auch das noch fragte: Und um was
312 a selbst zu werden gehst du zum Protagoras? – Da sagte er errötend –
denn der Tag schimmerte schon etwas, so daß ich es deutlich sehen
konnte –: Wenn es sich damit wie mit dem Vorigen verhält, so ist
es offenbar, um ein Sophist zu werden. – Und du, sprach ich, um der
Götter willen, würdest du dich nicht schämen, den Hellenen dich als
einen Sophisten darzustellen? – Beim Zeus, Sokrates, sagte er, wenn
ich reden soll, wie ich denke, ja. – Vielleicht aber, Hippokrates, ist
gar nicht deine Meinung, daß dein Unterricht bei dem Protagoras ein
b solcher sein solle, sondern so wie der war bei deinem Sprachlehrer,
deinem Musiklehrer und deinem Lehrer in den Leibesübungen.
Denn in dem allen nahmst du Unterricht nicht als Kunst, um ein
Gewerbe daraus zu machen, sondern zur Bildung, wie es einem von
freier Herkunft, der sich selbst leben will, geziemt. – Allerdings,
sagte er, dünkt mich der Unterricht beim Protagoras mehr von die-
ser Art zu sein. –

[4. Was ist ein Sophist?] Weißt du also wohl, was du jetzt zu tun im
Begriff bist, oder merkst du es nicht? sagte ich. – Was meinst du
denn? – Daß du im Begriff stehst, deine Seele einem Sophisten, wie
c du sagst, zur Bearbeitung zu übergeben, was aber ein Sophist eigent-
lich ist, sollte mich wundern, wenn du es wüßtest. Und doch, wenn
dir dieses unbekannt ist, weißt du auch nicht, wem du deine Seele

übergibst, ob einem guten oder einem schlechten Dinge. – Ich glaube
wenigstens, sagte er, es zu wissen. – So sage denn, was glaubst du,
ist ein Sophist? – Ich meines Teils, sagte er, wie auch schon der Na-
me besagt, der, welcher sich auf Kluges versteht. – Aber, sprach
ich, dieses kann man auch von Malern und Zimmerleuten sagen, daß
sie die sind, welche sich auf Kluges verstehen. Wenn uns aber je-
mand weiter fragte, auf was für Kluges verstehen sich denn die Ma- d
ler, so würden wir ihm sagen, auf das zur Verfertigung von Bildern
gehörige, und so auch im übrigen. Wenn uns aber jemand fragte:
Und der Sophist, auf was für Kluges denn der? Was würden wir ihm
antworten, was zu verfertigen er versuche? Was würden wir sagen
daß er sei? – O Sokrates, er verstehe, gewaltig zu machen im Re-
den. – Vielleicht, sprach ich, sagten wir dann etwas Richtiges, aber
hinreichend doch nicht. Denn die Antwort bedarf uns noch einer Fra-
ge, nämlich im Reden worüber denn der Sophist gewaltig macht? So
wie der Musikmeister doch auch wohl seinen Schüler gewaltig macht
im Reden, darüber nämlich, worin er ihn auch sachverständig macht, e
über die Musik. Nicht wahr? – Ja. – Gut, also der Sophist, im Re-
den worüber macht denn der gewaltig? Offenbar über das, worauf
er sich auch versteht? – So sollte man denken. – Was ist also das-
jenige, worin er selbst, der Sophist, sachverständig ist und auch sei-
nen Schüler dazu macht? – Beim Zeus, sagte er, weiter weiß ich dir
nun nichts zu sagen. –

[5. Sophistischer Unterricht bedeutet Gefahr für die Seele] Darauf 313 a
sprach ich: Wie nun? Weißt du also, welcher Gefahr du gehst deine
Seele preiszugeben? Oder würdest du, wenn du deinen Körper einem
anvertrauen solltest auf die Gefahr, ob er gestärkt werden würde
oder verdorben, dann wohl erst vielfach überlegen, ob du ihn ihm
anvertrauen wolltest oder nicht, und zur Beratung deine Freunde
herbeirufen und deine Verwandten, mehrere Tage lang der Sache
nachdenkend: was du aber weit höher als deinen Körper achtest
und dem gemäß alle deine Angelegenheiten gut oder schlecht gehen
müssen, je nachdem es gestärkt wird oder verdorben, die Seele,
hierüber hast du dich weder deinem Vater noch deinem Bruder mit-
geteilt, noch irgendeinem von uns, deinen Freunden, ob du diesem b
eben angekommenen Fremdling deine Seele anvertrauen sollst oder
nicht; sondern nachdem du gestern abend von ihm gehört, wie du
sagst, kommst du heute mit dem frühesten Morgen, nicht etwa um
noch darüber irgend Gespräch und Beratung zu pflegen, ob du dich
selbst ihm hingeben sollst oder nicht, sondern ganz bereit schon, dein
und deiner Freunde Vermögen daran zu wenden, also als wäre die-
ses schon fest beschlossen, daß du auf alle Weise dich mit dem Pro-
tagoras einlassen mußt, welchen du doch weder kennst, wie du sagst,
noch auch jemals gesprochen hast; sondern du nennst ihn einen So- c
phisten, was aber ein solcher Sophist eigentlich ist, dem du dich selbst
übergeben willst, darin zeigst du dich ganz unwissend. – Als er
dieses angehört, sagte er: So hat es freilich das Ansehen, o Sokrates,
nach dem, was du sagst. – Ist etwa, Hippokrates, der Sophist ein

Kaufmann oder Kleinkrämer in solchen Waren, von welchen die
Seele sich nährt? Mir wenigstens scheint er ein solcher. – Aber wo-
von nährt sich die Seele, Sokrates? – Von Kenntnissen doch wohl,
sprach ich. Daß also nur nicht der Sophist uns betrüge, Freund, was
er verkauft uns anpreisend, wie Kaufleute und Krämer es mit den
d Nahrungsmitteln für den Körper tun. Denn auch diese verstehen selbst
nicht, was wohl von den Waren, welche sie führen, dem Körper heil-
sam oder schädlich ist, loben aber alles, wenn sie es feil haben; noch
auch verstehen es die, welche von ihnen kaufen, wenn nicht einer
etwa ein Arzt ist oder ein Vorsteher der Leibesübungen. Ebenso
auch die, welche mit Kenntnissen in den Städten umherziehen und
jedem, der Lust hat, davon verkaufen und verhökern, loben frei-
lich alles, was sie feil haben; vielleicht aber, mein Bester, mag auch
unter ihnen so mancher nicht wissen, was wohl von seinen Waren
e heilsam oder schädlich ist für die Seele, und ebensowenig wissen es
die, welche von ihnen kaufen, wenn nicht etwa einer darunter in
Beziehung auf die Seele ein Heilkundiger ist. Verstehst du dich nun
darauf, was hiervon heilsam oder schädlich ist, so kannst du unbe-
denklich Kenntnisse kaufen vom Protagoras sowohl als von jedem
anderen; wo aber nicht, so siehe wohl zu, du Guter, daß du nicht, um
314a dein Teuerstes würfelnd, ein gefährliches Spiel wagst. Denn über-
dies noch ist weit größere Gefahr beim Einkauf der Kenntnisse als
bei dem der Speisen. Denn Speisen und Getränke, die du vom Kauf-
mann oder Krämer eingehandelt hast, kannst du in anderen Ge-
fäßen davontragen, und ehe du sie essend oder trinkend in deinen
Leib aufnimmst, sie zu Hause hinstellen und auch dann noch, einen
Sachverständigen herbeirufend, beratschlagen, was davon du essen
und trinken sollst und was nicht, und wieviel und wann; so daß es
b beim Einkauf nicht viel bedeutet mit der Gefahr. Kenntnisse aber
kannst du nicht in einem anderen Gefäß davontragen, sondern hast
du den Preis bezahlt, so mußt du sie in deine Seele selbst aufneh-
mend lernen und hast deinen Schaden oder Vorteil schon weg, wenn
du gehst. Dies also laß uns wohl überlegen, und zwar mit Älteren,
als wir sind: Denn wir sind noch zu jung, um eine so wichtige An-
gelegenheit zu entscheiden. Jetzt indes, wie wir einmal unsern Sinn
darauf gesetzt haben, laß uns immer hingehen und den Mann hören;
haben wir ihn aber gehört, dann wollen wir auch mit anderen uns
besprechen. Denn Protagoras ist auch nicht allein dort, sondern auch
c Hippias von Elis, und ich glaube auch Prodikos von Keos und viele
andere gar weise Männer.

[6. Hindernisse beim Eintritt] Dies beschlossen, gingen wir. Und als
wir in den Vorhof kamen, standen wir still und sprachen noch über
eine Sache, die uns unterwegs eingefallen war. Um nun diese nicht
abzubrechen, sondern zu Ende zu bringen, ehe wir hineingingen,
blieben wir im Vorhofe stehen und sprachen, bis wir einig waren
untereinander. Dies, dünkt mich, mochte der Türsteher, ein Ver-
schnittener, etwa gehört haben, und er scheint wohl wegen der Menge
d der Sophisten allen, die das Haus besuchen, sehr unhold zu sein. Als

wir daher anpochten und er aufmachte und unser ansichtig ward,
rief er aus: Ha, schon wieder Sophisten! Er hat nicht Muße; und
somit schlug er die Tür ohne Umstände mit beiden Händen recht
tüchtig wieder zu, und wir pochten eben als neue. Darauf gab er
uns durch die verschlossene Tür zur Antwort: Leute, habt ihr denn
nicht gehört, daß er nicht Muße hat? – Aber guter Mann, sprach ich,
weder kommen wir zum Kallias, noch sind wir Sophisten. Gib dich
also zufrieden, wir sind nur gekommen, um den Protagoras zu be- e
suchen, und so melde uns hinein. Darauf öffnete uns der Mensch
endlich mit genauer Not die Tür.

[7. Aufzug der Sophisten] Als wir nun hineintraten, fanden wir den
Protagoras im bedeckten Gange herumwandelnd. Mit ihm wandel-
ten hintereinander auf der einen Seite Kallias, der Sohn des Hippo-
nikos, und sein Halbbruder von mütterlicher Seite, Paralos, der
Sohn des Perikles, und Charmides, der Sohn des Glaukon; auf der 315 a
anderen Seite aber der andere Sohn des Perikles, Xanthippos, und
Philippides, der Sohn des Philomelos, und Antimoiros von Menda,
der gepriesenste unter allen Schülern des Protagoras, der auch or-
dentlich auf die Kunst bei ihm lernt, um selbst ein Sophist zu wer-
den. Die übrigen hinter diesen folgenden, Zuhörer nur des Gespro-
chenen, waren größtenteils Fremde, deren Protagoras aus allen Städ-
ten, die er durchzieht, mitbringt, sie mittels der Töne Gewalt kirrend, b
wie Orpheus, und sie folgen ihm auf den Ton, die Gekirrten; indes
befanden sich doch auch einige Einheimische unter dem Chor. Die-
sen Chor nun betrachtend, ergötzte ich mich besonders daran, wie
artig sie sich in acht nahmen, niemals dem Protagoras vorn im Wege
zu sein, sondern, wenn er mit seinen Begleitern umwendete, wie or-
dentlich und geschickt diese Hörer zu beiden Seiten sich teilten und
sich dann im Kreise herumschwenkten, um fein artig immer hinten
zu sein. Jenem zunächst erblickte ich, spricht Homeros, den Hippias
von Elis in dem bedeckten Gange gegenüber auf einem Sessel sit- c
zend. Um ihn herum saßen auf Bänken: Eryximachos, der Sohn des
Akumenos, und Phaidros, der Myrrhinusier, und Andron, der Sohn
des Androtion, und einige Fremde, teils Landsleute von ihm, teils
andere. Sie schienen über die Natur und die Himmelserscheinungen
allerlei Fragen aus der Sternkunde dem Hippias vorzulegen, und er,
auf seinem Throne sitzend, ging mit jedem seine Frage durch und gab
seine Entscheidung. Auch den Tantalos schaut' ich; Prodikos nämlich,
der Keier, war auch angekommen und befand sich in einem Gemach, d
welches Hipponikos ehedem als Vorratskammer gebraucht hatte,
jetzt aber hatte Kallias wegen der Menge der Einkehrenden auch
dieses ausgeleert und zum Gastzimmer gemacht. Prodikos nun lag
noch dort eingehüllt in Decken und Felle, und zwar in sehr viele, wie
man sah. Auf den nächsten Polstern um ihn her saßen Pausanias,
der Kerameer, und neben ihm ein noch kaum halb erwachsener
Jüngling schöner und edler Natur, wie ich glaube, von Gestalt aber e
gewiß sehr schön; mich dünkt gehört zu haben, daß man ihn Agathon
nannte, und es sollte mich nicht wundern, wenn er der Liebling des

Pausanias wäre. Dieser Jüngling also und die beiden Adeimante, der
Sohn des Kepis und der des Leukolophides, nebst einigen anderen
zeigten sich da. Wovon sie aber sprachen, konnte ich von draußen
nicht vernehmen, wiewohl sehr begierig, den Prodikos zu hören, denn
gar weise und göttlich dünkt mich der Mann zu sein. Allein die Tiefe
316a seiner Stimme verursachte in dem Gemach ein dumpfes Getöse, das
alles Gesprochene unvernehmlich machte. Und wir waren nur eben
eingetreten, als hinter uns noch hereinkamen: Alkibiades, der Schöne,
wie du sagst und auch ich glaube, und Kritias, der Sohn des Kallais-
chros.

*[8. Zurüstung zum Gespräch. Protagoras über Alter und Art seiner
Kunst]* Wir nun verweilten nach unserm Eintritt ein wenig, um dies
alles zu beschauen; dann gingen wir zum Protagoras heran, und ich
b sagte: Protagoras, zu dir kommen wir um etwas, ich und hier Hippo-
krates. – Wollt ihr etwa, fragte er, allein mit mir sprechen, oder
hier mit den übrigen? – Uns, sprach ich, macht es keinen Unter-
schied, höre aber, weshalb wir kommen, und überlege es dann selbst. –
Was ist es denn also, fragte er, weshalb ihr hergekommen seid? –
Dieser Hippokrates, sagte ich, ist hier einheimisch, der Sohn des Apol-
lodoros, von einem großen und glänzenden Geschlecht, und auch er
selbst dünkt mich, was seine natürlichen Anlagen betrifft, es mit
c seinen Altersgenossen wohl aufnehmen zu können und Lust zu ha-
ben, ein ausgezeichneter Mann in unserer Stadt zu werden; und eben
dieses glaubt er am besten zu erreichen, wenn er mit dir sein könnte.
Ob du nun meinst, hierüber mit uns allein sprechen zu müssen oder
vor anderen, das überlege dir selbst. – Sehr mit Recht, Sokrates,
sprach er, bist du besorglich um mich. Denn ein Fremdling, der die
großen Städte durchreist und dort die vorzüglichsten Jünglinge über-
redet, dem Umgang mit anderen Verwandten und Mitbürgern, al-
ten und jungen entsagend, sich zu ihm zu halten, weil sie durch den
d Umgang mit ihm besser werden würden, ein solcher muß freilich auf
seiner Hut sein. Denn nicht wenig Mißgunst entsteht hieraus und
Übelwollen und Nachstellungen aller Art. Daher auch behaupte ich,
daß die sophistische Kunst zwar schon sehr alt ist, daß aber die-
jenigen unter den Alten, welche sie ausübten, aus Furcht vor dem Ge-
hässigen derselben einen Vorwand genommen und sie versteckt ha-
ben, einige hinter der Poesie, wie Homeros, Hesiodos und Simonides,
andere hinter Mysterien und Orakelsprüchen, wie Orpheus und Mu-
saios, ja einige, habe ich bemerkt, bedienten sich dazu sogar der
Kunst der Leibesübungen, wie Ikkos der Tarentiner, und auch jetzt
noch einer, der ein Sophist ist so gut als irgendeiner, Herodikos der
e Selymbrianer, ursprünglich aber aus Megara. Die Musik hat Agatho-
kles, euer Landsmann, zum Vorwande genommen, der ein großer So-
phist ist, so auch Pythokleides von Keos und viele andere. Alle diese,
wie gesagt, haben aus Furcht des Neides sich jener Künste zum Deck-
mantel bedient. Ich aber will mich hierin ihnen allen nicht gleich-
317a stellen, glaube auch, daß sie das nicht ausgerichtet haben, was sie
wollten, diejenigen nämlich nicht getäuscht, welche in einem Staate

mächtig sind, um derentwillen eben solche Vorwände gesucht werden; denn der große Haufe, daß ich es kurz heraus sage, merkt überall nichts und singt nach, was jene ihm vorsagen. Wenn nun jemand heimlich davonlaufen will und es nicht kann, sondern entdeckt wird, so ist schon das Unternehmen sehr töricht und muß die Menschen
notwendig noch mehr aufbringen; denn neben allem anderen hal- b
ten sie dann einen solchen auch noch für einen Ränkemacher. Daher habe ich den ganz entgegengesetzten Weg eingeschlagen und sage geradeheraus, daß ich ein Sophist bin und die Menschen erziehen will, und halte diese Vorsicht für besser als jene, sich lieber dazu zu bekennen als es zu leugnen. Und noch einige andere beobachte ich, so daß mir, es sei mit Gott gesprochen, noch nicht Übles um des-
willen widerfahren ist, daß ich mich für einen Sophisten ausgebe, c
obgleich ich diese Kunst schon viele Jahre lang treibe; wie ich denn überhaupt schon hoch in Jahren bin und es keinen unter euch gibt, dessen Vater ich nicht dem Alter nach sein könnte. So daß es mir weit lieber ist, wenn ihr etwas wünscht, daß ihr vor allen, die hier zugegen sind, eure Sache anbringt. – Darauf sprach ich – denn ich merkte wohl, er wollte es den Prodikos und Hippias sehen lassen und damit groß gegen sie tun, daß wir als seine Verehrer hingekommen
wären –: Warum rufen wir also nicht gleich auch den Prodikos und d
Hippias und die bei ihnen sind, damit sie uns auch hören? – O ja, sagte Protagoras. – Wollt ihr also, sprach Kallias, so wollen wir eine Sitzung veranstalten, damit ihr euch niederlassen und miteinander verhandeln könnt. – Das waren wir sehr zufrieden; und hocherfreut, daß wir die weisen Männer sollten reden hören, legten wir selbst Hand an und machten Bänke und Polster da zurecht, wo Hippias saß, denn da standen schon die Bänke. Darüber kamen auch
Kallias und Alkibiades, den Prodikos, den sie aus seinem Lager auf- e
gestört hatten, und seine Gesellschaft herbeiführend.

[9. Behauptung des Prot., zum guten Staatsbürger zu erziehen] Als wir uns nun alle gesetzt hatten, hub Protagoras an. Nun also, Sokrates, da auch diese Männer alle hier sind, so trage jetzt vor, was du vorhin erwähntest gegen mich wegen dieses Jünglings. – Ich sagte
also: Mein Anfang, o Protagoras, ist derselbe wie vorher, wegen 318 a
dessen, warum ich gekommen bin. Hier dieser Hippokrates nämlich trägt großes Verlangen nach deinem näheren Umgange; was ihm aber eigentlich daraus herkommen wird, wenn er sich zu dir hält, dies möchte er, wie er sagt, gern vorher vernehmen. Das ist unsere Rede. – Darauf nahm Protagoras das Wort und sprach: Junger Mann, es wird dir also geschehen, wenn du dich zu mir hältst, daß du schon an dem ersten Tage, den du bei mir zubringst, besser geworden nach Hause gehen wirst, und an dem folgenden ebenfalls, und so alle Tage zum Besseren fortschreitest. – Als ich das gehört
hatte, sprach ich: Dieses ist nichts Wunderbares gesagt, Protagoras, b
sondern ganz natürlich. Denn auch du, wiewohl so alt und so weise, wenn dich jemand lehrte, was du noch nicht wüßtest, würdest besser werden. Aber nicht also; sondern so, wie wenn Hippokrates, sein

Verlangen plötzlich ändernd, nun verlangte, sich zu dem kürzlich hier
angekommenen jungen Manne zu begeben, zu dem Zeuxippos von
c Herakleia, und er nun zu diesem käme und von ihm dasselbe hörte,
was du jetzt sagst, daß er an jedem bei ihm zugebrachten Tage bes-
ser werden und Fortschritte machen würde, und weiter fragte, in-
wiefern sagst du, daß ich besser werden und worin Fortschritte ma-
chen werde? ihm Zeuxippos gewiß antworten würde, in der Ma-
lerei; oder wie wenn er, zum Orthagoras von Theben sich begebend,
von diesem dasselbe hörte wie von dir und er ihn dann weiter frag-
te, worin er denn besser werden würde durch seinen Umgang, dieser
ihm gewiß sagen würde, im Flötenspielen: eben so sage also auch du
d dem jungen Manne und mir, der ich an seiner Stelle frage, Hippo-
krates soll, wenn er sich zum Protagoras hält, schon an dem ersten
Tage, den er bei ihm zubringt, besser nach Hause gehen und so
täglich Fortschritte machen, inwiefern, Protagoras, und worin? –
Und nachdem Protagoras mich ausgehört hatte, sagte er: Du fragst
sehr gut, Sokrates, und mir macht es Freude, denen, die gut fragen,
zu antworten. Wenn also Hippokrates zu mir kommt, wird ihm das
nicht begegnen, was ihm bei einem anderen Sophisten begegnen wür-
de. Die andern nämlich mißhandeln die Jünglinge offenbar. Denn
e nachdem diese den Schulkünsten eben glücklich entkommen sind,
führen jene sie wider ihren Willen wiederum zu Künsten und leh-
ren sie Rechnen und Sternkunde und Meßkunde und Musik – wo-
bei er den Hippias ansah –, bei mir aber soll er nichts lernen als
das, weshalb er eigentlich kommt. Diese Kenntnis aber ist die Klug-
heit in seinen eigenen Angelegenheiten, wie er sein Hauswesen am
besten verwalten, und dann auch in den Angelegenheiten des Staa-
319a tes, wie er am geschicktesten sein wird, diese sowohl zu führen als
auch darüber zu reden. – Folge ich wohl, sagte ich darauf, deiner
Rede? Du scheinst mir nämlich die Staatskunst zu bezeichnen und
zu verheißen, du wollest zu tüchtigen Männern für den Staat die Män-
ner bilden? – Eben dieses, sagte er, ist das Anerbieten, wozu ich mich
erbiete. –

[10. Gegen-These des Sokrates: die Tugend nicht lehrbar] Gewiß eine
schöne Kunst, sprach ich, besitzt du, wenn du sie besitzt; denn zu
dir soll nichts anderes geredet werden, als was ich denke. Ich näm-
b lich, Protagoras, meinte, dieses wäre nicht lehrbar; dir aber, da du
es sagst, weiß ich nicht, wie ich nicht glauben sollte. Weshalb ich aber
denke, dies sei nicht lehrbar, noch könne ein Mensch es dem andern
verschaffen, das muß ich billig sagen. Ich halte nämlich, wie auch
wohl alle Hellenen tun, die Athener für weise, und nun sehe ich,
wenn wir in der Gemeinde versammelt sind und es soll im Bauwe-
sen der Stadt etwas geschehen, so holen sie die Baumeister zur Be-
ratung über die Gebäude; wenn im Schiffswesen, dann die Schiff-
c bauer, und in allen andern Dingen ebenso, welche sie für lehrbar
und lernbar halten. Will sich aber ein anderer unterfangen, ihnen
Rat zu geben, von dem sie glauben, daß er kein Fachmann in dieser
Sache ist, sei er auch noch so schön und reich und vornehm: so neh-

men sie ihn doch nicht an, sondern lachen ihn aus und betreiben
Lärm, bis er entweder heruntergelärmt von selbst wieder abtritt
oder die Gerichtsdiener ihn herunterziehen oder herausschaffen auf
Geheiß der Prytanen. Und in allem, wovon sie glauben, daß es auf
Kunst beruhe, verfahren sie so. Wenn aber über Verwaltung der
Stadt zu ratschlagen ist, so steht jeder auf und erteilt ihnen sei- d
nen Rat: Zimmermann, Schmied, Schuster, Krämer, Schiffsherr,
Reiche, Arme, Vornehme, Geringe, einer wie der andere, und nie-
mand macht einem Vorwürfe darüber, wie im vorigen Falle, daß er,
ohne dies irgendwo gelernt zu haben oder seinen Meister darin auf-
zeigen zu können, sich nun doch unterfangen wolle, Rat zu geben.
Offenbar also glauben sie, dies sei nicht lehrbar. Und nicht nur das
versammelte Volk denkt so, sondern auch zu Hause für sich sind un- e
sere verständigsten und vortrefflichsten Mitbürger nicht imstande,
diese Tugend, welche sie besitzen, andern mitzuteilen. Perikles zum
Beispiel, der Vater dieser beiden jungen Männer, hat sie in allem,
was von Lehrern abhing, vortrefflich unterrichten lassen; aber in
dieser Sache, worin er selbst weise ist, unterrichtet er sie weder selbst, 320 a
noch hat er sie einem andern übergeben, sondern sie laufen ganz
frei herum und weiden allein, ob sie irgendwo von selbst etwas von
dieser Tugend antreffen möchten. Wenn du noch mehr willst, der-
selbe Perikles ist Vormund von Kleinias, dem jüngeren Bruder die-
ses Alkibiades hier, und aus Besorgnis, daß er von dem Alkibiades
möchte verdorben werden, trennte er ihn von diesem und gab ihn
in das Haus der Ariphron, um ihn dort erziehen zu lassen, der aber
gab ihn ihm zurück, ehe sechs Monate um waren, weil er nicht wuß-
te, was er mit ihm anstellen sollte. Und so kann ich dir sehr viele b
andere nennen, welche, selbst treffliche Männer, dennoch niemals ir-
gendeinen besser gemacht haben, weder von ihren Angehörigen noch
sonst. Ich meines Teils also, Protagoras, halte, hierauf Rücksicht
nehmend, nicht dafür, die Tugend sei lehrbar. Nun aber ich dich die-
ses behaupten höre, lenke ich um und denke, du werdest wohl recht
haben, weil ich von dir halte, du habest vieles in der Welt erfahren,
vieles gelernt und manches auch selbst erfunden. Kannst du uns al-
so deutlicher zeigen, daß die Tugend lehrbar ist, so wolle es nicht c
vorenthalten, sondern zeige es. – Gut, Sokrates, sagte er, ich will
es auch nicht vorenthalten. Aber wie soll ich es euch zeigen, indem
ich ein Märchen erzähle, wie Ältere wohl Jüngeren zu tun pflegen,
oder indem ich eine Abhandlung vortrage? – Viele nun der Umher-
sitzenden sagten, er möchte vortragen, auf welche Weise er selbst
am liebsten wollte. – So dünkt es mich denn anmutiger, sagte er,
euch einen Mythos zu erzählen.

*[11. Mythos des Prot.: Ausstattung des Menschen mit Kunstfertig-
keit und Feuer]* Es war einst eine Zeit, wo es Götter zwar gab, sterb-
liche Geschlechter aber gab es noch nicht; nachdem aber auch für die- d
se die vorherbestimmte Zeit ihrer Erzeugung gekommen war, bil-
deten die Götter sie innerhalb der Erde aus Erde und Feuer und
auch das hinzumengend, was von Erde und Feuer gemengt ist. Und

als sie sie nun ans Licht bringen sollten, übertrugen sie dem Prome-
theus und Epimetheus, sie auszustatten und die Kräfte unter sie, wie
es jedem zukomme, zu verteilen. Vom Prometheus aber erbat sich
Epimetheus, er wolle verteilen, und, sagte er, wenn ich ausgeteilt,
so komme du, es zu besichtigen. Und so, nachdem er ihn beredet,
verteilte er. Bei der Verteilung nun verlieh er einigen Stärke ohne
e Schnelligkeit, die Schwächeren aber begabte er mit Schnelligkeit;
einige bewaffnete er, anderen, denen er eine wehrlose Natur gegeben,
ersann er eine andere Kraft zur Rettung. Welche er nämlich in Klein-
heit gehüllt hatte, denen verlieh er geflügelte Flucht oder unterir-
dische Behausung, welche aber zu bedeutender Größe ausgedehnt,
321 a die rettete er eben dadurch, und so auch verteilte er alles Übrige aus-
gleichend. Dies aber ersann er so aus Vorsorge, daß nicht eine Gat-
tung gänzlich verschwände. Als er ihnen nun des Wechselverderbens
Entfliehungen zustande gebracht, begann er ihnen auch gegen die
Zeiten des Zeus leichte Gewöhnung zu ersinnen durch Bekleidung
mit dichten Haaren und starken Fellen, hinreichend, um die Kälte,
aber auch vermögend, die Hitze abzuhalten, und außerdem zugleich
jedem, wenn es zur Ruhe ging, zur eigentümlichen und angewachse-
nen Lagerbedeckung dienend. Und unter den Füßen versah er einige
b mit Hufen und Klauen, andere mit Haaren und starken, blutlosen
Häuten. Hiernächst wies er dem einen diese, dem anderen jene Nah-
rung an, dem einen aus der Erde die Kräuter, dem anderen von den
Bäumen die Früchte, einigen auch verordnete er zur Nahrung ande-
rer Tiere Fraß. Und diesen letzteren verlieh er dürftige Zeugung,
dagegen den von ihnen verzehrten eine vielerzeugende Kraft, dem
Geschlecht zur Erhaltung. Wie aber Epimetheus doch nicht ganz weise
war, hatte er unvermerkt schon alle Kräfte aufgewendet für die un-
c vernünftigen Tiere; übrig also war ihm noch unbegabt das Geschlecht
der Menschen, und er war ratlos, was er diesem tun sollte. In dieser
Ratlosigkeit nun kommt ihm Prometheus, die Verteilung zu be-
schauen, und sieht die übrigen Tiere zwar in allen Stücken weislich
bedacht, den Menschen aber nackt, unbeschuht, unbedeckt, unbewaff-
net, und schon war der bestimmte Tag vorhanden, an welchem auch
der Mensch hervorgehen sollte aus der Erde an das Licht. Gleicher-
maßen also der Verlegenheit unterliegend, welcherlei Rettung er dem
d Menschen noch ausfände, stiehlt Prometheus die kunstreiche Weis-
heit des Hephaistos und der Athene, nebst dem Feuer — denn un-
möglich war, daß sie einem ohne Feuer hätte angehörig oder nütz-
lich sein können —, und so schenkte er sie dem Menschen. Die zum
Leben nötige Wissenschaft also erhielt der Mensch auf diese Weise,
die bürgerliche aber hatte er nicht. Denn diese war beim Zeus, und
dem Prometheus stand in die Feste, die Behausung des Zeus, ein-
zugehen nicht mehr frei, auch waren furchtbar die Wachen des Zeus.
Aber in das dem Hephaistos und der Athene gemeinschaftliche Ge-
e mach, wo sie ihre Kunst übten, geht er heimlich hinein, und nachdem
er so die feurige Kunst des Hephaistos und die andere der Athene
gestohlen, gibt er sie dem Menschen. Und von da an genießt nun der
Mensch Behaglichkeit des Lebens; den Prometheus aber hat hernach,

so wie erzählt wird, die Strafe für diesen Diebstahl um des Epi- 322 a
metheus willen ergriffen.

[12. Verteilung der bürgerlichen Tugend an alle. Grund dafür] Da
nun aber der Mensch göttlicher Vorzüge teilhaftig geworden, hat er
auch zuerst, wegen seiner Verwandtschaft mit Gott, allein unter al-
len Tieren Götter geglaubt, auch Altäre und Bildnisse der Götter auf-
zurichten versucht, dann bald darauf Töne und Worte mit Kunst zu-
sammengeordnet, dann Wohnungen und Kleider und Beschuhungen
und Lagerdecken und die Nahrungsmittel aus der Erde erfunden. So
ausgerüstet, wohnten die Menschen anfänglich zerstreut, Städte aber b
gab es nicht. Daher wurden sie von den wilden Tieren ausgerot-
tet, weil sie in jeder Art schwächer waren als diese, und die verar-
beitende Kunst war ihnen zwar zur Ernährung hinreichende Hilfe,
aber zum Kriege gegen die Tiere unwirksam; denn die bürgerliche
Kunst hatten sie noch nicht, von welcher die kriegerische ein Teil
ist. Sie versuchten also, sich zu sammeln und sich zu erretten durch
Erbauung der Städte; wenn sie sich aber gesammelt hatten, so be-
leidigten sie einander, weil sie eben die bürgerliche Kunst nicht hat-
ten, so daß sie wiederum sich zerstreuend auch bald wieder aufge-
rieben wurden. Zeus also, für unser Geschlecht, daß es nicht etwa c
gar untergehen möchte, besorgt, schickt den Hermes ab, um den Men-
schen Scham und Recht zu bringen, damit diese der Städte Ordnun-
gen und Bande würden, der Zuneigung Vermittler. Hermes nun fragt
den Zeus, auf welche Art er den Menschen das Recht und die Scham
geben solle. Soll ich, so wie die Künste verteilt sind, auch diese ver-
teilen? Jene nämlich sind so verteilt: Einer, welcher die Heilkunst
innehat, ist genug für viele Unkundige, und so auch die andern Kün-
ste. Soll ich nun auch Recht und Scham ebenso unter den Menschen
aufstellen, oder soll ich sie unter alle verteilen? Unter alle, sagte d
Zeus, und alle sollen teil daran haben; denn es könnten keine Staa-
ten bestehen, wenn auch hieran nur wenige Anteil hätten, wie an
anderen Künsten. Und gib auch ein Gesetz von meinetwegen, daß
man den, der Scham und Recht sich anzueignen unfähig ist, töte wie
einen bösen Schaden des Staates. Auf diese Art also, Sokrates, und
aus dieser Ursache glauben alle anderen und auch die Athener, daß,
wenn von der Tugend eines Baumeisters die Rede ist oder eines
anderen Künstlers, alsdann nur wenigen Anteil zustehe an der Be-
ratung; und wenn jemand außer diesen wenigen dennoch Rat ge- e
ben will, so dulden sie es nicht, wie du sagst, und zwar ganz mit Recht,
wie ich sage. Wenn sie aber zur Beratung über die bürgerliche Tu-
gend gehen, wo alles auf Gerechtigkeit und Besonnenheit ankommt, 323 a
so dulden sie mit Recht einen jeden, weil es jedem gebührt, an die-
ser Tugend Anteil zu haben, oder es könnte keine Staaten geben.
Dieses, Sokrates, ist hiervon die Ursache.

Nimm aber auch noch diesen Beweis hinzu, damit du nicht etwa
glaubst, nur damit überlistet zu werden, daß wirklich alle Menschen
annehmen, ein jeder habe Anteil an der Gerechtigkeit und der üb-
rigen bürgerlichen Tugend. In anderen Dingen nämlich, wie du selbst

sagst, wenn jemand behauptet, im Flötenspiel vortrefflich zu sein
oder in irgendeiner anderen Kunst, worin er es nicht ist, verlachen
b ihn die Leute entweder oder werden unwillig, und seine Angehöri-
gen gehen hin und stellen ihn zur Rede als einen Verwirrten. In Sa-
chen der Gerechtigkeit aber und der übrigen bürgerlichen Tugend,
wenn sie auch sehr wohl wissen, daß einer ungerecht ist, er selbst
aber wollte hierüber gegen sich selbst die Wahrheit reden vor vie-
len Menschen: so würden sie eben dieses, was sie in jenem Falle für
vernünftig hielten, nämlich die Wahrheit zu sagen, in diesem für eine
Verrücktheit erklären und behaupten, ein jeder müsse wenigstens
behaupten, er sei gerecht, möge er es nun sein oder nicht, oder er
wäre verrückt, wenn er sich die Gerechtigkeit nicht zuschriebe; als
c ob notwendig ein jeder Mensch auf irgendeine Art Anteil an ihr ha-
ben müsse oder gar nicht unter Menschen leben.

[13. Erweis, daß alle Menschen die Tugend für lehrbar halten] Daß
sie also mit Recht einen jeden als Ratgeber in Sachen dieser Tugend
annehmen, weil sie nämlich glauben, daß ein jeder Anteil an ihr ha-
be, das habe ich hierdurch gezeigt. Daß sie aber dennoch nicht glau-
ben, man habe sie von Natur, oder sie komme ganz von selbst, son-
dern sie sei allerdings lehrbar, und durch Fleiß habe sie jeder erlangt,
der sie erlangt habe, das will ich dir demnächst zu beweisen suchen.
Nämlich über ein Übel, wovon jeder glaubt, wer es hat, habe es von
d Natur oder durch ein Unglück, erzürnt sich niemand oder schilt oder
belehrt oder bestraft, die mit dergleichen behaftet sind, damit sie et-
wa aufhören möchten so zu sein, sondern man bemitleidet sie; wie
die Häßlichen, die Kleinen, die Schwächlichen, wer wäre wohl so un-
verständig, gegen solche etwas dergleichen zu tun? Weil man nämlich
weiß, glaube ich, daß in diesen Dingen das Gute und das Entgegen-
gesetzte den Menschen von Natur oder durch Zufall kommt. Von
was für Gutem sie aber glauben, daß es der Mensch durch Fleiß,
e Übung und Unterricht erlange, wenn jemand das nicht hat, sondern
das entgegengesetzte Böse, darüber entstehen dann die Erzürnun-
gen und die Bestrafungen und die Ermahnungen. Wovon eins nun
auch die Ungerechtigkeit ist und die Gottlosigkeit, und überhaupt
324 a alles der bürgerlichen Tugend Entgegengesetzte. Hier also schilt und
zürnt einer auf den andern, offenbar, als werde diese allerdings durch
Achtsamkeit und Unterricht erworben. Denn wenn du bedenken willst
das Bestrafen der Unrechttuenden, was damit wohl gemeint ist, so
wird schon dieses dich lehren, daß alle Menschen glauben, die Tugend
sei zu erwerben. Denn niemand bestraft die, welche Unrecht getan
haben, darauf seinen Sinn richtend und deshalb, weil einer eben Un-
b recht getan hat, außer wer sich ganz vernunftlos wie ein Tier eigent-
lich nur rächen will. Wer aber mit Vernunft sich vornimmt, einen
zu strafen, der bestraft nicht um des begangenen Unrechts willen,
denn er kann ja doch das Geschehene nicht ungeschehen machen,
sondern des zukünftigen wegen, damit nicht ein andermal wieder,
weder derselbe noch einer, der diesen bestraft gesehen hat, dasselbe
Unrecht begehe. Und indem er dieses beabsichtigt, denkt er doch wohl,

daß die Tugend kann angebildet werden; denn der Abwendung we-
gen straft er ja. Dieser Meinung sind also alle zugetan, welche Stra-
fen verhängen von Volks wegen und zu Hause. Es strafen und züch- c
tigen ja aber sowohl die übrigen Menschen den, von welchem sie
glauben, er habe Unrecht getan, als auch nicht minder die Athener,
deine Mitbürger; so daß, hieraus zu schließen, auch die Athener zu
denen gehören, welche annehmen, die Tugend könne gelehrt wer-
den und durch allerlei Anstalten hervorgebracht. Daß also ganz mit
Recht deine Mitbürger es annehmen, wenn auch ein Schmied und
Schuster ihnen Rat erteilt in bürgerlichen Dingen, und daß sie glau-
ben, die Tugend könne gelehrt und erworben werden, dieses, Sokra-
tes, ist dir nun hinlänglich erwiesen, wie es mir scheint. d

*[14. Postulat, daß die vortrefflichen Männer ihre Söhne in der Tu-
gend unterrichten]* Jetzt ist noch der Zweifel übrig, den du vorher
hegtest von wegen der vortrefflichen Männer, warum nämlich wohl
diese ihre Söhne in allem, was von Lehrern abhängt, unterrichten
und weise machen, in der Tugend aber, worin sie selbst sich auszeich-
nen, sie nicht besser machen als andere. Hierüber nun, Sokrates, will
ich dir nicht mehr eine Erzählung vorlegen, sondern die Gründe. Er-
wäge die Sache so: Gibt es oder gibt es nicht etwas Gewisses, was
notwendig alle Bürger an sich haben müssen, wenn es einen Staat
geben soll? Denn hierdurch wird dieser Zweifel gelöst, den du hegst, e
oder sonst durch nichts. Denn wenn es so etwas gibt, und wenn dieses
Etwas nicht die Zimmerkunst ist noch die Schmiedekunst noch die
Töpferkunst, sondern die Gerechtigkeit und die Besonnenheit und 325 a
das Frommsein, und was ich alles in eins zusammengefaßt die Tu-
gend eines Mannes nennen möchte, wenn diese das ist, was alle an
sich haben müssen, und mit dieser ein jeder, der sonst etwas lernen
und verrichten will, alles verrichten muß, ohne sie aber nichts; oder
wer sie nicht an sich hat, sei es Mann oder Kind oder Weib, wird be-
lehrt und gezüchtigt, bis er durch die Züchtigung besser geworden
ist, wer aber auf die Züchtigung und Belehrung nicht merkt, als ein
Unheilbarer aus dem Staate herausgetrieben oder getötet; wenn es b
sich so verhält, und wenn bei so bewandten Sachen deine vortreffli-
chen Männer ihre Söhne in allem anderen unterrichten lassen, hierin
aber nicht: so sieh doch zu, wie wunderlich diese trefflichen Männer
sein müssen. Denn daß sie es für lehrbar halten zu Hause und öffent-
lich im Staate, das haben wir gezeigt. Und obgleich es gelehrt und an-
gebildet werden kann, sollten sie ihren Söhnen wohl alles andere
lehren lassen, worauf nicht der Tod oder eine andere Strafe gesetzt
ist, wenn sie es nicht wissen; weshalb aber ihren Söhnen der Tod
als Strafe bevorsteht oder die Verweisung, wenn sie es nicht gelernt
haben, noch zur Tugend gebildet worden sind, und außer dem Tode c
die Einziehung der Güter und, daß ich es kurz sage, das Verderben
des ganzen Hauses, dieses sollten sie ihnen nicht lehren lassen und
nicht alle Sorgfalt daran wenden? Man muß ja wenigstens glauben,
Sokrates, daß sie es tun.

[15. Ständiges Handeln der Menschen nach dieser Maxime] Schon
von der zartesten Kindheit anfangend, so lange sie leben, belehren
und ermahnen sie ein Kind, sobald es nur versteht, was zu ihm ge-
redet wird; sowohl die Wärterin als die Mutter, der Knabenführer
d und der Vater selbst beeifern sich darauf, daß der Knabe aufs beste
gedeihe, indem sie ihn bei jeder Handlung und Rede belehren und
ihm zeigen, dies ist recht, jenes ist unrecht, dies gut, jenes schlecht,
dies fromm, jenes gottlos, dies tue, jenes tue nicht; und wenn er gut-
willig gehorcht, gut; wo nicht, so suchen sie ihn wie ein Holz, das sich
geworfen und verbogen hat, wieder gerade zu machen durch Dro-
hungen und Schläge. Hernach, wenn sie ihn in die Schule schicken,
schärfen sie dem Lehrer weit dringender ein, für die Sittsamkeit
e der Kinder zu sorgen, als für ihr Lesen und ihr Spiel auf der Lyra.
Die Lehrer also haben hierauf acht, und auch wenn die Kinder nun
Lesen gelernt haben und das Geschriebene schon verstehen wie vor-
her nur den Ton: so geben sie ihnen auf den Bänkchen die Gedichte
der trefflichsten Dichter zu lesen und lassen sie sie einlernen, in de-
326 a nen viele Zurechtweisungen enthalten sind und Erläuterungen, auch
Lob und Verherrlichung alter trefflicher Männer, damit der Knabe
sie bewundernd nachahme und sich bestrebe, auch ein solcher zu wer-
den. Die Musikmeister ebenso sehen auf Sittsamkeit, und daß die
Knaben nicht Unfug treiben. Überdies, wenn sie nun die Lyra spielen
gelernt haben, lehren diese ihnen wiederum anderer vortrefflicher
Dichter, nämlich der liederdichtenden, Gedichte, welche sie den Ge-
b sangweisen unterlegen, und arbeiten dahin, Zeitmaß und Wohlklang
den Seelen der Kinder geläufig zu machen, damit sie milder werden
und, indem sie Maß und Ton halten, auch geschickter zum Reden und
Handeln. Denn überall bedarf das Leben der Menschen des richtigen
Zeitmaßes und der Zusammenstimmung. Über das alles schicken sie
sie noch zum Meister der Leibesübungen, damit sie, dem Körper nach
besser ausgebildet, auch der richtigen Gesinnung dienen können und
c nicht nötig haben, sich feigherzig zurückzuziehen wegen des Körpers
Untüchtigkeit, es sei nun im Kriege oder bei anderen Geschäften. Und
dieses nun führt am besten aus, wer es am besten vermag; am besten
aber vermögen es die Reichsten, deren Kinder auch am frühesten in
ihrer Jugend anfangen, die Lehre zu suchen, und am spätesten damit
aufhören. Wenn sie dann aber ihre Lehrer verlassen, so nötigt wie-
derum die Stadt sie, die Gesetze zu lernen und nach diesen zu leben
wie nach einer Vorschrift, damit sie nicht eigenem Gutdünken fol-
d gend etwas Ungeschicktes beginnen; sondern recht eigentlich wie der
Sprachlehrer den Kindern, die noch nicht schreiben können, die Buch-
staben mit dem Griffel vorschreibt und ihnen dann die Tafel hingibt
und ihnen befiehlt, diese Züge, wie er sie ihnen vorgeschrieben hat,
nachzuziehen, ebenso schreibt die Stadt die Gesetze vor, von treff-
lichen alten Gesetzgebern ausgedacht, und befiehlt ihnen, nach die-
sen zu regieren und sich regieren zu lassen. Wer aber hiervon ab-
weicht, den züchtigt sie, und diese Züchtigung heißt bei euch und an
e vielen anderen Orten, gleichsam weil die Strafe den Menschen wieder
weise macht, eine Weisung. Da nun sowohl zu Hause als von Staats

wegen so viele Sorgfalt auf die Tugend gewendet wird, wie kannst du dich noch wundern, Sokrates, und Zweifel hegen, ob sie lehrbar sei? Darüber ist sich nicht zu wundern, sondern vielmehr, wenn sie nicht lehrbar wäre.

[16. Grund für das Mißraten der Söhne von guten Vätern] Weshalb aber mißraten viele Söhne vortrefflicher Männer? Das erfahre nun auch. Dies nämlich ist nichts Wunderbares, wenn ich anders im vorigen richtig gesagt habe, daß in dieser Sache, nämlich der Tugend,
wenn es Staaten geben soll, niemand unwissend sein darf. Wenn die- 327 a
ses sich so, wie ich sage, verhält, es verhält sich aber allerdings und auf alle Weise so: so erwäge einmal die Sache an irgendeiner andern Kunst und Geschicklichkeit, an welcher du am liebsten willst. Wenn es keinen Staat geben könnte, wofern wir nicht alle Flötenspieler wären, wie gut eben jeder könnte, und wenn hierin jeder den andern unterrichtete zu Hause und im öffentlichen Leben und den schlecht Spielenden tadelte und ihm dies nicht neidisch vorenthielte, so wie jetzt keiner dem andern das Gerechte und Gesetzmäßige
vorenthält oder verbirgt, wie es wohl in andern Künsten geschieht b
denn jedem von uns, glaube ich, nützt die Gerechtigkeit und Tugend der anderen, deshalb lehrt jeder so gern den andern das Gerechte und Gesetzmäßige; wenn nun ebenso im Flötenspielen jeder dem anderen alle Bereitwilligkeit und Dienstfertigkeit erzeigte, ihn zu unterrichten: glaubst du, Sokrates, sagte er, daß dann mehr die Söhne guter Flötenspieler gute Flötenspieler werden würden als die Söhne der schlechten? Ich glaube es nicht, sondern wessen Sohn die besten Anlagen zum Flötenspieler hätte, der würde zu einem ausge-
zeichneten gedeihen, wessen es aber daran fehlte, der würde unbe- c
rühmt bleiben, und oft würde der Sohn eines guten Flötenspielers ein schlechter werden und der eines schlechten ein guter; aber alle würden doch ordentliche Flötenspieler sein im Vergleich mit den Ununterrichteten, die gar nichts vom Flötenspiel verstehen. So glaube nun auch jetzt, daß selbst derjenige, welcher sich dir als der Ungerechteste zeigt von allen, die unter Gesetzen und mit Menschen auferzogen sind, dennoch gerecht ist und wirklich ein ausübender Künstler in dieser Sache, wenn du ihn mit solchen Menschen vergleichen
solltest, die gar keine Erziehung haben, keine Gerichtshöfe, keine Ge- d
setze, und überall keinen Zwang, der sie zwingt, sich in allen Stükken der Tugend zu befleißigen, sondern die solche Wilde wären, wie sie uns im vorigen Jahre der Dichter Pherekrates am Bakchosfest aufgestellt hat. Wahrlich, wenn du dich unter solchen Menschen befändest wie die Menschenfeinde in jenem Chore, würdest du sehr zufrieden sein, wenn du auch nur einen Eurybatos oder Phrynondas anträfest, und würdest jammern aus Sehnsucht nach der Schlechtigkeit
der hiesigen Menschen. Nun aber bist du verwöhnt, Sokrates, weil e
eben alle Lehrer der Tugend sind, jeder so gut er kann, und siehst deshalb nirgends einen. Eben als wenn du nachfragtest, wo es wohl einen Lehrer im Hellenischsprechen gäbe, würdest du auch keinen
einzigen finden. Ja ich glaube nicht einmal, wenn du nachfragtest, 328 a

wer wohl die Söhne unserer Handwerker in der Kunst unterrichtete,
die sie bereits von ihrem Vater, soweit er dazu imstande war, und
von seinen kunstverwandten Freunden gelernt haben. Wer unter-
richtet diese wohl noch besonders? Ich glaube, es würde nicht leicht
sein, Sokrates, ihren Lehrer aufzuzeigen, dagegen der noch ganz Un-
kundigen sehr leicht. So ist es in der Tugend und in allen andern
Dingen. Also wenn einer auch nur um ein weniges besser als wir ver-
b steht, sie in der Tugend weiterzubringen, muß man es gern anneh-
men. Von welchen nun auch ich glaube einer zu sein, und besser als
andere Menschen mancherlei zu verstehen, wodurch einer gut und
trefflich wird, wohl wert der Belohnung, die ich dafür fordere, und
noch größerer, nach der Meinung dessen selbst, der gelernt hat. Da-
her ich auch diese Art, meine Belohnung zu bestimmen, eingerichtet
habe. Wenn nämlich jemand bei mir gelernt hat und er will, so gibt
er mir den Preis, den ich fordere, wo nicht, so geht er in den Tempel
c und schwört dort, wie hoch er die erworbenen Kenntnisse schätze,
und soviel gibt er dann.

Somit, Sokrates, sagte er, habe ich dir durch Geschichte und Grün-
de erwiesen, daß die Tugend allerdings lehrbar ist und daß auch die
Athener sie dafür halten und daß es dennoch nicht zu verwundern
ist, wenn die Söhne guter Väter schlecht und schlechter gut wer-
den. Denn auch die Söhne des Polykleitos von gleichem Alter mit
dem Paralos und Xanthippos hier sind nichts im Vergleich mit ihrem
Vater, und so auch andere anderer Künstler. Diesen aber darf man
d hieraus noch keinen Vorwurf machen, sondern man muß Gutes von
ihnen hoffen, denn sie sind jung.

*[17. Frage des S.: Sind die Einzeltugenden Teile der Tugend oder
nur verschiedene Namen?]* Protagoras nun, nachdem er sich derart
und so ausführlich vor uns gezeigt hatte, hörte auf zu reden; ich
aber, auf lange Zeit bezaubert, sah noch immer auf ihn, als würde
er weiter reden, lüstern zu hören. Da ich aber merkte, daß er wirk-
lich aufgehört hatte, sammelte ich mich sozusagen endlich mit Mühe,
wendete mich zu dem Hippokrates und sagte: Wie danke ich dir,
Sohn des Apollodoros, daß du mich aufgefordert hast, hierher zu
e gehen! Denn gar viel ist es mir wert, das gehört zu haben vom Pro-
tagoras, was ich gehört habe. Bis jetzt nämlich glaubte ich, es wären
nicht menschliche Bemühungen, wodurch die Guten gut werden; nun
aber bin ich davon überzeugt. Ausgenommen eine Kleinigkeit ist mir
im Wege, was offenbar Protagoras leicht noch dazu lehren wird, da
er ja dieses viele gelehrt hat. Denn wenn sich jemand über eben die-
ses mit einem von unseren Volksrednern bespräche, könnte er sol-
329 a che Reden vom Perikles oder einem von den andern Meistern im
Reden auch wohl hören; aber wenn einer etwas weiter fragt, so wis-
sen sie wie die Bücher nichts weiter weder zu antworten noch selbst
zu fragen; aber wenn einer auch nur ein weniges von dem Gesagten
fragt, dann, wie Metall, worauf einer geschlagen, lange forttönt,
wenn es nicht einer anrührt; ebenso dehnen auch diese Redner, um
b weniges gefragt, eine meilenlange Rede. Unser Protagoras aber ver-

steht zwar ebenfalls lange und schöne Reden zu halten, wie eben
die Tat gezeigt, er versteht aber auch sowohl gefragt im kurzen zu
antworten, als auch selbst fragend die Antwort abzuwarten und
aufzunehmen, und hierauf sind nur wenige ausgerüstet. Jetzt also,
Protagoras, fehlt mir noch ein weniges, um alles zu haben, wenn du
mir dieses beantworten möchtest. Du sagst, die Tugend sei lehrbar,
und ich, wenn ich irgendeinem Menschen glaube, glaube ich gewiß
dir. Was mir aber aufgefallen ist, als du sprachst, das ergänze mir c
noch in meiner Seele. Du sagtest nämlich, Zeus habe den Menschen
die Gerechtigkeit geschickt und die Scham, und wiederum erwähntest
du vielfältig in deiner Rede der Gerechtigkeit und Besonnenheit
und Frömmigkeit, und dieses alles, als ob es zusammengenommen
eins wäre, die Tugend. Eben dieses also setze mir doch genauer aus-
einander, ob die Tugend eins zwar ist, doch aber Teile von ihr sind
die Gerechtigkeit und die Besonnenheit und die Frömmigkeit, oder
ob alles, was ich jetzt genannt habe, nur verschiedene Namen sind d
für eine und dieselbe Sache. Das ist es, was ich noch vermisse. –

[18. Bestimmung des Teilseins der Tugenden] Sehr leicht, sagte er,
ist dies ja zu beantworten, Sokrates, daß von der Tugend, die eins
ist, dieses Teile sind, wonach du fragst. – Ob wohl auf die Art,
sprach ich, wie die Teile des Gesichts Teile sind, Mund und Nase und
Augen und Ohren? Oder so, wie die Teile des Goldes gar nicht un-
terschieden sind eins vom andern und vom Ganzen als durch Grö-
ße und Kleinheit? – Auf jene Art scheint es mir, Sokrates, wie die
Teile des Gesichtes sich zum ganzen Gesicht verhalten. – Besitzen e
denn auch die Menschen, fragte ich, von diesen Teilen der Tugend
der eine den, der andere jenen, oder muß notwendig wer einen hat
auch alle haben? – Keineswegs, sprach er, denn viele sind ja tapfer,
aber ungerecht, und gerecht, weise aber nicht. – Also dies sind auch
Teile der Tugend, fragte ich, Weisheit und Tapferkeit? – Freilich 330
vor allen Dingen, sprach er, und der größte sogar ist die Weisheit
unter diesen Teilen. – Und jeder von ihnen, sagte ich, ist etwas
anderes als der andere? – Ja. – Hat auch jeder seine eigene Ver-
richtung, wie im Gesicht das Auge nicht ist wie die Ohren, noch seine
Verrichtung dieselbe und überhaupt kein Teil wie der andere ist,
weder der Verrichtung nach noch sonst; ist nun ebenso auch von
den Teilen der Tugend keiner wie der andere, weder an sich selbst
noch auch seine Verrichtung? Oder muß nicht offenbar die Sache b
sich so verhalten, wenn sie unserm Beispiel ähnlich sein soll? – Sie
verhält sich auch so, Sokrates, sagte er. – Darauf sprach ich: Also
ist keiner von den anderen Teilen der Tugend wie die Erkenntnis,
oder wie die Gerechtigkeit, oder wie die Besonnenheit, oder wie die
Frömmigkeit? – Nein, sagte er. – Wohlan also, sprach ich, laß uns
zusammen sehen, wie beschaffen jedes von ihnen ist. Zuerst so: Ist
die Gerechtigkeit etwas Bestimmtes, oder ist sie nicht etwas Be- c
stimmtes? Mir scheint sie so etwas zu sein; wie aber dir? – Auch
mir, sagte er. – Wie nun? Wenn einer mich und dich fragte: Sagt
mir doch, Protagoras und Sokrates, dieses, was ihr jetzt eben ge-

nannt habt, die Gerechtigkeit, ist dies selbst gerecht oder ungerecht?
dann würde ich ihm freilich antworten, gerecht; du aber, was für
eine Stimme würdest du geben, dieselbe mit mir oder eine andere?
— Dieselbe, sagte er. — Die Gerechtigkeit also ist so beschaffen wie
gerecht sein, würde ich sagen dem Fragenden zur Antwort. Du auch?
d — Ja, sagte er. — Wenn er uns nun hiernach fragte: Sagt ihr nicht
auch, daß es eine Frömmigkeit gibt? Dann würden wir es doch beja-
hen, glaube ich? — Freilich, sagte er. — Sagt ihr auch, daß diese etwas
Bestimmtes ist? Sollen wir es dann zugeben oder nicht? — Auch
dies bejahte er. — Sagt ihr nun, daß eben dies selbst von Natur so
beschaffen ist wie gottlos sein oder fromm? Ich, sprach ich, würde
unwillig werden über die Frage und sagen: Rede nicht dergleichen,
lieber Mensch! Wie wollte denn irgend etwas anderes fromm sein,
e wenn die Frömmigkeit selbst nicht fromm wäre! Und wie du? Wür-
dest du nicht so antworten? — Allerdings, sagte er. —

[19. Widersprüchlichkeit einer Trennung der Teile] Wenn er nun
hierauf uns fragend spräche: Wie habt ihr doch vor kurzem gesagt?
Habe ich euch etwa nicht recht vernommen? Mich dünkt, ihr sagtet,
die Teile der Tugend verhielten sich so gegeneinander, daß keiner
von ihnen wäre wie der andere? Dann würde ich ihm sagen: Sonst
hast du wohl recht gehört, daß du aber glaubst, ich hätte dieses auch
gesagt, das hast du verhört. Denn Protagoras hier hat dies geant-
331 a wortet, ich habe nur gefragt. Wenn er nun fragte: Spricht dieser
wahr, Protagoras? Du also sagst, kein Teil der Tugend sei wie der
andere? Deine Rede ist dies? Was würdest du ihm antworten? —
Natürlich, sagte er, mich dazu bekennen. — Was also, Protagoras,
werden wir, dieses eingestanden, ihm antworten, wenn er uns weiter
fragt: Also ist die Frömmigkeit nicht wie gerecht sein, und die Ge-
rechtigkeit nicht wie fromm, sondern wie nicht fromm, und die Fröm-
migkeit wie nicht gerecht, also ungerecht, und jene gottlos? Was wer-
b den wir ihm antworten? Ich meines Teils für mich wenigstens wür-
de sagen, daß die Gerechtigkeit allerdings fromm sei und die Fröm-
migkeit gerecht; und auch für dich, wenn du es mir zuließest, würde
ich das nämliche antworten, daß die Gerechtigkeit entweder dassel-
be ist mit der Frömmigkeit oder ihr doch so ähnlich, als nur irgend
möglich, und also auf alle Weise die Gerechtigkeit wie die Frömmig-
keit, und die Frömmigkeit wie die Gerechtigkeit. Sieh also zu, ob
du mir verbietest, so zu antworten, oder ob es dich ebenso dünkt? —
Keineswegs, sprach er, dünkt mich dieses unbedingt so zu sein, daß
c man zugeben müsse, die Gerechtigkeit sei Frommes und die Fröm-
migkeit Gerechtes, sondern mich dünkt wohl noch etwas Verschiede-
nes darin zu sein. Doch was liegt daran, sprach er? Wenn du willst,
soll uns auch die Gerechtigkeit fromm und auch die Frömmigkeit
gerecht sein. — Das ja nicht! sagte ich. Ich begehre gar nicht, daß
ein solches ‹Wenn du willst› und ‹Wie du meinst› untersucht werde,
sondern Ich und Du. Das ‹Ich› und ‹Du› sage ich aber in der Mei-
d nung, der Satz selbst werde am besten geprüft werden, wenn man
dieses ‹Wenn› ganz herausläßt. — Aber freilich, sprach er, ist ja die

Gerechtigkeit der Frömmigkeit ähnlich; denn auch jedes Ding ist
jedem Dinge gewissermaßen ähnlich. Sogar ist auf eine Art das Wei-
ße dem Schwarzen ähnlich und das Harte dem Weichen und was
sonst einander am meisten entgegengesetzt zu sein scheint; und
auch das, wovon wir vorher sagten, jedes habe eine eigene Verrich-
tung und eines sei nicht wie das andere, die Teile des Gesichtes sind
einander doch auch gewissermaßen ähnlich und eins ist wie das an-
dere, so daß du auf diese Art auch das beweisen könntest, wenn du e
wolltest, daß alles einander ähnlich ist. Aber es ist nicht recht, Dinge,
die etwas Ähnliches haben, gleich ähnlich zu nennen, und die etwas
Unähnliches haben, unähnlich, auch wenn sie gar wenig Ähnliches
und Unähnliches haben. – Darüber verwundert sagte ich zu ihm:
Verhält sich denn bei dir das Gerechte und das Fromme so gegen-
einander, daß es ein wenig Ähnliches miteinander hat? – Nicht
ganz so, sprach er, aber doch auch nicht so, wie du zu glauben 332 a
scheinst. – Ei nun, sprach ich, weil dir dieses ungelegen zu sein
scheint, wollen wir dieses nur lassen, und dies andere von dem, was
du sagtest, in Betrachtung ziehen.

[20. Beweis der Identität von Weisheit und Besonnenheit] Du nennst
doch etwas Unsinnigkeit? – Er sagte ja. – Ist nicht davon ganz das
Gegenteil die Weisheit? – Mich dünkt es so, sagte er. – Und wenn
die Menschen richtig und, wie es heilsam ist, handeln, scheinen sie dir
dann besonnen zu sein, wenn sie so handeln, oder wenn entgegen-
gesetzt? – Alsdann sind sie besonnen, sagte er. – Nicht wahr, durch
die Besonnenheit sind sie besonnen? – Natürlich. – Und nicht b
wahr, die nicht richtig Handelnden handeln unsinnig und sind nicht
besonnen, indem sie so handeln? – Das dünkt mich ebenso, sagte
er. – Das Gegenteil ist also das Unsinnig-Handeln vom Besonne-
nen? – Er gab es zu. – Nicht wahr, was unsinnig getan wird, wird
durch Unsinnigkeit, und was besonnen, durch Besonnenheit getan?
– Das räumte er ein. – Nicht wahr, wenn etwas mit Stärke getan
wird, das wird stark getan, und wenn mit Schwäche, schwach? – So
schien es ihm. – Und was mit Schnelligkeit schnell, was mit Lang-
samkeit langsam. – Er bejahte. – Und wenn also etwas ebenso ge- c
tan wird, wird es auch von demselben getan, wenn aber entgegen-
gesetzt, dann auch von dem Entgegengesetzten. – Er stimmte bei.
– Wohlan, sagte ich, gibt es etwas Schönes? – Er räumte es ein. –
Und ist diesem noch irgend etwas entgegengesetzt außer dem Häß-
lichen? – Nichts weiter. – Und wie? Gibt es etwas Gutes? – Es
gibt. – Ist diesem etwas entgegengesetzt außer dem Bösen? –
Nichts weiter. – Und wie? Gibt es etwas Hohes in der Stimme? –
Er bejahte es. – Ist diesem nichts anderes entgegengesetzt außer
dem Tiefen? – Nein, sagte er. – Also, sprach ich, jedem einzelnen
von diesen Entgegengesetzten ist auch nur eins entgegengesetzt und
nicht viele? – Dazu bekannte er sich. – Komm denn, sprach ich, laß
uns zusammenrechnen, was wir eingestanden. Haben wir eingestan- d
den, daß einem nur eins entgegengesetzt ist, mehreres aber nicht?
– Das haben wir eingestanden. – Und daß, was auf entgegengesetz-

te Art getan wird, auch durch Entgegengesetztes getan wird? — Er
bejahte. — Und haben wir eingestanden, daß, was unsinnig getan
wird, auf entgegengesetzte Art getan wird, als was besonnen? —
Er bejahte es. — Und daß, was besonnen getan wird, durch Besonnenheit verrichtet wird, was aber unsinnig durch Unsinnigkeit? —
e Er räumte es ein. — Also, da es auf entgegengesetzte Art getan
wird, muß es auch durch Entgegengesetztes verrichtet werden? —
Ja. — Es wird aber das eine durch Besonnenheit und das andere
durch Unsinnigkeit verrichtet? — Ja. — Auf entgegengesetzte Art?
— Freilich. — Also auch durch Entgegengesetztes? — Ja. — Entgegengesetzt also ist die Unsinnigkeit der Besonnenheit? — Das ist
klar. — Erinnerst du dich wohl, daß im vorigen von uns eingestanden war, die Unsinnigkeit sei der Weisheit entgegengesetzt? — Das
gestand er. — Und daß einem nur eines entgegengesetzt sei? — Das
333 a behaupte ich. — Welche von unsern beiden Behauptungen wollen
wir nun aufgeben, Protagoras? Die, daß einem nur eins entgegengesetzt ist oder jene, als wir sagten, die Besonnenheit wäre etwas anderes als die Weisheit und beide wären Teile der Tugend? Und außerdem, daß jede etwas anderes wäre, wären sie auch einander unähnlich, sie selbst und ihre Verrichtungen, wie die Teile des Gesichts? Welche von beiden wollen wir nun aufgeben? Denn zugleich können diese beiden Behauptungen nicht sehr musikalisch vorgetragen werden, denn sie stimmen nicht und klingen nicht zusammen.
Wie können sie auch zusammen klingen, wenn notwendig eins nur
b einem entgegengesetzt ist, mehreren aber nicht, der Unsinnigkeit
aber, welche eins ist, sich sowohl die Weisheit als die Besonnenheit entgegengesetzt zeigt? Ist es so, Protagoras, fragte ich, oder irgendwie anders? — Er gestand es sehr ungern. — So wären diese also wohl eines, die Besonnenheit und die Weisheit? Vorher aber zeigten sich uns die Gerechtigkeit und die Frömmigkeit fast als dasselbe.

Komm also, sprach ich, Protagoras, laß uns nicht müde werden,
sondern nun das Übrige auch noch durchnehmen. Scheint dir ein
c Mensch, welcher Unrecht tut, wohl darin besonnen zu sein, daß er
Unrecht tut? — Ich würde mich ja schämen, o Sokrates, sagte er, dieses zuzugeben, obgleich die meisten Menschen es wohl sagen. — Soll ich also an jene meine Rede richten, oder an dich? — Wenn du willst, sagte er, so rede zuerst gegen jenen Satz der meisten. — Gut, sprach ich, mir verschlägt es nichts, wenn du nur antwortest, ob übrigens du selbst dieses annimmst oder nicht. Denn ich will eigentlich nur den Satz prüfen, aber es ereignet sich dann wohl, daß dabei auch ich, der Fragende, und der Antwortende geprüft werden. —
d Zuerst nun zierte sich Protagoras und klagte, es wäre ein gar beschwerlicher Satz; endlich aber bequemte er sich doch, zu antworten. —

[21. Prot. über die Relativität des Nützlichen] Komm also, sprach ich, antworte mir von Anfang an. Dünken dich einige Menschen, indem sie Unrecht tun, besonnen zu sein? — Es soll so sein, sagte er. — Unter dem Besonnensein aber meinst du, daß sie sich wohl besin-

nen? — Er bejahte es. — Und sich recht besinnen heißt, daß sie sich wohl beraten in dem, was sie Unrecht tun? — Das soll gelten, sagte er. — Ob wohl, fragte ich, wenn sie sich wohl befinden beim Unrechttun, oder wenn übel? — Wenn sie sich wohl befinden. — Nimmst du nun an, daß einiges gut ist? — Das sage ich. — Ist etwa, sprach ich, dasjenige gut, was den Menschen nützlich ist? — Ja auch, beim Zeus, sagte er, manches, was den Menschen nicht nützlich ist, nen- e
ne ich wenigstens doch gut. — Und mich dünkte Protagoras schon ganz verdrießlich zu sein und sich zu ängstigen und zu sträuben gegen das Antworten; und da ich ihn in dieser Verfassung sah, nahm ich mich in acht und fragte nur ganz bedächtig weiter. Meinst du nur, sprach ich, was keinem Menschen nützlich ist, oder auch, 334 a
was ganz und gar nicht nützlich ist; und nennst du auch solche Dinge gut? — Keineswegs, sagte er, aber ich kenne sehr viele Dinge, welche dem Menschen völlig unnütz sind, Speisen, Getränke, Arzneien und sonst tausenderlei; andere sind ihm nützlich; wiederum andere sind dem Menschen zwar keines von beiden, wohl aber den Pferden, andere wieder nur den Ochsen, andere den Hunden, noch andere keinem von allen diesen, wohl aber den Bäumen; ja einiges ist wiederum für die Wurzeln der Bäume gut, für die Zweige aber schädlich, wie zum Beispiel der Mist, um die Wurzeln gelegt, allen b
Pflanzen heilsam ist, wolltest du ihn aber auf die Triebe oder auf die jungen Zweige legen, so würde alles verderben. So ist auch das Öl allen Pflanzen sehr schädlich und auch den Haaren der anderen Tiere sehr verderblich, nur denen des Menschen nicht, denn diesen ist es zum Wachstum beförderlich und so auch seinem übrigen Körper. Und so schillert das Gute und verwandelt sich immer wieder, daß auch dieses hier für die äußeren Teile des Körpers zwar sehr c
gut ist, dasselbige aber den inneren sehr übel. Daher verbieten auch alle Ärzte den Kranken das Öl bis auf etwas weniges an dem, was sie genießen, nur so viel eben hinreicht, um das Widrige zu dämpfen, was verschiedene Speisen sonst für die Empfindungen, die wir durch die Geruchswerkzeuge bekommen, an sich haben würden.

[22. Drängen des S. auf kurze Gesprächsführung] Als er dies gesagt, erhoben die Anwesenden ein Geräusch von Beifallsbezeigungen, wie schön er spräche. Ich aber sagte, o Protagoras, ich bin ein sehr vergeßlicher Mensch, und wenn jemand so lange spricht, vergesse ich d
ganz, wovon eigentlich die Rede ist. So wie nun, wenn ich etwas taub wäre, du glauben würdest, wenn du anders mit mir reden wolltest, lauter sprechen zu müssen als mit anderen: so auch jetzt, da du mit einem Vergeßlichen zu tun hast, beschneide mir die Antworten und mache sie etwas kürzer, wenn ich dir anders folgen soll. — Wie heißt du mich denn kurz antworten? Etwa kürzer soll ich dir antworten, sagte er, als nötig ist? — Keineswegs, sprach ich. — Also so viel, als nötig ist? — O ja, sagte ich. — Soll ich dir also so viel antworten, als e
ich für nötig halte, oder so viel als du? — Ich habe doch gehört, sprach ich, du besäßest die Geschicklichkeit und teiltest sie auch andern mit, über dieselbe Sache sowohl lange zu reden, wenn du willst,

so daß dir die Rede niemals abreißt, als auch wiederum so kurz,
335 a daß sich niemand kürzer fassen kann als du. Willst du nun mit mir
ein Gespräch führen, so bediene dich gegen mich der andern Art zu
reden, der Kurzrederei. – O Sokrates, sagte er, schon mit vielen
Menschen habe ich den Kampf des Redens bestanden, hätte ich aber
das getan, was du von mir verlangst, nämlich immer auf die Art das
Gespräch geführt, wie mein Gegner es mich führen hieß, so würde
ich gewiß keinen einzigen überwunden haben, und Protagoras wür-
de keinen Namen haben unter den Hellenen. – Ich aber – denn
ich merkte wohl, daß er sich in seinen vorigen Antworten gar nicht
b gefallen hatte und daß er gutwillig nicht würde der Antwortende
sein wollen im Gespräch – glaubte, daß für mich in dieser Zusam-
menkunft nichts mehr zu tun wäre, und sagte: Aber, Protagoras,
auch ich bin ja nicht erpicht darauf, daß unsere Unterhaltung an-
ders, als dir recht ist, geführt werde; sondern wenn es dir gelegen
sein wird, so Gespräch zu führen, wie ich dir folgen kann, dann will
ich mit dir reden. Denn du, wie man von dir rühmt und du auch
selbst sagst, verstehst beides, sowohl in langen Reden als in kur-
zen die Unterhaltung zu führen; denn du bist eben ein weiser Mann,
c ich aber weiß nun einmal mit diesen langen Reden gar nicht umzu-
gehen, wiewohl ich sehr wünschte, auch das zu verstehen. Also soll-
test du, der du beides kannst, uns nachgeben, damit eine Unterhal-
tung zustande käme. Nun du aber nicht willst, und ich auch nicht
länger Zeit habe und es nicht abwarten könnte, wenn du deine Re-
den so in die Länge zögest, denn ich muß anderswohin: so gehe
ich; wiewohl auch dieses hörte ich gewiß gern von dir.

Und mit diesen Worten stand ich auf, um fortzugehen; aber sowie
d ich aufstand, ergriff mich Kallias mit einer Hand bei der Rechten
und mit der andern hielt er mich hier beim Mantel und sagte: Wir
werden dich nicht loslassen, Sokrates, denn wenn du uns fortgehst,
wird es mit unseren Gesprächen gar nicht mehr dasselbe sein. Ich
bitte dich also, bei uns zu bleiben; denn ich weiß keinen, den ich
lieber hören möchte, als dich und den Protagoras miteinander reden.
Sei also uns allen gefällig. – Ich erwiderte – ich war aber schon
aufgestanden, um zu gehen: Immer, Kallias, habe ich an deiner Lie-
be zur Wissenschaft meine Freude gehabt, und so lobe und liebe ich
e sie auch jetzt. So daß ich dir gern willfahren würde, wenn du etwas
Mögliches bätest; nun aber ist es, wie wenn du mich bätest, mit dem
Krison aus Himera, unserm stärksten Wettläufer, oder mit irgend-
einem andern Wettläufer oder Eilboten zu laufen und gleichen
Schritt mit ihnen zu halten, ich dir dann sagen würde, mir wäre
336 a es noch weit lieber als dir, wenn ich diesen nachkommen könn-
te im Laufen; aber ich kann doch nicht. Ist es dir also lieb, mich und
den Krison zusammen laufen zu sehen, so bitte diesen, daß er nach-
lasse; denn ich kann nicht geschwind laufen, er aber kann langsam.
Wünschst du also mich und den Protagoras zusammen zu hören, so
bitte diesen, wie er mir vorher geantwortet hat in kurzen Worten
und auf das, was ich fragte, so auch jetzt noch mir zu antworten; wo
b aber nicht, welches soll denn die Weise der Gespräche sein? Denn

ich wenigstens habe immer geglaubt, dies wären zwei ganz verschiedene Dinge, Gespräch miteinander führen und Reden halten. — Aber sieh nur, Sokrates, sagte er, Protagoras scheint doch recht zu haben, wenn er verlangt, ihm solle erlaubt sein, zu sprechen, wie er will, und dir, wie du willst. —

[23. Alkibiades, Kritias und Prodikos zur Weiterführung des Gesprächs] Darauf nahm Alkibiades das Wort und sagte: Du hast unrecht, Kallias! Denn Sokrates gesteht ja, mit der Langrednerei nicht Bescheid zu wissen, und räumt darin dem Protagoras den Vorzug ein: aber ein ordentliches Gespräch recht zu führen, dem andern c
Rede zu stehen und ihn dann auch wieder auszufragen, darin sollte es mich sehr Wunder nehmen, wenn er irgend jemand den Vorzug einräumte. Gesteht nun Protagoras seinerseits, daß er schlechter ist im Gesprächführen als Sokrates, so ist Sokrates zufrieden; will er sich ihm aber gegenüber stellen, wohl, so mag er auch ordentlich in Frage und Antwort mit ihm sprechen, nicht aber nach jeder Frage eine lange Rede ausspinnen, der Frage ausweichen und, anstatt den andern zum Worte zu lassen, immer weiter reden, bis die meisten d
unter den Zuhörern vergessen haben, was die Frage eigentlich betraf. Denn für den Sokrates verbürge ich mich, daß er es nicht vergessen wird, ob er gleich scherzt und sagt, er sei vergeßlich. Mir also scheint, was Sokrates sagt, billiger; denn jeder muß seine Meinung kundgeben. — Nach dem Alkibiades war es, glaube ich, Kritias, welcher sagte: O Prodikos und Hippias, Kallias freilich dünkt mich sehr für den Protagoras zu sein, Alkibiades aber ist auch immer e
rechthaberisch, wenn er worauf seinen Sinn gesetzt hat. Uns aber ziemt es, für keinen von beiden Partei zu nehmen, weder für Sokrates noch für Protagoras, sondern nur insgemein beide zu bitten, uns die Unterhaltung nicht in der Mitte abzubrechen. — Als er dies gesagt, sprach Prodikos: Sehr richtig dünkst du mich zu sprechen, 337 a
Kritias. Denn die bei einer solchen Unterredung Gegenwärtigen müssen zwar beide Unterredner insgemein anhören, nicht aber beide gleich, denn das ist nicht einerlei. Nämlich sie müssen zwar beide insgemein anhören, nicht aber beiden Gleiches gewähren, sondern dem Weiseren mehr, dem Unweiseren weniger. Auch ich, o Protagoras und Sokrates, bitte euch beide, nachzugeben und über eure Sätze zu streiten, aber nicht zu zanken, denn streiten können auch Freun- b
de mit Freunden in allem Wohlmeinen, aber zanken können nur die, welche uneinig und auch feindselig gegeneinander sind. Und auf diese Art wird unsere Unterhaltung am schönsten fortgehen. Denn ihr, die Sprechenden, werdet so am meisten von uns, den Hörenden, geachtet werden, nicht gelobt; geachtet nämlich wird man in den Seelen der Hörenden ohne Betrug, gelobt aber mit Worten von solchen, die oft gegen ihre Überzeugung Unwahres reden: wir aber, die Hörenden, werden so am meisten Vergnügen davon haben, c
nicht Genuß, denn Vergnügen hat auch, wer etwas erlernt und Gedanken auffaßt mit der Seele selbst, Genuß aber nur, wer etwas ißt oder sonst eine angenehme Empfindung durch den Körper selbst

empfängt. — Mit dieser Rede fand Prodikos bei sehr vielen Anwe-
senden großen Beifall.

[24. Vermittlungsvorschlag des Hippias] Nach dem Prodikos aber
sprach Hippias, der Weise. Ich denke, sagte er, ihr versammelten
Männer, daß wir Verwandte und Befreundete und Mitbürger von
d Natur sind, nicht durch das Gesetz. Denn das Ähnliche ist dem Ähn-
lichen von Natur verwandt, das Gesetz aber, welches ein Tyrann
der Menschen ist, erzwingt vieles gegen die Natur. Für uns also wä-
re es schändlich, die Natur der Sache zwar zu kennen, uns aber den-
noch, obgleich die Weisesten unter den Hellenen und eben deshalb
in dieser Stadt als dem Hauptsitz hellenischer Weisheit und in die-
sem Hause als dem angesehensten und glänzendsten dieser Stadt
e versammelt, dieser Würde nicht würdig zu zeigen, sondern wie die
gemeinsten Menschen untereinander uns zu veruneinigen. Ich bitte
und rate euch daher, o Protagoras und Sokrates, von uns als euern
Schiedsrichtern in der Mitte zusammengeführt euch zu vereinigen,
338 a so daß weder du diese strengste Art des Gespräches forderst, die
allzu gedrungene Kürze, wenn sie dem Protagoras nicht angenehm
ist, sondern den Reden ein wenig die Zügel nachläßt, damit sie sich
mutiger und in schöneren Bewegungen zeigen können, noch auch Pro-
tagoras alle Segel beisetze, um mit vollem Winde das Land ganz aus
dem Gesicht verlierend in die hohe See der Reden zu entfliehen,
sondern daß ihr euch beide in einem mittleren Durchschnitt haltet.
Folgt mir daher und macht es so, daß ihr einen Kampfrichter und
Aufseher und Vorsitzer erwählt, welcher darauf halte, daß jeder von
b euch das gehörige Maß in seinen Reden beobachte. —

[25. Festlegung der Fortsetzung des Gesprächs durch S.] Das gefiel
den Anwesenden, und sie lobten ihn alle, und Kallias versicherte,
er würde mich nicht loslassen, und sie baten, einen Aufseher zu er-
wählen. Ich sagte also, es würde schimpflich sein, einen Kampfrich-
ter für unser Gespräch zu bestellen; denn wenn der Gewählte
schlechter wäre als wir, so wäre es nicht richtig, daß der Schlechte-
re über Bessere die Aufsicht führe. Wenn er uns ähnlich wäre, wäre
es auch so nicht richtig; denn der Ähnliche würde auch Ähnliches
c wie wir tun, so daß er ganz zum Überfluß würde gewählt sein. Aber
ihr werdet freilich einen Besseren, als wir sind, erwählen. Einen in
der Tat Weiseren als unseren Protagoras ist euch, glaube ich, un-
möglich zu wählen. Werdet ihr aber einen wählen, der um nichts
besser ist, von dem ihr es aber behauptet, so ist auch das für die-
sen hier schimpflich, daß ihr ihm wie einem gemeinen Menschen
einen Aufseher bestellt, denn mir für mein Teil gilt es gleich. Dies
aber will ich tun, damit, wie ihr es wünscht, Unterhaltung und Ge-
spräch zwischen uns zustande komme. Wenn Protagoras nicht ant-
d worten will: so mag er fragen, und ich will antworten und dabei
versuchen, ihm zu zeigen, wie ich meine, daß der Antwortende ant-
worten müsse. Nachdem aber ich geantwortet habe, wieviel er nur
hat fragen gewollt, soll auch er wiederum gleichermaßen mir Rede

stehen; und zeigt er sich nicht geneigt, auf das Gefragte selbst zu
antworten, dann wollen ich und ihr ihn insgemein bitten, wie ihr
jetzt mich, uns die Unterhaltung nicht zu zerstören. Und es braucht e
deshalb nicht einer Aufseher zu sein, sondern ihr alle könnt insge-
mein die Aufsicht führen. Alle waren der Meinung, so müßte es ge-
halten werden. Und Protagoras wollte zwar gar nicht recht, ward
aber doch genötigt, zu versprechen, daß er fragen und, wenn er ge-
nug gefragt hätte, auch wiederum Rede stehen und in der Kürze
antworten wollte. Er fing also an zu fragen, ungefähr so.

*[26. Auslegung des Simonides: Enthält die Dichtung einen Wider-
spruch?]* Ich glaube, sprach er, o Sokrates, daß es ein wichtiges
Stück der Unterweisung ist für einen Mann, in Gedichten stark zu
sein. Dies besteht aber darin, daß er imstande ist, das von den Dich- 339 a
tern Gesagte zu verstehen, was nämlich gut gedichtet ist und was
nicht, auch es zu erklären und, wenn er gefragt wird, Rechenschaft
geben zu können. So soll auch jetzt zwischen uns die Frage noch
ferner von derselben Sache sein, worüber wir jetzt sprechen, ich
und du, nämlich von der Tugend, nur zunächst in Beziehung auf
ein Gedicht, dies soll der ganze Unterschied sein. Simonides sagt
doch irgendwo zum Skopas, dem Sohne des Thessaliers Kreon:
«Ein trefflicher Mann zu werden schon wahrhaftig ist schwer, ein b
kernfester an Hand und Fuß und Sinn und ein tadellos gebildeter.»
Kennst du das Lied, oder soll ich es dir ganz hersagen? — Ich sagte,
es ist nicht nötig, denn ich kenne es, und gar viel habe ich mich ge-
müht um das Lied. — Schön, sprach er. Glaubst du also, daß dies
gut und richtig gedichtet ist oder nicht? — Sehr, sagte ich, gut und
auch richtig. — Dünkt dich das denn gut gedichtet, wenn der Dichter
sich selbst widerspricht? — Nicht gut, sagte ich. — Überlege es dir
noch besser, sprach er. — Aber, mein Guter, ich habe es hinlänglich c
bedacht. — Weißt du also, sprach er, daß er weiterhin im Gedicht
irgendwo sagt: «Auch ist mir nicht abgemessen genug das Pitta-
keische Wort, obwohl von einem weisen Manne gesprochen: schwer
ist es, sagt er, tugendlich sein.» Bedenkst du wohl, daß dieser selbe
Mann dieses sagt und auch jenes vorige? — Ich weiß wohl, sagte
ich. — Dünkt dich denn, sprach er, dieses mit jenem übereinzustim-
men? — Mir scheint es, sagte ich. Zugleich aber ward mir bange,
was er sagte, möchte doch etwas sein, und ich fragte: Also dir er-
scheint es nicht so? — Wie sollte auch wohl derjenige mit sich selbst d
übereinstimmend erscheinen, der dieses beides sagt, zuerst selbst
annimmt, es sei schwer, in Wahrheit ein trefflicher Mann zu wer-
den, nachdem er aber etwas weiter vorgerückt ist im Gedicht, dies
wieder vergißt und den Pittakos, der ganz dasselbe sagt wie er, daß
es «schwer sei tugendlich sein», darüber tadelt und ihm nicht bei-
stimmen will, wo er doch ganz das nämliche wie er selbst behauptet.
Wenn er nun den tadelt, der dasselbe wie er sagt, so ist doch offen-
bar, daß er sich selbst auch tadelt. So daß entweder das erste oder
das andere nicht richtig ist. Als er das gesagt, erregte er wieder Ge-
räusch und Beifall von vielen der Zuhörer. Mir aber wurde zu- e

erst, wie von einem guten Faustkämpfer tüchtig getroffen, ganz
dunkel vor den Augen und schwindlig, als er das sagte und die an-
dern das Geräusch des Beifalls erhoben. Hernach aber wendete ich
mich – damit ich doch dir wenigstens die Wahrheit sage, um Zeit
zu gewinnen zum Nachdenken, was der Dichter wohl meinte – zum
Prodikos, rief ihn auf und sagte: Prodikos, dein Landsmann ist ja
Simonides, du bist schuldig, dem Manne beizustehen. Ich werde dich
340 a also, dünkt mich, zu Hilfe rufen, wie Homeros erzählt, daß Ska-
mandros, vom Achilleus bedrängt, den Simoeis zu Hilfe gerufen und
gesagt habe: «Bruder, wohlan! die Gewalt des Mannes da müssen
wir beide jetzt bändigen.» Dergestalt rufe auch ich dich herbei, da-
mit Protagoras uns den Simonides nicht ganz in den Staub werfe.
Überdies auch bedarf des Simonides Verteidigung deiner Kunst,
durch welche du das Wollen und Begehren unterscheidest, daß das
b nicht einerlei ist, und was du nur eben wieder vieles und Schönes
gesagt hast. Sieh doch also auch hier zu, ob du derselben Meinung
bist wie ich. Mir nämlich scheint es nicht, als ob Simonides sich
selbst widerspräche. Du aber, Prodikos, eröffne zuerst deine Mei-
nung. Dünkt dich das Werden und das Sein einerlei oder zweierlei?
– Zweierlei, beim Zeus, sagte Prodikos. – Hatte nun nicht, sprach
ich, in der ersten Stelle Simonides seine eigene Meinung dahin ge-
äußert, daß ein trefflicher Mann in Wahrheit zu werden schwer sei?
c – Du hast ganz recht, sagte Prodikos. – Und Pittakos, fuhr ich fort,
den er tadelt, sagt gar nicht, wie Protagoras glaubt, dasselbe, son-
dern etwas anderes. Denn Pittakos erklärt gar nicht das für das
Schwere, tugendlich zu werden, wie Simonides, sondern es zu sein.
Und wie unser Prodikos sagt, o Protagoras, so ist Werden und Sein
gar nicht das nämliche, ist aber Werden und Sein nicht dasselbe, so
hat auch Simonides nicht sich selbst widersprochen. Vielleicht wür-
d de auch Prodikos und mancher andere sagen, nach dem Hesiodos
sei gut zu werden zwar schwer, denn vor die Tugend hätten die
Götter den Schweiß gestellt, wäre aber einer erst zum Gipfel ge-
langt, alsdann werde sie leicht, wie schwer sie zuvor auch gewesen
zu erlangen. –

[27. Bedeutung von «schwer»] Als Prodikos dies hörte, lobte er mich.
Protagoras aber sagte: Deine Verteidigung, Sokrates, hat noch
schlimmere Gebrechen, als was du verteidigst. – Dann, sprach ich,
habe ich schlechte Arbeit gemacht und bin wohl ein lächerlicher
e Arzt, wenn ich durch meine Behandlung die Krankheit verschlim-
mere. – Aber so verhält es sich, sagte er. – Und wieso? fragte ich.
– Großer Unverstand, sprach er, wäre ja das von dem Dichter,
wenn er es für etwas so Geringes hielte, die Tugend zu besitzen, was
unter allem das Schwierigste ist, wie alle Menschen glauben. – Dar-
auf sprach ich: Beim Zeus, recht zur gelegenen Zeit ist Prodikos
uns zugegen bei der Verhandlung. Denn es mag wohl, o Protagoras,
341 a des Prodikos Weisheit eine göttliche sein schon seit lange her, habe
sie nun vom Simonides angefangen oder noch weit eher. Du aber,
wiewohl so vieles anderen kundig, bist dieser offenbar unkundig,

nicht wie ich kundig, weil ich ein Schüler des Prodikos bin. Auch jetzt dünkst du mich nicht zu merken, daß auch dieses «Schwer» Simonides vielleicht gar nicht so gemeint hat, wie du es meinst, sondern wie Prodikos mich immer schilt wegen des Furchtbaren, wenn ich dich oder einen andern lobend sage, Protagoras ist doch gar ein
weiser und furchtbarer Mann, fragt, ob ich mich denn nicht schäme, b
etwas Gutes furchtbar zu nennen; denn das Furchtbare, sagt er, ist böse, kein Mensch redet ja jemals von furchtbarem Reichtum oder furchtbarem Frieden oder furchtbarer Gesundheit, sondern von furchtbarer Krankheit, furchtbarem Kriege, furchtbarer Armut, so daß das Furchtbare Böses ist. Vielleicht nun verstehen eben so die Keer und mit ihnen Simonides unter «Schwer» entweder das Böse oder sonst etwas, was du nicht weißt. Laß uns also den Prodikos fragen – denn es ist ja billig, über des Simonides Sprache ihn zu befragen –, was doch, o Prodikos, hat Simonides mit dem «Schwer»
gemeint? – Böses, sagte er. – Und deswegen, Prodikos, sprach ich, c
tadelt er auch wohl den Pittakos, welcher sagt, «Schwer ist es tugendlich sein», als ob er ihn hätte sagen gehört, böse ist es, tugendlich sein. – Was sonst, sagte er, glaubst du denn, habe Simonides sagen gewollt als eben dieses, und daß er dem Pittakos vorwerfen will, er wisse die Worte nicht zu unterscheiden, wie denn dieser auch ein Lesbier war, ein in barbarischer Mundart Auferzogener? – Du hörst doch, Protagoras, sprach ich, was Prodikos sagt; hast du etwas
dagegen zu sagen? – Darauf sagte Protagoras: Weit gefehlt, Pro- d
dikos, daß es sich so verhalten sollte. Sondern das weiß ich ganz gewiß, daß Simonides unter «Schwer» eben das verstanden hat, was wir andern darunter verstehn, nämlich nicht das Böse, sondern das, was nicht leicht ist, sondern nur durch viele Mühe zu erlangen. – Auch ich glaube, sprach ich, daß Simonides dieses gemeint hat und daß auch Prodikos es recht gut weiß; er scherzt aber und scheint dich versuchen zu wollen, ob du imstande sein wirst, deinem Satz beizustehen. Denn daß Simonides unter dem Schweren nicht das Bö-
se versteht, davon ist gleich das Folgende ein deutlicher Beweis, wo e
er sagt: «Gott allein mag diese Ehre besitzen.» Denn hätte er gesagt, böse ist es, tugendlich sein, so konnte er ja unmöglich hernach sagen, dies komme Gott allein zu, und Gott allein dies als Vorzug beilegen. Oder Prodikos müßte einen ganz ruchlosen Simonides meinen und gar nicht einen Keischen. Aber was mir Simonides zu meinen scheint in diesem Liede, das will ich dir sagen, wenn du doch
einen Versuch von mir sehen willst, ob ich, was du nennst, in Gedich- 342 a
ten stark bin; wenn du aber willst, will ich es von dir hören. – Protagoras nun, als er mich dies sagen hörte, sagte: Wenn du willst, Sokrates. Prodikos und Hippias aber drangen sehr darauf und die andern auch. –

[28. S. über das Gedicht: Weisheit der Lakedaimonier und Absicht des Simonides] So will ich denn, sprach ich, was mich von diesem Liede dünkt, versuchen, euch darzulegen. Nämlich die älteste und meiste Philosophie unter den Hellenen ist in Kreta und Lakedaimon.

b Auch die meisten Sophisten sind dortzulande, aber sie verleugnen
es und stellen sich unwissend, damit sie nicht bekannt dafür wer-
den, daß sie die übrigen Hellenen an Weisheit übertreffen, eben wie
jene Sophisten, von welchen Protagoras vorher sagte, sondern da-
mit sie das Ansehen haben, als überträfen sie sie nur im Fechten
und in der Tapferkeit, weil sie glauben, wenn bekannt würde, wor-
in ihre Stärke bestehe, würden sich eben alle dessen befleißigen.
Nun aber, indem sie das Wahre verborgen gehalten, haben sie die
in anderen Städten Lakonisierenden getäuscht, so daß diese, um sie
nachzuahmen, sich die Ohren einschlagen, nicht anders als mit
c Kampfriemen gehen, sich ganz den Leibesübungen ergeben und
kurze Mäntel tragen, als ob hierdurch die Lakedaimonier die Hel-
lenen beherrschten. Die Lakedaimonier aber, wenn sie einmal in
Ruhe ihren Sophisten zuhören wollen und es schon satt haben, sich
nur heimlich bei ihnen zu versammeln, so veranstalten sie eine
Fremdenaustreibung jener Lakonisierenden sowohl, als wer sonst
noch von Fremden sich bei ihnen aufhält, und besuchen dann ihre
Sophisten, den Fremden unvermerkt. Sie aber lassen von ihren
d Jünglingen keinen in andere Städte reisen, wie auch die Kreter nicht,
damit sie nicht verlernen, was sie sie lehren. Und in diesen beiden
Staaten gibt es nicht nur Männer, welche sich ihrer Kenntnisse rüh-
men, sondern auch Frauen. Daß ich aber dies alles mit Wahrheit
sage, und die Lakedaimonier auch zur Philosophie und zum Re-
den am besten unterrichtet sind, das könnt ihr hieraus abnehmen.
Wenn sich jemand auch mit dem schlechtesten Lakedaimonier ein-
läßt, er wird finden, daß dieser sich lange Zeit in seinen Reden ganz
e schlecht zeigt, hernach aber, wo es sich trifft im Gespräch, schießt er
auf ihn ein tüchtiges, ganz kurzes und zusammengedrängtes Wort,
wie ein gewaltiger Bogenschütze, so daß, wer mit ihm spricht, nicht
besser als ein Kind gegen ihn erscheint. Eben dieses nun haben so-
wohl von den Neueren einige eingesehen als auch von den Alten,
daß das Lakonisieren weit mehr in der Liebe zur Weisheit besteht
als in der Liebe zu den Leibesübungen, wohl wissend, daß solche
Sprüche reden zu können nur dem vollkommen Unterrichteten ge-
343 a geben ist. Unter diesen nun waren auch Thales von Milet, Pittakos
von Mytilene, Bias von Priene, unser Solon, Kleobulos von Lindos,
Myson von Chenai, und als der siebente wurde zu diesen gezählt der
Lakedaimonier Chilon. Alle diese waren Nacheiferer, Verehrer und
Lehrlinge der Lakedaimonischen Künste. Denn jeder kann ihre Weis-
heit wissen, daß sie von dieser Art ist, kurze denkwürdige Sprüche,
die ein jeder geredet hat. Diese haben auch gemeinschaftlich Mu-
b sterstücke ihrer Weisheit dem Apollon und seinem Delphischen Tem-
pel gewidmet, darauf schreibend, was in aller Munde ist, das «Ken-
ne dich selbst» und «Nichts zu viel». Weshalb sage ich nun dieses?
Weil das die Weise der Alten war in der Philosophie, solche lako-
nische Kurzrednerei. Und so ging auch dieser Spruch des Pittakos
herum, von den Weisen viel gepriesen: Schwer ist es, tugendlich
sein. Simonides nun, auch dem Ruhm der Weisheit nachtrachtend,
c gedachte, wenn er diesen Spruch niederwerfen könnte wie einen

berühmten Fechter und überwinden, müßte auch er berühmt werden unter seinen Zeitgenossen. Gegen diesen Spruch also und aus dieser Ursache, diesem nachstellend, ihn zu unterdrücken, hat er das ganze Lied gedichtet, wie es mir scheint.

[29. Aufzeigung der Absicht am «schon» des Anfangs] Laßt es uns
einmal gemeinsam betrachten, ob ich wohl recht habe. Denn gleich
der Anfang des Liedes müßte als unsinnig erscheinen, wenn er über-
haupt nur hätte sagen wollen, daß es schwer wäre, ein trefflicher
Mann zu werden, und hätte doch dieses «Schon» hineingebracht. Denn d
dies muß ohne den mindesten Grund hineingeworfen zu sein schei-
nen, wenn man nicht annimmt, Simonides sage es wie im Streit ge-
gen den Spruch des Pittakos. Was nämlich Pittakos sagt, Schwer ist
es, tugendlich sein, dieses bestreitend sagt er: Nein, sondern schon
ein trefflicher Mann zu werden ist schwer, o Pittakos, wahrhaftig.
Nicht etwa «ein in Wahrheit trefflicher»; denn dieses «Wahrhaftig»
sagt er nicht in der Beziehung, als ob es einige gäbe, die wahrhaft
trefflich sind, und wieder andere, die zwar trefflich sind, aber nicht e
in Wahrheit trefflich, denn das wäre ja offenbar einfältig und nicht
vom Simonides; sondern man muß annehmen, dieses «Wahrhaftig»
sei eine Wortversetzung in dem Liede und so ungefähr der Spruch des
Pittakos hinzuzudenken, als wenn wir den Fall setzten, Pittakos
selbst redete und Simonides antwortete, und jener sagte : O ihr Leu-
te, schwer ist es, tugendlich sein; und dieser antwortete: O Pittakos, 344 a
du redest nicht richtig; denn nicht zu sein, sondern schon zu werden
ein trefflicher Mann, kernfest an Hand und Fuß und Sinn und tadel-
los gebildet, ist wahrhaftig schwer. Auf diese Art ist das «Schon» ver-
nünftig hineingebracht und das «Schwer» steht hinten, wie es sich ge-
bührt; und auch alles Folgende bestätigt, daß es so gemeint ist. Denn
vielfältig könnte man von jedem einzelnen in diesem Liede Gesag- b
ten zeigen, wie schön es gedichtet ist, denn es ist alles sehr anmutig
und bedeutsam; allein es wäre weitläufig, es so durchzugehen; aber
den ganzen Umriß desselben laßt uns durchgehen und die Absicht,
daß sie auf alle Weise eine Widerlegung dieses Pittakeischen Spru-
ches ist durch das ganze Lied.

[30. Unmöglichkeit, ein trefflicher Mann dauernd zu sein] Denn er
sagt hierauf, nachdem er noch einiges beigebracht, wie wenn er den
Satz ausführte, daß schon ein trefflicher Mann zu werden wahrhaf-
tig schwer ist, doch aber möglich, auf einige Zeit wenigstens; wenn
man es aber geworden ist, auch in dieser Verfassung zu bleiben und, c
ein trefflicher Mann fortdauernd zu sein, wie du sagst, Pittakos, das
ist unmöglich und nicht dem Menschen angemessen, sondern Gott
allein darf diese Ehre besitzen. «Dem Menschen aber ist nicht mög-
lich, nicht schlecht sein, welchen ein ratloses Unglück niederwirft.»
Wen wirft nun ein ratloses Unglück nieder bei der Regierung eines
Schiffes? Offenbar doch nicht den Unkundigen, denn der ist schon im-
mer niedergeworfen. So wie nun niemand den Liegenden niederreißen
kann, sondern den Stehenden zwar kann man niederreißen, so daß

er ein Liegender wird, den Liegenden aber nicht: so kann auch nur
d den, der sich sonst wohl zu raten weiß, ein ratloses Unglück nieder-
werfen, den immer Ratlosen aber nicht. Und den Steuermann kann
ein heftiger Sturm, der ihn überfällt, ratlos machen, den Landmann
schlechte Witterung, die eintritt, und ähnliches auch den Arzt. Denn
dem Vortrefflichen kann es begegnen, einmal schlecht geworden zu
sein, wie auch ein anderer Dichter bezeugt, welcher sagt: «Auch wohl
ein Trefflicher ist nun schlecht, dann wieder zu rühmen»; dem
e Schlechten aber begegnet nicht, es einmal gewesen zu sein, sondern
ihm ist notwendig, es immer zu sein, so daß der Wohlberatene, Weise
und Treffliche, wenn ihn ratloses Unglück niederwirft, «nicht anders
kann, als schlecht sein»; du aber, Pittakos, sagst: Schwer ist es, tu-
gendlich sein. Es ist aber tugendlich werden schon schwer, jedoch mög-
lich; sein aber unmöglich. «Denn jeglicher Mann, wer gut gehandelt,
ist gut, schlecht aber, wenn schlecht.» Was ist nun im Lesen das gute
345 a Handeln? Und was macht einen Mann gut hierin? Offenbar die Er-
lernung davon. Und welches Guthandeln macht einen guten Arzt?
Offenbar die Erlernung des Behandelns der Kranken. «Schlecht aber,
wer schlecht.» Wer kann denn ein schlechter Arzt werden? Offenbar
der, von welchem zuerst gesagt werden kann, daß er ein Arzt ist,
und dann, daß er ein guter Arzt ist. Denn der kann auch ein schlech-
ter werden. Wir aber, die der Arzneikunst Unkundigen, wir können
niemals durch Schlecht-Handeln weder Ärzte werden, noch Zimmer-
b leute, noch irgend etwas anderes, und wer kein Arzt werden kann,
indem er schlecht handelt, der auch offenbar kein schlechter. So auch
kann der treffliche Mann wohl auch einmal schlecht werden, es ge-
schehe aus Schuld der Zeit, aus Ermüdung oder durch Krankheit
oder irgendeinen andern Zufall; denn dies ist ja das einzige Schlecht-
handeln, der Erkenntnis beraubt sein: der schlechte Mann aber kann
nie schlecht werden, denn er ist es immer, sondern wenn er schlecht
werden soll, muß er erst gut geworden sein. So daß auch diese Stelle
des Liedes darauf abzweckt zu zeigen, ein trefflicher Mann zu sein,
c es unausgesetzt immer bleibend, sei nicht möglich, trefflich aber
werden könne einer und schlecht auch eben derselbe; am weitesten
aber gedeihen und die trefflichsten sind, welche die Götter lieben.

[31. Grund des Tadels an Pittakos] Dieses alles ist gegen den Pittakos
gesagt, und auch das Folgende im Liede macht dies noch deutlicher. Er
sagt nämlich: «Darum will ich auch nie, was nicht sein kann su-
chend, vergeblich unerfüllter Hoffnung ein Teil der Zeit hinwerfen,
einen tadellosen Mann unter allen, die wir der weitbewohnten Erde
Früchte brechen. Find' ich ihn, dann verkünd' ich es euch.» So heftig
d und durch das ganze Lied fällt er aus gegen den Spruch des Pittakos.
«Alle daher lobe ich und liebe, wer nichts Schlechtes vollbringt, aus
freier Wahl; der Notwendigkeit jedoch sträuben sich auch Götter
nicht.» Auch dies ist wieder gegen eben dasselbe gesagt. Denn so un-
unterrichtet war Simonides nicht, daß er gesagt hätte, er lobe diejeni-
gen, die nichts Böses aus freier Wahl tun, als gäbe es welche, die aus
freier Wahl Böses tun. Ich wenigstens glaube dieses, daß kein weiser

Mann der Meinung ist, irgendein Mensch fehle aus freier Wahl oder e
vollbringe irgend etwas Böses und Schlechtes aus freier Wahl, son-
dern sie wissen wohl, daß alle, welche Böses und Schlechtes tun, es
unfreiwillig tun. Daher auch Simonides nicht dessen, der nicht aus
freier Wahl Böses tut, Lobredner zu sein behauptet, sondern dieses
«aus freier Wahl» bezieht sich auf ihn selbst. Er glaubte nämlich,
ein guter und edler Mann zwinge oft sich selbst, jemandes Freund
und Lobredner zu werden, wie ja manchem begegne, einen unlie- 346 a
benswürdigen Vater zu haben oder solche Mutter oder ein solches
Vaterland oder sonst etwas dergleichen. Schlechte Menschen nun, die
so etwas beträfe, sähen es fast gern und verbreiteten tadelnd und
anklagend die Schlechtigkeit der Eltern oder des Vaterlandes, damit
sie selbst von den Menschen nicht ihrer Vernachlässigung wegen
möchten angeklagt und ihnen dies zur Schande angerechnet werden,
daß sie sie vernachlässigen. Weshalb sie sie auch wohl über Gebühr
tadeln und noch selbstgemachte Mißhelligkeiten zu allem Unver- b
meidlichen hinzufügen. Gute Menschen aber suchten dergleichen zu
verbergen und zwängen sich noch zum Lobe, und wenn sie erzürnt
wären gegen Eltern oder Vaterland wegen erlittenen Unrechtes, er-
mahnten sie sich selbst und versöhnten sich, indem sie sich dazu nö-
tigten, die Ihrigen zu lieben und zu loben. Und oft auch, meine ich,
hat Simonides selbst geglaubt, einen Tyrannen oder einen andern
solchen zu loben und zu preisen nicht aus freier Wahl, sondern ge-
zwungen. Dieses sagt er daher auch dem Pittakos: Ich, o Pittakos,
tadle dich nicht etwa deshalb, weil ich tadelsüchtig wäre. «Denn mir c
genügt, wer nicht schlecht ist noch gänzlich tatenlos, kundig des staat-
fördernden Rechts, ein gesunder Mann. Nicht will ich ihn tadeln»,
denn nicht bin ich ein Gerntadler; «unzählig sind ja die Geschlechter
der Toren», so daß, wenn einer liebt zu tadeln, er genug haben kann,
wenn er jene tadelt. «Alles ist schön, dem nichts Schlechtes ist beige-
mischt.» Dies meint er nicht so, als ob er sagte: alles ist weiß, dem d
nichts Schwarzes ist beigemischt, denn das wäre ja lächerlich auf alle
Weise, sondern er will sagen, daß er selbst sich auch an dem Mittel-
mäßigen genügen läßt, so daß er es nicht tadle. Und ich suche nicht,
sagt er, einen tadellosen Mann unter allen, die wir der weitbewohn-
ten Erde Früchte brechen. Find' ich ihn, dann verkünd' ich es euch.
So daß ich deshalb keinen loben will, sondern es genügt mir, wenn
sich einer in der Mitte hält und nichts Schlechtes tut. Daher werde
ich alle loben und lieben, und hier bedient er sich gar der Mundart
der Mytilener, als sagte er ausdrücklich zum Pittakos dieses: Alle e
daher lobe ich und liebe, wer nichts Schlechtes vollbringt, und hier
muß man innehalten bei dem «vollbringt», aus freier Wahl, denn es
gibt auch welche, die ich wider Willen lobe und liebe. Dich nun, wenn
du auch nur mittelmäßig wahr und verständig gesprochen hättest, o
Pittakos, hätte ich nimmer getadelt, nun aber täuschst du dich zu sehr 347 a
und über die wichtigsten Dinge und glaubst doch, Wahres gesagt zu
haben, deshalb tadle ich dich.

In dieser Meinung, o Prodikos und Protagoras, sprach ich, dünkt
mich Simonides dieses Lied gedichtet zu haben. –

[32. Ablehnung der Gedichtauslegung durch S. Prot. zum Antworten genötigt] Darauf sagte Hippias: Sehr gut, Sokrates, dünkt mich, hast auch du dieses Lied erklärt; indes habe auch ich darüber eine
b ganz schöne Rede, welche ich euch vortragen will, wenn ihr wollt. – O ja, sprach Alkibiades, hernach nämlich. Jetzt aber muß erst noch, wie Protagoras und Sokrates übereingekommen sind, entweder, wenn Protagoras noch etwas fragen will, Sokrates antworten, oder, wenn jener dem Sokrates antworten will, dieser fragen. Ich sagte darauf: Für mein Teil überlasse ich dem Protagoras, welches ihm lieber ist; will er indes, so wollen wir Lieder und Gedichte beiseite
c lassen; worüber ich dich aber zuerst fragte, Protagoras, das möchte ich gern mit dir untersuchend zu Ende bringen. Denn mich dünkt, über Gedichte zu sprechen habe allzuviel Ähnlichkeit mit den Gastmahlen ungebildeter und gemeiner Menschen. Denn auch diese, weil sie sich nicht selbst miteinander unterhalten können beim Becher, noch durch ihre eigene Stimme und Rede aus Unbildung, verteuern
d sie die Flötenspielerinnen und mieten für vieles Geld die fremde Stimme der Flöte und unterhalten sich durch deren Stimme. Wo aber gute und edle und unterrichtete Zecher zusammenkommen, da findest du keine Flötenspielerin noch Tänzerin noch Lautenschlägerin, sondern du findest sie sich untereinander genug zur Unterhaltung ohne diese Possen und Tändeleien, durch ihre eigene Stimme, jeden an seinem Teile bald redend, bald hörend ganz sittsam, und sollten
e sie auch sehr vielen Wein getrunken haben. So bedürfen auch solche Unterhaltungen, wie die gegenwärtige, wenn Männer darin begriffen sind, wie die meisten unter uns sich zu sein rühmen, keiner fremden Stimme und keiner Dichter, welche man nicht einmal befragen kann über das, was sie sagen, so daß auch die, welche ihrer in ihren Reden erwähnen, teils sagen, dies habe der Dichter gemeint, teils wieder etwas anderes, indem sie von einer Sache reden, welche sie nicht auszumitteln vermögen; sondern solcher Unterhaltung entschlagen
348 a sie sich und unterhalten sich selbst durch sich selbst, indem sie sich in eigenen Reden aneinander versuchen und versuchen lassen. Solche, dünkt mich, sollten ich und du lieber nachahmen und, die Dichter beiseite setzend, aus uns selbst miteinander reden, um die Wahrheit und uns zu erforschen. Willst du mich also noch weiter fragen, so bin ich bereit, mich dir als Antwortender zu stellen; willst du aber, so stelle du dich mir, um den Gegenstand, dessen Erörterung wir abgebrochen haben, zu Ende zu führen. – Hierauf und auf das, was
b ich weiter hinzufügte, erklärte sich Protagoras nicht, welches von beiden er tun wollte. Daher sagte Alkibiades, zum Kallias sich wendend: Wie ist es, Kallias? Dünkt dich auch nun Protagoras recht zu tun, indem er nicht erklären will, ob er Rede stehen will oder nicht? Mich dünkt nämlich nicht; entweder setze er daher die Unterredung fort, oder er sage, daß er sie nicht fortsetzen will, damit wir wissen, woran wir mit diesem sind und Sokrates sich dann mit einem andern unterreden könne, oder welcher andere sonst Lust hat mit einem andern.
c Hierauf, beschämt, wie es mir schien, da Alkibiades so sprach und Kallias ihn bat und fast alle Anwesenden mit, bequemte

sich Protagoras endlich wieder zum Gespräch und hieß mich ihn fragen, indem er antworten wollte.

[33. Rückgang zur Frage nach der Einheit der Tugend] Ich fing also
an und sagte: Glaube nur nicht, Protagoras, daß ich irgend etwas
anderes wollend mich mit dir unterrede, als nur das, worüber ich
eben Zweifel habe, erforschen. Denn ich glaube, daß Homeros sehr
recht hat, wenn er sagt: «Wo zwei wandeln zugleich, da bemerket d
der ein' und der andre»; denn so sind alle Menschen besser gerüstet
zu jeder Handlung und Rede und Untersuchung. Doch der einzelne,
wenn er etwas bemerkt, geht sogleich umher und sucht, bis er einen
findet, dem er es vorzeige und mit dem er es sich recht begründe. So
wie auch ich eben deshalb so gern mit dir rede, lieber als mit einem
andern, weil ich glaube, daß du am besten sowohl alles andere, wor-
über ein rechtlicher Mann wohl nachdenken mag, auseinanderset- e
zen kannst, als auch besonders das, was die Tugend betrifft. Denn
wer auch anders als du? Der du nicht nur selbst glaubst, gut und edel
zu sein, wie andere, die selbst zwar ganz rechtliche Männer sind,
aber keinen andern dazu machen können: du aber bist sowohl selbst
ein trefflicher Mann als auch imstande, andere zu trefflichen Männern
zu machen, und vertraust so sehr dir selbst, daß, während andere die-
se Kunst verbergen, du dich selbst öffentlich dazu ausrufend vor allen 349 a
Hellenen unter dem Namen eines Sophisten dich zum Lehrer in der
Tugend und Vollkommenheit anbietest als der erste, der dafür Be-
zahlung zu erhalten begehrt. Wie sollte man also nicht dich herbei-
rufen zu solcher Dinge Untersuchung und dich befragen und sich mit
dir beraten? Gewiß, man kann auf keine Weise anders. Und so wün-
sche ich auch jetzt, daß du das, worüber ich dich zuerst befragte, teils
mir von Anfang wieder in Erinnerung bringst, teils es weiter mit mir
untersuchen wollest. Es war aber, wie ich glaube, die Frage diese,
ob Weisheit und Besonnenheit und Tapferkeit und Gerechtigkeit und b
Frömmigkeit, ob dies nur fünf verschiedene Namen für eine Sache
sind oder ob jedem dieser Namen auch eine eigene Wesenheit unter-
liegt und eine eigene Sache, die jede ihre besondere Verrichtung hat,
so daß die eine nicht ist wie die andere. Du nun hattest gesagt, es
wären nicht nur verschiedene Namen für eines, sondern jeder dieser
Namen sei einer besonderen Sache untergelegt, und diese alle wären c
Teile der Tugend, nicht wie die Teile des Goldes einander und dem
Ganzen ähnlich sind, dessen Teile sie sind, sondern wie die Teile des
Gesichtes dem Ganzen, dessen Teile sie sind, und auch sich unterein-
ander unähnlich sind und jeder seine besondere Verrichtung hat.
Dünkt dich nun dieses noch ebenso wie vorher, so sage es; wo aber
anders, so erkläre dieses. Denn ich will dich nicht verantwortlich
machen, wenn du jetzt etwas anderes behauptest, indem es mich gar
nicht wundern sollte, wenn du damals, um mich zu versuchen, jenes d
gesagt hättest.

[34. Weisheit gleich Tapferkeit? Einspruch des Prot.] So sage ich dir
denn, Sokrates, sprach er, dies alles sind freilich Teile der Tugend,

und die vier anderen sind einander auch sehr nahe, die Tapferkeit
aber ist von ihnen allen gar sehr unterschieden. Daß ich aber richtig
rede, kannst du hieraus erkennen. Du wirst nämlich viele Menschen
finden, welche sehr ungerecht sind und sehr ruchlos, sehr unbändig
und sehr unverständig, tapfer aber ganz ausgezeichnet. — Halt doch,
e sagte ich, denn was du da sagst, ist wohl wert, daß wir es betrachten.
Nennst du die Tapferen dreist oder etwas anderes? — Und auch keck
zufahrend, worauf die meisten sich fürchten zu gehen. — So komm
denn! Sagst du, die Tugend sei etwas Schönes, und als in etwas Schö-
nem erbietest du dich in ihr zum Lehrer? — Und zwar das Schönste
allerdings, sagte er, wenn ich anders nicht von Sinnen bin. — Ob et-
wa, sprach ich, einiges an ihr schlecht ist und anderes schön, oder al-
les schön? — Alles durchaus schön, so sehr als immer möglich. —
350 a Weißt du auch, welche dreist ins Wasser springen? — O ja, die
Schwimmer. — Weil sie es verstehen, oder aus einer anderen Ursa-
che? — Weil sie es verstehen. — Und wer ficht im Kriege dreist zu
Pferde? Die Reiter oder die Unberittenen? — Die Reiter. — Und wer
mit kurzen Schilden? Die Leichtbewaffneten oder andere? — Jene,
sagte er, und überhaupt sind auch in allen anderen Dingen, wenn
du darauf hinaus willst, die Kundigen dreister als die Unkundigen,
und nachdem sie es gelernt haben, dreister als sie selbst waren, ehe
b sie es gelernt hatten. — Hast du auch schon solche gesehen, fragte
ich, die aller dieser Dinge unkundig waren und doch zu allem dreist?
— O ja, sagte er, und sehr dreist. — Sind wohl diese Dreisten auch
tapfer? — Dann wäre ja, sagte er, die Tapferkeit etwas sehr Schlech-
tes, denn diese sind toll. — Was sagst du denn von den Tapferen?
sprach ich. Nicht, daß sie die Dreisten sind? — Auch jetzt noch, sagte
c er. — Also diese, sprach ich, die auf solche Art dreist sind, scheinen
nicht tapfer zu sein, sondern toll? Und vorher dort waren die Weise-
sten auch die Dreistesten, und wenn die Dreistesten, auch die Tapfer-
sten? Und so wäre ja nach dieser Rede die Weisheit die Tapferkeit? —

Nicht richtig, sagte er, trägst du vor, o Sokrates, was ich gesagt und
dir geantwortet habe. Gefragt von dir, ob die Tapferen dreist wären,
habe ich dies bejaht, ob aber die Dreisten auch tapfer sind, das wur-
de ich gar nicht gefragt. Denn wenn du mich das gefragt hättest, wür-
d de ich gesagt haben, nicht alle. Daß aber die Tapferen nicht dreist wä-
ren und ich diese meine Behauptung mit Unrecht behauptet hätte,
hast du nirgends erwiesen. Hernach zeigst du von den einer Sache
Kundigen, daß sie dreister darin sind, als sie selbst vorher waren
und so auch dreister als andere Unkundige, und deshalb meinst du,
nun sei Weisheit und Tapferkeit dasselbe. Wenn du es so herumholen
willst, kannst du auch glauben, Stärke sei Weisheit. Denn zuerst,
wenn du mich mit einer solchen Wendung fragtest, ob nicht die Star-
e ken kraftvoll sind, so würde ich ja sagen und dann, ob nicht die des
Fechtens Kundigen kraftvoller sind als die Unkundigen und auch,
nachdem sie es gelernt, kraftvoller als sie selbst waren, ehe sie es
lernten, so würde ich es ebenfalls bejahen. Nachdem ich nun dieses
zugegeben, könntest du dann eben diesen Beweis anwendend sagen,
daß nach meinem Geständnis Weisheit Stärke wäre. Aber ich gebe

ja keineswegs in diesem Falle zu, daß die Kraftvollen stark, sondern
daß die Starken kraftvoll sind und nicht, daß Kraft und Stärke ei- 351a
nerlei ist; denn jene, die Kraft, entsteht auch aus Kenntnis, ja auch
aus Wahnsinn oder aus Gemütsbewegung, die Stärke aber aus der
guten Natur und der Wohlgenährtheit des Körpers. So auch in un-
serm Falle nicht, daß Dreistigkeit und Tapferkeit einerlei ist, so daß
zwar folgt, die Tapferen sind dreist, jedoch nicht, daß die Dreisten
auch alle tapfer sind. Denn Dreistigkeit entsteht dem Menschen auch
aus Kunst oder aus Tollheit oder aus Gemütsbewegung, wie die b
Kraft; die Tapferkeit aber entsteht aus der Gutartigkeit und Wohl-
genährtheit der Seele.

[35. Die Lust und das Gute. Macht oder Ohnmacht der Erkenntnis]

Sagst du denn, Protagoras, sprach ich, daß einige Menschen gut le-
ben und andere schlecht? – Er sagte ja. – Dünkt dich nun wohl
ein Mensch gut zu leben, wenn er gequält und gepeinigt lebt? –
Nein. – Wie aber, wenn er nach einem vergnügten Leben seinen
Lauf beschließt, dünkt dich dieser nicht gut gelebt zu haben? –
Dann wohl, sagte er. – Also vergnügt leben ist gut, unangenehm c
leben aber böse? – Wenn man nämlich, sagte er, am Schönen Vergnü-
gen findend lebt. – Wie doch, Protagoras? Nennst auch du, wie die
meisten, einiges Angenehme böse und Peinliches gut? Ich meine
nämlich, inwiefern es angenehm ist, ob es insofern nicht gut ist –
nicht, wenn etwas anderes daraus entsteht? Und auf der andern
Seite wiederum das Peinliche, ob es nicht, insofern peinlich, auch bö-
se ist? – Ich weiß nicht, Sokrates, sagte er, so unbedingt wie du
fragst, ob ich antworten soll, daß alles Angenehme gut ist und das d
Peinliche böse. Vielmehr dünkt es mich nicht nur in Beziehung auf
die gegenwärtige Antwort sicherer, sondern auch für mein ganzes
übriges Leben, wenn ich antworte, daß es einiges gibt unter dem An-
genehmen, was nicht gut, und wiederum unter dem Unangenehmen
einiges, was nicht böse ist, anderes was so ist, und drittens noch an-
deres, was keins von beiden ist, weder gut noch böse. – Angenehm
aber, sprach ich, nennst du doch, womit Lust verbunden ist oder was
Lust macht? – Allerdings, sagte er. – Dieses nun meine ich, ob es e
nicht, inwiefern angenehm, auch gut ist, nach der Lust selbst fra-
gend, ob die nicht gut ist? – Darauf sagte er: Laß uns zusehn,
Sokrates, wie du ja immer sagst, und wenn die Untersuchung zur
Sache zu gehören scheint und sich zeigt, daß das Gute und An-
genehme einerlei ist, so wollen wir es einräumen, wo aber nicht,
so wollen wir es dann schon bestreiten. – Willst nun, sprach ich,
du die Untersuchung führen oder soll ich sie führen? – Es ist
billig, antwortete er, daß du sie führst, denn du leitest ja das Ge-
spräch. – Vielleicht also, sagte ich, wird es uns auf diese Art offen- 352a
bar werden. So wie nämlich jemand, der einen Menschen aus der
Gestalt in Absicht auf seine Gesundheit oder sonst eine körperliche
Beschaffenheit untersuchen sollte, wenn er nichts von ihm sähe als
das Gesicht und die Hände, gewiß zu ihm sagen würde, komm her,
entblöße mir auch die Brust und den Rücken und zeige sie mir, da-

mit ich dich genauer betrachten kann: so ungefähr vermisse ich et-
was bei unserer Untersuchung und möchte, nachdem ich gesehen,
wie du über das Angenehme und Gute denkst, dir ebenso sagen:
b Komm her, Protagoras! Enthülle mir von deiner Gesinnung auch
noch dieses, was du von der Erkenntnis hältst, ob du auch hierüber
so denkst wie die meisten Menschen oder anders? Die meisten näm-
lich denken von der Erkenntnis so ungefähr, daß sie nichts Starkes,
nichts Leitendes und Beherrschendes ist; und sie achten sie auch gar
nicht als ein solches, sondern meinen, daß oft, wenn auch Erkennt-
nis im Menschen ist, sie ihn doch nicht beherrscht, sondern irgend
sonst etwas, bald der Zorn, bald die Lust, bald die Unlust, manch-
mal die Liebe, oft auch die Furcht, so daß sie offenbar von der Er-
c kenntnis denken wie von einem elenden Wicht, daß sie sich von al-
lem andern herumzerren läßt. Dünkt nun auch dich so etwas von
ihr, oder vielmehr, sie sei etwas Schönes, das wohl den Menschen
regiere, und wenn einer Gutes und Böses erkannt habe, werde er
von nichts anderem mehr gezwungen werden, irgend etwas anderes
zu tun, als was seine Erkenntnis ihm befiehlt, sondern die richtige
Einsicht sei stark genug, dem Menschen durchzuhelfen? — So dünkt
es mich, antwortete er, wie du jetzt sagst, Sokrates, und zudem wäre
d es, wenn für irgendeinen anderen, gewiß auch für mich unziemlich
zu behaupten, daß Weisheit und Erkenntnis nicht das Mächtigste
wäre unter allem Menschlichen. — Wohl gesprochen von dir, sagte
ich, und sehr wahr. Du weißt aber doch, daß die meisten Menschen
mir und dir nicht glauben, sondern sie sagen, daß viele, welche das
Bessere sehr gut erkennen, es doch nicht tun wollen, obgleich sie
könnten, sondern etwas anderes tun. Und so viele ich gefragt habe,
was doch die Ursache wäre hiervon, haben mir alle gesagt, von der
e Lust überwunden oder der Unlust oder von irgendeinem unter den
Dingen, deren ich vorhin erwähnte, bezwungen, taten die das, die es
tun. — Sagen doch wohl, sprach er, die Leute, o Sokrates, noch viel
anderes Unrichtiges. — So komm denn, und versuche mit mir, die
Leute zu überreden und zu belehren, was für ein Zustand das ist,
was sie nennen von der Lust überwunden werden und um deswil-
353 a len das Bessere nicht tun, denn erkannt habe man es ja. Vielleicht
nämlich, wenn wir ihnen nur sagten: Ihr habt unrecht, Leute, und
ihr irrt euch, möchten sie uns fragen: O Sokrates und Protagoras,
wenn dieser Zustand nicht darin besteht, von der Lust überwunden
zu werden, was ist er denn, und wie erklärt ihr ihn? Sagt es uns
doch! — Aber o Sokrates, sagte Protagoras, was sollen wir denn
die Meinung der Leute in Betrachtung ziehen, welche sagen, was ih-
b nen einfällt? — Ich glaube nur, sprach ich, daß uns dies etwas hel-
fen wird, um zu entdecken, wie sich die Tapferkeit eigentlich zu den
übrigen Teilen der Tugend verhalte. Bleibst du also noch bei dem
eben Beschlossenen, daß ich führen soll, so folge mir auch dahin, wo
ich glaube, daß sich uns die Sache am deutlichsten darstellen wird.
Willst du aber nicht, so will ich es gut sein lassen, wenn dir das lie-
ber ist. — Nein, sagte er, du hast recht, bringe es nur zu Ende, wie
du es angefangen hast.

[36. Lust und Unlust als Handlungsprinzipien der Menge] Noch einmal also, sprach ich, wenn sie uns fragten: Wie erklärt ihr also das, c
was wir nannten zu schwach sein gegen die Lust? So würde ich zu ihnen sagen: Hört denn! Protagoras und ich, wir wollen versuchen, es euch zu erklären. Ihr meint doch darunter nichts anderes, als was euch in solchen Dingen begegnet, wie daß ihr oft von Speise und Trank und Wollust als dem Angenehmen bezwungen, wiewohl ihr wißt, daß es schlecht ist, es dennoch tut? — Das würden sie bejahen. — Nicht wahr, dann würden wir sie wieder fragen, ich und du: Aber inwiefern sagt ihr, daß diese Dinge schlecht sind? Etwa eben deshalb, weil sie diese Lust für den Augenblick gewähren, und also d
jedes für sich angenehm sind, oder weil sie in der folgenden Zeit Krankheit und Mangel herbeiführen und viel anderes der Art bewirken? Oder sollten sie auch, wenn sie nichts dergleichen in der Folge bewirken, sondern nur Vergnügen machen, dennoch etwas Böses sein, weil sie, was einer auch treibe, ihn vergnügt machen und auf welche Art es auch sei? Sollen wir glauben, Protagoras, daß sie uns etwas anderes antworten werden, als diese Dinge wären nicht wegen der Lust, welche sie für den Augenblick gewähren, böse, sondern allerdings wegen der hernach entstehenden Krankheiten und e
des übrigen? — Ich glaube, sagte Protagoras, daß die Leute so antworten werden. — Und was Krankheit bringt, bringt Unlust, was Armut bringt, bringt Unlust? Das würden sie zugeben, denke ich? — Protagoras war auch der Meinung. — Also scheinen euch, ihr Leute, wie ich und Protagoras behaupten, diese Dinge aus keiner andern Ursache böse zu sein, als weil sie selbst in Pein endigen und euch anderer Lust berauben? Das würden sie doch zugeben? — So schien es 354 a
uns beiden. — Wenn wir sie nun auch nach dem Entgegengesetzten fragten: Ihr Leute, die ihr wiederum sagt, daß manches Peinliche gut ist, meint ihr damit nicht dergleichen wie die anstrengenden Leibesübungen, die Feldzüge, die Behandlungen der Ärzte mit Brennen und Schneiden, Arzneinehmen und Fasten, daß dergleichen gut ist, aber peinlich? So würden sie das bejahen? — So schien es ihm auch. — Ob ihr sie nun wohl deshalb gut nennt, weil sie für den Augen- b
blick die heftigsten Qualen und Schmerzen verursachen, oder weil in der Folge Gesundheit daraus entsteht und Wohlbefinden des Körpers und Rettung der Staaten und sonst Herrschaft und Reichtum? Sie würden das letztere bejahen, wie ich glaube. — Er glaubte es ebenfalls. — Sind also diese Dinge aus einer andern Ursache gut, als weil sie in Lust endigen und in der Unlust Abwendung und Vertreibung? Oder habt ihr ein anderes Ziel anzugeben, in Beziehung auf c
welches ihr sie gut nennt, als nur Lust oder Unlust? Ich glaube, sie werden kein anderes angeben. — Auch ich glaube es nicht, sagte Protagoras. — Also jagt ihr doch der Lust nach als dem Guten, und die Unlust flieht ihr als das Böse? Das würden sie zugeben? — So dünkte es ihn auch. — Dies also haltet ihr eigentlich für böse, die Unlust, und die Lust für gut; wenn ihr doch behauptet, das Wohlbefinden selbst sei in dem Fall böse, wenn es größere Lust raubt, als es selbst enthält, oder größere Unlust herbeiführt, als seine eigene

d Lust war. Denn wenn ihr in einer andern Hinsicht das Wohlbefinden
für böse hieltet und in Beziehung auf ein anderes Ziel: so würdet
ihr uns das auch wohl sagen können, aber ihr werdet es nicht kön-
nen. — Ich glaube auch nicht, daß sie es können, sagte Protagoras.
— Ist es nun nicht wiederum mit dem Übelbefinden selbst die näm-
liche Sache? Alsdann nennt ihr selbst das Übelbefinden gut, wenn
es entweder noch größere Unlust, als die es selbst in sich hat, ent-
fernt, oder größere Lust, als die Unlust war, bereitet? Denn wenn
ihr auf etwas anderes sähet, indem ihr das Übelbefinden gut nennt,
e als was ich sage: so würdet ihr es uns wohl sagen können, aber ihr
werdet es nicht können. — Ganz recht, sagte Protagoras. — Weiter
also, sprach ich, wenn ihr mich fragtet, ihr Leute: Warum sagst du
hierüber so viel und von allen Seiten? So würde ich antworten:
Habt schon Nachsicht mit mir; denn erstlich ist es überhaupt nicht
leicht zu zeigen, was das eigentlich sei, was ihr nennt von der Lust
überwunden werden, und dann beruht gerade hierauf der ganze
Beweis. Es steht euch aber auch jetzt noch frei zu widerrufen, falls
355 a ihr etwa zu sagen wißt, das Gute sei noch etwas anderes als die Lust,
und das Böse noch etwas anderes als die Unlust. Oder ist euch das
genug, euer Leben angenehm hinzubringen ohne Unlust? Wenn
euch nun das genug ist und ihr nichts anderes zu sagen wißt, was
gut oder böse wäre, was nicht hierin endigte, so hört nun das Wei-
tere. Nämlich ich sage euch, wenn sich dies so verhält, wird das nun
eine lächerliche Rede, wenn ihr sagt, daß oftmals der Mensch, ob-
gleich das Böse erkennend, daß es böse ist, es dennoch tut, unerach-
tet ihm frei stände, es nicht zu tun, weil er von der Lust getrieben
b wird und betäubt; und ihr dann auch wieder sagt, daß der Mensch,
das Gute erkennend, es dennoch nicht zu tun pflegt der augenblick-
lichen Lust wegen und von dieser überwunden.

[37. Verkehrtes Handeln beruht auf Unverstand] Daß dies lächer-
lich ist, wird euch ganz klar werden, sobald wir uns nur nicht mehr
der vielerlei Namen zugleich bedienen wollen, des Angenehmen
und Peinlichen und des Guten und Bösen, sondern da sich gezeigt
hat, daß dieses nur zweierlei ist, es auch nur mit zwei Worten be-
zeichnen wollen, zuerst überall durch gut und böse, und dann wie-
c der überall durch angenehm und peinlich. Dieses also festgestellt,
sagen wir, daß der Mensch, das Böse erkennend, daß es böse ist, es
dennoch tut. Wenn uns nun jemand fragt: Warum denn? So wer-
den wir sagen, weil er überwunden ist. Wovon denn? wird uns je-
ner fragen; wir aber dürfen nicht mehr sagen: Von der Lust, denn
die Sache hat nun einen andern Namen bekommen, und statt Lust
heißt sie Gutes. Wir antworten also jenem und sagen: Weil er über-
wunden ist. Wovon denn? fragt er. Von dem Guten, werden wir beim
Zeus sagen müssen. Ist nun der, welcher uns fragt, ein Spötter, so
wird er lachen und sagen, das ist doch wahrhaftig eine lächerliche
d Sache, was ihr da sagt, daß ein Mensch das Böse tut, indem er er-
kennt, daß es böse ist, und obwohl er es nicht tun muß, es dennoch
tut, weil er vom Guten überwunden ist! Von einem Guten, wird er

fragen, welches wert oder welches nicht wert war, jenes Böse zu
überwinden? Offenbar werden wir zur Antwort sagen müssen: Von
einem, welches dessen nicht wert war; denn sonst hätte der nicht ge-
fehlt, von dem wir sagen, daß er zu schwach war gegen die Lust.
Und weshalb, wird er vielleicht sprechen, ist denn das Böse des Gu-
ten, oder das Gute des Bösen unwert? Etwa wegen etwas anderem,
als weil das eine größer und das andere kleiner ist? Oder das eine e
mehr und das andere weniger? Wir werden nichts anderes ange-
ben können. Offenbar also, wird er sagen, meint ihr unter diesem
Überwundenwerden, daß jemand für geringeres Gutes mehr Böses
erhält. So demnach auf diese Art. Nun laßt uns für dieselben Din-
ge wieder jene Namen zurückrufen, das Angenehme und Unange-
nehme, und laßt uns sagen, der Mensch tut, vorher sagten wir das
Böse, nun aber wollen wir sagen, das Unangenehme, erkennend daß
es unangenehm ist, überwunden aber von dem Angenehmen; offen-
bar nämlich von einem solchen, welches nicht wert war zu siegen. 356a
Und welche andere Schätzung gibt es denn für Lust gegen Unlust
als den Überschuß oder das Untermaß der einen gegen die andere,
das heißt je nachdem eine größer ist oder kleiner als die andere,
mehr oder weniger, stärker oder schwächer? Denn wenn jemand
sagen wollte: Aber, Sokrates, ein großer Unterschied ist doch auch
zwischen dem augenblicklich Angenehmen und dem erst für die
künftige Zeit Angenehmen und Unangenehmen, so werde ich ihn
fragen: Liegt er in etwas anderem als in Lust und Unlust? Auf kei-
ne Weise ja in etwas anderem. Sondern wie ein des Abwägens Kun-
diger lege das Angenehme zusammen und das Unangenehme zu- b
sammen, und auf der Waage das Entfernte und das Nahe abschät-
zend sage dann, welches das größere ist. Denn wenn du Angeneh-
mes gegen Angenehmes wägst, mußt du immer das mehrere und
größere nehmen, wenn Unangenehmes gegen Unangenehmes, das
kleinere und geringere; wenn aber Angenehmes gegen Unangeneh-
mes, mußt du, wenn das Unangenehme vom Angenehmen übertrof-
fen wird, es sei nun das nähere von entfernterem oder das entfern-
tere von näherem, die Handlung verrichten, darin sich dieses Ver-
hältnis findet; wird aber in einer das Angenehme vom Unangeneh-
men übertroffen, die mußt du nicht verrichten. Verhält es sich etwa c
anders hiermit, ihr Leute? würde ich sagen; ich weiß, sie würden
nichts anderes zu sagen wissen. — So dünkte es ihn auch. —

Wenn sich nun dies so verhält, so beantwortet mir doch folgendes,
werde ich sagen. Erscheint eurem Gesicht dieselbe Größe von na-
hem größer, von weitem aber kleiner, oder nicht? — Das werden
sie bejahen. — Und die Dicke und die Menge ebenso? Und derselbe
Ton von nahem stärker, von weitem aber schwächer? — Sie wer-
den ja sagen. — Wenn nun unser Wohlbefinden darauf beruhte, d
daß wir große Linien zögen und zu erlangen suchten, kleine aber
vermieden und nicht zögen: was würde sich dann zeigen als das Heil
unseres Lebens? Die Kunst zu messen oder die Gewalt des Scheins?
Oder würde nicht die letztere uns gewiß irreführen und machen,
daß wir oft das Unterste wieder zuoberst kehren müßten in der-

selben Sache und wieder andere Entschließungen fassen in unserer
Hervorbringung und Auswahl des Großen und Kleinen? Die Meß-
kunst hingegen würde dieses Trugbild unwirksam machen und
e durch deutliche Bezeichnung des Wahren der Seele, welche dann
bei der Wahrheit bliebe, Ruhe verschaffen und auf diese Art un-
serm Leben Heil bringen? Würden die Leute bekennen, daß in die-
sem Falle die Meßkunst uns Heil bringen müßte, oder würden sie
eine andere nennen? — Die Meßkunst, gestand er. — Wie aber,
wenn das Heil unseres Lebens auf der Wahl gerader und ungera-
der Zahlen beruhte, von beiden, wann es recht wäre, das Größere
zu wählen und wann das Kleinere im Vergleich jeder Art mit sich
elbst sowohl als mit der andern, sie möchten nun nahe sein oder fern,
was würde dann das Heil unseres Lebens sein? Nicht auch eine Er-
357 a kenntnis? Und wäre sie nicht, da sie ja auf Überschuß und Unter-
maß geht, eine messende Kunst? Und da auf Gerades und Ungera-
des, kann sie wohl eine andere sein als die Rechenkunst? Würden
uns das die Leute eingestehen oder nicht? — Auch Protagoras glaub-
te, sie würden es eingestehen. — Gut, ihr Leute. Da sich nun aber
gezeigt hat, daß das Heil unseres Lebens auf der richtigen Auswahl
von Lust und Unlust beruht, der mehreren oder wenigeren, größe-
b ren oder kleineren sowohl nahen als fernen: zeigt sich zuerst nicht
auch diese als ein Messen, da sie Überschuß, Untermaß und Gleich-
heit gegenseitig zu untersuchen hat? — Notwendig ja. — Und wenn
sie ein Messen ist, so ist sie notwendig eine Kunst und Erkenntnis?
— Dem werden sie beistimmen. — Was für eine Kunst und Erkennt-
nis sie nun sein wird, wollen wir hernach sehen, daß es aber eine
Erkenntnis ist, soviel ist jetzt hinreichend zu dem Beweise, den ich
c und Protagoras zu führen haben über das, wonach ihr uns gefragt
habt. Ihr fragtet uns nämlich, wenn ihr euch dessen erinnert, da-
mals, als wir beide miteinander einverstanden waren, es gebe nichts
Stärkeres als die Erkenntnis, und wo sie nur wäre, herrschte sie
auch überall über die Lust und alles andere; ihr aber wolltet be-
haupten, die Lust herrsche oftmals auch über den erkennenden
Menschen, wir aber wollten euch dies nicht zugeben, damals frag-
tet ihr uns, o Protagoras und Sokrates, wenn dieser Zustand das
nicht ist, daß man von der Lust überwunden wird, so sagt uns doch,
d was er denn ist und wie ihr ihn erklärt? Wenn wir euch nun da-
mals gleich gesagt hätten, er wäre eben Unverstand, so würdet ihr
uns ausgelacht haben; jetzt aber, wenn ihr uns auslachen wollt,
müßt ihr euch selbst mit auslachen, denn ihr habt selbst eingestan-
den, wer bei der Wahl der Lust und Unlust, das heißt des Guten
und Bösen, fehle, der fehle aus Mangel an Erkenntnis, und nicht
nur an Erkenntnis, sondern noch weiter habt ihr ja zugegeben, daß
es eine messende sei. Eine ohne Erkenntnis verfehlte Handlung aber,
e wißt ihr wohl selbst, wird aus Unverstand so verrichtet, so daß also
dies das Zuschwachsein gegen die Lust ist, der größte Unverstand;
für welchen eben dieser Protagoras ein Arzt zu sein behauptet, so
auch Prodikos und Hippias. Weil ihr aber meint, es sei etwas ande-
res als Unverstand, so geht ihr weder selbst zu diesen Lehrern hier-

in, den Sophisten, noch schickt ihr eure Söhne zu ihnen, als ob es nicht lehrbar wäre; sondern euer Geld so hegend und es diesen nicht gebend, handelt ihr schlecht als Hausväter und als Staatsbürger.

[38. Niemand wählt freiwillig das Böse] Dieses also würden wir den 358 a
Leuten geantwortet haben. Nun aber frage ich nächst dem Protagoras auch euch beide, Hippias und Prodikos, denn gemeinschaftlich soll eure Rede sein, ob ihr glaubt, daß ich wahr rede oder unwahr? – Alle hielten das Gesagte für über die Maßen richtig. – Ihr gebt also zu, sprach ich, daß das Angenehme gut ist und das Peinliche böse. Aber hier des Prodikos Unterscheidung der Worte verbitte ich mir. Du magst nun das, was ich meine, angenehm nennen oder erfreulich oder vergnügend oder wie und woher du sonst dieses zu benennen vorziehst, bester Prodikos, beantworte mir nur dieses in Beziehung auf b
das, was ich will. – Lachend gab es nun Prodikos zu und die andern auch. – Wie aber, ihr Männer, sprach ich, ist es hiermit? Die auf dies sich beziehenden Handlungen, auf das schmerzlos und angenehm Leben, sind die nicht alle auch schön? Und ist nicht jede schöne Tat gut und nützlich? – Das schien ihnen ebenso. – Wenn nun, sprach ich, das Angenehme gut ist, so wird ja niemand, er wisse nun oder glaube nur, daß es etwas Besseres als er tut und auch ihm Mögliches gibt, noch jenes tun, da das Bessere in seiner Macht steht; c
und dieses Zuschwachsein gegen sich selbst ist also nichts anderes als Unverstand, und das Sichselbstbeherrschen nichts anderes als Weisheit. – Dem gaben alle Beifall. – Wie nun? Nennt ihr das Unverstand, falsche Meinungen zu haben und sich zu täuschen über wichtige Dinge? – Auch dem stimmten alle bei. – Ist es nicht auch so, daß niemand aus freier Wahl dem Bösen nachgeht oder dem, was er für böse hält? Und daß das, wie es scheint, gar nicht in der Natur des Menschen liegt, dem nachgehn zu wollen, was er für böse d
hält, anstatt des Guten, wenn er aber gezwungen wird, von zwei Übeln eins zu wählen, niemand das größere nehmen wird, wenn er das kleinere nehmen darf? – Dieses alles kommt uns allen einem vor wie dem andern. – Wie nun? sprach ich, nennt ihr etwas Angst und Furcht? Und zwar dasselbe was ich? Deinetwegen sage ich das, Prodikos, ich verstehe nämlich darunter die Erwartung eines Übels, ihr mögt das nun Angst nennen oder Furcht. – Protagoras und Hippias sagten, das wäre Angst und Furcht; Prodikos hingegen, Angst wäre es, Furcht aber nicht. – Es ist daran nichts gelegen, e
Prodikos, sprach ich; sondern nur hieran: wenn das vorher Gesagte seine Richtigkeit hat, ob dann irgendein Mensch dem wird nachgehn wollen, wovor er sich ängstigt, wenn er auch nach etwas anderem kann; oder ob dies dem Eingestandenen zufolge unmöglich ist. Denn wovor sich jemand ängstigt, das, so ist eingestanden, hält er für böse, und was er für böse hält, dem will niemand weder nachgehn noch es auch mit seinem guten Willen hinnehmen. – Auch das bejahten alle. 359 a

[39. Folgerung: Tapferkeit gleich Wissen] Ist nun dieses so festgestellt, sagte ich, o Prodikos und Hippias, so mag sich doch hier unser Protagoras verteidigen über das, was er zuerst geantwortet hat, wie es wohl richtig sein kann. Nicht was er ganz zuerst sagte, denn damals behauptete er, von fünf Teilen der Tugend, die es gäbe, sei keiner wie der andere und jeder habe seine eigene Verrichtung; dies meine ich nicht, sondern was er hernach behauptet hat. Denn hernach sagte er wieder, die vier wären einander zwar sehr nahe, der eine aber,
b nämlich die Tapferkeit, unterschiede sich gar sehr von den übrigen. Und erkennen, sprach er, könnte ich dies hieraus: Du wirst nämlich Menschen finden, Sokrates, die sehr ruchlos sind und sehr ungerecht und sehr unbändig und unverständig, tapfer aber ganz ausgezeichnet, woraus du denn schließen kannst, daß die Tapferkeit von den übrigen Teilen der Tugend sehr weit unterschieden ist. Und ich verwunderte mich gleich damals höchlich über diese Antwort, noch mehr aber hernach, seitdem ich dieses mit euch abgehandelt habe. Ich fragte ihn also, ob er sagte, die Tapfern wären dreist, und er sag-
c te: Und auch keck zufahrend. Erinnerst du dich, sprach ich, Protagoras, daß du dies geantwortet hast? — Er gestand es ein. — So komm denn, sprach ich, und sage uns, worauf meinst du denn, daß die Tapfern so keck zufahren? Etwa auf das nämliche, worauf auch die Feigen? — Nein, sagte er. — Also auf etwas anderes? — Ja, sagte er. — Gehen etwa die Feigen auf das Unbedenkliche los, die Tapferen aber auf das Furchtbare? — So sagen die Leute, Sokrates, antwortete er. — Schon recht, sprach ich, aber danach frage ich nicht, sondern du, wor-
d auf du sagst, daß die Tapfern keck zufahren, ob sie auf das Furchtbare zufahren, indem sie es selbst für furchtbar halten, oder auf das nicht Furchtbare? — Aber dies, sagte er, ist ja in dem, was du gesprochen, soeben als unmöglich erwiesen worden. — Auch darin hast du ganz recht, sagte ich; so daß, wenn dieses richtig erwiesen ist, niemand dem nachgeht, was er für furchtbar hält, da ja das Sich-selbst-nicht-beherrschen-können als ein Unverstand erfunden wurde. — Das gab er zu. — Aber auf das, wozu man guten Mut hat, geht wieder ein jeder los, die Feigen wie die Tapferen, und auf diese Art gehen also
e beide auf dasselbe los, die Feigen und die Tapferen. — Aber dennoch, sagte er, sind das ganz entgegengesetzte Dinge, Sokrates, worauf die Feigen und worauf die Tapferen losgehen. Gleich zum Beispiel in den Krieg wollen die einen sehr leicht gehen, die anderen wollen nicht. — Indem es, sagte ich, schön ist hinzugehen oder schlecht? — Schön, sagte er. — Wenn also schön, sprach ich, dann auch gut, haben wir schon vorher eingestanden; denn wir gestanden, daß alle schönen Handlungen auch gut wären. — Das ist richtig, und immer habe auch ich so gedacht. — Sehr wohl, sprach ich. Aber welche von beiden,
360 a behauptest du, wollen nicht zu Felde gehen, wenn es schön und gut ist? — Die Feigen, sagte er. — Und, sprach ich, wenn es schön und gut ist, wird es auch angenehm sein? — Das ist wenigstens eingeräumt worden, sagte er. — Wissentlich also wollen die Feigen doch nicht hingehen nach dem Schöneren, Besseren und Angenehmeren? — Aber auch hierdurch, wenn wir es eingeständen, sagte er, zerstörten

wir unsere vorigen Eingeständnisse. – Und wie der Tapfere, fragte
ich, geht der nicht nach dem Schöneren, Besseren und Angenehme-
ren? – Notwendig, sagte er, ist dies anzunehmen. – Also überhaupt,
wenn die Tapferen sich fürchten, ist das keine schlechte Furcht, und b
wenn sie dreist sind, ist das keine schlechte Dreistigkeit? – Ganz
recht, sagte er. – Und wenn nicht schlecht, ist dann beides nicht
schön? – Das gab er zu. – Und wenn schön, auch gut? – Ja. – Wer-
den also nicht im Gegenteil die Feigen und Verwegenen und Toll-
kühnen sich mit einer schlechten Furcht fürchten und mit einer
schlechten Dreistigkeit dreist sein? – Das gab er zu. – Und können
sie wohl zu dem Schlechten und Bösen aus einer andern Ursache dreist
sein als aus Unkenntnis und Unverstand? – So muß es sich ver-
halten, sagte er. – Und wie? Dasjenige, wodurch die Feigen feige c
sind, nennst du das Feigheit oder Tapferkeit? – Feigheit, versteht
sich, sagte er. – Und haben wir nicht gesehen, daß sie eben durch
die Unkenntnis dessen, was furchtbar ist, feige sind? – Allerdings,
sprach er. – Also durch diese Unkenntnis sind sie feige? – Er gab
es zu. – Und wodurch sie feige sind, das, räumst du ein, ist die Feig-
heit? – Er sagte ja. – Also wäre ja wohl die Unkenntnis dessen,
was furchtbar ist und was nicht, die Feigheit? – Er winkte zu. –
Aber der Feigheit, sagte ich, ist doch die Tapferkeit entgegengesetzt? –
Er bejahte es. – Ist nun nicht die Kenntnis von dem, was furchtbar d
ist und was nicht, der Unkenntnis darin entgegengesetzt? – Auch
hier winkte er noch zu. – Und die Unkenntnis davon war die Feig-
heit? – Hier winkte er nur mit großer Mühe noch zu. – So ist dem-
nach die Weisheit in dem, was furchtbar ist und was nicht, die Tap-
ferkeit, weil sie der Unkenntnis davon entgegengesetzt ist? – Dar-
auf wollte er mir nun nicht einmal mehr zuwinken und schwieg ganz
still. – So, Protagoras? sprach ich. Du bejahst weder noch verneinst,
was ich dich frage? – Bringe es nur allein zu Ende, sagte er. – Nur
eins, sprach ich, will ich dich noch fragen, ob dich auch jetzt noch, wie e
vorher, einige Menschen sehr unverständig dünken, zugleich aber
ausgezeichnet tapfer? – Du scheinst, sagte er, etwas Besonderes dar-
ein zu setzen, Sokrates, daß ich dir antworten soll. So will ich dir
denn gefällig sein und sagen, daß nach dem, was wir miteinander
festgestellt haben, dieses unmöglich zu sein scheint.

[40. Verweis auf die Frage nach der Tugend selbst] Keineswegs, sprach
ich, frage ich alles dieses aus irgendeiner andern Absicht, als um zu
ergründen, wie es sich wohl eigentlich verhält mit der Tugend und
was sie wohl selbst ist, die Tugend. Denn soviel weiß ich, wäre dies
nur erst ausgemacht, so würde auch jenes bald entschieden sein, 361 a
worüber ich und du jeder eine lange Rede gehalten haben, ich be-
hauptend, die Tugend sei nicht lehrbar, du, sie sei lehrbar. Und der
jetzige Ausgang unseres Gesprächs scheint mir ordentlich wie ein
Mensch uns anzuklagen und auszulachen und, wenn er reden könn-
te, sagen zu wollen: Ihr seid wunderliche Leute, Sokrates und Pro-
tagoras! Du, der du im vorigen behauptest, die Tugend sei nicht lehr-
bar, dringst jetzt auf das, was dir zuwider ist, indem du zu zeigen b

suchst, daß alles Erkenntnis ist, die Gerechtigkeit, die Besonnenheit
und die Tapferkeit, auf welche Weise denn die Tugend am sichersten
als lehrbar erscheinen würde. Denn wenn die Tugend etwas anderes
wäre als die Erkenntnis, wie Protagoras zu behaupten unternahm, so
wäre sie sicherlich nicht lehrbar. Jetzt aber, wenn sie sich als Erkennt-
nis offenbaren wird, worauf du dringst, Sokrates, wäre es ganz wun-
derbar, wenn sie nicht sollte lehrbar sein. Protagoras wiederum, der
damals annahm, sie sei lehrbar, scheint jetzt das Gegenteil zu be-
c treiben, daß sie eher fast alles andere sein soll, nur nicht Erkenntnis,
und so wäre sie doch am wenigsten lehrbar. Ich nun, Protagoras, in-
dem ich zusehe, wie schrecklich uns dieses alles durcheinandergeschüt-
telt wird, das Unterste zuoberst, bin voll Eifers, die Sache zur Klar-
heit zu bringen, und ich wünschte, nachdem wir dies durchgegangen,
könnten wir auch weiter zurückgehen auf die Tugend selbst, was sie
wohl ist, und dann wieder diese Untersuchung aufs neue anfangen,
ob sie lehrbar ist oder nicht, damit nicht etwa jener Epimetheus, der
Hintennachdenker, uns auch in unsern Untersuchungen hinterlistig
d betrüge, wie er uns schon in der Verteilung schlecht behandelt hat,
wie du sagst. Auch in jener Geschichte hat mir Prometheus, der Vor-
ausdenker, besser gefallen, und eben weil ich es mit ihm halte und
auf mein ganzes Leben im voraus Bedacht nehmen möchte, beschäfti-
ge ich mich mit diesen Dingen, und wenn du nur wolltest, möchte ich
sie, wie ich auch gleich anfangs sagte, am liebsten mit dir gemein-
schaftlich untersuchen. – Darauf sagte Protagoras: Ich meines Teils,
Sokrates, lobe gar sehr deinen Eifer sowohl als deine Art, das Ge-
spräch durchzuführen; denn auch im übrigen denke ich kein übler
e Mensch zu sein, neidisch aber zumal am wenigsten unter allen Men-
schen. Wie ich denn auch von dir schon zu Vielen gesagt, daß unter
allen, mit denen ich zusammentreffe, ich dich ganz vorzüglich schätze,
von allen deines Alters zumal, und ich füge hinzu, es wird mich gar
nicht wundern, wenn du einst unter die wegen ihrer Weisheit Be-
rühmten gehören wirst. Hierüber nun wollen wir, wenn du willst,
ein andermal weiter sprechen; jetzt ist es Zeit, auch zu etwas ande-
362 a rem zu schreiten. – Gut, sagte ich, so wollen wir es halten, wenn du
meinst. Denn auch für mich ist es schon lange Zeit, dorthin zu gehen,
wovon ich schon sagte, und nur, um Kallias dem Schönen gefällig zu
sein, habe ich bis jetzt hier verweilt. Diese Reden wurden gewechselt,
und so gingen wir.

ION

GLIEDERUNG

A. Einleitung: Dignität der Rhapsoden. Ihr Geschäft der Auslegung (1. Kap., 530 a 1—530 c 6).

B. Hauptteil:

I. Wie versteht der Rhapsode?

1. Beschränktheit der Fähigkeit Ions auf Homer (2. Kap., 530 c 7 bis 531 d 3).
2. Erkenntnis des qualitativ Unterschiedenen. Geschäft des einen Sachverständigen (3. Kap., 531 d 4—532 b 7).
3. Fähigkeit der Rhapsoden beruht nicht auf Wissen (4. Kap., 532 b 8 bis 533 c 8).
4. Die dichterische Inspiration (5. Kap., 533 c 9—535 a 5).
5. Mitergriffensein der Rhapsoden (6. Kap., 535 a 6—535 e 6).
6. Wirkungen der göttlichen Kraft (7. Kap., 535 e 7—536 d 3).

II. Was versteht der Rhapsode?

1. Jeder Kunst eignet ein spezifischer Gegenstand (8. Kap., 536 d 4 bis 538 a 5).
2. Beurteilung der bei H. geschilderten Künste kommt dem Sachverständigen zu (9. Kap., 538 a 5—539 d 4).
3. Was erkennt der Rhapsode am besten? (10. Kap., 539 d 5—540 d 3).
4. Kunst des Rhapsoden mit der des Heerführers identisch? (11. Kap., 540 d 4—541 b 5).

C. Schluß: Verhinderter Heerführer und göttlicher Ausleger (12. Kap., 541 b 6—542 b 4).

SOKRATES, ION

[1. Dignität der Rhapsoden. Ihr Geschäft der Auslegung]

SOKRATES: Willkommen dem Ion! Woher kommst du uns jetzt ge- 530 a
wandert? Wohl von Hause aus Ephesos?

ION: Mitnichten, Sokrates; sondern von Epidauros vom Feste des
Asklepios.

SOKRATES: Halten etwa die Epidaurier dem Gotte zu Ehren auch
einen Wettstreit von Rhapsoden?

ION: Jawohl, so wie ja auch in den übrigen Musenkünsten.

SOKRATES: Wie also? Hast du uns mitgekämpft? Und mit welchem
Erfolge hast du gekämpft?

ION: Den ersten Preis haben wir davongetragen, Sokrates. b

SOKRATES: Wohl gesprochen! Wohlan denn, mache, daß wir auch
noch in den Panathenaien siegen.

ION: Das soll geschehen, so Gott will.

SOKRATES: Wahrlich, oft habe ich schon euch Rhapsoden beneidet
um eure Kunst. Denn sowohl daß am Leibe immer geschmückt zu
sein und euch aufs schönste zu zeigen eurer Kunst angemessen ist,
als auch daß ihr in der Notwendigkeit seid, mit vielen andern treff-
lichen Dichtern euch zu beschäftigen, besonders aber mit dem Ho-
meros, dem trefflichsten und göttlichsten der Dichter, und seinen Sinn
zu verstehen, nicht seine Worte nur, das ist beneidenswert. Denn es c
kann doch keiner ein Rhapsode sein, wenn er nicht versteht, was der
Dichter meint; da ja der Rhapsode den Zuhörern den Sinn des Dich-
ters überbringen soll, und dies gehörig zu verrichten, ohne einzu-
sehen, was der Dichter meint, ist unmöglich. Dies alles also ist be-
neidenswert.

[2. Beschränktheit der Fähigkeit Ions auf Homer]

ION: Ganz recht, Sokrates. Auch hat mir dies die meiste Mühe ge-
macht bei meiner Kunst; und ich glaube, daß ich am besten unter
allen Menschen über den Homeros rede, und daß weder Metrodoros
der Lampsakener, noch Stesimbrotos der Thasier, noch Glaukon, noch d
irgendeiner, der je gewesen, so viele schöne Auslegungen über den
Homeros vorzutragen weiß als ich.

SOKRATES: Wohl gesprochen, Ion. Denn so wirst du mir auch nicht
mißgönnen, mir davon zu zeigen.

ION: Es lohnt auch schon zu hören, Sokrates, wie gut ich den Ho-
meros ausgestattet habe. So daß ich glaube, ich verdiene von den Ho-
meriden mit goldnem Kranze bekränzt zu werden.

SOKRATES: Gewiß, ich werde mir noch Muße machen, um dich zu
hören. Jetzt aber beantworte mir nur dieses, ob du nur über den Ho- 531 a
meros so gewaltig bist oder auch über den Hesiodos und Archilochos?

ION: Keineswegs; sondern über den Homeros nur. Auch dünkt mich das genug.

SOKRATES: Gibt es aber nicht manches, worüber Homeros und Hesiodos dasselbe sagen?

ION: Das glaube ich, und gar vieles.

SOKRATES: Würdest du nun wohl besser auslegen, was Homeros hierüber sagt, als was Hesiodos?

b ION: Das wohl gleich gut, glaube ich, worüber sie dasselbe sagen.

SOKRATES: Und wie, worüber sie nicht dasselbe sagen? Über das Wahrsagen z. B. spricht doch Homeros und auch Hesiodos?

ION: Freilich.

SOKRATES: Wie also? Was auf gleiche Art und was auf abweichende diese beiden Dichter über die Wahrsagekunst sagen, würdest du das besser auslegen oder einer von den guten Wahrsagern?

ION: Von den Wahrsagern einer.

SOKRATES: Wenn du nun ein Wahrsager wärest, würdest du nicht, wie du das auf ähnliche Art Gesagte auszulegen wüßtest, auch das Abweichende auszulegen wissen?

ION: Offenbar wohl.

c SOKRATES: Wie kannst du also über den Homeros zwar gewaltig sein, nicht aber über die andern Dichter? Spricht etwa Homeros über andere Gegenstände als worüber alle anderen Dichter auch? Handelt er nicht meistens vom Kriege und von dem Verkehr guter und böser Menschen untereinander und Unkundiger und Kundiger, und von dem Umgang der Götter untereinander und mit den Menschen, wie sie mit ihnen umgehen, und von den Ereignissen im Himmel und in der Unterwelt und von den Erzeugungen der Götter sowohl als
d Heroen? Ist es nicht dies, worüber Homeros seine Gedichte gedichtet hat?

ION: Ganz richtig, Sokrates.

[3. Erkenntnis des qualitativ Unterschiedenen. Geschäft des einen Sachverständigen]

SOKRATES: Und wie? Die andern Dichter nicht gleichfalls über eben dieses?

ION: Ja, Sokrates. Aber sie haben doch gar nicht so gedichtet wie Homeros.

SOKRATES: Wie denn? Schlechter?

ION: Bei weitem.

SOKRATES: Und Homeros besser?

ION: Besser, jawohl, beim Zeus.

SOKRATES: Wenn nun, du edelster Freund Ion, unter vielen, die über Zahlen sprechen, einer am besten spricht: so wird doch einer den erkennen, der gut spricht?

e ION: Das denke ich.

SOKRATES: Ob wohl derselbe, der auch die schlecht Sprechenden, oder ein anderer?

ION: Derselbe gewiß.

SOKRATES: Nicht wahr, der die Rechenkunst innehat, der ist es?

ION: Ja.

SOKRATES: Und wie? Wenn über die Zuträglichkeit der Speisen unter vielen einer am besten spricht, wird ein anderer den am besten Sprechenden erkennen, daß er am besten spricht, und wiederum ein anderer den schlechteren, daß er schlechter, oder derselbe?

ION: Offenbar ja doch derselbe.

SOKRATES: Wer ist es? Welchen Namen hat er?

ION: Der Arzt ist es.

SOKRATES: Wollen wir nun nicht im allgemeinen sagen, daß allemal, wo über denselben Gegenstand viele sprechen, einer und derselbe den erkennen wird, der gut spricht, und den, der schlecht. Oder 532 a
wenn jemand nicht den schlecht Redenden erkennt, dann offenbar auch nicht den gut Redenden von derselben Sache.

ION: Das wollen wir.

SOKRATES: Derselbe also wird uns stark in beiden?

ION: Ja.

SOKRATES: Nun behauptest du doch, daß Homeros und die anderen Dichter, unter denen ja auch Hesiodos und Archilochos sind, über dieselben Gegenstände sprechen; aber nicht auf gleiche Art, sondern jener gut, diese aber schlechter.

ION: Und das ist auch wahr, wie ich es sage.

SOKRATES: Also, wenn du den gut Sprechenden erkennst, so mußt du ja auch die schlechter Sprechenden erkennen, daß sie schlechter b
sprechen.

ION: Das scheint wohl.

SOKRATES: Also, Bester, wenn wir sagen, Ion sei gleich stark im Homeros und in den andern Dichtern, so werden wir nicht fehlen, indem er ja selbst gesteht, ein und derselbe Beurteiler reiche hin für alle, welche von denselben Gegenständen reden, die Dichter aber dichteten alle fast über das nämliche.

[4. Fähigkeit der Rhapsoden beruht nicht auf Wissen]

ION: Was ist also wohl die Ursache, Sokrates, daß ich, wenn jemand über einen andern Dichter spricht, weder sonderlich achtgebe noch auch irgend etwas der Rede Wertes mit beizubringen imstande c
bin, sondern ordentlich wie schlummere; sobald aber jemand des Homeros erwähnt, dann gleich erwache und aufmerke und gar vieles zu sagen weiß?

SOKRATES: Das ist nicht schwer aufzufinden, Freund; sondern es ist wohl jedem deutlich, daß du durch Kunst und Wissenschaft über den Homeros zu reden unvermögend bist. Denn vermöchtest du es durch Kunst: so vermöchtest du auch über alle andern Dichter zu reden. Denn die Dichtkunst ist doch wohl das Ganze, oder nicht?

ION: Ja.

SOKRATES: Wenn nun jemand auch irgendeine andere Kunst ganz d
nimmt, so ist es immer dieselbe Betrachtungsart in allen Künsten. Wie ich das meine, willst du das wohl von mir hören, Ion?

ION: Gar sehr, o Sokrates, beim Zeus! Denn ich mag gar gern euch Weisen zuhören.

Sokrates: Ich wollte wohl, du sprächest wahr, Ion! Aber weise seid ihr wohl eigentlich, ihr Rhapsoden und Schauspieler, und die, deren Gedichte ihr singt; ich aber rede eben nur die Wahrheit, wie es
e sich für einen ungelehrten Menschen schickt. So auch darüber, wonach ich dich jetzt fragte, betrachte nur, wie gemein und ungelehrt, so daß jeder Mensch es einsehen kann, das ist, was ich eben sagte, daß es nur eine und dieselbe Untersuchung sei, wenn jemand eine Kunst ganz nimmt. Laß es uns aber durchgehen. Die Malerei ist doch eine ganze Kunst.

Ion: Ja.

Sokrates: Und auch viele Maler gibt es und hat es gegeben, gute und schlechte.

Ion: Freilich.

Sokrates: Hast du nun wohl je einen gesehen, der stark darin ist zu zeigen, was Polygnotos, des Aglaophon Sohn, gut malt und was
533 a nicht, von andern Malern aber es nicht kann? Und wenn jemand Werke von andern Malern vorzeigt, dann schlummert und verlegen ist und seinerseits nichts beizubringen hat; wenn er aber über den Polygnotos, oder welchen andern einzelnen Maler du sonst willst, seine Meinung mitteilen soll, dann erwacht und seiner Gedanken mächtig ist und vieles zu sagen weiß?

Ion: Beim Zeus, nein, dergleichen nicht.

Sokrates: Oder wie, hast du wohl in der Bildnerei einen gesehen,
b der von Daidalos, dem Sohne des Metion, oder Epeios, dem des Panops, oder Theodoros dem Samier oder irgendeinem andern einzelnen Bildner stark wäre zu erklären, was er gut gebildet hat, bei anderer Bildner Werken aber verlegen wäre und schlummerte, nicht habend, was er sage?

Ion: Nein, beim Zeus, auch einen solchen habe ich nicht gesehen.

Sokrates: Auch nicht, glaube ich, beim Flötenspielen oder dem Gesang zur Lyra oder beim Spiel darauf, noch auch bei der Rhapsodenkunst wirst du einen gesehen haben, der über den Olympos stark ist
c sich zu erklären oder über den Thamyras oder Orpheus oder Phemios, den Ithakesischen Rhapsoden, über Ion den Ephesischen aber im argen wäre und nichts darüber zu sagen wüßte, was der gut vorträgt und was schlecht!

Ion: Dagegen weiß ich dir nicht zu widersprechen, Sokrates; jenes aber bin ich mir wohl bewußt, daß ich über den Homeros am besten unter allen Menschen rede und sehr reichhaltig, so daß auch alle andern sagen, ich redete gut, über die andern aber nicht. Also sieh zu, was das wohl sein mag.

[5. Die dichterische Inspiration]

Sokrates: Ich sehe ja zu, o Ion, und fange schon an, dir zu zeigen,
d was mich dies zu sein dünkt. Nämlich dies wohnt dir nicht als Kunst bei, gut über den Homeros zu reden, wie ich eben sagte, sondern als eine göttliche Kraft, welche dich bewegt, wie in dem Steine, der vom Euripides der Magnet, gewöhnlich aber der Herakleiische genannt wird. Denn auch dieser Stein zieht nicht nur selbst die eisernen Ringe,

sondern er teilt auch den Ringen die Kraft mit, daß sie eben dieses
tun können wie der Stein selbst, nämlich andere Ringe ziehen, so daß e
bisweilen eine ganze lange Reihe von Eisen und Ringen aneinander
hängt; allen diesen aber ist ihre Kraft von jenem Steine angehängt.
Ebenso auch macht zuerst die Muse selbst Begeisterte, und an diesen
hängt eine ganze Reihe anderer durch sie sich Begeisternder. Denn
alle rechten Dichter alter Sagen sprechen nicht durch Kunst, sondern
als Begeisterte und Besessene alle diese schönen Gedichte, und eben-
so die rechten Liederdichter, und so wenig die, welche vom tanzen-
den Wahnsinn befallen sind, mit vernünftigem Bewußtsein tanzen, 534 a
so dichten auch die Liederdichter nicht bei vernünftigem Bewußtsein
diese schönen Lieder, sondern wenn sie von Harmonie und Rhythmus
erfüllt sind, dann werden sie den Bacchen ähnlich, und begeistert,
wie diese aus den Strömen Milch und Honig nur wenn sie begeistert
sind schöpfen, wenn aber ihres Bewußtseins mächtig, dann nicht,
so bewirkt auch der Liederdichter Seele dieses, wie sie auch selbst
sagen. Es sagen uns nämlich die Dichter, daß sie aus honigströmen-
den Quellen aus gewissen Gärten und Hainen der Musen pflückend b
diese Gesänge uns bringen, wie die Bienen, auch selbst so umher-
fliegend. Und wahr reden sie. Denn ein leichtes Wesen ist ein Dich-
ter und geflügelt und heilig, und nicht eher vermögend zu dichten,
bis er begeistert worden ist und bewußtlos und die Vernunft nicht
mehr in ihm wohnt. Denn solange er diesen Besitz noch festhält, ist
jeder Mensch unfähig, zu dichten oder Orakel zu sprechen. Weil sie
nun nicht durch Kunst dichtend Vieles und Schönes über die Dinge
sagen, eben wie du über den Homeros, sondern durch göttliche c
Schickung: so ist nun deshalb jeder nur dasjenige schön zu dichten
vermögend, wozu die Muse ihn antreibt, der Dithyramben, der Lob-
gesänge, der Tänze, der Sagen, der Jamben, und im übrigen ist jeder
schlecht. Nämlich nicht durch Kunst bringen sie dieses hervor, son-
dern durch göttliche Kraft. Denn wenn sie durch Kunst über eines
schön zu reden wüßten, würden sie es auch über alles andere. Daher
auch der Gott nur, nachdem er ihnen die Vernunft genommen, sie
und die Orakelsänger und die göttlichen Wahrsager zu Dienern ge- d
braucht, damit wir Hörer gewiß wissen mögen, daß nicht diese es
sind, welche das sagen, was soviel wert ist, denen ihre Vernunft ja
nicht innewohnt; sondern daß der Gott selbst es ist, der es sagt, und
daß er nur durch diese zu uns spricht. Ein großer Beweis für diese
Rede ist Tynnichos der Chalkidier, der nie irgendein anderes Ge-
dicht gedichtet hat, dessen es nur lohnte zu erwähnen, doch aber
diesen Päan, den jedermann singt, fast unter allen Liedern das schön-
ste, recht, wie er selbst sagt, einen Fund der Musen. Denn an ihm e
scheint ganz vorzüglich der Gott uns dieses gezeigt zu haben, damit
wir ja nicht zweifeln, daß diese schönen Gedichte nicht Menschliches
sind und von Menschen, sondern Göttliches und von Göttern, die Dich-
ter aber nichts sind als Sprecher der Götter, besessen jeder von dem,
der ihn eben besitzt. Um dies zu zeigen, hat recht absichtlich der Gott
durch den schlechtesten Dichter das schönste Lied gesungen. Oder 535 a
dünkt dich nicht, daß ich recht habe, Ion?

Ion: Ja, beim Zeus, mich dünkt es gewiß. Denn du ergreifst mir recht die Seele mit deinen Worten, Sokrates; und ich glaube wohl, daß durch göttliche Schickung die rechten Dichter uns dies von den Göttern überbringen.

[6. Mitergriffensein der Rhapsoden]

Sokrates: Und nicht wahr, ihr Rhapsoden überbringt wieder jenes von den Dichtern?

Ion: Auch darin hast du recht.

Sokrates: Ihr seid also Sprecher der Sprecher?

Ion: Allerdings.

b Sokrates: Komm aber und sage mir auch dies, Ion, und verheimliche es mir nicht, was ich dich fragen will. Wenn du die Verse schön vorträgst und deine Zuschauer am meisten hinreißt, es sei nun, daß du den Odysseus singst, wie er auf die Schwelle springt, sich den Freiern offenbart und sich die Pfeile ausgießt vor die Füße, oder den Achilleus, wie er gegen den Hektor dringt, oder auch etwas Klägliches von der Andromache oder der Hekabe oder dem Priamos: bist du dann bei völligem Bewußtsein, oder gerätst du außer dich und glaubt
c deine begeisterte Seele, bei den Gegenständen zu sein, von welchen du sprichst, sie mögen nun in Ithaka sein oder in Troja oder wo sonst das Gedicht sich aufhält?

Ion: Welchen deutlichen Beweis hast du mir da aufgestellt, Sokrates! Denn ich will dir nichts davon verheimlichen. Wenn ich nämlich etwas Klägliches vortrage: so füllen sich mir die Augen mit Tränen, wenn aber etwas Furchtbares und Schreckliches, so sträuben sich die Haare aufwärts vor Furcht, und das Herz pocht.

d Sokrates: Was wollen wir also sagen, Ion? Daß derjenige bei vollem Bewußtsein ist, welcher, mit bunten Kleidern und goldnen Kränzen geschmückt, mitten unter Opfern und Festlichkeiten weint, ohne von jenen Herrlichkeiten etwas verloren zu haben, oder sich fürchtet mitten unter zwanzigtausend befreundeten Menschen, ohne daß ihn jemand ausziehen oder sonst ihm Leides zufügen will?

Ion: Nein, beim Zeus, Sokrates, nicht eben, wenn ich doch die Wahrheit sagen soll.

Sokrates: Und weißt du wohl, daß ihr auch unter den Zuschauern gar viele ebendahin bringt?

e Ion: Gar sehr weiß ich das. Denn ich betrachte sie jedesmal oben herab von der Bühne, wie sie weinen und furchtbar umherblicken und mitstaunen über das Gesagte. Auch muß ich ja wohl gar sehr auf sie achtgeben: denn habe ich sie recht weinen gemacht, so lache ich hernach, weil ich Geld einnehme; habe ich sie aber lachen gemacht, so muß ich selbst weinen, weil ich das Geld einbüße.

[7. Wirkungen der göttlichen Kraft]

Sokrates: Merkst du nun, daß dieser Zuschauer der letzte ist von den Ringen, von welchen ich sagte, daß sie aus dem herakleotischen Stein einer durch den andern ihre Kraft empfingen? Der mittlere aber
536 a bist du, der Rhapsode und Darsteller, und der erste ist der Dichter

selbst. Der Gott aber zieht durch alle diese die Seelen der Menschen
wohin er will, indem er der einen Kraft an den andern anhängt. Und
wie an jenem Steine, so hängt auch hier eine gar lange Reihe von
Chorsängern und Lehrern des Chors und Unterlehrern, die wieder
seitwärts angehängt sind, an den an der Muse hängenden Ringen.
Und der eine Dichter hängt an dieser, der andere an jener Muse; wir
nennen das zwar «sie besitzt ihn», das ist aber ziemlich dasselbe,
denn sie hält ihn doch immer. An diesen ersten Ringen nun, den Dich- b
tern, hängen wieder an jedem andere und sind begeistert, einige vom
Orpheus, andere vom Musaios, die meisten aber werden vom Homeros
besessen und gehalten, von denen auch du, Ion, einer bist und vom
Homeros gehalten wirst. Wenn daher jemand von einem andern Dich-
ter etwas singt, so schlummerst du und hast nichts zu sagen; wenn
aber jemand ein Lied von diesem Dichter anstimmt, so wachst du so-
gleich und deine Seele tanzt und gar vieles weißt du zu sagen. Denn
nicht durch Kunst oder Wissenschaft sagst du, was du vom Homeros c
sagst, sondern durch göttliche Schickung und Besitzung, so wie die
Korybanten nur auf jenen Gesang recht hören, der von dem Gotte
herrührt, welcher sie besitzt, und für dessen Weise einen Reichtum
an Gebärden und Worten haben, um andere sich aber gar nicht be-
kümmern: so hast auch du, Ion, wenn jemand des Homeros erwähnt,
großen Vorrat, bei andern aber gar keinen. Und die Ursache hiervon,
wonach du mich fragst, weshalb du nur über den Homeros etwas weißt, d
über andere aber nicht, ist die, daß du nicht durch Kunst, sondern
durch göttliche Schickung so gewaltig bist als ein Verherrlicher des
Homeros.

[8. Jeder Kunst eignet ein spezifischer Gegenstand]

ION: Sehr gut zwar sprichst du, Sokrates, jedoch wollte ich mich
wundern, wenn du so gut sprächest, daß du mich überreden könntest,
ich verherrlichte den Homeros durch Eingeistung und Wahnsinn. Ich
glaube auch, es würde nicht einmal dir so vorkommen, wenn du mich
hörtest über den Homeros reden.

SOKRATES: Gewiß will ich dich ja hören, nicht eher jedoch, bis du
mir dies beantwortest. Worüber von allem, wovon Homeros spricht, e
sprichst du gut? Denn über alles und jedes doch wohl nicht?

ION: Das wisse nur, Sokrates, über alles ohne Ausnahme.

SOKRATES: Doch aber nicht darüber, wovon du nichts verstehst und
Homeros doch spricht?

ION: Und was für Dinge wären das, wovon Homeros zwar spricht,
ich aber nichts verstehe?

SOKRATES: Redet nicht auch Homeros von allerlei Künsten an vielen 537 a
Orten vielerlei? So wie von der Kunst des Wagenführers; wenn mir
die Verse einfallen, will ich sie dir sagen.

ION: Ich will sie dir schon sagen; mir fallen sie gewiß ein.

SOKRATES: So sage mir denn, was Nestor zu seinem Sohne Antilo-
chos spricht, indem er ihn erinnert, sich wohl vorzusehen mit der
Wendung beim Wagenrennen zu Ehren des Patroklos.

ION: «Selber zugleich dann beug' in dem schöngeflochtenen Sessel, b Sanft zur Linken dich hin, und das rechte Roß des Gespannes Treib' mit Geißel und Ruf, und laß ihm die Zügel ein wenig, Während dir nah am Ziele das linke Roß sich herumdreht, So daß fast die Nabe den Rand zu erreichen dir scheinet Deines zierlichen Rades: den Stein nur zu rühren vermeide –»

c SOKRATES: Genug. Ob also, o Ion, in diesen Versen Homeros richtig spricht oder nicht, welcher von beiden wird das besser verstehen, der Arzt oder der Wagenführer?

ION: Der Wagenführer allerdings.

SOKRATES: Etwa, weil er diese Kunst innehat, oder sonst weswegen?

ION: Nein, sondern deswegen.

SOKRATES: Ist nun nicht jeder Kunst von Gott ein Werk angewiesen, das sie vermögend ist zu verstehen? Denn was wir durch die Steuermannskunst verstehen, das verstehen wir doch nicht durch die Heilkunst.

ION: Nein freilich.

SOKRATES: Und was durch die Heilkunst, das nicht auch durch die Baukunst.

ION: Nein freilich.

d SOKRATES: Und wird es nicht mit allen Künsten so sein, daß, was wir durch die eine verstehen, wir nicht auch durch eine andere verstehen? Zuerst aber beantworte mir das, behauptest du auch, daß diese Kunst eine ist, und jene wieder eine andere?

ION: Ja.

SOKRATES: Auch wohl wie ich urteilend, wenn nämlich die eine die Erkenntnis dieser Gegenstände ist und die andere wieder jener, ich diese dann eine andere Kunst nenne und jene wieder eine andere, so auch du?

e ION: Ja.

SOKRATES: Denn wenn jene die Erkenntnis derselben Gegenstände wäre, warum soll man dann sagen, die eine wäre diese und die andere wieder jene, wenn man doch durch beide nur einerlei weiß? So wie ich weiß, daß dies fünf Finger sind und du dies ganz ebenso weißt wie ich; und wenn ich dich nun fragte, ob auch wohl durch dieselbe Kunst, nämlich die Rechenkunst, wir beide das nämliche wissen, ich und du, oder durch eine andere: du doch wohl sagen würdest, durch dieselbe.

ION: Ja.

538 a SOKRATES: Was ich dich also schon vorher im Begriff war zu fragen, das sage mir nun, ob es dich auch in Absicht aller Künste so dünkt, daß man notwendig durch dieselbe Kunst auch dasselbe erkennt, durch eine andere aber nicht dasselbe, sondern da sie ja eine andere ist, sie auch notwendig etwas anderes erkennen muß?

ION: So dünkt es mich, Sokrates.

[9. Beurteilung der bei H. geschilderten Künste kommt dem Sachverständigen zu]

SOKRATES: Also, wer irgendeine Kunst nicht besitzt, der wird auch, was vermöge dieser Kunst geredet oder getan wird, nicht richtig zu beurteilen vermögen.

Ion: Wahr gesprochen.
Sokrates: Wirst nun wohl über die Verse, welche du eben hersag- b
test, ob sie gut gesagt sind vom Homeros oder nicht, du besser urtei-
len können oder ein Wagenführer?

Ion: Ein Wagenführer.

Sokrates: Denn du bist ein Rhapsode und kein Wagenführer.

Ion: Nein.

Sokrates: Und die Kunst der Rhapsoden ist eine andere als die der Wagenführer?

Ion: Ja.

Sokrates: Wenn also eine andere, so ist sie auch Erkenntnis anderer Gegenstände.

Ion: Ja.

Sokrates: Wie nun, wenn Homeros sagt, daß Hekamede, des Ne-
stors Leibdienerin, dem verwundeten Machaon einen Kühltrank zu
trinken reicht und er so etwa sagt: «Mengte des Pramnischen Weins», c
spricht er, «und rieb mit eherner Raspel Ziegenkäse darauf, mit
weißem Mehl ihn bestreuend»; ob dies Homeros recht sagt oder nicht,
ist das die Sache der Arzneikunst, richtig zu beurteilen, oder der rhap-
sodischen?

Ion: Der Arzneikunst.

Sokrates: Und wie, wenn Homeros sagt: «Jene sank wie gerün-
detes Blei in die Tiefe hinunter, Welches über dem Horn des ge- d
weideten Stieres befestigt Sinkt, den gefräßigen Fischen des Meers
das Verderben zu bringen»; wollen wir sagen, dies gehöre mehr für
die Fischerkunst zu beurteilen oder für die rhapsodische, was er hier
sagt, und ob es recht ist oder nicht?

Ion: Offenbar, Sokrates, für die Fischerkunst.

Sokrates: Erwäge also, wenn du nun der Fragende wärest und
mich fragtest: Da du nun, Sokrates, für alle diese Künste etwas fin- e
dest im Homeros, was ihnen zusteht zu beurteilen, so komm und fin-
de mir auch heraus, was für den Wahrsager und die Wahrsagekunst
gehört, was das wohl sein mag, was denen gebührt, beurteilen zu
können, ob es gut oder schlecht gedichtet ist – so sieh, wie leicht und
richtig ich dir antworten werde. Denn gar oft sagt er dergleichen auch
in der Odysseia, wie was der Seher der Melampodideer, Theoklyme-
nos, zu den Freiern sagt: «Ach, unglückliche Männer, was duldet ihr? 539 a
Rings ja in Nacht sind Euch gehüllt die Häupter, die Angesicht' und
die Glieder! Schrecklich ertönt Wehklag', und tränenbenetzt sind die
Wangen! Voll der Schattengebild' ist die Flur und voll auch der Vor-
hof, Die zum Erebos eilen in Finsternis! Aber die Sonn' ist Ausge-
löscht am Himmel, und rings herrscht gräßliches Dunkel!» Oft auch b
in der Ilias, wie im Mauergefecht, denn auch hier sagt er: «Denn ein
Vogel erschien, da sie überzugehn sich entschlossen, Ein hochfliegender
Adler, der links hin streifend das Kriegsheer Eine Schlang' in den
Klauen dahertrug, rot und unendlich, Lebend annoch und zappelnd, c
noch nicht vergessend der Streitlust. Denn dem haltenden Adler
durchstach sie die Brust an dem Halse, Rückwärts drehend das Haupt,
er schwang sie hinweg auf die Erde, Hart von Schmerzen gequält,

und sie fiel in die Mitte des Haufens. Aber er selbst lauttönend ent-
d flog im Hauche des Windes.» Dieses, würde ich sagen, gehört für den Wahrsager zu betrachten und zu beurteilen.

[10. Was erkennt der Rhapsode am besten?]

Ion: Sehr wahr sprichst du damit, o Sokrates.

Sokrates: Auch du sprichst hierin sehr wahr, o Ion! So komm denn, und wie ich dir ausgesucht habe aus der Odysseia und Ilias, was für den Wahrsager gehört und was für den Arzt und was für den Fischer:
e so suche du auch mir heraus, da du ja des Homeros kundiger bist als ich, was nun für den Rhapsoden gehört, o Ion, und für die rhapsodische Kunst, und was diesem gebührt zu betrachten und zu beurteilen vor den übrigen Menschen.

Ion: Ich behaupte eben, alles, Sokrates.

Sokrates: Soeben, Ion, wolltest du doch nicht behaupten, alles. Oder bist du so vergeßlich? Das ziemt ja wohl einem Rhapsoden nicht, vergeßlich zu sein?

540 a Ion: Was vergesse ich denn?

Sokrates: Erinnerst du dich nicht, daß du behauptetest, die Kunst des Rhapsoden wäre eine andere als die des Wagenführers?

Ion: Dessen erinnere ich mich.

Sokrates: Und daß sie als eine andere auch anderes verstehe, gestandest du das auch?

Ion: Ja.

Sokrates: Nicht alles also wird doch die rhapsodische Kunst nach deiner Rede verstehen und der Rhapsode?

Ion: Ausgenommen vielleicht dergleichen, Sokrates.

b Sokrates: Mit diesem «dergleichen» meinst du doch, ausgenommen, was für alle übrigen Künste gehört? Aber was wird er denn verstehen, wenn doch nicht alles?

Ion: Was einem Manne zu sprechen ziemt, glaube ich, und was einer Frau, was einem Knechte und was einem Freien, was einem Gehorchenden und was einem Gebietenden.

Sokrates: Meinst du etwa, was dem Gebietenden über ein auf dem Meere mit dem Sturme kämpfendes Schiff zu sprechen geziemt, werde der Rhapsode besser verstehen als der Steuermann?

Ion: Nein, sondern dies wohl der Steuermann.

c Sokrates: Aber was dem, der über einen Kranken gebietet, zu sprechen geziemt, das wird der Rhapsode besser verstehen als der Arzt?

Ion: Auch das nicht.

Sokrates: Aber was einem Knechte geziemt, sagst du?

Ion: Ja.

Sokrates: Was einem Knechte, der das Vieh hütet, zu sprechen gebührt, wenn ihm die Rinder wild werden und er ihnen zuredet, das wird der Rhapsode verstehen und nicht der Ochsenhirte?

Ion: Freilich wohl nicht.

Sokrates: Aber was einer webenden Frau geziemt von der Verarbeitung der Wolle zu sprechen?

Ion: Nein.

Sokrates: Was aber einem Heerführer zu sprechen geziemt, der den d
Kriegern zuredet, wird er verstehen?

Ion: Ja, dergleichen wird der Rhapsode verstehen.

[11. Kunst des Rhapsoden mit der des Heerführers identisch?]

Sokrates: Wie doch? Ist die Kunst des Rhapsoden die des Heerführers?

Ion: Ich würde wenigstens schon verstehen, was einem Heerführer zu sprechen geziemt!

Sokrates: Vielleicht bist du eben auch ein Heerführer der Kunst nach. Denn wenn du zugleich ein Bereiter wärst und ein Künstler auf der Lyra, so verständest du dich auch auf Pferde, die gut und schlecht zugeritten wären. Aber wenn ich dich dann fragte: durch e
welche Kunst, o Ion, erkennst du die gut zugerittenen Pferde? Durch die, vermöge deren du ein Bereiter bist, oder durch die, vermöge deren ein Lyraspieler? Was würdest du mir antworten?

Ion: Durch die, vermöge welcher ich ein Bereiter bin, antwortete ich.

Sokrates: Also, wenn du auch die, welche die Lyra gut spielen, erkenntest: so würdest du gestehen, sie durch die Kunst, vermöge deren du selbst die Lyra spielst, zu erkennen, nicht durch die, vermöge deren du ein Bereiter bist?

Ion: Ja.

Sokrates: Wenn du also, was zur Heerführung gehört, verstehst, verstehst du es, insofern du der Kunst nach ein Heerführer oder insofern du ein guter Rhapsode bist?

Ion: Das dünkt mich gar nicht unterschieden zu sein.

Sokrates: Wie meinst du, gar nicht unterschieden? Meinst du, das 541 a
wäre nur eine Kunst, die des Rhapsoden und die des Heerführers, oder zwei?

Ion: Eine, scheint es mir wenigstens.

Sokrates: Wer also ein guter Rhapsode ist, der ist auch ein guter Heerführer?

Ion: Ganz gewiß, Sokrates.

Sokrates: Und auch wer ein guter Heerführer ist, ist also ein guter Rhapsode?

Ion: Das dünkt mich wieder nicht.

Sokrates: Aber jenes dünkt dich, wer nur ein guter Rhapsode ist,
sei auch ein guter Heerführer? b

Ion: Gar sehr.

Sokrates: Nun bist du doch unter den Hellenen der beste Rhapsode?

Ion: Bei weitem, Sokrates.

Sokrates: Bist du etwa auch, o Ion, der beste Heerführer unter den Hellenen?

Ion: Wisse nur, Sokrates, daß ich auch das aus dem Homeros gelernt habe.

[12. Verhinderter Heerführer und göttlicher Ausleger]

Sokrates: Warum also doch bei den Göttern, o Ion, wenn du un-
ter den Hellenen beides der beste bist, Rhapsode und Heerführer,
gehst du zwar umher und singst den Hellenen vor als Rhapsode,
führst sie aber nicht an als Heerführer? Oder glaubst du, daß um
c einen mit goldenem Kranze bekränzten Rhapsoden zwar große Not
ist unter den Hellenen, um Heerführer aber gar nicht?

Ion: Unsere Stadt wird ja von euch regiert und beschützt und bedarf keines Heerführers, die eurige aber, Sokrates, und Lakedaimon würden mich nicht zum Heerführer wählen, denn ihr glaubt, dazu selbst genug zu sein.

Sokrates: Bester Ion, kennst du nicht Apollodoros den Kyzikener?

Ion: Was doch für einen?

Sokrates: Den die Athener als einen Fremden doch schon oft zu
ihrem Heerführer gewählt haben, wie auch den Phanosthenes von
d Andros und Herakleides den Klazomenier, welche, obgleich Fremde,
die aber gezeigt haben, was sie wert sind, die Stadt zu Heerführern
sowohl als zu andern Staatsämtern erhebt. Und Ion den Ephesier
also sollte sie nicht zum Heerführer wählen und sonst ehren, wenn
sie glaubt, daß er der Rede wert sei? Und wie? Seid ihr Ephesier
nicht noch überdies Athener von alters her und Ephesos nicht ge-
e ringer als irgendeine andere Stadt? Aber du, o Ion, wenn du recht
darin hast, daß du durch Kunst und Wissenschaft imstande bist,
den Homeros zu verherrlichen, so tust du Unrecht, da du doch viel
Schönes über den Homeros zu wissen behauptest und mir verspro-
chen hast, davon zu zeigen, daß du mich betrügst und, weit gefehlt,
dich mir mit jenem zu zeigen, mir nicht einmal sagen willst, was
das ist, worin du gewaltig bist, wonach mich doch schon lange recht
gelüstet. Sondern ordentlich wie Proteus vervielfältigst du dich und
drehst dich von oben nach unten, bis du mir endlich ganz entschlüpfst
und mir als Heerführer wieder erscheinst, um nur nicht zu zeigen,
542 a wie stark du bist in der Weisheit über den Homeros. Wenn du also
als ein Künstler um dein Versprechen, dessen ich eben erwähnte,
daß du dich mir über den Homeros zeigen wolltest, mich betrügst:
so tust du unrecht. Wenn du aber kein Künstler bist, sondern, durch
göttliche Schickung am Homeros festgehalten, ohne etwas zu wissen,
viel und Schönes sagst über den Dichter, wie ich eben von dir sagte,
dann tust du nicht unrecht. So wähle nun, wofür du lieber von uns
willst gehalten sein, für einen unrechtlichen Mann oder für einen
göttlichen.

b Ion: Ein großer Unterschied ist das, Sokrates! Denn weit schöner
ist es, für einen göttlichen gehalten zu werden.

Sokrates: Dieses Schönere also, o Ion, trägst du von unsertwegen davon, ein göttlicher zu sein, nicht aber ein kunstmäßiger Verherrlicher des Homeros.

HIPPIAS

Das kleinere Gespräch dieses Namens

GLIEDERUNG

A. Einleitung:

1. Aufforderung zum Fragen an Sokrates. Achill oder Odysseus der bessere Mann? (1. Kap., 363 a 1—363 c 3).
2. Vortrefflichkeit des Hippias (2. Kap., 363 c 4—364 a 9).

B. Hauptteil:

I. Achill oder Odysseus besser?

1. These des Hippias: Achill der Beste, Odysseus der Vielgewandteste (3. Kap., 364 b 1—364 d 6).
2. Vielgewandtheit bedeutet nach Hippias Falschheit (4. Kap., 364 d 7 bis 365 c 7).
3. Falschheit verbunden mit Tüchtigkeit und Klugheit (5. Kap., 365 c 8 bis 366 a 1).
4. Falschheit als Vermögen des Lügens (6. Kap., 366 a 2—366 c 4).
5. Verbundenheit des Vermögens zum Lügen und zum Wahrheitsagen (7. Kap., 366 c 5—367 a 8).
6. a) Der Gute und Wahre im Rechnen mit dem Falschen identisch (8. Kap., 367 a 8—367 d 5),
   b) ebenso in Meßkunst und Astronomie (9. Kap., 367 d 6—368 a 7)
   c) und überhaupt in allen Hippias- und sonstigen Künsten (10. Kap., 368 a 8—369 a 2).
7. Konklusion: Achill und Odysseus einander ganz ähnlich. Protest des Hippias (11. Kap., 369 a 3—369 c 8).

II. Vorzug des vorsätzlich Schlechthandelns?

1. a) Aufzeigung der Falschheit Achills (12.Kap., 369 d 1—370 e 4)
   b) und seiner vorsätzlichen Tücke (13. Kap., 370 e 5—371 d 7).
2. Vorsätzlich oder unvorsätzlich schlechthandeln besser? (14. Kap., 371 d 8—372 a 5).
3. Augenblicklicher Standpunkt des S. (15. Kap., 372 a 6—373 c 5).
4. a) Beim Körper vorsätzliche Schlechtigkeit vorzuziehen (16. Kap., 373 c 6—374 e 2)
   b) und auch bei Werkzeugen und bei der Seele (17. Kap., 374 e 3 bis 375 d 6).
5. Der Gute also tut vorsätzlich Unrecht? (18. Kap., 375 d 7—376 c 6).

EUDIKOS, SOKRATES, HIPPIAS.

[1. Aufforderung zum Fragen. Achill oder Odysseus der bessere Mann?]

EUDIKOS: Du aber, Sokrates, warum schweigst du, nachdem Hip- 363 a
pias uns so vieles ausgestellt, und lobst nicht entweder mit uns etwas von dem Gesagten oder tadelst auch, wenn dir etwas nicht gut gesagt zu sein scheint? Zumal auch nur wir übriggeblieben sind, die wir uns doch vorzüglich bestreben, teilzuhaben an wissenschaftlicher Beschäftigung.

SOKRATES: Allerdings, Eudikos, habe ich einiges, was ich ganz gern
erfragen möchte vom Hippias über das, was er eben sprach vom Ho- b
meros. Denn auch von deinem Vater Apemantos habe ich gehört, die Ilias wäre ein schöneres Gedicht als die Odysseia, und zwar um soviel schöner, als Achilleus besser wäre denn Odysseus. Jedes nämlich von diesen Gedichten, sagte er, wäre auf einen, das eine auf den Odysseus gedichtet, das andere auf den Achilleus. Darüber nun möchte ich gern, wenn es dem Hippias gelegen ist, weiter fragen, was ihn wohl dünkt von diesen beiden Männern, welchen er für
den besseren hält; da er uns ja doch so viel und vielerlei anderes c
vorgetragen hat über andere Dichter sowohl als über den Homeros.

[2. Vortrefflichkeit des Hippias]

EUDIKOS: Offenbar wird dir ja Hippias nicht abschlagen, wenn du ihn etwas fragst, zu antworten. Nicht wahr, Hippias, wenn Sokrates dich etwas fragt, wirst du antworten? Oder was wirst du tun?

HIPPIAS: Das wäre ja arg, o Eudikos, wenn ich nach Olympia zwar in die Festversammlung der Hellenen, wenn die Spiele gefeiert wer-
den, jedesmal von Hause aus Elis hinaufginge nach dem Tempel d
und mich anböte, sowohl was nur einer will von allem zur Prunkrede von mir schon Vorbereiteten vorzutragen, als auch jedem zu antworten, der mich nur was immer fragt, jetzt aber des Sokrates Frage ausweichen wollte!

SOKRATES: In einem glückseligen Zustande befindest du dich, Hip- 364 a
pias, wenn du jede Olympiade mit so guter Zuversicht für deine Seele, was Weisheit betrifft, zum Feste kommst; und es sollte mich wundern, wenn irgendeiner von denen, die sich dort in Leibesübungen zeigen, so furchtlos und fest vertrauend auf seinen Leib dort hinginge zum Kampf, wie du sagst auf deinen Verstand.

HIPPIAS: Ganz natürlich, o Sokrates, daß es mir so ergeht. Denn seitdem ich angefangen, bei den Olympischen Spielen mich im Wettkampf zu zeigen, bin ich noch auf keinen jemals getroffen, der in irgend etwas vortrefflicher gewesen wäre als ich.

[3. Achill der Beste und Odysseus der Vielgewandteste]

b SOKRATES: Ein schönes Denkmal der Weisheit, o Hippias, muß die-
ser dein Ruhm sowohl der Stadt Elis sein als auch deinen Eltern.
Allein was sagst du uns wegen des Achilleus und des Odysseus?
Welchen hältst du, und worin, für besser? Denn als unserer so viele
drin waren und du deine Schaurede hieltest, blieb ich zurück hinter
deiner Rede. Denn ich trug Bedenken, dich weiter zu fragen, weil viel
Volks drinnen war, und um dir nicht Störungen zu machen durch mein
Fragen in deiner Prunkrede. Nun wir aber weniger sind und Eudikos
c mir zuredet zu fragen: so sprich doch und lehre uns deutlicher, was du
sagtest von diesen beiden Männern? Wie unterscheidest du sie?

HIPPIAS: Ich will dir also noch deutlicher als damals erklären, was
ich meine von diesen und andern. Ich behaupte nämlich, Homeros
habe in seinen Gedichten als den Besten unter den nach Troja Ge-
kommenen den Achilleus dargestellt, als den Weisesten aber den
Nestor, und als den Vielgewandtesten den Odysseus.

SOKRATES: Weh mir Hippias! Tätest du mir wohl soviel zuliebe,
mich nicht auszulachen, wenn ich nur mit Mühe begreife, was du
d meinst, und oft weiter frage? So versuche denn, mir gern und sanft-
mütig zu antworten.

HIPPIAS: Das wäre ja schändlich, Sokrates, wenn ich andere zwar
eben hierin unterwiese und mir Geld dafür geben ließe, selbst aber
von dir befragt keine Nachsicht beweisen und dir nicht sanftmütig
antworten wollte.

[4. Vielgewandtheit bedeutet Falschheit]

SOKRATES: Sehr schön gesprochen! Ich also, wie du sagtest, Achil-
leus werde als der Beste dargestellt, glaubte ich zu verstehen, was
e du meintest, so auch, wie Nestor als der Weiseste. Hernach aber, als
du vom Odysseus sagtest, der Dichter habe ihn als den Vielgewand-
testen dargestellt, dieses, um dir die Wahrheit zu sagen, weiß ich
ganz und gar nicht, wie du es meinst. Sage mir also, ob ich es viel-
leicht hieraus besser verstehen werde, wird Achilleus nicht als viel-
gewandt vom Homeros dargestellt?

HIPPIAS: Ganz und gar nicht, Sokrates, sondern als höchst einfach.
Denn gleich in der Bittgesandtschaft, wo er sie miteinander redend
vorstellt, sagt sein Achilleus zum Odysseus: «Edler Laertiad', er-
365 a findungsreicher Odysseus, Sieh, ich muß die Rede nur grad' und
frank dir verweigern, So wie im Herzen ich denk' und wie's zu
vollenden ich meine. Denn mir verhaßt ist jener so sehr wie des Aï-
b des Pforten, Wer ein andres im Herzen verbirgt, ein anderes redet.
Aber ich selbst will sagen, so wie's unfehlbar geschehn wird.» In
diesen Versen offenbart er die Gemütsart jedes der beiden Männer,
daß nämlich Achilleus wahr sei und einfach, Odysseus aber vielge-
wandt und falsch. Denn den Achilleus läßt er ja diese Verse dem
Odysseus sagen.

SOKRATES: Jetzt mag ich wohl beinahe verstehen, Hippias, was du
meinst. Unter dem Vielgewandten nämlich meinst du einen Falschen,
wie sich ja zeigt.

Hippias: Allerdings, Sokrates. Denn als einen solchen stellt Homeros den Odysseus dar an vielen Orten, sowohl in der Ilias als in der Odysseia. c

Sokrates: Also dünkte, wie es scheint, den Homeros ein anderer Mann wahrhaft zu sein und wieder ein anderer falsch, nicht aber derselbe?

Hippias: Wie sollte es auch nicht, Sokrates?

Sokrates: Dünkt es etwa dich auch selbst so, Hippias?

Hippias: Vor allen Dingen freilich! Es wäre ja auch arg, wenn nicht.

[5. Falschheit verbunden mit Tüchtigkeit und Klugheit]

Sokrates: So wollen wir dann den Homeros jetzt lassen, da es ohnedies unmöglich ist, ihn zu befragen, was er sich wohl dachte, als d
er diese Verse dichtete. Da du aber dich der Sache offenbar annimmst und selbst das glaubst, was du behauptest, das Homeros meine: so antworte gemeinschaftlich für den Homeros und für dich selbst.

Hippias: Das soll geschehen; frage nur in kurzem, was du willst.

Sokrates: Meinst du unter den Falschen solche, die untüchtig sind, etwas zu tun, wie die Kranken, oder die tüchtig sind, etwas zu tun?

Hippias: Tüchtige meine ich, und zwar gar sehr zu vielem andern sowohl als auch dazu, die Menschen zu hintergehen.

Sokrates: Tüchtig sind sie also nach deiner Rede, wie es scheint, e
und vielgewandt. Nicht wahr?

Hippias: Ja.

Sokrates: Sind sie nun vielgewandt und betrügerisch etwa aus Albernheit und Unklugheit, oder aus einer gewissen List und Klugheit?

Hippias: Aus List allerdings und aus Klugheit.

Sokrates: Klug sind sie also, wie es scheint.

Hippias: Ja beim Zeus, gar sehr.

Sokrates: Und als Kluge sollten sie nicht dessen kundig sein, was sie tun? Oder sind sie es?

Hippias: Wohl sind sie dessen gar sehr kundig; darum eben tun sie ja übel.

Sokrates: Und als dessen Kundige, sind sie Unverständige oder Weise?

Hippias: Weise allerdings eben darin, im Betrügen. 366 a

[6. Falschheit als Vermögen des Lügens]

Sokrates: Komm denn, laß uns noch einmal wiederholen, was das ist, was du sagst. Die Falschen, behauptest du, sind tüchtig und klug und kundig und weise, worin sie falsch sind?

Hippias: Das behaupte ich freilich.

Sokrates: Und andere sind die Wahren und die Falschen, ganz einander entgegengesetzt?

Hippias: Das meine ich.

Sokrates: Wohlan also: von den Tüchtigen und Weisen sind die Falschen welche, nach deiner Rede?

Hippias: Ganz gewiß.
b Sokrates: Wenn du nun sagst, tüchtig und weise wären die Fal-
schen eben darin: meinst du, daß sie tüchtig sind zu lügen, wann
sie wollen darin, worin sie eben lügen, oder untüchtig?
Hippias: Tüchtig, meine ich.
Sokrates: Um es also kurz zusammenzufassen, die Falschen
sind weise und tüchtig zu lügen?
Hippias: Ja.
Sokrates: Ein zum Lügen untüchtiger und unverständiger Mann
wäre also nicht falsch?
Hippias: So ist es.
Sokrates: Tüchtig aber ist doch wohl jeder, der das, was er will,
c alsdann tut, wann er es will; ich meine aber nicht, wenn einer aus
Krankheit daran verhindert wird oder dergleichen; sondern so, wie
du vermögend bist, meinen Namen zu schreiben, wann immer du
willst, so meine ich. Nennst du nicht den tüchtig, mit dem es so
steht?
Hippias: Ja.

*[7. Verbundenheit des Vermögens zum Lügen und zum Wahrheit-
sagen]*

Sokrates: Sage mir also, Hippias, bist du nicht wohlerfahren im
Rechnen und der Rechenkunst?
Hippias: Ganz vorzüglich, Sokrates.
Sokrates: Also, wenn dich jemand fragte nach dreimal sieben-
hundert, welche Zahl das ist, so würdest du, wenn du nur wolltest,
d ganz vorzüglich und geschwind das Richtige hierüber sagen?
Hippias: Allerdings.
Sokrates: Etwa weil du der Tüchtigste und Weiseste bist hierin?
Hippias: Ja.
Sokrates: Bist du aber wohl nur der Weiseste und Tüchtigste oder
auch der Beste eben darin, worin der Tüchtigste und Weiseste, im
Rechnen?
Hippias: Auch der Beste offenbar, Sokrates.
Sokrates: Das Wahre also hierüber zu sagen, wärst du der Tüch-
tigste; nicht wahr?
e Hippias: Ich denke wenigstens.
Sokrates: Wie aber das Falsche eben hierin? Und beantworte
mir das wie das vorige, o Hippias, unverhohlen und edelmütig.
Wenn dich jemand fragte nach dreimal siebenhundert, wieviel das
ist, würdest du wohl auch am besten lügen und jedesmal auf glei-
che Weise das Falsche hierüber sagen können, wenn du lügen und
367 a niemals richtig antworten wolltest; oder könnte der Unverständige
im Rechnen besser lügen als du, wenn du wolltest? Oder würde der
Unverständige oft, wenn er auch Falsches sagen wollte, das Richtige
vorbringen unvorsätzlich, wenn es sich eben träfe, weil er es näm-
lich nicht weiß? Du aber, der Unterrichtete, würdest, wenn du doch
lügen wolltest, jedesmal gleich gut lügen?
Hippias: Ja, so verhält es sich, wie du sagst.

SOKRATES: Ist nun wohl der Falsche in andern Dingen zwar falsch, aber nicht in Zahlen? Und könnte er im Zählen nicht lügen?

HIPPIAS: Beim Zeus, auch in Zahlen.

[8. Der Gute und Wahre im Rechnen mit dem Falschen identisch]

SOKRATES: Setzen wir also auch dies, Hippias, es sei ein Mensch falsch in Rechnungen und Zahlen?

HIPPIAS: Ja. b

SOKRATES: Wer also wäre dieser? Muß ihm nicht, wenn er falsch sein soll, das zukommen, wie du eben eingestandest, daß er tüchtig ist im Lügen? Denn von dem Untüchtigen im Lügen sagtest du, wenn du dich noch erinnerst, daß er nie falsch sein könne.

HIPPIAS: Dessen erinnere ich mich, und so wurde gesagt.

SOKRATES: Und zeigtest du dich nicht eben als der Allertüchtigste zum Lügen im Rechnen?

HIPPIAS: Ja, auch das wurde gesagt.

SOKRATES: Und bist du nicht auch der Tüchtigste, das Richtige zu c sagen in Rechnungen?

HIPPIAS: Allerdings.

SOKRATES: Also derselbe ist der Tüchtigste, das Wahre und auch das Falsche zu sagen im Rechnen? Dies aber ist der Gute hierin, der Rechner?

HIPPIAS: Ja.

SOKRATES: Wer anders wird uns also falsch im Rechnen, Hippias, als der Gute? Denn der ist auch der Tüchtige, der aber ist auch der Wahre?

HIPPIAS: So zeigt es sich.

SOKRATES: Siehst du also, daß derselbe der Falsche ist und auch der Wahre hierin? Und der Wahre um nichts besser als der Falsche? Denn er ist ja derselbe, und keineswegs verhalten sie sich ganz ent- d gegengesetzt, wie du vorhin meintest.

HIPPIAS: Es scheint nicht, hierin wenigstens.

SOKRATES: Willst du, daß wir es auch anderwärts betrachten?

HIPPIAS: Wenn anders auch du es willst.

[9. ... ebenso in Meßkunst und Astronomie]

SOKRATES: Bist du nicht auch in der Meßkunst erfahren?

HIPPIAS: Das bin ich.

SOKRATES: Wie nun? Verhält es sich in der Meßkunst nicht ebenso? Derselbe ist der Tüchtigste zu lügen und auch das Richtige zu sagen über die Umrisse, der Meßkünstler?

HIPPIAS: Ja.

SOKRATES: Ist nun hierin ein anderer gut, als eben dieser? e

HIPPIAS: Kein anderer.

SOKRATES: Also der gute und weise Meßkünstler ist der geschickteste zu beidem. Und wenn irgendeiner falsch ist in dem, was Umrisse betrifft, so ist er es, der Gute. Denn dieser ist tüchtig. Der Schlechte aber war untüchtig zum Lügen, so daß er nie falsch sein kann, da er untüchtig ist zum Lügen, wie wir waren einig geworden.

HIPPIAS: So ist es.

SOKRATES: Nun auch noch den dritten laß uns betrachten, den Sternkundigen, in welcher Kunst du noch mehr ein Meister zu sein glaubst
368 a als in den vorigen. Nicht wahr, Hippias?

HIPPIAS: Ja.

SOKRATES: Ist es nun nicht in der Sternkunde ganz dasselbe?

HIPPIAS: Wahrscheinlich wohl, Sokrates.

SOKRATES: Auch in der Sternkunde also, wenn irgendeiner falsch ist, wird es der gute Sternkundige sein, der tüchtig ist zum Lügen. Denn der Untüchtige nicht, der ist unverständig.

HIPPIAS: So ergibt es sich.

SOKRATES: Derselbe also wird auch in der Sternkunde der Wahrhafte sein und der Falsche.

HIPPIAS: Das scheint so.

[10. ... und überhaupt in allen Hippias- und sonstigen Künsten]

SOKRATES: Komm also, Hippias, und erwäge es überall so in allen
b Erkenntnissen, ob es sich irgendwo anders verhält oder so. Denn du bist ja in den meisten Künsten unter allen Menschen der Weiseste, wie ich dich einmal habe rühmen hören und deine vielfältige, beneidenswerte Weisheit beschreiben auf dem Markt an den Wechseltischen. Du sagtest nämlich, du wärest einmal so nach Olympia gekommen, daß alles, was du an deinem Leibe hattest, deine Arbeit gewesen wäre. Zuerst der Ring, den du anhattest – damit fingst
c du an –, wäre deine Arbeit gewesen, so daß du also auch Steine zu schneiden verständest, und noch ein anderes Siegel deine Arbeit, und ein Badekratzer und ein Ölfläschchen, die du selbst gemacht. Hernach auch die Schuhe, die du anhattest, behauptetest du, selbst geschnitten zu haben und den Mantel gewebt und das Unterkleid, und was allen das Sonderbarste schien und der größten Geschicklichkeit Ausstellung, als du sagtest, der Gürtel deines Unterkleides sehe zwar aus wie die persischen der Vornehmen, diesen aber hättest du selbst geflochten. Überdies hättest du Gedichte bei dir gehabt, epische und
d Tragödien und Dithyramben, und in Prosa gar viele und mancherlei ausgearbeitete Vorträge. Und so wärest du in jenen Künsten also, deren ich vorhin erwähnte, als ein Meister hingekommen, ausgezeichnet vor den andern, und auch im Tonmaß und Wohllaut und der Sprachrichtigkeit, und noch überdies in vielen andern, wie ich mich gar wohl zu erinnern glaube. Wiewohl dein Erinnerungskunststück habe ich ganz vergessen, wie es scheint, worin du glaubtest, am mei-
e sten zu glänzen. Ich glaube aber auch noch viel anderes vergessen zu haben. Also, was ich eigentlich meine, sowohl in Hinsicht auf deine eignen Künste, denn auch die sind schon hinreichend, als auch auf anderer ihre, sage mir, ob du irgend findest nach dem bisher unter uns Eingestandenen, worin der Wahrhafte und der Falsche getrennt sind und nicht derselbe. Erwäge dies an welcher Geschicklichkeit oder
369 a Kunst, oder wie du es am liebsten nennen magst, du nur immer willst. Gewiß, du wirst keine finden, Freund, denn es gibt keine. Aber sage selbst.

[11. Konklusion: Achill und Odysseus einander ganz ähnlich. Protest des Hippias]

HIPPIAS: Ich weiß nichts, Sokrates, so jetzt gleich.

SOKRATES: Du wirst auch niemals, wie ich glaube. Wenn ich aber recht habe: so erinnerst du dich doch, was uns aus der Rede folgt.

HIPPIAS: Noch merke ich nicht recht, Sokrates, was du willst.

SOKRATES: Jetzt vielleicht bedienst du dich eben nicht deines Erinnerungs-Kunststückes, offenbar weil du glaubst, daß du nicht darfst. Ich will dich aber wohl erinnern. Du weißt doch, daß du sagtest, Achilleus sei wahrhaft, Odysseus aber falsch und vielgewandt? b

HIPPIAS: Ja.

SOKRATES: Jetzt aber, merkst du doch, hat sich gezeigt, daß der Wahre und der Falsche derselbe ist: so daß, wenn Odysseus falsch war, er auch wahr wird, und Achilleus, der Wahre, auch falsch, und daß die Männer nicht verschieden sind oder entgegengesetzt, sondern ähnlich.

HIPPIAS: O Sokrates, jedesmal flichtst du solcherlei Reden zusammen, und aufnehmend, was nur das Schwierigste an einer Sache ist, bleibst du an diesem hängen und greifst es immer nur bei we- c
nigem an; niemals aber streitest du gegen die ganze Sache, von der die Rede ist. Denn auch jetzt, wenn du willst, will ich dir durch viele Beweisstellen in einer tüchtigen Rede dartun, daß Homeros in seinen Gedichten am Achilleus einen Besseren darstellt als Odysseus und einen ohne Falsch, diesen aber als listig und vieles erlügend und schlechter als Achilleus. Wenn du nun willst: so stelle dieser Rede eine andere entgegen, daß jener der Bessere ist. Dann werden die hier Anwesenden leichter erfahren, welcher von uns besser spricht.

[12. Aufzeigung der Falschheit Achills]

SOKRATES: O Hippias, ich bestreite das ja gar nicht, daß du weiser d
wärest als ich. Aber ich pflege jedesmal, wenn jemand etwas sagt, recht acht zu geben, zumal wenn ich den für weise halte, der da redet; und aus Verlangen, zu verstehen, was er meint, forsche ich nach und überlege die Sache weiter und vergleiche das Gesagte, um es zu verstehen. Wenn mir aber der Sprechende unbedeutend vorkommt: so frage ich weder weiter noch kümmere ich mich überhaupt um das, was er sagt. Und hieran eben kannst du erkennen, wen ich für weise halte. Denn du wirst mich immer gar emsig darüber her finden, was ein solcher sagt, und forschend von ihm, damit ich etwas e
lerne und gefördert werde dadurch. Daher habe ich auch jetzt während deiner Rede mir bedacht, daß in Absicht der Verse, welche du vorhin anführtest und zeigtest, Achilleus sage sie gegen den Odysseus als gegen einen, der leere Worte mache, wie wunderbar es mich bedünken würde, wenn du recht haben solltest; weil Odysseus, der Vielgewandte, nirgends als ein Lügner erscheint, Achilleus aber erscheint 370 a
als ein Vielgewandter nach deiner Rede; er lügt wenigstens. Denn nachdem er jene Verse gesprochen, welche auch du vorhin anführtest:

«Denn mir verhaßt ist jener so sehr wie des Aïdes Pforten, Wer ein
andres im Herzen verbirgt, ein anderes redet»: so sagt er bald dar-
b auf, er würde sich weder vom Odysseus und Agamemnon herum-
bringen lassen noch überhaupt vor Troja bleiben, sondern «Morgen»,
spricht er, «bring ich ein Opfer für Zeus und die anderen Götter,
Wohl dann belad' ich die Schiffe, und wann ich ins Meer sie gezogen,
Wirst du schaun, so du willst und solcherlei Dinge dich kümmern,
Schwimmen im Morgenrot auf dem flutenden Hellespontos Meine
c Schiff' und darin die eifrig rudernden Männer; Und wenn glückliche
Fahrt der Gestaderschütterer gönnet, Möcht' ich am dritten Tag in
die schollige Phthia gelangen.» Und noch vor diesem hatte er zan-
kend zum Agamemnon gesagt: «Doch nun geh ich gen Phthia! Denn
weit zuträglicher ist es, Heim mit den Schiffen zu geh'n, den geboge-
d nen! Schwerlich auch wirst du, Weil du allhier mich entehrst, noch
Schätz' und Güter dir häufen.» Unerachtet er nun dieses gespro-
chen, das eine Mal vor dem ganzen Heer, das andere Mal zu seinen
Freunden: so zeigt sich doch nirgends, daß er weder die geringste
Zurüstung gemacht noch irgend versucht, die Schiffe in See zu lassen,
um nach Hause zu segeln; sondern vielmehr, daß er sehr vornehm
sich wenig daraus macht, ob er wahr redet. Deshalb nun, Hippias,
fragte ich dich von Anfang an, im Zweifel darüber, welchen von die-
e sen Männern der Dichter als den besseren gedichtet hat, und in der
Meinung, daß beide sehr vortrefflich wären und schwer zu entschei-
den, welcher der bessere sowohl in Absicht auf Wahrheit und Falsch-
heit als in jeder andern Tugend. Denn beide sind auch hierin ein-
ander fast gleich.

[13. ... und seiner vorsätzlichen Tücke]

Hippias: Du untersuchst eben die Sache gar nicht ordentlich, Sokrates. Denn was Achilleus lügt, das lügt er offenbar gar nicht hinterlistig, sondern unvorsätzlich, weil er durch die Unglücksfälle des Heeres genötigt ward, zu bleiben und Hilfe zu leisten, Odysseus aber tut es vorsätzlich und hinterlistig.

Sokrates: Du betrügst mich, liebster Hippias, und ahmst selbst den Odysseus nach.

371 a Hippias: Keineswegs, Sokrates! Was meinst du aber, und worin?
Sokrates: Weil du behauptest, Achilleus lüge nicht mit böser Ab-
sicht, der doch so listig und tückisch ist, noch außer seinen leeren Wor-
ten, wie ihn nämlich Homeros gedichtet hat, daß er sich um so viel
klüger zeigt als Odysseus in der Kunst, leicht und unentdeckt mit
seinen Worten zu spielen, daß er es sogar wagte, in jenes Gegenwart
sich selbst zu widersprechen, ohne daß Odysseus es bemerkt. Wenig-
stens findet sich nirgends, daß Odysseus so mit ihm spricht, als habe
b er bemerkt, daß jener gelogen.

Hippias: Was meinst du nur hiermit, Sokrates?

Sokrates: Weißt du nicht, daß nachher einmal redend er zum Odysseus zwar gesagt hatte, er werde mit der Morgenröte absegeln, zum Ajas aber sagt, er werde nicht absegeln, sondern ganz andere Dinge redet?

HIPPIAS: Wo denn?

SOKRATES: Wo er sagt: «Denn nicht werd' ich eher des blutigen Kampfes gedenken, Ehe des waltenden Priamos Sohn, der göttli- c
che Hektor, Schon die Gezelt' und Schiffe der Myrmidonen erreicht hat, Argos' Volk hinmordend, und Glut in den Schiffen entflammet. Doch wird, hoff' ich, bei meinem Gezelt und dunkelen Schiffen Hektor, wie eifrig er ist, sich wohl enthalten des Kampfes.» Du also, Hippias, glaubst, der Sohn der Thetis und des so sehr weisen Chei- d
ron Zögling sei so vergeßlich gewesen, daß, nachdem er kurz zuvor diejenigen aufs heftigste geschmäht, die leere Worte machen, er unmittelbar darauf zum Odysseus gesagt habe, er werde schiffen, zu Ajas aber, er werde bleiben, es aber doch nicht aus böser Absicht getan habe noch in der Meinung, Odysseus sei einfältig, und er selbst werde ihn im Ränkemachen und Lügen weit übertreffen?

[14. Vorsätzlich oder unvorsätzlich schlechthandeln besser?]

HIPPIAS: Nicht so, dünkt mich, Sokrates; sondern auch hier spricht er, weil er sich anders besonnen, aus Einfalt zum Ajas anders als e
zum Odysseus. Odysseus aber, wenn er wo die Wahrheit sagt, tut er es in böser Absicht, und wenn er lügt, ebenso.

SOKRATES: So ist, wie es scheint, Odysseus besser als Achilleus.

HIPPIAS: Keineswegs doch wohl, Sokrates.

SOKRATES: Wie denn? Sind uns nicht eben die vorsätzlich Lügenden besser erschienen als die unvorsätzlich?

HIPPIAS: Und wie sollten doch, o Sokrates, die, welche vorsätzlich beleidigen und andern Unheil bereiten und Übles zufügen, besser 372a
sein als die es unvorsätzlich tun, gegen die man ja viel Nachsicht zu haben pflegt, wenn jemand ohne Wissen beleidigt oder hintergeht oder sonst etwas Übles tut. Wie denn auch die Gesetze weit härter sind gegen die, welche vorsätzlich etwas Böses tun oder Lügen, als gegen die andern.

[15. Augenblicklicher Standpunkt des Sokrates]

SOKRATES: Siehst du, Hippias, daß ich recht habe, wenn ich sage, daß ich emsig bin im Fragen der Weisen? Und ich mag wohl nur b
dies eine Gute haben, übrigens aber es schlecht genug um mich stehen. Denn wie die Dinge sich eigentlich verhalten, das entgeht mir, und ich weiß davon nichts. Das ist daraus zur Genüge abzunehmen, daß, wenn ich mit einem von euch zusammenkomme, die ihr gepriesen werdet um eure Weisheit und denen alle Hellenen ihre Weisheit bezeugen, ich immer als einer erscheine, der nichts weiß. Denn ich bin, um es geradeheraus zu sagen, fast über gar nichts derselben Meinung mit euch. Und welchen größeren Beweis des Unverstandes c
könnte es wohl geben, als wenn jemand mit weisen Männern uneins ist? Nur dies eine sonderbare Gute habe ich an mir, was mich noch erhält: ich schäme mich nämlich nicht zu lernen, sondern ich forsche und frage und bin jedem sehr dankbar, der mir antwortet, und habe noch nie jemandem diesen Dank entzogen. Denn ich habe noch nie verleugnet, wo ich etwas gelernt hatte, und etwa das Gelernte

für das meinige ausgegeben, als hätte ich es erfunden. Sondern ich
lobpreise meinen Lehrer als einen Weisen und zeige, was ich von
ihm gelernt. So auch jetzt in dem, was du sagst, stimme ich dir nicht
d bei, sondern weiche sehr weit von dir ab. Und soviel weiß ich sehr
gut, daß die Schuld davon ganz an mir liegt, weil ich eben ein solcher bin, wie ich bin, um nichts Größeres auf mich selbst zu sagen.
Denn mir, o Hippias, scheint ganz das Gegenteil von dem, was du
sagst, daß nämlich, wer andern Schaden tut und sie beleidigt, belügt,
betrügt und sonst sich vorsätzlich vergeht und nicht unvorsätzlich,
besser ist als wer unvorsätzlich. Bisweilen freilich dünkt mich auch
wieder das Gegenteil davon, und ich schwanke also über die Sache,
e offenbar, weil ich sie nicht weiß. Jetzt nun in diesem Augenblick habe ich jenen Anfall bekommen, daß mich die vorsätzlich in etwas
Fehlenden besser dünken als die unvorsätzlich. Ich beschuldige aber
die bisherigen Reden, an dem jetzigen Zufall Ursache zu sein, daß
mir eben jetzt die, welche dies alles unvorsätzlich tun, schlechter erscheinen als welche vorsätzlich. Du also nimm dich meiner an und
schlage mir nicht ab, meine Seele zu heilen. Denn weit größere Wohl-
73 a tat erzeigst du mir ja, wenn du meine Seele von ihrem Unverstande
befreist, als wenn meinen Leib von einer Krankheit. Willst du nun
eine lange Rede sprechen: so sage ich dir voraus, daß du mich nicht
heilen wirst; denn ich könnte dir nicht folgen. Willst du mir aber
so wie bisher antworten: so wirst du mir großen Nutzen schaffen
und auch selbst, glaube ich, keinen Schaden davon haben. Mit Recht
auch könnte ich dich zu Hilfe rufen, o Sohn des Apemantos. Denn
du hast mich aufgeregt, mit dem Hippias zu reden. Wenn er mir also
nun nicht antworten will, so bitte du ihn für mich.

Eudikos: Gewiß, Sokrates, ich glaube, daß es bei dem Hippias un-
b serer Bitte gar nicht bedürfen wird. Denn so lautet gar nicht, was
er uns vorher gesagt, sondern daß er keines Menschen Frage ausweichen wollte. Nicht wahr, Hippias, sagtest du das nicht?

Hippias: Das habe ich gesagt. Aber Sokrates verwirrt einen immer im Gespräch, Eudikos, und tut recht wie einer, der auf Beleidigung ausgeht.

Sokrates: O bester Hippias, nicht vorsätzlich tue ich das, sonst wäre ich ja gar weise und gewaltig nach deiner Rede, sondern unvorsätzlich, so daß du mir Nachsicht zu beweisen hast. Denn du sagst ja, man müsse, wenn jemand unvorsätzlich beleidigt, Nachsicht beweisen.

c Eudikos: Tue auch nur ja nicht anders, Hippias; sondern sowohl
deiner vorigen Reden als auch unsertwegen beantworte, was dich Sokrates fragt.

Hippias: Gut, ich will antworten, da auch du mich bittest. Frage also, was du willst.

[16. Beim Körper vorsätzliche Schlechtigkeit vorzuziehen]

Sokrates: Ich trage eben großes Verlangen, o Hippias, das jetzt Besprochene zu erforschen, wer wohl besser ist, die vorsätzlich oder die unvorsätzlich Fehlenden. Nun glaube ich, so am besten der Untersuchung beizukommen; antworte mir also. Nennst du einen Läufer gut?

Hippias: Ja.

Sokrates: Auch schlecht?

Hippias: Ja. d

Sokrates: Nicht wahr, gut ist, der gut läuft, schlecht aber, der schlecht?

Hippias: Ja.

Sokrates: Und der langsam Laufende läuft schlecht, der geschwind Laufende gut?

Hippias: Ja.

Sokrates: Im Laufen also und für den Läufer ist die Geschwindigkeit das Gute, die Langsamkeit das Schlechte?

Hippias: Wie sollte es nicht.

Sokrates: Welcher ist nun der bessere Läufer, der vorsätzlich langsam läuft oder der unvorsätzlich?

Hippias: Der vorsätzlich.

Sokrates: Ist nun nicht Laufen ein etwas Verrichten?

Hippias: Ja.

Sokrates: Und wenn Verrichten, dann doch auch Tun?

Hippias: Ja.

Sokrates: Wer also schlecht läuft, der tut Schlechtes und Unrühm- e
liches im Lauf?

Hippias: Schlechtes. Wie sollte er nicht?

Sokrates: Und schlecht läuft der langsam Laufende?

Hippias: Ja.

Sokrates: Der gute Läufer also tut dieses Schlechte und Unrühmliche vorsätzlich, der schlechte unvorsätzlich?

Hippias: So scheint es wenigstens.

Sokrates: Im Laufen also ist der nichtsnutziger, der das Schlechte unvorsätzlich, als der es vorsätzlich tut?

Hippias: Im Laufen, ja. 374 a

Sokrates: Und wie im Ringen? Welcher ist der bessere Ringer? Der vorsätzlich fällt oder der unvorsatzlich?

Hippias: Der vorsätzlich, scheint es.

Sokrates: Und was ist doch schlechter und unrühmlicher beim Ringen, das Fallen oder das Niederwerfen?

Hippias: Das Fallen.

Sokrates: Auch im Ringen also ist, wer vorsätzlich das Schlechte und Unrühmliche tut, der bessere Ringer als wer unvorsätzlich?

Hippias: Es scheint.

Sokrates: Und wie in jeder andern Tätigkeit des Leibes? Kann nicht der dem Leibe nach Bessere beides hervorbringen, das Starke
und das Schwache, das Häßliche und das Schöne? So daß, was sie b
Schlechtes in Beziehung auf den Leib verrichten, der dem Leibe nach Bessere vorsätzlich verrichtet, der Schlechtere aber unvorsätzlich?

Hippias: Es scheint auch in Absicht auf die Stärke sich so zu verhalten.

SOKRATES: Und wie in Absicht auf die Schönheit der Bewegungen, Hippias? Wird nicht der schönere Leib sich nur vorsätzlich in schlechte und häßliche Stellungen gestalten, der schlechtere aber unvorsätzlich? Oder wie dünkt dich?

HIPPIAS: Ebenso.

SOKRATES: Also auch von der Häßlichkeit der Bewegungen steht die
c vorsätzliche auf seiten der Güte, die unvorsätzliche aber auf seiten der Schlechtigkeit des Leibes.

HIPPIAS: So zeigt es sich.

SOKRATES: Und was meinst du von der Stimme? Welche hältst du für besser, die vorsätzlich mißtönende oder die unvorsätzlich?

HIPPIAS: Die vorsätzlich.

SOKRATES: Und untauglicher, die es unvorsätzlich tut?

HIPPIAS: Ja.

SOKRATES: Und möchtest du lieber das Gute besitzen oder das Schlechte?

HIPPIAS: Das Gute.

SOKRATES: Möchtest du also lieber, daß deine Füße vorsätzlich hinkten oder unvorsätzlich?

HIPPIAS: Vorsätzlich.

d SOKRATES: Und ist nicht das Hinken eine Schlechtigkeit und Untauglichkeit der Füße?

HIPPIAS: Ja.

SOKRATES: Und wie? Ist nicht die Schwachsichtigkeit eine Schlechtigkeit der Augen?

HIPPIAS: Ja.

SOKRATES: Was für Augen also möchtest du haben und mit was für welchen zufrieden sein? Mit denen einer vorsätzlich etwas undeutlich sieht und übersieht oder unvorsätzlich?

HIPPIAS: Mit denen vorsätzlich.

SOKRATES: Besser also achtest du an dir selbst dasjenige, was vorsätzlich etwas schlecht verrichtet als was unvorsätzlich?

HIPPIAS: Ja, in solchen Dingen.

SOKRATES: Nicht auch über alles, wie Ohren, Nase und Mund und alle Sinne, erstreckt sich diese eine Erklärung, daß man die unvor-
e sätzlich Schlechtes Verrichtenden nicht zu haben begehrt, weil sie schlecht sind; die es aber vorsätzlich tun, wohl zu haben wünscht, weil sie gut sind?

HIPPIAS: Mich dünkt es.

[17. . . . und auch bei Werkzeugen und bei der Seele]

SOKRATES: Und welche Werkzeuge im Gebrauch zu haben ist besser, mit denen einer vorsätzlich die Sache schlecht verrichtet oder unvorsätzlich? Zum Beispiel ist ein Steuerruder, womit einer unvorsätzlich schlecht steuert besser, oder womit vorsätzlich?

HIPPIAS: Womit vorsätzlich.

SOKRATES: Und Bogen ebenso, und Leier und Flöte und alles zusammen?

HIPPIAS: Du hast recht.

SOKRATES: Und wie? Ist es besser, ein Pferd mit einer solchen Seele zu haben, daß es einer nur vorsätzlich schlecht reitet, oder unvorsätzlich? 375 a

HIPPIAS: Vorsätzlich.

SOKRATES: Diese also ist die bessere?

HIPPIAS: Ja.

SOKRATES: Mit der besseren Pferdeseele also wird einer die Geschäfte dieser Seele vorsätzlich schlecht verrichten, mit der schlechten unvorsätzlich?

HIPPIAS: Allerdings.

SOKRATES: Nicht auch ebenso bei Hunden und allen andern Tieren?

HIPPIAS: Ja.

SOKRATES: Und wie, ist es besser, einen Schützen mit einer solchen Seele zu haben, welche vorsätzlich das Ziel verfehlt, oder welche un- b
vorsätzlich?

HIPPIAS: Welche vorsätzlich.

SOKRATES: Also ist diese die bessere zum Schießen?

HIPPIAS: Ja.

SOKRATES: Also auch die unvorsätzlich fehlende Seele ist schlechter als die vorsätzliche?

HIPPIAS: Im Schießen, ja.

SOKRATES: Wie aber in der Heilkunde? Ist nicht die, welche vorsätzlich Übles an Leibern anrichtet, heilkundiger?

HIPPIAS: Ja.

SOKRATES: Besser also ist sie in dieser Kunst als die nicht heilkundige?

HIPPIAS: Besser.

SOKRATES: Und wie die tonkundigere, sei es auf der Leier oder Flöte und so in allem übrigen, was Künste und Wissenschaften betrifft, wird nicht überall die bessere vorsätzlich das Schlechte und c
Unrühmliche tun und also fehlen, die schlechtere aber unvorsätzlich?

HIPPIAS: So zeigt es sich.

SOKRATES: Also unserer Knechte Seelen möchten wir wohl lieber so haben, daß sie vorsätzlich, als daß sie unvorsätzlich fehlen und übeltun, weil jene besser sind hierzu?

HIPPIAS: Ja.

SOKRATES: Und wie, unsere eigene wollten wir nicht so gut als möglich haben?

HIPPIAS: Ja.

SOKRATES: Und wird sie nun nicht besser sein, wenn sie vorsätzlich d
übeltut und fehlt, als wenn unvorsätzlich?

HIPPIAS: Arg wäre das aber doch, Sokrates, wenn die vorsätzlich Unrechttuenden besser sein sollten als die unvorsätzlich.

SOKRATES: Aber es zeigt sich doch so aus dem Gesagten.

HIPPIAS: Mir doch nicht.

[18. Der Gute also tut vorsätzlich Unrecht?]

SOKRATES: Ich glaubte doch, Hippias, es habe sich dir auch gezeigt. Antworte mir aber noch einmal. Die Gerechtigkeit, ist sie nicht entweder eine Kraft oder eine Erkenntnis oder beides? Oder ist nicht notwendig, daß die Gerechtigkeit eines von diesen ist?

e Hippias: Ja.

Sokrates: Also wenn die Gerechtigkeit eine Kraft der Seele ist: so ist doch die tüchtigere Seele die gerechtere. Denn als besser war uns eben diese erschienen, Bester.

Hippias: So war sie uns erschienen.

Sokrates: Und wie wenn eine Erkenntnis? Ist dann nicht die weisere Seele die gerechtere und die ungelehrigere die ungerechtere?

Hippias: Ja.

Sokrates: Und wie, wenn beides? Ist dann nicht die, welche beides hat, Erkenntnis und Kraft, die gerechtere, und die unverständigere auch die ungerechtere? Verhält es sich nicht notwendig so?

Hippias: Es scheint.

Sokrates: Und die tüchtigere und weisere, hatte sich die nicht auch als die bessere gezeigt und die mehr imstande ist, beides zu verrich-
376 a ten, das Schöne sowohl als das Schlechte, in jedem Geschäft?

Hippias: Ja.

Sokrates: Wenn sie also Schlechtes verrichtet: so verrichtet sie es vorsätzlich durch Kraft und Kunst. Und dieses scheint zur Gerechtigkeit zu gehören, entweder beides oder eins von beiden.

Hippias: Das scheint.

Sokrates: Und Unrecht tun heißt Schlechtes verrichten, nicht Unrecht tun aber Schönes?

Hippias: Ja.

Sokrates: Also die tüchtigere und bessere Seele, wenn sie Unrecht tut, wird sie vorsätzlich Unrecht tun, die schlechtere aber unvorsätzlich?

Hippias: Es scheint.

b Sokrates: Und der gute Mann ist doch, der die gute Seele hat, der schlechte aber, der die schlechte?

Hippias: Ja.

Sokrates: Der gute Mann also wird vorsätzlich Unrecht tun, der schlechte aber unvorsätzlich, wenn doch der gute die gute Seele hat.

Hippias: Die hat er freilich.

Sokrates: Der also vorsätzlich fehlt und das Schlechte und Unrechte tut, o Hippias, wenn es einen solchen gibt, wäre kein anderer als der Gute?

Hippias: Auf keine Weise kann ich dir dieses doch einräumen, o Sokrates.

Sokrates: Auch ich nicht mir selbst, Hippias. Aber es erscheint
c uns doch jetzt notwendig so aus unserer Rede. Indes, wie ich schon gesagt habe, ich schwanke hierüber bald so, bald so, und bleibe mir niemals gleich in meiner Meinung. Und daß ich schwanke, ist wohl nichts Wunderbares, noch daß ein anderer Ungelehrter: wenn aber auch ihr schwanken wollt, ihr Weisen, das ist dann ein großes Unglück auch für uns, wenn wir nicht einmal bei euch zur Ruhe kommen können von unserm Schwanken.

CHARMIDES

GLIEDERUNG

A. Einleitung: 1. Rückkehr von der Schlacht und Begrüßung des Sokrates (1. Kap., 153 a 1 — 153 d 1). 2. Frage nach schönen Jünglingen, Ankündigung des Charmides (2. Kap., 153 d 2 — 154 b 7). 3. Auftreten und Wirkung des Charmides. Anschlag zur Seelenprüfung (3. Kap., 154 b 8 bis 155 b 8).

B. Hauptteil:

I. Das Gespräch mit Charmides. 1. Einleitung: a) Charmides und Sokrates. Seine Rolle als Arzt (4. Kap., 155 b 9 — 156 c 9). b) Art der sokratisch-thrakischen Heilkunst. Vordringlichkeit der Seele (5. Kap., 156 d 1 — 157 c 6). c) Lob des Hauses des Kritias. Thema der Besonnenheit (6. Kap., 157 c 7 — 158 e 5). 2. 1. These des Charmides: Besonnenheit ist Bedächtigkeit. Ihre Widerlegung (7. Kap., 158 e 6 — 160 d 4). 3. 2. These des Charmides: Besonnenheit ist Scham. Ihre Widerlegung (8. Kap., 160 d 5 — 161 b 2). 4. 3. These: Besonnenheit ist, das Seinige zu tun. Ihre Rätselhaftigkeit (9. Kap., 161 b 3 — 162 b 12).

II. Das Gespräch mit Kritias. 1. a) Eingreifen des Kritias. Seine Unterscheidung von Machen und Tun (10. Kap., 162 c 1 — 163 c 8). b) 1. Verbesserung der These: Besonnenheit ist das Tun des Guten (11. Kap., 163 d 1 bis 164 c 6). 2. a) 2. Verbesserung: Besonnenheit ist das Sichselbstkennen (12. Kap., 164 c 7 — 165 b 4). b) Gibt es ein «Werk» der Besonnenheit? (13. Kap., 165 b 5 — 166 b 6). c) Sinn der sokratischen Widerlegung (14. Kap., 166 b 7 — 166 e 4). 3. a) 3. Verbesserung: Besonnenheit ist Erkenntnis ihrer selbst und der anderen Erkenntnisse. Schwierigkeit dieses Begriffs (15. Kap., 166 e 5 — 168 b 1). b) Aporie des S., ob es eine Erkenntnis der Erkenntnis gibt (16. Kap., 168 b 2 — 169 c 2). 4. a) Eine Erkenntnis der Erkenntnis würde nur erkennen, daß einer weiß, nicht, was er weiß (17. Kap., 169 c 3 — 170 c 11). b) Ihre Untauglichkeit zur Prüfung irgendeines Wissens (18. Kap., 170 d 1 — 171 c 10). 5. a) Nutzen dieser Besonnenheit? (19. Kap., 171 d 1 — 172 c 3). b) Heraufziehen einer Wunderlichkeit (20. Kap., 172 c 4 — 173 a 6). c) Herrschaft dieser Besonnenheit und Glückseligkeit? (21. Kap., 173 a 7 bis 173 d 5). d) Erweis ihrer völligen Unnützlichkeit (22. Kap., 173 d 6 bis 175 a 8). 6. Zusammenfassung und Zweifel am Ergebnis (23. Kap., 175 a 9 — 176 a 5).

C. Schluß: Auftrag an Charmides (24. Kap., 176 a 5 — 176 d 5).

Sokrates erzählt

[1. Rückkehr von der Schlacht und Begrüßung des S.] Ich war am 153 a
Abend zuvor von dem Heere vor Potidaia zurückgekommen und
ging nun nach so langer Abwesenheit mit großem Wohlbehagen wie-
der an die gewohnten Plätze. So kam ich denn auch in die Palaistra
des Taureas, gegenüber dem Tempel der Basile, und traf dort sehr
viele, einige zwar auch Unbekannte, die meisten aber Bekannte. Und
als sie mich so unerwartet hereintreten sahen, begrüßten sie mich b
schon von fern, einer hier, der andere dort. Chairephon aber, wie er
denn immer heftig ist, aufspringend von seiner Gesellschaft, lief
auf mich zu, nahm mich bei der Hand und sagte: O Sokrates, wie
bist du davongekommen im Gefecht? Kurz ehe wir von dort abrei-
sten, war nämlich ein Gefecht vorgefallen, wovon man hier nur
eben erst gehört hatte. – Ich antwortete ihm: so, wie du siehst. –
Wenigstens, sagte er, ist hierher berichtet worden, das Gefecht wäre
sehr hitzig gewesen und viele bekannte Männer darin geblieben. – c
Und sehr richtig, sprach ich, ist dies berichtet. – Du warst doch, frag-
te er, bei dem Gefecht? – Ich war dabei. – Hierher also, sprach er,
setze dich und erzähle uns; denn wir haben noch gar nicht alles ge-
nau erfahren. – Und somit führte er mich zum Sitzen neben den
Kritias, den Sohn des Kallaischros. Indem ich mich nun setzte, be-
grüßte ich den Kritias und die andern und erzählte ihnen von dem
Heere, wonach sich jeder erkundigte; der eine fragte dies, der ande- d
re jenes.

[2. Frage nach schönen Jünglingen; Ankündigung des Charmides]
Als wir aber hiervon genug hatten, fragte ich sie wieder meinerseits,
wie es jetzt hier stände mit der Weisheitsliebe und den Jünglingen,
ob welche von ausgezeichnetem Verstande oder Schönheit oder bei-
dem sich seitdem hervorgetan hätten. – Kritias, der, den Blick nach
der Türe gerichtet, eben einige Jünglinge, Mutwillen miteinander 154 a
treibend, hereinkommen sah und noch einen großen Haufen hinter
ihnen, sagte darauf: Wie es mit den Schönen steht, o Sokrates, das
wirst du, dünkt mich, gleich selbst sehen. Denn diese eben Herein-
tretenden sind gerade die Vorläufer und Liebhaber dessen, der für
den schönsten gehalten wird, wenigstens für jetzt; gewiß ist er auch
selbst schon wo auf dem Wege hierher in der Nähe. – Wer, fragte
ich, ist er denn, und wem angehörig? – Auch du kennst ihn wohl,
sprach er, er war aber, ehe du abreistest, noch nicht unter den Jüng-
lingen: Charmides, mein Vetter, meines Oheims Glaukon Sohn. – b
Den kenne ich freilich, beim Zeus, sagte ich. Schon damals war er
gar nicht übel, wiewohl noch ein Knabe, jetzt aber, meine ich, muß
er schon ein ziemlich herangewachsener junger Mensch sein. – So-

gleich, sprach er, wirst du sehen, wie groß und wie schön er gewor-
den ist. Und indem er dieses sagte, trat auch Charmides herein.

[3. Auftreten und Wirkung des Ch. Anschlag zur Seelenprüfung]
Auf mich nun, Freund, ist freilich nicht viel zu geben, denn ich bin,
wenn Schöne sollen bezeichnet werden, wie Kreide an der weißen
Wand. Mir erscheinen eben alle schön, die in diesem Alter sind. Folg-
lich erschien auch damals jener mir ganz bewundernswürdig an
c Wuchs und Schönheit. Aber auch die andern alle dünkten mich in
ihn verliebt zu sein, so waren sie entzückt und verwirrt, als er herein-
kam. Viele Liebhaber waren auch noch unter denen, die ihm folg-
ten. Und daß es uns Männern so erging, war weniger zu verwun-
dern; allein ich hatte auch auf die Knaben acht, wie keiner von ih-
nen anderwärts hinsah, auch nicht der kleinste, sondern alle be-
trachteten wie ein Götterbild nur ihn. Da rief Chairephon mich an
d und sagte: Nun, Sokrates, wie findest du den Jüngling? Nicht schön
von Angesicht? – Über die Maßen, sagte ich. – Und doch, sprach er,
wenn er sich entkleiden wollte, würdest du sagen, sein Gesicht sei
nichts, so durchaus schön ist er von Gestalt. Auch die andern sagten
alle dasselbe wie Chairephon. – Herakles, rief ich darauf, wie un-
widerstehlich beschreibt ihr den Mann, wenn nur noch eine Kleinig-
keit sich bei ihm findet! – Welche doch? fragte Kritias. – Wenn er,
e sprach ich, auch der Seele nach wohlgebildet ist. Und es kommt ihm
wohl zu, ein solcher zu sein, Kritias, da er von eurem Hause ist. – Er
ist in der Tat, sagte der, sehr schön und gut auch hierin. – Warum
nun, sprach ich, entkleiden wir ihm nicht eben diese und betrachten
sie eher noch als die Gestalt? Denn da er schon in diesen Jahren ist,
wird er sich ja wohl dem Gespräch hergeben. – Und sehr gern, sagte
155 a Kritias. Denn nachdenklich ist er und, wie es andere und ihm selbst
dünkt, auch sehr dichterisch. – Dieser Vorzug, lieber Kritias, sprach
ich, eignet euch schon von lange her wegen der Verwandtschaft mit
dem Solon. Aber warum zeigst du mir nicht den Jüngling vor und
rufst ihn her? Denn selbst wenn er jünger wäre, könnte es doch nicht
unanständig für ihn sein, mit uns in deiner Gegenwart zu reden, der
du sein Vormund und zugleich Vetter bist. – Sehr wohl gesprochen,
sagte er, wir wollen ihn gleich rufen; und zugleich befahl er seinem
b Diener: geh, rufe den Charmides und sage, ich wollte ihn einem
Arzte vorstellen wegen des Übels, wovon er mir neulich sagte, daß
er daran litte. Er klagte mir neulich, sagte Kritias dabei, der Kopf
wäre ihm immer so schwer, wenn er des Morgens aufstände. Und
was hindert, daß du dich gegen ihn anstellst, als wüßtest du ein
Mittel wider den Kopfschmerz? – Nichts, sprach ich, wenn er nur
kommt. – Er wird schon kommen, sagte Kritias.

[4. Charmides und S. Seine Rolle als Arzt] Was denn auch geschah.
c Er kam und verursachte uns großes Gelächter. Denn jeder von uns,
die wir saßen, drückte seinen Nebenmann weg, um Platz zu machen,
damit er sich neben ihn setzen möchte, so daß von denen, die am
Ende saßen, der eine aufstehen mußte und der andere platt zur Er-

de fiel. Als er nun kam, setzte er sich zwischen den Kritias und mich. Und schon hier, Freund, ward ich verlegen, und die vorige Dreistigkeit verging mir, die ich hatte, als ob ich ganz unbefangen und leicht mit ihm würde reden können. Hernach aber, als Kritias ihm sagte, ich wäre der, welcher das Mittel wüßte, und er mich, ich kann gar
nicht beschreiben wie, mit seinen Augen ansah und ansetzte, als woll- d
te er fragen, und nun alle in der Palaistra uns ganz im Kreise umringten, da, du Herrlicher, sah ich ihm unter das Gewand und entbrannte und war nicht mehr bei mir, sondern gedachte, Kydias wäre wohl sehr weise in der Liebe, welcher in Beziehung auf einen schönen Knaben bildlich sagt, es hüte das Reh sich, dem Löwen ins An-
gesicht kommend, zur Beute ergriffen zu werden. Denn ich selbst e
dünkte mich nun von einem solchen Tiere gefangen. Dennoch, als er mich fragte, ob ich das Mittel wider den Kopfschmerz wüßte, brachte ich, wiewohl mit Mühe und Not, die Antwort heraus, ich wüßte es. — Was, fragte er, ist es denn? — Ich sagte darauf, es wäre eigentlich ein Blatt, aber es gehörte noch ein Spruch zu dem Mittel, wenn man den zugleich spräche, indem man es gebrauchte, machte das Mittel ganz und gar gesund, ohne den Spruch aber wäre das Blatt zu nichts nutz.
— So werde ich denn, sprach er, den Spruch von dir abschreiben. — 156a
Nur wenn du mich überredest, fragte ich, oder auch wenn nicht? — Da lachte er und sagte: Freilich, wenn ich dich überrede, Sokrates. — Schön, sprach ich, auch meinen Namen weißt du? — Das wäre ja übel, sagte er, denn es ist nicht wenig die Rede von dir unter uns Jünglingen; auch erinnere ich mich ja noch, als ich ein Knabe war, dich bei dem Kritias hier gesehen zu haben. — Ganz wohl, sprach ich, tust du daran. Um so freimütiger werde ich auch zu dir reden
können von dem Spruch, wie er beschaffen ist, denn vorher war ich b
verlegen, auf welche Weise ich dir seine Kraft erklären sollte. Sie ist nämlich, o Charmides, von der Art, daß sie nicht nur den Kopf kann gesund machen, sondern, wie auch du vielleicht schon von guten Ärzten gehört hast, wenn etwa einer, der an den Augen leidet, zu ihnen kommt, daß sie sagen, es wäre unmöglich, die Heilung der Augen für sich allein zu unternehmen, sondern sie müßten zugleich
auch den Kopf behandeln, wenn die Augen sollten hergestellt wer- c
den; und wiederum zu glauben, man könnte den Kopf allein für sich behandeln ohne den ganzen Leib, wäre großer Unverstand. Dieser Rede zufolge richten sie nun ihre Verordnung auf den ganzen Leib und versuchen, mit dem Ganzen auch den Teil zu behandeln und zu heilen. Oder hast du nicht bemerkt, daß sie so sprechen und daß es sich so verhält? — Allerdings, sagte er. — Dünkt es dich also richtig gesprochen, und nimmst du die Rede an? — Vor allen andern, sagte er. —

*[5. Art der sokratisch-thrakischen Heilkunst. Vordringlichkeit der
Seele]* Ich nun, da ich ihn Beifall geben hörte, gewann wieder Mut, d
und bei wenigem regte sich mir die Kühnheit wieder, und die Kräfte wuchsen, und ich sprach: Eben so nun, o Charmides, ist es auch mit diesem Spruch. Gelernt aber habe ich ihn dort im Felde von einem

jener Ärzte unter den Zalmoxischen Thrakiern, von denen man sagt,
sie machten auch unsterblich. Dieser Thrakier nun sagte, in jenem,
was ich eben gesagt habe, hätten die hellenischen Ärzte ganz recht;
aber Zalmoxis, unser König, sprach er, der ein Gott ist, sagt, so wie
e man nicht unternehmen dürfe, die Augen zu heilen ohne den Kopf,
noch den Kopf ohne den ganzen Leib, so auch nicht den Leib ohne
die Seele; sondern dieses eben wäre auch die Ursache, weshalb bei
den Hellenen die Ärzte den meisten Krankheiten noch nicht gewach-
sen wären, weil sie nämlich das Ganze verkennten, auf welches man
seine Sorgfalt richten müßte, und bei dessen Übelbefinden sich un-
möglich irgendein Teil wohlbefinden könnte. Denn alles, sagte er,
entspränge aus der Seele, das Böse und das Gute dem Leibe und
dem ganzen Menschen, und ströme ihm von dorther zu, wie aus dem
157 a Kopfe den Augen. Jenes also müsse man zuerst und am sorgfältig-
sten behandeln, wenn es um den Kopf und auch um den ganzen
Leib gut solle stehen. Die Seele aber, mein Guter, sagte er, werde
behandelt durch gewisse Besprechungen, und diese Besprechungen
wären die schönen Reden. Denn durch solche Reden entstehe in der
Seele Besonnenheit, und wenn diese entstanden und da wäre, würde
es leicht, Gesundheit auch dem Kopf und dem übrigen Körper zu
b verschaffen. Als er mich daher das Mittel und die Besprechungen
lehrte, sprach er: Daß dich ja nicht jemand überrede, mit dieser Arz-
nei seinen Kopf zu behandeln, der dir nicht zuvor auch seine Seele
darbietet, um sie mit den Besprechungen von dir behandeln zu las-
sen. Denn auch jetzt, sagte er, ist eben dieses der Fehler bei den
Menschen, daß welche es unternehmen, abgesondert für eins von bei-
den Ärzte zu sein. Und gar sehr befahl er mir an, daß ich mich ja
von niemand, wäre er auch noch so reich und vornehm und schön,
c sollte überreden lassen, anders zu tun. Ich nun habe ihm geschwo-
ren und muß notwendig gehorchen, werde es also auch. Und du, wenn
du nach des Fremdlings Vorschrift zuerst die Seele hergeben willst,
um sie zu besprechen mit des Thrakiers Besprechungen, so werde
ich auch deinem Kopf das Mittel auflegen; wenn aber nicht, so weiß
ich nichts, was ich für dich tun kann, lieber Charmides. –

[6. Lob des Hauses des Kritias. Thema der Besonnenheit] Als nun
Kritias dieses hörte, sagte er: Ein guter Fund, o Sokrates, wäre die-
ser Kopfschmerz für den Jüngling, wenn er genötigt würde, um des
d Kopfes willen auch der Seele nach besser zu werden. Ich versichere
dich jedoch, daß Charmides vor seinen Altersgenossen nicht nur
durch seine Gestalt sich auszuzeichnen scheint, sondern auch eben
in dem Stücke, wofür du eine Besprechung zu haben behauptest; du
behauptest aber, für die Besonnenheit, nicht wahr? – Eben dafür,
sagte ich. – So wisse denn, sprach er, daß er bei weitem für den
besonnensten unserer Jünglinge gehalten wird, so wie er auch in
keinem andern Stücke, so weit nur sein Alter reicht, irgendeinem
nachsteht. – Freilich, sagte ich, ist es auch billig, o Charmides, daß du
e dich in allen dergleichen Dingen vor den übrigen auszeichnest. Denn
ich glaube nicht, daß noch irgendein anderer hier bei uns leicht wür-

de nachweisen können, aus welcher zwei athenischen Häuser Verei-
nigung sich ein besserer und edlerer Abkömmling wahrscheinlich
erwarten ließe als aus der beiden, von welchen du entsprossen bist.
Denn euer väterliches Haus von Kritias, dem Sohne des Dropides
her, ist uns durch die Gesänge des Anakreon sowohl als durch So-
lons und anderer Dichter Überlieferung angepriesen als ausgezeich-
net durch Schönheit und Tugend und was man sonst zur Glückse- 158 a
ligkeit zu rechnen pflegt; und das mütterliche ebenso. Denn für schö-
ner und stattlicher als dein Oheim Pyrilampes soll keiner auf dem
festen Lande gehalten worden sein, sooft jener an den Großkönig
oder sonstwohin auf das feste Land als Gesandter geschickt wor-
den ist. Und dieses ganze Haus gibt in keinem Stücke jenem ande-
ren etwas nach. Aus solchen entsprossen, ist es also billig, daß du in
allem der erste seiest. Was man nun sieht von deiner Gestalt, lieber
Sohn des Glaukon, damit dünkst du mich keinem von deinen Vor- b
eltern Schande zu machen; wenn du aber auch in Hinsicht auf Be-
sonnenheit und das übrige nach des Kritias Aussage vollkommen
gebildet bist, so hat dich, lieber Charmides, sagte ich, glückselig die
Mutter geboren. So demnach steht es: Wenn dir, wie Kritias sagt,
die Besonnenheit schon eignet und du hinlänglich besonnen bist: so
bedarfst du ja weder des Zalmoxis noch Abaris des Hyperboreers
Besprechungen mehr, sondern es kann dir gleich das Mittel für den
Kopfschmerz selbst gegeben werden. Wenn dich aber dünkt, es fehle c
dir noch etwas hieran: so mußt du dich besprechen lassen vor dem
Gebrauch des Mittels. Sage mir also selbst, ob du diesem beistimmst
und behauptest, der Besonnenheit schon genug zu haben, oder noch
Mangel daran. – Hierbei errötete Charmides und wurde dadurch
zuerst noch schöner vor unsern Augen, denn die Verschämtheit stand
seiner Jugend sehr wohl, hernach aber antwortete er auch nicht un-
edel. Er sagte nämlich, es wäre ihm nicht leicht, so im Augenblick
das Gefragte weder einzugestehen noch abzuleugnen. Denn, sprach er, d
wenn ich leugne, besonnen zu sein, so ist es teils widersinnig, selbst
gegen sich selbst so etwas zu sagen, teils auch zeihe ich dann den
Kritias der Unwahrheit und noch viele andere, welche mich für be-
sonnen halten, wie er ja sagt; wenn ich es aber behaupte und mich
selbst lobe, so kann ich mich dadurch leicht verhaßt machen. So daß
ich nicht weiß, was ich dir antworten soll. – Darauf sagte ich, mir
scheint das ganz billig, was du sagst, Charmides, und mich dünkt
daher, wir sollten gemeinschaftlich untersuchen, ob du das besitzt
oder nicht, wonach ich dich frage, damit weder du genötigt werdest, e
etwas zu sagen, was du nicht willst, noch auch ich unüberlegt mich
an die Heilung mache. Ist es dir also recht, so will ich es wohl mit
dir untersuchen, wo nicht, so lassen wir es. Auf alle Weise, sprach
er, ist es mir recht; deswegen also untersuche es, wie du selbst es am
besten angreifen zu können meinst. –

[7. 1. These: Besonnenheit ist Bedächtigkeit. Ihre Widerlegung] Auf
folgende Art also, sprach ich, wird, dünkt mich, die Untersuchung
der Sache am besten fortgehen. Offenbar nämlich, wenn dir die Be-

sonnenheit beiwohnt, mußt du auch etwas von ihr auszusagen wis-
159a sen. Denn notwendig muß ihr Einwohnen, wie sie dir einwohnt, ei-
ne Empfindung hervorbringen, auf welche dir dann irgendeine Vor-
stellung von der Besonnenheit sich gründet, was sie wohl ist und
worin sie besteht. Oder meinst du nicht so? — Das meine ich wohl,
sprach er. — Und dieses, fuhr ich fort, was du meinst, mußt du doch,
da du hellenisch reden kannst, auch zu sagen wissen, wie es dir er-
scheint. — Vielleicht, sagte er. — Auf daß wir nun beurteilen kön-
nen, ob sie dir einwohnt oder nicht, so sage mir, sprach ich, was be-
hauptest du, das die Besonnenheit ist nach deiner Vorstellung? —
b Anfänglich nun war er bedenklich und wollte gar nicht recht ant-
worten, hernach jedoch sagte er, Besonnenheit dünke ihn zu sein,
wenn man alles sittsam verrichte und bedächtig, auf der Straße ge-
hen und sprechen, und alles andere ebenso. Und mich dünkt, sagte
er, überhaupt eine gewisse Bedächtigkeit das zu sein, wonach du
fragst. — Ist das auch, sprach ich, gut erklärt? Sie sagen freilich,
Charmides, von den Bedächtigen, daß sie besonnen sind. Laß uns
also zusehen, ob etwas damit gesagt ist.

c Sage mir also, gehört die Besonnenheit nicht zu dem Schönen? —
Ei freilich, sagte er. — Welches ist nun schöner, beim Sprachlehrer
die Buchstaben ebenso gut und dabei geschwind zu schreiben oder
bedächtig? — Geschwind. — Und lesen, geschwind oder langsam? —
Geschwind. — Und wohl auch geschwind die Lyra spielen und mit
Behendigkeit ringen ist bei weitem schöner als bedächtig und lang-
sam? — Ja. — Wie nun beim Faustkampf und beim Doppelringen,
nicht ebenso? — Allerdings. — Und im Laufen und Springen und
allen andern körperlichen Handlungen, ist da nicht das Behende
d und Geschwinde auch das Schönere, was aber langsam, mühselig
und bedächtig geschieht, das Schlechtere? — So zeigt es sich. — Es
zeigt sich uns also, sprach ich, was den Leib betrifft, nicht das Bedäch-
tige, sondern das Schnellste und Behendeste als das Schönste. Nicht
wahr? — Allerdings. — Die Besonnenheit aber war etwas Schönes?
— Ja. — Also wäre, was wenigstens den Leib betrifft, nicht die Be-
dächtigkeit besonnener, sondern die Schnelligkeit, wenn doch die
Besonnenheit etwas Schönes ist. — So sieht es aus, sprach er. — Wie
e aber, fuhr ich fort, ist die Gelehrigkeit schöner oder die Ungelehrig-
keit? — Die Gelehrigkeit. — Es besteht aber doch, sprach ich, die
Gelehrigkeit im schnell Lernen, die Ungelehrigkeit aber im bedäch-
tig und langsam? — Ja. — Und einen andern lehren, ist das nicht
auch schöner geschwind und mit Macht als bedächtig und langsam?
— Jawohl. — Und wie, etwas ins Gedächtnis fassen und sich erin-
nern, ist das schöner bedächtig und langsam oder hurtig und leicht?
— Hurtig und leicht. — Und die Geistesgegenwart, ist die nicht eine
160a Behendigkeit der Seele, nicht aber eine Langsamkeit? — Richtig. —
Also auch begreifen, was gesagt wird beim Sprachlehrer und beim
Musiklehrer und sonst überall, auch das geschieht nicht am bedäch-
tigsten aufs schönste, sondern am schnellsten? — Ja. — Aber gewiß
auch in Absicht auf die Nachforschungen der Seele und das Berat-
schlagen wird nicht der Bedächtigste, denke ich, und der nur mit

Mühe sich berät und etwas ausfindet, für lobenswürdig geachtet, son-
dern der dieses am leichtesten und schnellsten vermag. — So ist es, b
sagte er. — In allen Dingen also, sprach ich, Charmides, sowohl was
die Seele als was den Leib betrifft, erscheint uns das, worin sich
Kraft und Schnelligkeit zeigt, schöner als das, worin Langsamkeit
und Bedächtigkeit. — So kommt es heraus, sagte er. — Also wäre
wohl die Besonnenheit nicht eine Bedächtigkeit und das besonnene
Leben nicht ein bedächtiges nach dieser Rede, da ja das Besonnene
das Schöne sein soll. Denn eins von beiden, entweder gar nirgends
oder nur in sehr wenigen Fällen fanden wir die bedächtigen Hand- c
lungen in dem Leben schöner als die schnellen und kräftigen. Und
wenn nun auch, mein Lieber, noch so sehr nicht weniger bedächtige
Handlungen die schöneren sind als schnelle und behende: so wäre
doch auch so nicht das Bedächtig-Handeln mehr Besonnenheit als
das schnelle und behende, weder im Gehen noch im Lesen, und auch
sonst nirgends wäre das bedächtige Leben irgend besonnener als das
nichtbedächtige, da wir in unserer Erklärung vorausgesetzt haben, d
die Besonnenheit gehöre unter das Schöne, und sich uns nun das
Schnelle nicht minder schön gezeigt hat als das Bedächtige. — Rich-
tig, Sokrates, sagte er, dünkst du mich dieses einzuwenden.

[8. 2. These: Besonnenheit ist Scham. Ihre Widerlegung] Noch ein-
mal also, Charmides, sprach ich; und genauer aufmerkend schaue
in dich selbst und beobachte, wozu dich die dir einwohnende Beson-
nenheit macht und was sie wohl sein muß, um dich hierzu zu ma-
chen, und, dies alles zusammennehmend, sage dann gerade und ent-
schlossen, als was sie dir erscheint. — Hierauf hielt er an sich, und e
nachdem er sehr wacker die Sache bei sich überlegt hatte, sagte er:
Mich dünkt also, die Besonnenheit mache schämen und den Men-
schen verschämt, und daß also die Besonnenheit ist, was die Scham.
— Wohl, sprach ich. Gestandest du nicht vorher ein, die Besonnen-
heit wäre etwas Schönes? — Allerdings, sagte er. — Also sind auch
wohl die besonnenen Menschen gute? — Ja. — Kann nun wohl etwas
gut sein, was sie nicht zu guten macht? — Nicht wohl. — Nicht nur
also etwas Schönes ist sie, sondern auch etwas Gutes? — So dünkt es
mich. — Wie nun, sprach ich, glaubst du nicht, daß Homeros recht 161 a
hat, wenn er sagt: «Nicht gut ist Scham dem darbenden Manne?»
— Ich wohl, sagte er. — Also, wie es scheint, ist die Scham gut und
auch nicht gut? — So zeigt es sich. — Die Besonnenheit aber ist gut,
da sie diejenigen zu Guten macht, denen sie beiwohnt, zu Schlechten
aber nicht. — Ganz gewiß, so dünkt es mich zu sein, wie du sagst. —
Nicht also wäre die Besonnenheit Scham, wenn jener zukommt, gut
zu sein, dieser aber um nichts mehr gut als schlecht. — b

*[9. 3. These: Besonnenheit ist, das Seinige zu tun. Ihre Rätselhaftig-
keit]* Dies scheint mir ganz richtig gesagt zu sein, Sokrates. Folgen-
des aber betrachte dir, wie es dich dünken wird von der Besonnen-
heit. Eben nämlich erinnere ich mich, was ich schon einen habe sagen
hören, Besonnenheit sei, wenn man das Seinige tue. Überlege also,

ob dich der dünkt, richtig zu erklären, der dieses sagt. — Du Schlauer,
sagte ich darauf, das hast du vom Kritias gehört, oder von einem
c anderen Weisen. — So muß es wohl, sagte Kritias, von einem an-
deren sein, denn von mir wenigstens nicht. — Aber Sokrates, sagte
Charmides wieder, was verschlägt es denn, von wem ich es gehört
habe? — Nichts, sprach ich. Denn allewege ist nicht darauf zu sehen,
wer etwas gesagt hat, sondern ob es richtig gesagt ist oder nicht. —
Nun sprichst du, wie es sich gehört, sagte er. — Beim Zeus, sprach
ich, ob wir aber auch nur finden werden, was dies eigentlich bedeu-
tet, das soll mich wundern; denn es sieht aus wie ein Rätsel. — Wes-
halb doch? fragte er. — Weil doch gewiß derjenige es nicht so ge-
d meint hat, wie die Worte lauten, welcher sagt, Besonnenheit sei,
wenn man das Seinige tue. Oder glaubst du, der Sprachlehrer tue
nichts, wenn er schreibt oder liest? — Ich, sagte er, glaube ja. —
Meinst du nun, daß der Sprachlehrer immer nur seinen eigenen Na-
men liest und schreibt und euch Kinder lehrt? Oder schriebt und
last ihr der Feinde Namen nicht minder als eure eignen und der
Freunde ihre? — Nicht minder. — Also wart ihr mit fremden An-
gelegenheiten beschäftigt und also nicht besonnen, indem ihr dieses
e tatet? — Keineswegs. — Doch aber tatet ihr nicht das Eurige, wenn
doch Schreiben ein Tun ist und Lesen. — Das ist es gewiß. — Und
Heilen, lieber Freund, und Bauen und Weben, und mit welcher Kunst
du immer willst eins von den Werken dieser Kunst verrichten, das
ist doch wohl auch ein Tun? — Allerdings. — Wie also, sprach ich,
dünkt dich wohl eine Stadt gut verwaltet zu werden unter diesem
Gesetz, welches befiehlt, jeder solle sein eigenes Kleid weben und wa-
schen und seine eigenen Schuhe schneiden und mit Ölschläuchen
und Kratzeisen und allem anderen nach demselben Verhältnis, das
162 a Fremde nämlich ja nicht berühren, sondern jeder sein eigenes ma-
chen und verrichten? — Mich dünkt nicht, sagte er. — Aber beson-
nen verwaltet, würde sie doch gut verwaltet? — Wie sonst? sagte er.
— Also kann nicht in solchen Dingen und auf solche Art das Seinige
tun Besonnenheit sein. — Offenbar nicht. — Also hat der rätselhaft
gesprochen, wie es scheint und ich auch vorher schon sagte, der da
sagt, das Seinige tun sei Besonnenheit. Denn so einfältig war er
b doch wohl nicht. Oder hast du einen albernen Menschen dieses sa-
gen hören, Charmides? — Keineswegs, sprach er, vielmehr dünkte
er mich gar weise zu sein. — Ganz gewiß also, wie mich dünkt, hat
er dies nur als ein Rätsel hingeworfen, weil es nämlich schwer ist
zu wissen, was das heißen soll, das Seinige tun. — Vielleicht, sagte
er. — Was mag also das wohl heißen, das Seinige tun? Kannst du
es sagen? — Beim Zeus, sagte er, ich weiß es nicht. Aber was hin-
dert, daß vielleicht der, welcher es gesagt hat, auch nicht wußte, was
er dachte? Und indem er dies sagte, lächelte er und sah nach dem
Kritias hin.

[10. Eingreifen des Kritias. Unterschied von Machen und Tun] Dem
c Kritias aber war schon lange deutlich anzusehn, wie gepeinigt er
war und wie gern er sich gezeigt hätte vor dem Charmides und den

Anwesenden, und wie er sich schon vorher nur mit Gewalt zurück-
gehalten hatte, konnte er es nun gar nicht mehr. Daher glaube ich,
es war ganz gewiß so, wie ich vermutete, daß Charmides diese Ant-
wort über die Besonnenheit vom Kritias gehört hatte. Charmides
nun, der nicht Lust hatte, selbst die Antwort zu vertreten, sondern
daß jener es tun sollte, reizte ihn nun selbst auf und deutete auf
ihn hin, als wäre er widerlegt. Dies nun hielt er nicht aus, sondern d
schien ihm sehr böse zu sein, wie ein Dichter dem Schauspieler, der
sein Gedicht übel zurichtet, so daß er ihn ansah und sagte: So meinst
du, Charmides, weil du nicht weißt, was jener dachte, welcher sagte:
Besonnenheit sei, wenn man das Seinige tue, daß deshalb jener
selbst es auch nicht wisse? –

Aber, sprach ich, bester Kritias, das ist wohl nicht zu verwun-
dern, daß dieser es nicht weiß, der noch so jung ist; wohl aber ist zu e
glauben, daß du es weißt in deinem Alter und bei deinen Beschäfti-
gungen mit diesen Dingen. Wenn du also einräumst, das sei die Be-
sonnenheit, was dieser sagt, und du den Satz übernehmen willst:
so möchte ich noch weit lieber mit dir untersuchen, ob das Gesagte
wahr ist oder nicht. – Allerdings, sagte er, räume ich es ein und
übernehme es. – Sehr wohl getan, sprach ich, und sage mir, ob du
auch das, was ich eben fragte, zugibst, daß alle Handwerker etwas
machen? – Ich gewiß. – Meinst du also, daß sie nur das Ihrige ma- 163 a
chen oder auch anderer ihres? – Auch anderer ihres. – Besonnen
also sind Leute, die doch nicht nur das Ihrige machen? – Was hin-
dert's? sagte er. – Mich freilich nichts, sprach ich, aber sieh doch zu,
ob es nicht jenen hindert, welcher angenommen hatte: Besonnen
sein heiße, das Seinige tun, wenn er hernach wieder sagt, es hindere
nichts, daß auch die, welche anderer ihres tun, können besonnen
sein. – Habe ich denn, sagte er, das eingestanden, daß, die anderer
ihres tun, besonnen sind? Oder habe ich nur zugegeben, die es ma-
chen? – Sage mir doch, sprach ich, ist denn das bei dir nicht das- b
selbe, das Tun und das Machen? – Keineswegs doch, sagte er, auch
nicht Verrichten und Machen. Dies habe ich nämlich vom Hesiodos
gelernt, welcher sagt: Keine Verrichtung ist Schande. Glaubst du
denn, wenn er dergleichen hätte Verrichtungen genannt und Verrich-
ten und Tun, was du jetzt anführtest, er würde behauptet haben,
es sei niemandem Schande, Schuhe zu machen oder zu hökern oder
sich selbst feil zu haben? Das darf man ja wohl nicht glauben, So-
krates, sondern auch er, glaube ich, hielt Machen für etwas anderes
als Verrichten und Tun, und daß etwas zu machen wohl bisweilen c
Schande wäre, wenn das Schöne nicht dabei ist, keine Verrichtung
aber jemals Schande wäre. Denn nur was schön und nützlich gemacht
ist, nannte er Werke, und nur ein solches Machen Verrichtungen
und Handlungen. Und man muß behaupten, nur dergleichen habe er
für das einem jeden Gehörige gehalten, alles Schädliche aber für
ungehörig. So daß man glauben muß, auch Hesiodos und jeder an-
dere, wer nur vernünftig ist, halte den, der das Seinige tut, für be-
sonnen. –

[11. 1. Verbesserung der These: Besonnenheit ist das Tun des Guten]
d O Kritias, sprach ich, gleich als du anfingst, habe ich wohl beinahe
deine Erklärung verstanden, daß du unter dem einem jeden Gehö-
rigen und Seinigen Gutes verständest und unter dem Tun das Ma-
chen des Guten; denn auch vom Prodikos habe ich tausenderlei der-
gleichen gehört, wie er die Worte unterscheidet. Ich aber will dir
gern gestatten, jedes Wort zu nehmen, wie du willst; erkläre dich
aber nur, worauf du jedes Wort beziehst, dessen du dich bedienst.

Jetzt also bestimme von vorn noch einmal deutlicher, ob du die
e Handlung oder Verrichtung des Guten, oder wie du es sonst nen-
nen willst, ob du diese Besonnenheit nennst? – Das tue ich, sagte
er. – Der also ist nicht besonnen, der das Böse tut, sondern der das
Gute? – Und dich, Bester, sprach er, dünkt es nicht so? – Mag es
doch, antwortete ich. Denn noch untersuchen wir ja nicht, was ich
denke, sondern was du jetzt sagst. – Ich meines Teils jedoch, sagte
er, leugne, daß, wer nicht Gutes macht, sondern Böses, besonnen
ist; aber wer Gutes macht und nicht Böses, der ist besonnen. Denn
daß das Tun des Guten Besonnenheit ist, das bestimme ich dir nun
164 a ganz deutlich. – Vielleicht hindert auch nichts, daß du recht habest,
sprach ich; das indessen wundert mich, wenn du glaubst, besonnene
Menschen könnten auch wohl nicht wissen, daß sie besonnen sind.
– Aber das glaube ich auch nicht, sagte er. – Wurde nicht, fragte
ich, vor kurzem von dir gesagt, es stehe nichts im Wege, daß Künst-
ler, auch wenn sie etwas für andere machen, könnten besonnen sein?
– Das wurde gesagt, sprach er; aber was soll dieses? – Nichts.
Aber sage mir, dünkt dich ein Arzt, indem er jemanden gesund
b macht, etwas Nützliches zu machen für sich selbst und auch für den,
den er heilt? – Mich dünkt er. – Und der tut doch, was sich ge-
hört, der dieses tut? – Ja. – Und wer tut, was sich gehört, ist der
nicht besonnen? – Wohl ist er besonnen. – Muß aber wohl jeder
Arzt notwendig wissen, wann er mit Erfolg den Kranken behan-
delt und wann nicht? Und so jeder Künstler, wann er Nutzen ha-
ben wird von dem Werke, welches er verrichtet, und wann nicht? –
Vielleicht wohl nicht. – Also bisweilen, sprach ich, indem er nütz-
c lich handelt oder schädlich, weiß der Arzt selbst nicht, wie er han-
delt; dennoch aber, wenn er nützlich handelt, nach deiner Rede, hat
er auch besonnen gehandelt. Oder sagtest du nicht so? – Allerdings.
– Also, wie es scheint, bisweilen handelt er zwar besonnen, indem
er ja nützlich handelt, und ist also besonnen, weiß aber selbst nicht,
daß er besonnen ist. –

[12. 2. Verbesserung: Besonnenheit ist das Sichselbstkennen] Aber
dieses, o Sokrates, sagte er, kann doch auf keine Weise sein; son-
dern wenn du meinst, daß etwas von dem, was ich vorher behaup-
tete, hierauf notwendig führe, möchte ich lieber etwas von jenem
d zurücknehmen und mich nicht schämen einzugestehen, daß ich mich
unrichtig ausgedrückt habe, eher als daß ich zugeben sollte, irgend-
ein Mensch, der von sich selbst nicht wisse, könne besonnen sein.
Vielleicht möchte ich beinahe sagen, eben dieses wäre die Beson-

nenheit, das Sichselbstkennen, und ganz dem beistimmen, der in Delphi diesen Spruch aufgestellt hat. Denn in solchem Sinne scheint mir dieser Spruch hingestellt zu sein, als eine Anrede des Gottes an die Eintretenden, anstatt des: Sei fröhlich, als ob nämlich jener Wunsch nicht recht wäre, fröhlich zu sein, und wir uns nicht dazu e
ermuntern müßten, sondern besonnen zu sein. Auf diese Art also begrüßt der Gott die Eintretenden in seinem Tempel ganz anders als die Menschen, nach der Meinung dessen, der diese Tafel geweiht hat, wie mich wenigstens dünkt, und spricht zu jedem Eintretenden nichts anderes als: Sei besonnen, sagt er ihm. Etwas rätselhaft freilich, wie ein Wahrsager, drückt er sich aus. Das «Kenne dich selbst» und «Sei besonnen» ist also zwar dasselbe, wie jener Spruch behauptet und ich; leicht aber mag mancher glauben, beides wäre ver- 165 a
schieden, und das dünkt mich auch denen begegnet zu sein, welche die folgenden Sprüche aufgestellt haben, das «Nichts zu viel» und «Wer sich verbürgt, dem nahet Verderben». Denn diese haben geglaubt, das «Kenne dich selbst» wäre ein Rat, nicht aber eine Begrüßung des Gottes für die Eintretenden, und um also auch selbst nicht minder heilsame Ratschläge aufzustellen, haben sie dieses niedergeschrieben und aufgestellt. Weshalb ich nun alles dieses sage, o Sokrates, das ist folgendes. Das vorige alles schenke ich dir. Denn b
vielleicht hast du einiges richtiger darüber gesagt, vielleicht auch ich; recht bestimmt aber war gar nichts von dem, was wir sagten. Jetzt aber will ich dir hierüber Rede stehn, wenn du nicht annimmst, die Besonnenheit sei das Sichselbstkennen. –

[13. Gibt es ein «Werk» der Besonnenheit?] Aber Kritias, sprach ich, du handelst mit mir, als behauptete ich, das zu wissen, wonach ich frage, und als könnte ich also, wenn ich nur wollte, gleich dir beistimmen. So verhält es sich aber nicht, sondern ich suche erst mit dir, was wir uns aufgegeben haben, weil ich es eben selbst nicht weiß. Habe ich es also untersucht, dann will ich wohl sagen, ob ich c
es annehme oder nicht; aber gedulde dich, bis ich es untersucht habe. – So untersuche es denn, sagte er. – Ich tue es auch schon, sprach ich. Wenn also die Besonnenheit darin besteht, daß man etwas kennt, so ist sie offenbar eine Erkenntnis und von etwas. Oder nicht? – Das ist sie auch, sagte er, seiner selbst nämlich. – Ist nicht auch die Heilkunde, sprach ich, eine Erkenntnis, des Gesunden nämlich? – Allerdings. – Wenn du mich nun, sprach ich, fragtest, die Heilkunde, als die Erkenntnis des Gesunden, wozu ist sie uns nützlich und was bewirkt sie uns: so würde ich antworten, keinen kleinen d
Vorteil; nämlich die Gesundheit, ein gar schönes Werk, bewirkt sie uns, wenn du dies annimmst. – Das nehme ich an. – Und wenn du mich weiter fragtest nach der Baukunst, als der Erkenntnis des Bauens, was für ein Werk ich behauptete, das die uns bewirkte: so würde ich sagen, Wohnungen. Und so auch mit den übrigen Künsten. Ebenso etwas mußt nun auch du von der Besonnenheit, da du behauptest, sie sei die Erkenntnis seiner selbst, zu sagen wissen, wenn du gefragt wirst: Kritias, die Besonnenheit als die Erkenntnis

e seiner selbst, was für ein schönes und ihres Namens würdiges Werk
bewirkt sie uns denn? So komm nun und sage es. – Aber Sokra-
tes, sagte er, du untersuchst nicht richtig. Denn diese Erkenntnis ist
ihrer Natur nach den übrigen nicht ähnlich, wie auch nicht die übri-
gen alle untereinander, du aber führst deine Untersuchung, als wä-
ren sie einander ähnlich. Denn sage mir, sprach er, wo gibt es wohl
von der Rechenkunst oder von der Meßkunst ein solches Werk wie
das Haus von der Baukunst oder das Kleid von der Webekunst
oder andere dergleichen Werke, deren einer viele von vielen andern
166 a Künsten aufzeigen könnte? Hast du mir etwa auch von diesen ein
solches Werk zu zeigen? Das wirst du gewiß nicht haben. – Darauf
sagte ich, du hast recht. Aber das kann ich dir doch aufzeigen, wo-
von eine jede von diesen Erkenntnissen die Erkenntnis ist, was wie-
der etwas anderes ist, als die Erkenntnis selbst. So ist die Rechen-
kunst die Erkenntnis des Geraden und Ungeraden, wie sie sich un-
ter sich und gegeneinander in jeder Menge verhalten. Nicht wahr?
– Allerdings. – Und ist nicht das Gerade und Ungerade etwas an-
deres als die Rechenkunst selbst? – Wie sollte es nicht? – Und die
b Statik ist doch die des schwereren und leichteren Gewichts; das
Schwere und Leichte aber ist etwas anderes als die Statik selbst.
Gibst du das zu? – O ja. – Sage also auch, wessen Erkenntnis
denn die Besonnenheit ist, was etwas anderes ist als die Besonnen-
heit selbst. –

[14. Sinn der sokrat. Widerlegung] Das ist eben die Sache, Sokrates,
sprach er, nun bist du dem auf die Spur gekommen, wodurch die
Besonnenheit sich von allen Erkenntnissen unterscheidet, du aber
suchst bei ihr eine Ähnlichkeit mit den übrigen. So ist es aber nicht,
c sondern die übrigen alle sind eines anderen Erkenntnisse, sie allein
aber ist sowohl der andern Erkenntnisse Erkenntnis als auch selbst
ihrer selbst. Auch fehlt viel, daß dir das sollte entgangen sein. Aber
ich glaube, was du vorher leugnetest, daß du es tätest, das tust du
doch, nämlich du gehst nur darauf aus, mich zu widerlegen, und
kümmerst dich wenig um das, wovon die Rede ist. – Was machst
du doch, sprach ich, daß du denkst, wenn ich auch wirklich dich wi-
derlege, ich täte es um einer andern Ursache willen, als um derent-
d willen ich auch mich selbst ebenso ausfragen würde, ob ich wohl
etwas Rechtes sage, aus Besorgnis nämlich, daß ich unvermerkt mir
einbilden möchte, etwas zu wissen, was ich doch nicht weiß. Und
auch jetzt behaupte ich, daß ich nur dieses tue, die Erklärung näm-
lich untersuche vorzüglich meiner selbst, vielleicht aber auch der
andern guten Freunde wegen. Oder meinst du nicht, daß dieses ein
gemeinsames Gut fast aller Menschen ist, wenn jegliches Ding of-
fenbar wird, wie es sich damit verhält? – Gewiß, sagte er, glaube
ich das, o Sokrates. – Getrost also, du Trauter, sprach ich, beant-
worte das Gefragte, wie es dir erscheint, und laß es dir einerlei sein,
e ob Kritias es ist oder Sokrates, der widerlegt wird, sondern habe
nur auf die Erklärung acht, wie die Untersuchung darüber ablau-
fen wird. – Wohl, sagte er, so will ich es machen; denn es dünkt

mich annehmlich, was du sagst. – So sage denn, sprach ich, wie du es eigentlich meinst mit der Besonnenheit. –

*[15. 3. Verbesserung: Besonnenheit ist Erkenntnis ihrer selbst und
der andern Erkenntnisse. Schwierigkeiten]* Ich sage also, sprach er,
daß sie allein unter allen Erkenntnissen sowohl ihrer selbst als der
übrigen Erkenntnisse Erkenntnis ist. – Müßte sie nicht auch, sprach
ich, der Unkenntnis Erkenntnis sein, wenn der Erkenntnis? – Al-
lerdings, sagte er. – Der Besonnene also allein wird sich selbst er- 167a
kennen und auch imstande sein zu ergründen, was er wirklich weiß
und was nicht; und ebenso auch wird er vermögend sein, andere zu
beurteilen, was einer weiß und zu wissen glaubt, wenn er es weiß,
und auch wieder, was einer zu wissen glaubt, es aber nicht weiß;
sonst aber keiner. Und dies ist also das Besonnensein und die Be-
sonnenheit und das Sichselbstkennen, zu wissen, was einer weiß
und was er nicht weiß. Ist es dieses, was du meinst? – Dies ist es,
sagte er. – Noch einmal also, sprach ich, das dritte von den drei
guten Dingen, laß uns von Anfang an erwägen, zuerst, ob dies wohl b
möglich ist oder nicht, was einer weiß und nicht weiß, zu wissen,
daß er es weiß und nicht weiß, hernach, wenn es auch noch so mög-
lich ist, was für ein Nutzen es uns wohl wäre, es zu wissen. – Das
müssen wir freilich erwägen, sagte er. – Komm also, Kritias, sprach
ich, und sieh zu, ob du besseren Rat dafür hast als ich, denn ich
habe keinen. Wieso ich aber ratlos bin, soll ich dir das sagen? – Ja-
wohl, sagte er. – Ist es nicht so, sprach ich. Alles dieses findet statt,
wenn, was du jetzt eben sagtest, es eine gewisse Erkenntnis gibt,
welche von nichts anderem als von sich selbst und den übrigen Er- c
kenntnissen die Erkenntnis ist, und diese selbe zugleich auch von
der Unkenntnis? – Allerdings. – Sieh also, Freund, was wir Wun-
derliches zu behaupten unternehmen! Denn wenn du an andern
Dingen dasselbe aufsuchst, wird es dich unmöglich zu sein dünken.
– Wie doch und wo? – So meine ich: Bedenke nur, ob du glau-
ben kannst, es gebe ein Sehen, welches gar nicht ein Sehen der Din-
ge ist, die anderes Sehen sieht, sondern nur ein Sehen von sich selbst
und anderem Sehen, und vom Nichtsehen ebenfalls, und welches
keine Farbe sieht, ob es gleich ein Sehen ist, sich selbst aber und d
anderes Sehen sieht. Glaubst du, daß es ein solches gibt? – Beim
Zeus, ich nicht. – Und wie ein Hören, welches keine Stimmen hört,
sich selbst aber und anderes Hören und Nichthören? – Auch das
nicht. – Und so erwäge überhaupt von allen Empfindungen, ob es
dich irgendeine Empfindung anderer Empfindungen und ihrer selbst
zu geben dünkt, die aber von dem allen, was andere Empfindun-
gen empfinden, nichts empfindet? – Mich dünkt nicht. – Aber
glaubst du etwa, es gebe ein Verlangen, welches nicht ein Verlan- e
gen nach irgendeiner Lust ist, sondern nach sich selbst und ande-
rem Verlangen? – Nicht wohl. – Auch wohl kein Wollen, denke
ich, welches nicht irgendein Gut will, sondern sich selbst und das an-
dere Wollen will. – Freilich nicht. – Oder möchtest du behaup-
ten, es gäbe eine solche Liebe, welche keine Liebe irgend eines Schö-

nen ist, sondern nur ihrer selbst und anderer Liebe? — Ich, sagte
er, nicht. — Oder hast du schon eine Furcht bemerkt, die nur sich
168 a selbst und andere Furcht fürchtet, Furchtbares aber nichts fürch-
tet? — Nichts dergleichen, sagte er. — Aber eine Vorstellung von
sich selbst und anderen Vorstellungen, die aber von dem, was an-
dere Vorstellungen vorstellen, nichts vorstellt? — Niemals. — Eine
solche Erkenntnis aber, wie es scheint, wollen wir behaupten, daß
es gebe, welche keines erkennbaren Gegenstandes Erkenntnis ist,
sondern nur ihrer selbst und der andern Erkenntnisse Erkenntnis?
— Das behaupten wir freilich. — Ist die nicht seltsam, wenn sie
wirklich ist? Denn noch laß uns nicht behaupten, daß sie nicht ist,
b sondern nur untersuchen, ob sie ist. — Richtig gesprochen. —

[16. Aporie des S., ob es eine Erkenntnis der Erkenntnis gibt] Wohl-
an denn, diese Erkenntnis ist doch eine Erkenntnis von etwas und
hat eine solche Eigenschaft, vermöge deren sie sich auf etwas bezieht.
Nicht wahr? — Allerdings. — Denn auch das Größere, behaupten
wir, hat eine solche Eigenschaft, daß es ein Größeres ist von etwas?
— Eine solche hat es. — Nicht wahr, von irgendeinem Kleineren,
wenn es doch größer sein soll? — Notwendig. — Wenn wir nun ein
Größeres fänden, welches das Größere ist von anderem Größeren
und von sich selbst, gar nicht aber von etwas unter dem, wovon an-
c deres Größere das Größere ist, müßte dem nicht auf alle Weise die-
ses zukommen, wenn es größer ist als es selbst, auch kleiner zu sein
als es selbst? Oder nicht? — Ganz notwendig, Sokrates, sagte er. —
Nicht auch, wenn etwas das Doppelte ist von dem übrigen Doppel-
ten und von sich selbst, so kann es nur, indem es auch die Hälfte ist
von sich selbst und dem übrigen, zugleich das Doppelte sein? Denn
es gibt von nichts anderem ein Doppeltes als von der Hälfte. — Rich-
tig. — Und was mehr ist als es selbst, wird das nicht auch weniger
sein, was schwerer ist auch leichter, was älter ist auch jünger, und
d ebenso in allen andern Dingen, was seine Eigenschaft in Beziehung
auf sich selbst hat, wird das nicht auch dasjenige an sich haben
müssen, worauf die Eigenschaft sich bezieht? Ich meine nämlich die-
ses: das Gehör, sagten wir doch, war von nichts anderem Gehör als
von der Stimme, nicht wahr? — Ja. — Also, wenn es sich selbst hö-
ren soll, so muß es sich selbst eine Stimme habend hören; denn
sonst kann es nicht hören. — Ganz unumgänglich. — Und auch wohl
das Gesicht, o Bester, wenn es sich selbst sehen soll, muß irgendeine
Farbe haben; denn Farbloses kann das Gesicht nichts jemals sehen.
e — Freilich nicht. — Du siehst also, o Kritias, was wir nur durchge-
gangen sind, so zeigte es sich uns teils gänzlich unmöglich, teils gar
sehr unglaublich, daß jemals etwas seine Eigenschaft in Beziehung
auf sich selbst haben könne. Denn bei Größen und Vielheiten und
dergleichen war es ganz und gar unmöglich; oder nicht? — Aller-
dings. — Vom Gehör und Gesicht aber und ferner von der Bewe-
gung, daß die sich selbst bewegen und die Wärme sich selbst erwär-
169 a men sollte und von allem der Art möchte es einigen wohl sehr un-
glaublich scheinen, anderen aber vielleicht nicht. Ein großer Mann

freilich, o Freund, gehört dazu, um im allgemeinen zu entscheiden,
ob gar nichts so geartet ist, seine Eigenschaft auf sich selbst zu be-
ziehen, sondern nur auf ein anderes, oder ob einiges so beschaffen
ist und anderes nicht; und wiederum wenn einiges sich auf sich
selbst bezieht, ob hierunter auch die Erkenntnis gehört, von welcher
wir alsdann behaupten, sie sei die Besonnenheit. Ich nun traue mir
nicht zu, daß ich imstande bin, dieses zu entscheiden; weshalb ich
auch, weder ob es möglich ist, daß es so etwas gebe wie eine Er-
kenntnis der Erkenntnis, mit Gewißheit behaupten kann, noch auch, b
wenn es wirklich dergleichen gibt, annehmen, daß dieses die Beson-
nenheit ist, bis ich untersucht habe, ob sie uns auch, wenn sie dieses
wäre, etwas nützlich sein würde oder nicht. Denn daß die Beson-
nenheit etwas Gutes und Nützliches sein müsse, das ahne ich wohl.
Du also, Sohn des Kallaischros, denn du sagst ja, die Besonnenheit
sei dieses, Erkenntnis der Erkenntnis und so auch der Unkenntnis,
zeige mir zuerst, daß dieses möglich ist, was ich jetzt eben sagte,
und dann nächst dem Möglichen auch, daß es nützlich ist, und so
möchtest du mir vielleicht genügen, daß du dich richtig erklärst über c
die Besonnenheit, was sie ist.

*[17. Eine Erkenntnis der Erkenntnis würde nur erkennen, daß ei-
ner weiß, nicht, was er weiß]* Als nun Kritias dies hörte und mich
ratlos sah, dünkte es mich, daß gerade wie denen, welche einen an-
dern gegenüber gähnen sehen, dasselbige zu begegnen pflegt, so auch
er, von mir, dem Ratlosen, überwältigt, selbst in Ratlosigkeit ge-
fangen war. Da er nun jedesmal Lob einzuernten pflegt, schämte er
sich vor den Anwesenden und wollte mir weder zugeben, daß er
unfähig wäre, das auszuführen, wozu ich ihn aufforderte, noch sag- d
te er irgend etwas Bestimmtes, sondern suchte nur seine Verle-
genheit zu verbergen. Damit wir also doch weiter kämen in der Sa-
che, so sprach ich: Gut, Kritias, wenn dir das recht ist, so wollen
wir für jetzt dieses einräumen, es könne wirklich eine Erkenntnis
der Erkenntnis geben, und auf ein anderes Mal untersuchen, ob es
sich wirklich so verhält oder nicht. Komm aber und sage mir, wenn
dies auch noch so möglich ist, wieso ist es deshalb leichter zu wis-
sen, was einer weiß und was nicht? Denn dies, behaupteten wir ja
eigentlich, wäre das Sichselbstkennen und das Besonnensein? Nicht
wahr? — Allerdings, sagte er, und das folgt ja auch, Sokrates. Denn
wenn einer die Erkenntnis hat, welche sich selbst erkennt, so muß e
er ja auch so sein, wie das ist, was er hat; so wie einer geschwind
ist, wenn er Geschwindigkeit hat, und schön, wenn Schönheit, und
wenn Erkenntnis, erkennend, so auch, wenn jemand die Erkennt-
nis ihrer selbst hat, muß er dann auch sich selbst erkennend sein.
— Daran, sprach ich, zweifle ich auch nicht, daß, wer das Selbster-
kennende hat, auch sich selbst erkennen wird, sondern nur, mit wel-
cher Notwendigkeit, wer dieses hat, auch wissen müsse, was er weiß
und was er nicht weiß. — Weil das einerlei ist, Sokrates, dieses 170 a
mit jenem. — Vielleicht, sprach ich. Aber ich bin eben leider wohl
immer der Alte. Denn ich verstehe schon wieder nicht, wie das ei-

nerlei sein kann, zu wissen, was einer weiß und was einer nicht
weiß. — Wie meinst du das, sagte er. — So, sprach ich. Es gebe eine
Erkenntnis der Erkenntnis, wird die nun mehr imstande sein zu
unterscheiden, als daß hiervon dies eine Erkenntnis ist, das andere
keine Erkenntnis? — Nein, sondern gerade soviel. — Ist sie damit
nun dasselbe wie die Erkenntnis oder Unkenntnis des Gesunden
b und die Erkenntnis oder Unkenntnis des Gerechten? — Keineswegs.
— Sondern diese sind, glaube ich, eine die Heilkunde, eine die
Staatskunde, jene andere aber ist eben nichts weiter als die Er-
kenntnis? — Wie anders? — Also, wenn jemand nicht auch noch das
Gesunde und das Gerechte dazu kennt, sondern nur die Erkennt-
nis kennt, indem er von dieser allein Erkenntnis hat, so wird er
zwar, *daß* er etwas weiß und irgendeine Erkenntnis hat, wahr-
scheinlich wissen von sich selbst und von andern; nicht wahr? —
Ja. — *Was* er aber erkennt, wie soll er das vermittels dieser Er-
kenntnis wissen? Denn das Gesunde erkennt er vermöge der Heil-
c kunst, nicht vermöge der Besonnenheit, das Wohlklingende vermö-
ge der Tonkunst, nicht vermöge der Besonnenheit, das zum Bauen
Gehörige vermöge der Baukunst, nicht vermöge der Besonnenheit,
und so auch alles übrige. Oder nicht? — Offenbar. — Vermöge der
Besonnenheit aber, wenn sie nur die Erkenntnis der Erkenntnisse
ist, wie soll er wissen, daß er das Gesunde kennt oder daß er das
zum Bauwesen Gehörige kennt? — Auf keine Art. — Und wer dies
nicht weiß, der wird doch nicht wissen, was er weiß, sondern nur,
daß er weiß? — So scheint es. —

d *[18. Ihre Untauglichkeit zur Prüfung irgendeines Wissens]* Das wäre
also nicht die Besonnenheit und das Besonnensein, zu wissen, was
man weiß und was man nicht weiß, sondern wie es scheint nur, daß
man weiß und daß man nicht weiß. — So sieht es aus. — Noch auch
wird also ein solcher imstande sein, einen andern zu prüfen, wel-
cher etwas zu wissen behauptet, ob er das wirklich weiß, was er zu
wissen vorgibt, oder ob er es nicht weiß; sondern nur soviel, wie es
scheint, wird er erkennen, daß jener irgendeine Erkenntnis hat,
wovon aber, das wird ihn die Besonnenheit nicht erkennen machen.
e — Offenbar nicht. — Also auch den, der ein Arzt zu sein vorgibt, es
aber nicht ist, wird er nicht imstande sein, von dem, der es in der
Tat ist, zu unterscheiden, noch auch in andern Dingen den Kundi-
gen von dem Unkundigen. Laß es uns hieran uns anschaulich ma-
chen. Wenn der Besonnene, oder wer es sonst sein mag, den wahr-
haften Arzt erkennen will und den, der es nicht ist, wird er es nicht
so machen? Von der Heilkunde wird er nicht mit ihm reden. Denn
der Arzt, wie wir sagten, versteht nichts als das Gesunde und Un-
gesunde. Oder sagten wir nicht so? — Ja, so. — Von der Erkenntnis
aber weiß er nichts, sondern dieses haben wir allein der Besonnen-
heit zugeschrieben. — Ja. — Also weiß auch von der Heilkunde der
171 a Arzt nichts, da ja die Heilkunde eine Erkenntnis ist? — Richtig. —
Daß nun der Arzt irgendeine Erkenntnis hat, wird der Besonnene
freilich einsehen; unternimmt er aber zu erproben, was für eine,

muß er dann nicht sehen, wovon sie es ist? Oder ist nicht eben da-
durch jede Erkenntnis bestimmt, nicht nur daß sie eine Erkenntnis
ist, sondern auch was für eine, daß sie es von etwas ist? — Eben
dadurch. — Auch die Heilkunde ist also bestimmt als eine verschie-
dene von andern Erkenntnissen dadurch, daß sie des Gesunden und
Ungesunden Erkenntnis ist. — Ja. — Also eben hierin muß, wer je-
mandes Heilkunst untersuchen will, sie untersuchen, worin sie be- b
steht. Gewiß doch nicht in dem außer ihr, worin sie nicht besteht? —
Freilich nicht. — In dem Gesunden also und Ungesunden muß, wer
recht prüft, den Arzt prüfen, inwiefern er heilkundig ist. — So zeigt
es sich. — Nämlich doch indem er, was hierin gesprochen oder ge-
tan wird, prüft, ob das Gesprochene wahr gesprochen und das Ge-
tane richtig getan ist? — Notwendig. — Könnte nun wohl jemand
ohne Heilkunde eines von beiden gehörig verfolgen? — Gewiß nicht.
— Also auch wohl kein anderer außer der Arzt, auch nicht der Be- c
sonnene? Er wäre sonst ein Arzt noch außer der Besonnenheit. —
So ist es. — Auf alle Weise also, wenn die Besonnenheit nur die Er-
kenntnis der Erkenntnis ist und der Unkenntnis, wird sie auch
nicht imstande sein, weder den Arzt zu unterscheiden, der seine
Kunst versteht, und den, der sie nicht versteht, sondern es nur vor-
gibt oder sich einbildet, noch auch irgendeinen andern, ob er wirk-
lich das Seinige versteht, was es auch sei, ausgenommen seinen
Kunstverwandten, eben wie die andern Künstler auch. — Offenbar,
sagte er. —

[19. Nutzen dieser Besonnenheit?] Welchen Nutzen also, Kritias, d
sprach ich, hätten wir wohl noch von der so beschaffenen Besonnen-
heit? Denn wenn, wie wir anfänglich annahmen, der Besonnene
wüßte, was er weiß und was er nicht weiß, das eine, daß er es weiß,
und das andere, daß er es nicht weiß, und auch einen andern, wie
es eben hierin mit ihm steht, zu beurteilen imstande wäre: dann
wäre es uns, das können wir behaupten, höchst nützlich, besonnen
zu sein. Denn fehlerfrei würden wir selbst unser Leben durchfüh-
ren im Besitz der Besonnenheit und auch alle übrigen, so viele von
uns regiert würden. Denn weder würden wir selbst etwas zu tun e
unternehmen, was wir nicht verständen, sondern diejenigen aus-
findend, welche es verstehen, würden wir es ihnen überlassen, noch
auch würden wir den übrigen, welche wir regierten, verstatten, ir-
gend etwas anderes zu tun als das, was sie, wenn sie es tun, auch
richtig tun werden. Dies wäre aber das, wovon sie die Erkenntnis
haben. Und so würde ein durch Besonnenheit verwaltetes Hauswe-
sen wohl verwaltet werden und eine so regierte Stadt und auch al-
les andere, worüber Besonnenheit herrschte. Denn wenn das Feh-
len beseitigt ist und das Richtighandeln überall obwaltet: so müs- 172 a
sen, die in dieser Verfassung sind, notwendig ein schönes und gu-
tes Leben führen, die aber wohl leben, müssen glückselig sein. Wür-
den wir nicht dieses, sprach ich, von der Besonnenheit sagen, o Kri-
tias, wenn wir beschreiben wollten, welch ein großes Gut es wäre,
zu wissen, was einer weiß und nicht weiß? — Allerdings dieses. —

Nun aber siehst du doch, sprach ich, daß sich uns nirgends eine sol-
b che Erkenntnis gezeigt hat? – Ich sehe es, sagte er. – Hat etwa,
sprach ich, die Besonnenheit, wie wir sie jetzt gefunden haben, daß
man nämlich durch sie die Erkenntnis erkennt und die Unkenntnis,
das Gute, daß, wer sie besitzt, alles, was er sonst lernen will, leich-
ter lernen und daß ihm alles klarer erscheinen wird, weil er neben
jedem, was er lernt, auch noch die Erkenntnis dazu sieht? Und daß
er auch andere besser beurteilen wird, in dem nämlich, was er selbst
gelernt hat, die aber ohne dieses andere beurteilen wollen, werden
es schlechter und ungründlicher tun? Ist es etwa dergleichen etwas,
c Freund, was wir noch von der Besonnenheit an Vorteil haben wer-
den, und wir haben nur etwas Größeres im Sinn und suchen etwas
Größeres in ihr, als sie ist? – Vielleicht, sagte er, verhält es sich
so. –

[20. Heraufziehen einer Wunderlichkeit] Vielleicht, sprach ich; viel-
leicht aber auch haben wir etwas ganz Unnützes gesucht. Ich denke
nur so, weil mir allerlei wunderliche Dinge einfallen von der Be-
sonnenheit, wenn sie so etwas ist.

Laß uns doch sehen, wenn du willst. Eingestanden, es sei möglich,
die Erkenntnis zu erkennen, laß uns auch jenes, was wir anfänglich
als die Besonnenheit setzten, das Wissen, was einer weiß und was er
d nicht weiß, auch das laß uns nicht abstreiten, sondern zugeben, und
dies alles zugegeben laß uns noch besser überlegen, ob sie uns etwas
helfen wird, wenn sie nun diesen ganzen Umfang hat. Denn was
wir nur eben sagten, daß die Besonnenheit ein großes Gut sein wür-
de, wenn sie dieses wäre und so der Verwaltung der Hauswesen und
Staaten vorstände, das, dünkt mich, Kritias, haben wir eben nicht gar
löblich ausgesagt. – Wie doch? sprach er. – Weil wir, sagte ich, sehr
obenhin behauptet haben, es wäre ein großes Gut für die Men-
schen, wenn jeder das täte, was er wisse, was er aber nicht wisse,
e andern überließe, die es wissen. – Und dieses, fragte er, hätten wir
nicht löblich ausgesagt? – Nein, wie mich dünkt. – Wunderliche
Dinge in der Tat, sagte er, sprichst du, Sokrates. – Beim Hunde,
sprach ich, auch mich dünkt es ebenso. Das hatte ich auch eben im
Sinne, als ich sagte, es fielen mir wunderliche Dinge ein, und wie ich
fürchtete, daß wir gar nicht richtig untersuchten. Denn in der Tat,
wenn auch die Besonnenheit alles dieses wirklich ist, so dünkt mich
173 a gar nicht klar zu sein, daß sie uns irgendein Gut bewirkt. – Wie
denn? sprach er; sage doch, damit auch wir sehen, was du meinst. –
Ich glaube wohl, sagte ich, daß ich fasele; aber doch muß man, was
einem vorschwebt, in Betrachtung ziehen und nicht leichtsinnig vor-
übergehen, wenn einem auch nur im mindesten an sich selbst etwas
gelegen ist. – Wohl gesprochen, sagte er. –

[21. Herrschaft dieser Besonnenheit und Glückseligkeit?] So höre denn, sprach ich, meinen Traum, ob er aus der Pforte von Horn kommt oder aus der von Elfenbein. Wenn nämlich die Besonnenheit, sofern sie dasjenige ist, was wir jetzt festgestellt haben, auch noch

so sehr über uns herrscht, würde dann nicht überall nach der Er-
kenntnis verfahren werden und keiner, der ein Steuermann zu sein b
behauptete, es aber nicht wäre, uns hintergehen können, noch auch
ein Arzt oder Heerführer noch sonst einer, der vorgäbe zu wis-
sen, was er nicht weiß, würde unentdeckt bleiben? Würde uns
aber hieraus, wenn es sich so verhielte, wohl etwas anderes ent-
stehen, als daß wir eben gesunder sein werden am Leibe als jetzt
und besser aus Gefahren zur See und im Kriege errettet werden, und
daß unser Hausgerät, Kleidung, Beschuhung und was sonst hierher c
gehört, kunstreich wird gearbeitet sein, weil wir uns überall wahrer
Künstler bedienten? Ja, wenn du willst, wollen wir auch noch die
Wahrsagekunst zugeben, daß sie eine Erkenntnis des Zukünftigen
sein werde, und die Besonnenheit soll auch dieser vorstehen, um die
Großsprecher abzuwehren und uns die wahrhaften Wahrsager als
Ausleger des Zukünftigen aufzustellen. Daß nun das menschliche
Geschlecht, also versorgt, verständig handeln und leben würde, das d
begreife ich. Denn die achthabende Besonnenheit würde nicht zu-
lassen, daß sich uns der Unverstand als Mitarbeiter neben einschlei-
chen könnte. Daß wir aber, verständig und erkenntnismäßig lebend,
auch gut leben und glücklich sein würden, das können wir doch noch
nicht einsehen, lieber Kritias. –

[22. Erweis ihrer völligen Unnützlichkeit] Aber, sagte er, du wirst
doch nicht leicht ein anderes Ziel des Gutlebens finden, wenn das
erkenntnismäßige dir zu schlecht ist. – Lehre mich nur noch das We-
nige, sprach ich, welcher Erkenntnis gemäß du denn meinst? Etwa
der von Schneidung der Schuhe? – Beim Zeus, sagte er, die meine e
ich nicht. – Oder von Verarbeitung des Metalls? – Keineswegs. –
Oder der Wolle, des Holzes und irgend sonst etwas dergleichen? –
Auch nicht. – Also, sprach ich, bleiben wir nicht mehr bei der Er-
klärung, der lebe glückselig, der erkenntnismäßig lebe; denn die-
sen, obgleich sie erkenntnismäßig leben, willst du doch nicht zuge-
stehen, daß sie glückselig sind; sondern du scheinst mir nur als einen
in gewisser Hinsicht erkenntnismäßig Lebenden den Glückseligen zu
beschreiben; und vielleicht meinst du den, dessen ich eben erwähnte,
der das Zukünftige alles wissen soll, den Wahrsager. Meinst du den 174 a
oder einen andern? – Auch den, sagte er, meine ich, auch andere. –
Welche doch? fragte ich. Nicht etwa den, der außer dem Zukünfti-
gen auch das Vergangene alles wüßte und das Gegenwärtige, und
dem gar nichts unbekannt wäre? Denn laß uns annehmen, es gäbe
einen solchen. Und ich denke doch, du wirst nicht behaupten, daß ir-
gend jemand erkenntnismäßiger lebe als dieser. – Freilich nicht. –
Das aber vermisse ich nun noch, welche von seinen Erkenntnissen
ihn glückselig macht; oder alle auf gleiche Weise? – Mitnichten auf
gleiche Weise. – Aber welche denn vornehmlich? Was doch aus al- b
lem Gegenwärtigen, Vergangenen und Zukünftigen weiß er durch
diese? Etwa was zum Brettspiel gehört? – Ei was Brettspiel! sag-
te er. – Oder zum Rechnen? – Keineswegs. – Oder zur Gesund-
heit? – Schon eher. – Aber jene eigentliche, sprach ich, die ich meine,

was erkennt er durch die? – Das Gute, sagte er, und das Böse. –
O du böser Mensch! sprach ich, so lange ziehst du mich rundherum
und verbirgst mir, daß nicht das erkenntnismäßig Leben überhaupt
c wohllebend und glückselig macht, auch nicht das nach allen andern
Erkenntnissen zusammengenommen, sondern nur das nach dieser
einen, welche sich auf das Gute und Böse bezieht! Denn, Kritias, wenn
du nun diese Erkenntnis wegnimmst von den übrigen Erkenntnis-
sen, wird dann die Heilkunst uns weniger heilen, die Kunst des
Schuhmachers uns weniger beschuhen, die des Webers uns weniger
bekleiden und die des Steuermanns uns weniger bewahren, daß wir
nicht zur See, so wie die des Heerführers, daß wir nicht im Kriege
umkommen? – Um nichts weniger, sagte er. – Aber, lieber Kri-
tias, daß alles dieses gut geschehe und zu unserm Nutzen, das wer-
d den wir eingebüßt haben, wenn jene Erkenntnis weggenommen ist. –
Richtig. – Aber diese ist doch, wie es scheint, nicht die Besonnen-
heit, sondern sie ist die, deren Geschäft ist, uns zu nutzen. Denn sie
ist ja nicht die Erkenntnis der Erkenntnis und Unkenntnis, sondern
die Erkenntnis des Guten und Bösen, so daß, wenn diese die nüt-
zende ist, die Besonnenheit etwas anderes sein muß als nützend. –
Wie? sagte er, die sollte nicht nützen? Denn wenn doch einmal die
Besonnenheit die Erkenntnis der Erkenntnisse ist und den andern
e Erkenntnissen vorsteht: so muß sie ja auch dieser sich auf das Gu-
te beziehenden Erkenntnis vorstehen und uns so doch nützen. –
Macht sie uns auch, sprach ich, etwa gesund, und nicht die Heilkun-
de? Und so auch mit den andern Künsten; verrichtet sie die Ge-
schäfte derselben und nicht vielmehr jede von ihnen das ihrige? Oder
haben wir nicht lange schon eingestanden, daß sie nur der Erkennt-
nisse und Unkenntnisse Erkenntnis wäre und keiner andern Sache?
Nicht so? – Allerdings wohl. – Sie also wird uns nicht die Gesund-
175 a heit bewirken? – Wohl nicht. – Weil nämlich die Gesundheit für
eine andere Kunst gehört. Oder nicht? – Ja, für eine andere. – Al-
so auch nicht den Nutzen, Freund, wird sie uns bewirken. Denn
auch dieses Geschäft haben wir jetzt eben einer andern Kunst bei-
gelegt. Nicht wahr? – Freilich. – Wie kann also die Besonnenheit
nützlich sein, wenn sie uns gar keinen Nutzen irgend bewirkt? –
Auf keine Weise, Sokrates, scheint es ja. –

[23. Zusammenfassung und Zweifel am Ergebnis] Du siehst also,
Kritias, wie sehr mit Recht ich schon lange Besorgnis hegte und wohl
mit Grund mich selbst beschuldigte, daß ich gar nichts Nützliches
von der Besonnenheit herausbrächte. Denn gewiß würde nicht, was
einstimmig für das Vortrefflichste von allen gehalten wird, uns als
b etwas Unnützes erschienen sein, wenn ich etwas nutz wäre, um eine
Untersuchung gut zu führen. Nun aber werden wir ja überall ge-
schlagen und können nicht aufzeigen, was wohl dasjenige ist, dem
der Wortbildner diesen Namen Besonnenheit beigelegt hat, uner-
achtet wir vieles eingeräumt haben, was gar nicht herauskam in un-
serer Rede. Denn zuerst haben wir eingeräumt, es gebe eine Erkennt-
nis der Erkenntnis, unerachtet unsere Rede dies nicht zuließ noch

behauptete, es gebe eine; dann haben wir ferner dieser Erkenntnis
eingeräumt, daß sie auch die Werke der übrigen Erkenntnisse er-
kennen sollte, obwohl auch dieses unsere Rede nicht zuließ, um nur c
den Besonnenen so weit zu bringen, daß er erkennte, was er weiß,
daß er es weiß, und was er nicht weiß, daß er es nicht weiß. Und die-
ses haben wir in der Tat sehr freigebig eingeräumt, ohne darauf zu
sehen, wie unmöglich es ist, was einer ganz und gar nicht weiß, die-
ses doch gewissermaßen zu wissen. Denn daß er es nicht wisse, hat-
ten wir ihm doch eingestanden zu wissen, obgleich, wie ich glaube,
dieses offenbar unvernünftiger ist als irgend sonst etwas. Und den-
noch hat die Untersuchung, wie gutmütig und gar nicht hart wir d
auch gegen sie gewesen sind, die Wahrheit nicht finden können,
sondern ihr dergestalt Hohn gesprochen, daß sie uns, was wir durch
ewiges Zugeben und Zudichten als das Wesen der Besonnenheit auf-
gestellt hatten, dieses zuletzt höchst übermütig als etwas ganz Un-
nützes gezeigt hat. Meinetwegen nun verdrießt es mich weniger, dei-
netwegen aber, o Charmides, verdrießt es mich sehr, daß du, mit einer
solchen Gestalt und überdies von Gemüt so besonnen, dennoch von
dieser Besonnenheit gar keinen Nutzen haben sollst und sie dir e
nichts helfen soll im Leben. Noch mehr aber verdrießt es mich we-
gen der Besprechung, die ich von dem Thrakier gelernt habe, daß
ich an etwas so gar nichts Wertes so viele Mühe gewendet habe, es
zu lernen. Auch glaube ich gar nicht, daß es sich wirklich so verhält;
sondern nur, daß ich ein schlechter Forscher bin, die Besonnenheit
aber gewiß ein großes Gut ist und du, wenn du es besitzt, sehr
glückselig. Sieh also zu, ob du es etwa besitzt und der Besprechung 176 a
gar nicht bedarfst. Denn besitzt du es, so wollte ich dir lieber raten,
mich nur für einen Schwätzer zu halten, der unfähig ist, etwas or-
dentlich zu suchen im Gespräch, dich selbst aber, je besonnener du
bist, für desto glückseliger.

[24. Auftrag an Charmides] Darauf sagte Charmides: Aber beim
Zeus, Sokrates, ich weiß ja nicht, ob ich sie habe oder ob ich sie nicht
habe. Wie sollte ich es auch wohl wissen, da ja nicht einmal ihr im-
stande seid herauszufinden, was sie wohl ist, wie du sagst. Ich mei-
nes Teils jedoch glaube dir eben nicht sehr und meine von mir selbst, b
Sokrates, daß ich der Besprechung gar sehr bedarf; auch soll von
meiner Seite nichts hindern, daß ich mich von dir besprechen lasse
alle Tage, bis du sagst, es sei genug. – Wohl, sagte Kritias, denn
wenn du dies tust, Charmides, das wird mir ein Beweis sein, daß du
besonnen bist, wenn du dich dem Sokrates hingibst, um dich von ihm
besprechen zu lassen, und nicht von ihm läßt weder viel noch we-
nig. – Gewiß, sagte er, werde ich ihm folgen und nicht von ihm las-
sen. Es wäre ja auch arg von mir, wenn ich dir, meinem Vormunde, c
nicht gehorchte und nicht täte, was du befiehlst. – Und gar sehr, sag-
te er, befehle ich es. – So werde ich es denn tun, antwortete Char-
mides, mit diesem Tage anfangend. – Ihr da, sprach ich, was be-
ratet ihr euch zu tun? – Nichts, sagte Charmides, sondern wir haben
uns schon beraten. – Gewalt also, sprach ich, willst du brauchen,

und mir nicht einmal eine Wahl lassen? — Ja, Gewalt, sagte er, will
ich brauchen, zumal es ja dieser befiehlt. Hingegen nun berate du dich
auch, was du zu tun gedenkst. — Da ist ja, sprach ich, weiter kein
d Rat übrig. Denn dir, wenn du etwas auszuführen unternimmst und
noch gar Gewalt brauchst, wird wohl kein Mensch imstande sein,
sich zu widersetzen. — So widersetze du dich denn auch nicht, sagte
er. — Ich werde auch nicht, sprach ich.

LACHES

GLIEDERUNG

A. Einleitung: 1. Lysimachos über die Notwendigkeit der Sorge für die Söhne (1. Kap., 178 a 1—179 b 6). 2. Beispiel der Erziehung in der Fechtkunst (2. Kap., 179 b 6—180 a 5). 3. Bereitschaft des Nikias und Laches zur Mitberatung und Hinweis auf Sokrates (3. Kap., 180 a 6 bis 180 d 3). 4. Art des Sokrates; sein Verhältnis zu Lysimachos (4. Kap., 180 d 4—181 c 9).

B. Hauptteil:

I. Beurteilungen der Fechtkunst. 1. Befürwortung der Fechtkunst durch Nikias (5. Kap., 181 d 1—182 d 5) 2. Laches gegen die Fechtkunst: Sie wird gerade in Sparta nicht geschätzt (6. Kap., 182 d 6—183 b 7), ihre Vertreter taugen nichts (7. Kap., 183 b 8—184 b 1), sie ist unnütz und gefährlich (8. Kap., 184 b 1—184 d 4). 3. a) Suche des S. nach dem Sachverständigen (9. Kap., 184 d 5—185 b 8). b) Wer ist sachverständig in der Behandlung der Seele? (10. Kap., 185 b 9—186 a 2). c) Frage nach der Urteilsbefähigung des Laches und Nikias (11. Kap., 186 a 3—187 b 7). 4. a) Aufgreifen der Frage durch Lysimachos (12. Kap., 187 b 8—187 e 5). b) Bereitwilligkeit des Nikias, sich prüfen zu lassen (13. Kap., 187 e 6—188 c 3). c) Zustimmung des Laches (14. Kap., 188 c 4—189 b 7).

II. Prinzipielle Erörterung des Themas an Hand des Begriffes Tapferkeit. 1. a) Methode der Untersuchung: Ausgang vom Gegenstand selbst (15. Kap., 189 c 1—190 b 2). b) Stellung der Frage: Was ist Tapferkeit? (16. Kap., 190 b 3—190 e 3). 2. a) Unvollkommene Antwort des Laches (17. Kap., 190 e 4—191 c 6). b) Präzisierung der Frage (18. Kap., 191 c 7—191 e 12). c) These des Laches: Tapferkeit ist verständige Beharrlichkeit (19. Kap., 192 a 1—192 d 12). d) Widerlegung der These (20. Kap., 192 e 1—193 d 10). e) Entschluß zum Beharren beim Logos (21. Kap., 193 d 11—194 c 1). 3. a) These des Nikias: Tapferkeit ist Erkenntnis des Gefährlichen und des Unbedenklichen (22. Kap., 194 c 2 bis 195 b 1). b) Widerlegungsversuch des Laches (23. Kap., 195 b 2 bis 195 e 7) und sein Rückzug unter Protest (24. Kap., 195 e 8—196 c 9). c) Unterschied zwischen Tapferkeit und Furchtlosigkeit (25. Kap., 196 c 10—197 c 1). d) Wiederholter Protest des Laches (26. Kap., 197 c 2 bis 197 e 9). 4. Prüfung der These durch Sokrates. a) Definition des Gefährlichen und des Unbedenklichen (27. Kap., 197 e 10—198 c 8). b) Eine und dieselbe Erkenntnis für das Künftige, das Gegenwärtige und das Vergangene (28. Kap., 198 c 9—199 c 2). c) Tapferkeit also mit der gesamten Tugend identisch? (29. Kap., 199 c 3—200 a 3).

C. Schluß: 1. Abschlußgeplänkel und Einigkeit über Sokrates (30. Kap., 200 a 4—200 d 8). 2. Aufforderung zu weiterer Bemühung (31. Kap., 200 e 1—201 c 5).

Lysimachos, Melesias, Nikias, Laches, die Söhne des Lysimachos und Melesias, Sokrates

[1. Notwendigkeit der Sorge für die Söhne]

Lysimachos: Gesehen habt ihr nun, o Nikias und Laches, den Mann 178 a
in ganzer Rüstung fechten; weshalb aber wir, ich und Melesias, euch genötigt haben, mit uns ihm zuzusehen, dies sagten wir damals noch nicht, wollen es aber jetzt sagen. Denn wir glauben, zu euch freimütig reden zu dürfen. Denn es gibt freilich welche, die einen hiermit nur auslachen; und wenn jemand sie zu Rate zieht, so sagen sie nicht, b
was sie denken, sondern den Fragenden erratend, reden sie etwas anderes gegen ihre eigene Meinung. Euch aber hielten wir nicht nur tüchtig zu der Sache Beurteilung, sondern auch, daß, nachdem ihr sie beurteilt, ihr aufrichtig sagen werdet, was ihr denkt, und so haben wir euch mit zu unserer Beratung genommen über das, was wir euch eröffnen wollen. Worüber ich aber schon so lange so vieles vorrede, 179 a
das ist folgendes. Diese hier sind unsere Söhne, der da ist dessen, nach seinem Großvater Thukydides genannt; der meinige aber hier führt ebenfalls den großväterlichen Namen meines Vaters, denn er heißt Aristeides. Für diese nun haben wir beschlossen, so gut als möglich zu sorgen und nicht, wie die meisten es machen, nun sie halb erwachsen sind, sie gehen und tun zu lassen, was sie wollen, sondern vielmehr nun erst recht anzufangen, die möglichste Sorgfalt auf sie zu wenden. Da wir nun wissen, daß auch ihr Söhne habt: so glauben wir, wenn irgend jemand, werdet gewiß ihr darauf gesonnen haben, b
auf welche Art behandelt sie am besten gedeihen werden. Solltet ihr aber etwa nicht sehr auf diese Sache gedacht haben: so wollen wir euch ermahnen, sie nicht zu vernachlässigen, und euch auffordern, gemeinschaftlich mit uns Sorge zu tragen für die Söhne.

[2. Beispiel der Erziehung in der Fechtkunst] Weshalb wir nun dieses beschlossen, o Laches und Nikias, müßt ihr hören, wenn es auch etwas ausführlicher sein sollte. Wir nämlich speisen zusammen, ich und Melesias, und unsere Knaben mit uns. Wie ich nun gleich an- c
fangs gesagt, wir wollen freimütig zu euch reden. Jeder von uns nämlich hat von seinem Vater zwar viele schöne Taten zu erzählen, teils welche sie im Kriege getan haben, teils welche im Frieden, sowohl der Bundesgenossen Angelegenheit verwaltend als auch die der Stadt; eigene Taten aber von sich selbst hat keiner von uns den Jünglingen zu erzählen. Deswegen also schämen wir uns vor diesen und klagen auch unsere Väter an, daß sie uns, nachdem wir herangewachsen, d
nach Gutdünken leben ließen, selbst aber nur fremde Angelegenheiten verwalteten. Diesen Jünglingen aber halten wir das Beispiel vor und sagen ihnen, daß, wenn sie sich vernachlässigen und uns

nicht gehorchen, sie auch unberühmt bleiben werden, würden sie
aber Fleiß anwenden, so könnten sie vielleicht der Namen sich wert
machen, welche sie führen. Sie nun versprechen zu gehorchen, und
wir denken darauf, was diese wohl lernen und üben müssen, um
recht tüchtige Männer zu werden. Da hat uns also einer auch auf die-
e se Kunst gewiesen, daß es wohl einem Jünglinge anständig wäre,
in ganzer Rüstung zu fechten, und hat uns dazu diesen gerühmt, wel-
chen ihr eben gesehen habt sich in seiner Kunst zeigen, und uns ge-
heißen, ihm zuzuschauen. Wir aber glaubten, wir müßten nicht nur
selbst kommen, ihn zu sehen, sondern auch euch mitnehmen als Mit-
zuschauer zunächst, dann aber auch als Mitberater und Teilnehmer,
wenn ihr wollt, an der Sorge für die Söhne. Dieses ist es, weshalb
180 a wir uns mit euch zusammentun wollten. Jetzt also ist es eure Sache,
Rat zu erteilen sowohl wegen dieser Kunst, ihr mögt nun meinen,
daß sie erlernt werden müsse oder nicht, als auch wegen der übrigen,
wenn ihr uns für einen jungen Mann eine Kunst anzurühmen habt
oder eine Wissenschaft, und wegen eurer Gemeinschaft mit uns zu
sagen, was ihr tun wollt.

[3. Bereitschaft des Nikias und Laches zur Mitberatung, Hinweis auf Sokrates]

NIKIAS: Ich meines Teils, o Lysimachos und Melesias, lobe nicht
nur eure Gesinnung, sondern bin auch bereit, mit euch gemeinsa-
me Sache zu machen; ich glaube aber dasselbe auch von Laches.
b LACHES: Und ganz richtig glaubst du, o Nikias. Denn was Lysima-
chos eben sagte von seinem und des Melesias Vater, das scheint mir
sehr richtig bemerkt zu sein, nicht nur über jene, sondern auch
über uns und alle, welche die öffentlichen Geschäfte verwalten, in-
dem allen fast dieses begegnet, was er sagt, sowohl was ihre Kin-
der betrifft als alle andern eignen Angelegenheiten, daß diese näm-
lich hintangesetzt und nachlässig betrieben werden. Dieses also war
sehr gut gesagt, o Lysimachos; daß du aber uns zu Mitberatern we-
c gen der Erziehung dieser Jünglinge berufst, den Sokrates hier aber
nicht berufst, darüber wundere ich mich, da er zunächst dein Zunft-
genosse ist, sodann aber sich immer da aufhält, wo etwas von dem
zu finden ist, was du suchst für die Jünglinge, irgendeine anstän-
dige Wissenschaft oder Kunst.

LYSIMACHOS: Wie sagst du, o Laches? Läßt Sokrates sich derglei-
chen irgend angelegen sein?

LACHES: Allerdings, o Lysimachos.

NIKIAS: Dieses kann auch ich dir bezeugen nicht minder als Laches.
Denn auch mir selbst hat er erst neulich einen Mann zugeführt, als
d Lehrer für meinen Sohn in der Tonkunst, des Agathokles Schüler,
den Damon, einen gar vortrefflichen Mann in der Tonkunst nicht
nur, sondern auch sonst wie brauchbar du willst zum lehrreichen
Umgang für solche Jünglinge.

[4. Art des Sokrates; sein Verhältnis zu Lysimachos]

LYSIMACHOS: Gar wenig, o Sokrates, Nikias und Laches, sind wir,

die wir so alt sind, mehr bekannt mit den Jüngeren, da wir gar viel zu Hause bleiben unseres Alters wegen. Wenn also auch du, o Sohn des Sophroniskos, diesem deinem Zunftgenossen etwas Gutes zu raten hast, so rate. Auch geziemt es dir so, da du schon vom Vater her e
mir befreundet bist; denn immer waren ich und dein Vater Freunde und Vertraute, und er ist eher gestorben, als er einen Zwist mit mir gehabt hätte. Überdies kommt mir jetzt eine Erinnerung von dem, was diese sagen. Denn wenn die Knaben zu Hause untereinander reden, erwähnen sie oft des Sokrates und rühmen ihn sehr, noch nie indes habe ich sie befragt, ob sie wohl den Sohn des Sophroniskos meinen. Sagt also, ihr Kinder, ist dieses der Sokrates, dessen ihr 181 a
immer erwähnt?

KNABEN: Allerdings, o Vater, ist es dieser.

LYSIMACHOS: Sehr gut, bei der Here, o Sokrates, daß du so deinem Vater, dem trefflichen Manne, Ehre bringst, schon an sich und besonders aber auch, weil nun das deinige auch uns eignen wird, so wie das unsrige dir.

LACHES: Wahrlich, o Lysimachos, lasse ja den Mann nicht los. Ich meines Teils habe ihn auch anderswo schon gesehen nicht nur seinem Vater Ehre bringen, sondern auch seinem Vaterlande. Denn bei der b
Flucht vor Delion ging er mit mir zurück, und ich versichere dir, wenn die übrigen sich hätten so beweisen wollen, unsere Stadt wäre damals bei Ehren geblieben und hätte nicht einen so schmählichen Sturz erlitten.

LYSIMACHOS: O Sokrates, dieses ist ein schönes Lob, welches dir jetzt erteilt wird von glaubwürdigen Männern zumal in dem, weshalb sie dich loben. Sei also versichert, daß es mich freut, dieses zu hören, deines guten Rufes wegen, und zähle mich zu denen, welche dir am meisten wohlwollen. Und schon eher zwar hättest du von c
selbst fleißig zu uns kommen sollen und uns zu den Deinigen rechnen: nun aber von heute an, da wir einander bekannt geworden, tue ja nicht anders, sondern halte dich zu uns und lerne auch du uns kennen und diese Jüngeren, damit auch ihr unsere Freundschaft fortsetzt. Dies tue also von selbst, und auch wir wollen dich dessen öfter wieder erinnern. Darüber aber, wovon wir anfingen, was sagt ihr? Was dünkt euch? Ist die Kunst den Jünglingen ersprießlich, in der ganzen Rüstung fechten zu lernen, oder nicht?

[5. Befürwortung der Fechtkunst durch Nikias]

SOKRATES: Sowohl hierin, o Lysimachos, will ich versuchen dir zu d
raten, wenn ich nur kann, als auch alles andere, wozu du mich einlädst, will ich tun. Das Schicklichste aber dünkt mich zu sein, daß ich als der Jüngste von diesen und der Unerfahrenste zuerst sie höre, was sie meinen, und von ihnen lerne; wenn ich aber etwas anderes habe außer dem von ihnen Gesagten, dann erst es ihnen vortrage und sie und dich überzeuge. Also, o Nikias, warum redest du nicht zuerst unter uns?

NIKIAS: Nichts hindert mich, o Sokrates. Mich nämlich dünkt auch, diese Kunst zu verstehen könne jungen Männern in vieler e

Art nützlich sein. Denn schon deshalb, weil sie unterdes nicht eine
andere Beschäftigung treiben von denen, welche junge Leute zu
lieben pflegen in der Muße, sondern diese, wodurch doch ihr Körper
notwendig an Stärke gewinnen muß, ist sie gut — denn diese Leibes-
übung ist nicht schlechter als irgendeine andere, noch geringere An-
strengungen erfordernd; zugleich aber gehört sich für einen an-
182 a ständigen Mann vor allen andern diese und das Reiten. Denn auf
den Kampf, worin wir ja Künstler sein sollen und den wir wirk-
lich zu bestehen haben, üben sich doch nur die, welche sich mit die-
sen im Kriege zu handhabenden Werkzeugen üben. Ferner kann die-
se Kunst ihnen auch von Vorteil sein in der Schlacht selbst, wenn sie
in geschlossener Ordnung fechten sollen mit vielen andern. Ihr größ-
ter Nutzen jedoch zeigt sich erst dann, wenn die Glieder sich trennen
und schon der Einzelne gegen den Einzelnen entweder verfolgend dem
b sich Verteidigenden zusetzen oder auch fliehend gegen den, der ihn
angreift, sich selbst verteidigen soll. Alsdann kann wohl nicht leicht,
wer dieses versteht, von einem bezwungen werden, vielleicht auch
nicht von mehreren, sondern dürfte überall die Oberhand haben.
Ferner fordert dies auch auf zum Streben nach einer andern edlen
Kunst. Denn jeder, welcher gelernt hat, in voller Bewaffnung zu fech-
ten, wird auch Verlangen tragen nach der verwandten Kunst der
Schlachtordnung, und wer diese erlangt hat und sich darin hervor-
c getan, der wird dann gewiß zu allem, was noch sonst dem Heerfüh-
rer nötig ist, fortschreiten. Und so ist schon offenbar, wie anständig
und einem Manne höchst nützlich zu lernen und zu üben die hieran
hängenden Künste und Kenntnisse sind, zu denen diese der Anfang
sein kann. Noch ein nicht Geringes aber wollen wir hinzufügen, daß
nämlich diese Kenntnisse einen jeden im Kriege um nicht weniges
dreister und tapferer, als er sonst wäre, machen wird. Auch das wol-
len wir nicht verschmähen zu sagen, obgleich es Menschen gering-
fügiger dünken möchte, daß durch sie auch ein Mann in besserem
d Anstande sich zeigt gerade da, wo er durch seinen Anstand den Fein-
den noch furchtbarer erscheint. Mich also, o Lysimachos, dünkt, wie
ich sage, daß die Jünglinge dieses erlernen müssen, und auch wes-
halb es mich dünkt, habe ich hiermit ausgesprochen. Was aber Laches
etwa anderes hierüber meint, wünsche ich nun selbst auch zu hören.

[6. Laches gegen die Fechtkunst: Sie wird gerade in Sparta nicht geschätzt]

Laches: Zwar ist es bedenklich, o Nikias, von welcher Kunst es
auch sei, zu sagen, daß man sie nicht lernen solle. Denn auch alles zu
wissen scheint gut zu sein, und so auch dieses Fechterstück, wenn es
e eine Kunst ist, wie diejenigen, die es lehren, behaupten, und eine
solche, wie Nikias sagt, dann muß man es lernen. Ist es aber keine
Kunst, sondern betrügen uns nur, die es zu lehren verheißen, oder
ist es zwar eine Kunst, jedoch zu gar keinem ernsthaften Gebrauch,
wozu sollte man sie denn wohl lernen? Ich spreche aber hierüber so
in der Hinsicht, daß ich glaube, dieses würde, wenn es etwas wäre,
den Lakedaimoniern nicht entgangen sein, denen ja nichts ande-

res anliegt im Leben, als dasjenige zu lernen und zu üben, was, ge-
lernt und geübt, ihnen Übermacht verschaffen kann über andere im 183 a
Kriege. Wäre es ihnen aber auch entgangen, so würde doch den Leh-
rern dieser Kunst eben das nicht entgangen sein, daß jene am meisten
unter allen Hellenen sich dieser Dinge befleißigen, und daß, wer von
ihnen deshalb geachtet wäre, auch bei den andern desto mehr Geld
gewinnen müßte, eben wie ein Tragödiendichter, der bei uns geachtet
ist. Denn gewiß, wer eine Tragödie schön gedichtet zu haben glaubt,
der wird nicht rund um Attika in andern Städten herumziehend sie b
zur Schau geben, sondern er kommt geradezu hierher und stellt sie
bei uns zur Schau, wie billig. Diese Fechtkünstler aber sehe ich, daß
sie Lakedaimon für ein unzugängliches Heiligtum halten und es
auch nicht mit der Fußspitze betreten, sondern sich lieber bei allen
andern zeigen, am liebsten aber bei denen, welche selbst gestehen,
daß viele ihnen überlegen sind, was den Krieg betrifft.

[7. ... *ihre Vertreter taugen nichts]* Ferner, o Lysimachos, bin ich c
schon mit nicht gar wenigen von diesen zusammen gewesen bei der
Tat selbst und habe gesehen, was sie wert sind. Aber auch daraus
können wir dieses beurteilen, daß, recht als müßte es so sein, niemals
irgendeiner von diesen Fechtkünstlern ein berühmter Mann gewor-
den ist im Kriege, während doch sonst überall die berühmten aus de-
nen herkommen, welche sich jeder Sache besonders befleißigen, die-
se aber, wie es scheint, sind hierin vor allen andern sehr unglücklich
gewesen. Ja, auch diesen Stesilaos, den ihr mit mir vor einer so gro-
ßen Volksmenge sich zeigen gesehen habt und so vieles von sich rüh- d
men, als er gerühmt hat, den habe ich anderwärts schon besser ge-
sehen ganz der Wahrheit nach, wo er sich wahrhaft zeigte, aber eben
nicht gern. Als nämlich das Schiff, auf welchem er sich befand, mit
einem Frachtschiff zusammenstieß, da focht er mit einem Sichelspeer,
einer sonderlichen Waffe, wie auch er sonderlich war vor den übri-
gen. Sonst nun verdient wohl nichts von dem Manne erzählt zu wer-
den, doch aber diese Erfindung mit der Sichel an dem Speer, wie sie
ablief. Indem er nämlich damit herumfocht, hakte er irgendwo an e
dem Takelzeug des Schiffes ein und blieb hängen. Nun zog Stesilaos
daran, um ihn loszumachen, und konnte nicht. Die Schiffe aber gin-
gen aneinander vorbei. Anfangs nun lief er längs dem Schiffe seinen
Speer festhaltend ihm nach, als aber jenes Schiff schon vorüber war
vor dem seinigen und ihn nun mitzog, weil er seinen Speer halten
wollte, so ließ er den Speer allmählich nach durch die Hand, bis er 184 a
nur noch die äußerste Spitze am untern Ende hielt. Da war nun groß
Gelächter und Geklatsch unter denen auf dem Frachtschiff schon
über diese Stellung, hernach aber, als ihm einer einen Stein vor die
Füße auf das Verdeck warf und er den Speer losließ, da konnten
auch die auf dem Kriegsschiffe das Lachen nicht mehr halten, als
sie an dem Frachtschiffe hängen sahen jenen Sichelspeer. Vielleicht
also kann zwar dennoch etwas an der Sache sein, wie auch Nikias
sagt, was ich aber daran gefunden habe, war nicht besser als dieses.

b *[8. ... sie ist unnütz und gefährlich]* Wie ich also schon anfangs
sagte, hat es nun so wenigen Nutzen, obwohl es eine Kunst ist, oder
ist es gar keine und sie geben es nur dafür aus: so ist es wohl nicht
der Mühe wert, es zu lernen. Daher nun dünkt mich, wenn ein Fei-
ger glaubte, dieses verstehen zu müssen, und sich dadurch dreist ma-
chen ließe, so würde nur um so offenbarer werden, was für einer er
war; wenn aber ein Tapferer, der würde, von allen Menschen be-
obachtet, auch wenn er nun um ein weniges fehlte, großen Tadel da-
c vontragen; denn neiderweckend ist es, sich einer solchen Wissenschaft
zu rühmen. So daß, wer nicht, ich weiß nicht wie sehr, sich auszeich-
net vor andern in der Tapferkeit, unmöglich vermeiden kann, lächer-
lich zu werden, wenn er sich dafür ausgibt, diese Wissenschaft zu
besitzen. Solche Bewandtnis dünkt es mich zu haben, o Lysimachos,
mit dem Bestreben um diese Kunst. Du mußt aber, wie ich dir gleich
sagte, auch den Sokrates hier nicht loslassen, sondern ihn bitten,
Rat mitzuteilen, was ihn dünkt von der vorliegenden Sache.

Lysimachos: Darum bitte ich dich allerdings, o Sokrates; zumal
d unsere Beratung mir gleichsam noch eines Schiedsrichters zu bedür-
fen scheint. Denn wenn diese beiden übereinstimmten, so würde es
dessen weniger bedürfen; da nun aber, wie du siehst, Laches für die
entgegengesetzte Seite gestimmt hat als Nikias, so ist es sehr dien-
lich, auch dich noch zu hören, welchem von den Männern du bei-
stimmst.

[9. Suche des S. nach dem Sachverständigen]

Sokrates: Wie also, o Lysimachos? Welches von beiden die meisten unter uns billigen, das willst du annehmen?

Lysimachos: Wie sollte es einer denn auch wohl anders machen, o Sokrates?

Sokrates: Würdest auch du, o Melesias, es so machen? Und wenn
e von Kampfspielen in Beziehung auf deinen Sohn die Frage wäre, auf
welches er sich üben sollte, würdest du der Mehrheit von uns glau-
ben oder dem, der von einem guten Lehrer in Leibesübungen unter-
richtet wäre und sie eingeübt hätte?

Melesias: Diesem wohl natürlich, o Sokrates.

Sokrates: Dem würdest du also mehr glauben als uns allen vieren?

Melesias: Vielleicht wohl.

Sokrates: Denn nach der Kenntnis der Sache, meine ich, muß entschieden werden, nicht nach der Zahl, was gut soll entschieden werden.

Melesias: Wie sollte man nicht?

Sokrates: Also auch jetzt müssen wir zuerst dieses untersuchen,
185 a ob einer von uns kunstverständig ist in dem, worüber wir Rat pfle-
gen, oder nicht, und ist es einer, alsdann diesem folgen, wäre es auch
nur einer, die andern aber lassen; ist es aber keiner, dann einen an-
dern suchen. Oder glaubt ihr, du und Lysimachos, jetzt nur eine Klei-
nigkeit zu wagen und nicht vielmehr dasjenige, was das Größte ist
unter allem Eurigen? Denn je nachdem die Söhne tüchtig geraten

oder im Gegenteil, wird auch das ganze Hauswesen des Vaters so
verwaltet werden, wie die Söhne geraten sind.
Melesias: Sehr richtig gesprochen.
Sokrates: Viele Vorsicht muß also hierbei gebraucht werden.
Melesias: Allerdings.
Sokrates: Wie also würden wir, was ich eben sagte, untersuchen, b
wenn wir beurteilen wollten, wer von uns im Wettkampfe der Kunst-
verständigste wäre? Nicht wer es gelernt und geübt hat und wer
auch tüchtige Lehrer gehabt hat in eben dieser Kunst?
Melesias: So scheint es mir wenigstens.
Sokrates: Nicht auch noch eher, was denn das eigentlich ist, worin
wir nach Lehrern fragen?
Melesias: Wie meinst du dieses?

[10. Wer ist sachverständig in der Behandlung der Seele?]

Sokrates: So wird es vielleicht deutlicher werden. Es dünkt mich
nicht, daß wir uns anfänglich darüber verständigt haben, was es ei-
gentlich ist, worüber wir beratschlagen, und untersuchen, wer von
uns darin kunstverständig ist und dazu gute Lehrer gehabt hat, und c
wer nicht.
Nikias: Ist es denn nicht, o Sokrates, die Frage von dem Fechten in
ganzer Rüstung, ob die jungen Männer es lernen sollen oder nicht?
Sokrates: Allerdings freilich, o Nikias; aber wenn einer wegen
eines Mittels für die Augen überlegt, ob er es aufstreichen soll oder
nicht, glaubst du, seine Beratschlagung betreffe dann die Arznei
oder die Augen?
Nikias: Die Augen.
Sokrates: Also auch, wenn jemand überlegt, ob er dem Pferde den d
Zaum anlegen soll oder nicht, und wann, dann beratschlagt er wohl
über das Pferd und nicht über den Zaum.
Nikias: Gewiß.
Sokrates: Also mit einem Worte, wenn jemand etwas eines ande-
ren wegen überlegt, so betrifft seine Beratung dasjenige, um deswil-
len er es überlegte, nicht das, was er um des andern willen suchte.
Nikias: Notwendig.
Sokrates: Also müssen wir auch in Hinblick auf den Ratgeber un-
tersuchen, ob er kunstverständig ist in der Behandlung dessen, um
deswillen wir unsere Untersuchung anstellten.
Nikias: Freilich wohl.
Sokrates: Und nicht wahr, jetzt sagen wir, daß wir, ob eine Kunst e
soll gelernt werden, überlegen um der Seele der Jünglinge willen.
Nikias: Ja.
Sokrates: Ob also jemand von uns kunstverständig ist in Be-
handlung der Seele und geschickt, diese gut zu behandeln, und dar-
in gute Lehrer gehabt hat, das müssen wir untersuchen.
Laches: Wie doch, o Sokrates: Hast du noch nie solche gesehen,
welche ohne Lehrer kunstreicher geworden sind in manchen Dingen
als mit Lehrern?
Sokrates: Wohl habe ich, o Laches, denen du aber gewiß nicht wür-

dest trauen wollen, wenn sie behaupten, gute Künstler zu sein, wofern sie dir nicht ein Werk ihrer Kunst zu zeigen haben, das gut ge-
186 a arbeitet ist, und wohl mehr als eins.

NIKIAS: Darin hast du sehr recht.

[11. Frage nach der Urteilsbefähigung des Laches und Nikias]

SOKRATES: Auch wir also, o Laches und Nikias, müssen, da Lysimachos und Melesias uns zur Beratung ihrer Söhne wegen gerufen haben, deren Seelen sie so trefflich als möglich zu bilden bestrebt sind, ihnen die Lehrer zeigen, welche wir gehabt, welche selbst zuerst tüchtige Männer gewesen und vieler jungen Männer Seelen gut gebil-
b det, hernach auch uns so gelehrt haben; oder wenn einer von uns sagte, einen Lehrer habe er zwar nicht gehabt, so müßte doch auch dieser seine Werke anführen können und zeigen, welche Athener oder Fremde, Knechte oder Freie durch ihn eingeständlich sind gut geworden. Wenn aber nichts hiervon sich bei uns findet: so müssen wir diese heißen, andere zu suchen, nicht aber an befreundeter Männer Söhnen die Gefahr wagen, sie zu verderben, und so den härtesten Vorwurf uns zuziehen von denen, die uns so nahe sind. Ich nun, o
c Lysimachos und Melesias, erkläre zuerst, was mich betrifft, daß ich keinen Lehrer hierin gehabt habe, wiewohl ich der Sache nachtrachte schon seit meiner Jugend. Allein ich habe nicht genug, den Sophisten ihren Lohn zu bezahlen, welche doch allein verhießen, imstande zu sein, mich zu einem trefflichen und edlen Mann zu machen; selbst aber die Kunst zu erfinden, bin ich noch unvermögend für jetzt. Wenn aber Nikias oder Laches sie erfunden haben oder gelernt, will ich mich nicht wundern, denn sowohl an Gelde sind sie vermögender als ich, so daß sie sie von andern können erlernt haben, als auch zugleich älter, so daß sie sie schon gefunden haben können. Deshalb
d dünken sie mich wohl tüchtig zu sein, einen Menschen zu bilden, sonst würden sie auch nicht so leichthin etwas behauptet haben von den Übungen, welche einem Jünglinge nützlich sind oder schädlich, wenn sie nicht sich selbst vertrauten, daß sie es genugsam verständen. Im übrigen also glaube ich ihnen; nur daß sie verschiedener Meinung sind, wundert mich. Dieses bitte ich dich daher meinerseits, o Lysimachos: so wie eben Laches dir zuredete, mich nicht loszulassen, sondern zu fragen, so ermahne ich nun dich, doch ja den Laches nicht loszulassen noch auch den Nikias, sondern frage sie und sprich zu
e ihnen: Sokrates behauptet, daß er nichts von der Sache versteht und nicht tüchtig ist zu entscheiden, welcher von euch das Richtige sage, denn er selbst sei weder Erfinder noch Ausgelernter in irgend etwas hierher Gehörigem. Ihr aber, o Laches und Nikias, sagt uns doch jeder, wer der größte Meister ist in der Erziehung der Jünglinge, mit dem ihr umgegangen seid, und ob ihr, was ihr wißt, erlernt habt
187 a oder selbst erfunden, und wenn erlernt, wer eines jeden Lehrer gewesen ist und welche sonst noch Künstler derselben Art sind, damit, wenn ihr nicht Muße habt vor den Angelegenheiten der Stadt, wir zu jenen gehen können und sie durch Geschenke oder Bitten oder beides überreden, sich unserer und eurer Söhne anzunehmen, damit

diese nicht schlecht geratend ihren Voreltern Schande bringen. Wenn
ihr aber selbst Erfinder hierin seid, so zeigt uns Beweise, welche an-
dern ihr schon durch eure Sorgfalt habt zu Edlen und Guten gemacht.
Denn wollt ihr etwa jetzt erst anfangen zu erziehen, so mögt ihr wohl b
erwägen, daß ihr nicht am Karier den Versuch macht, sondern an den
Söhnen und an eurer Freunde Kindern, damit es euch nicht nach jenem
Sprichwort ergehe vom Töpfer, der beim Fasse anfängt. Sagt also, was
hiervon bei euch zutrifft und zu finden ist, und was nicht. Dieses, o
Lysimachos, erforsche von ihnen und laß die Männer nicht los.

[12. Aufgreifen der Frage durch Lysimachos]

LYSIMACHOS: Sehr wahr, ihr Männer, dünkt mich Sokrates gespro-
chen zu haben. Ob aber ihr willens seid, euch hierüber fragen zu c
lassen und Rede zu stehen, das müßt ihr selbst beurteilen, o Nikias
und Laches. Denn mir und dem Melesias würde es offenbar erfreu-
lich sein, wenn ihr alles, was Sokrates fragt, ordentlich durchgehen
wolltet. Fing doch von Anfang her meine Rede damit an, daß wir
deshalb euch zur Ratschlagung berufen hätten, weil wir glaubten,
ihr würdet euch dieses haben angelegen sein lassen, wie zu vermu-
ten war nicht nur an sich schon, sondern noch mehr, weil eure Söhne
beinahe dasselbe Alter haben wie die unsrigen zur Erziehung. Wo- d
fern ihr also nicht etwas dagegen habt, so sprecht und überlegt ge-
meinschaftlich mit dem Sokrates, gegenseitig euch anhörend und ant-
wortend. Denn auch darin hat er recht gesprochen, daß wir jetzt über
das Größte beratschlagen unter allem Unsrigen. Seht also zu, ob ihr
glaubt, so tun zu müssen.

NIKIAS: O Lysimachos, ich sehe wohl, daß du in der Tat den Sokra-
tes nur von seinem Vater her kennst, mit ihm selbst aber nicht um-
gegangen bist, außer als er noch ein Knabe war, wenn er da etwa un-
ter den Zunftgenossen, seinen Vater begleitend, dir in die Nähe ge- e
kommen, sei es im Tempel oder bei einer andern Versammlung der
Zunft; seitdem er aber älter geworden, hast du den Mann noch gar
nicht angetroffen, das ist offenbar.

LYSIMACHOS: Wieso doch, o Nikias?

[13. Bereitwilligkeit des Nikias, sich prüfen zu lassen]

NIKIAS: Du scheinst gar nicht zu wissen, daß, wer der Rede des
Sokrates nahe genug kommt und sich mit ihm einläßt ins Gespräch,
unvermeidlich, wenn er auch von etwas ganz anderem zuerst ange-
fangen hat zu reden, von diesem so lange ohne Ruhe herumgeführt
wird, bis er ihn da hat, daß er Rede stehen muß über sich selbst, auf
welche Weise er jetzt lebt und auf welche er das vorige Leben ge- 188 a
lebt hat; wenn ihn aber Sokrates da hat, daß er ihn dann gewiß nicht
eher herausläßt, bis er dies alles gut und gründlich untersucht hat.
Ich nun bin schon mit ihm bekannt und weiß, daß man dieses not-
wendig von ihm leiden muß; ja auch, daß es mir selbst begegnen
wird, weiß ich sehr wohl. Denn gern, o Lysimachos, lasse ich mich ein
mit dem Manne und halte es nicht für etwas Übles, daran erinnert
zu werden, wo wir etwa nicht schön gehandelt haben oder noch han-

b deln; sondern für notwendig, daß derjenige vorsichtiger werden muß
für sein nachheriges Leben, der dieses nicht scheut, sondern es
wünscht nach des Solon Wort und gern lernen will, so lange er
lebt, nicht aber meint, daß das Alter ihm schon von selbst den Ver-
stand mitbringen werde. Mir also ist es weder ungewohnt noch un-
gewünscht, vom Sokrates geprüft zu werden, vielmehr schon lange
wußte ich es beinahe, daß von den Knaben nicht die Rede sein wür-
c de, wenn Sokrates zugegen wäre, sondern von uns selbst. Wie gesagt
also, an meinem Teil hindert nichts, daß wir uns mit dem Sokrates
unterreden, wie er es selbst will; den Laches aber befrage, wie er
hierüber gesonnen ist.

[14. Zustimmung des Laches]

LACHES: Sehr einfach, o Nikias, ist meine Weise in Absicht solcher
Reden, oder, wenn du willst, nicht einfach, sondern zwiefach; denn
ich könnte einem scheinen, ein Freund davon zu sein und auch wie-
derum ein Feind. Wenn ich nämlich über die Tugend oder über ir-
gendeine Art der Weisheit einen Mann reden höre, der wirklich ein
Mann ist und der Reden wert, welche er spricht, dann freue ich mich
d über die Maßen, zugleich den Redenden und seine Reden betrachtend,
wie beide zusammengehören und stimmen; und ein solcher scheint
mir eigentlich ein musikalischer Mann zu sein, der den schönsten Ein-
klang gestimmt, nicht die Leier oder sonst ein Werkzeug des Spiels,
sondern wahrhaft sein eignes Leben, zusammenklingend mit den
Worten die Werke, echt dorisch, nicht ionisch, auch glaube ich nicht
phrygisch oder lydisch, sondern nach jener einzigen echt hellenischen
Tonart. Ein solcher also macht mich erfreut, wenn er nur den Mund
e öffnet, so daß ich jedem als ein Freund der Reden erscheine, so gern
nehme ich von ihm an, was er redet. Wer aber hiervon das Gegenteil
tut, der ist mir nur um so mehr zuwider, je besser er mir zu reden
scheint und macht, daß ich als ein Redefeind erscheine. Von des So-
krates Reden nun habe ich noch keine Erfahrung, sondern zuerst ha-
be ich, wie es scheint, seine Taten erproben gesollt; und in denen habe
189 a ich ihn wohl würdig befunden, auch Schönes zu reden mit aller Frei-
mütigkeit. Ward ihm nun auch dieses, so stimme ich ihm zu und
möchte gern von einem solchen geprüft werden und es mich nicht
verdrießen lassen zu lernen. Sondern auch ich stimme dem Solon bei,
nur noch mit einem Zusatz, ich wünsche nämlich alt zu werden, vie-
les noch lernend, jedoch nur von Guten. Denn dieses mag er mir
nachgeben, daß auch der Lehrer selbst ein guter sei, damit ich nicht
ungelehrig erscheine, ungern lernend. Ob aber der Lehrende jünger
ist oder noch keinen Ruf hat oder was er von dieser Art sonst an sich
b hat, das soll mich nicht kümmern. Dir also, o Sokrates, erbiete ich
mich, daß du mich sowohl belehrst als prüfst, worin du willst, und
auch wiederum lernst, was ich weiß. So stehst du bei mir seit jenem
Tage, an welchem du mit mir die Gefahr bestanden und einen Be-
weis deiner Tugend gegeben hast, wie ihn derjenige geben muß, der
ihn recht geben will. Sage also, was du Lust hast, und rechne unser
Alter dabei für nichts.

[15. Methode der Untersuchung: Ausgang vom Gegenstand selbst]

SOKRATES: Euch, scheint es, werden wir nicht beschuldigen können, c
daß ihr eures Teils nicht bereit gewesen wäret, mit zu beratschlagen und mit zu untersuchen.

LYSIMACHOS: Nun also beruht die Sache auf uns, o Sokrates, denn dich rechne ich für einen der unsrigen. So untersuche nun an meiner Statt zum Besten der Jünglinge, was wir von diesen Männern zu erforschen haben, und pflege Rat mit ihnen im Gespräch. Denn ich vergesse schon Alters wegen gar vieles, was ich im Sinn gehabt hatte zu fragen, und so auch, was ich gehört habe; kommen aber gar
andere Reden zwischenein, so behalte ich fast nichts mehr. Ihr also d
redet und handelt allein dasjenige ab unter euch, was wir euch vorgelegt haben; ich aber will zuhören, und nachdem ich gehört, mit dem Melesias dasjenige tun, was euch gut dünkt.

SOKRATES: Wir werden wohl, o Nikias und Laches, dem Lysimachos und Melesias gehorchen müssen. Was wir nun soeben uns vorsetzten zu untersuchen, wer nämlich unsere Lehrer gewesen sind in dieser Kunst oder welche andere wir schon besser gemacht haben, auch dar-
über uns selbst zu prüfen, wäre gewiß nicht übel; aber ich glaube, e
die folgende Untersuchung wird uns zu demselben Ziele führen und fängt eher fast noch etwas höher hinauf an. Wenn wir nämlich von irgend etwas wissen, daß es einem andern einwohnend dieses besser macht, dem es einwohnt, und zugleich imstande sind zu bewirken, daß es jenem einwohne: so kennen wir doch offenbar eben dieses, worüber wir Rat geben sollen, wie jemand es am leichtesten und besten erwerben könne. Vielleicht indes versteht ihr noch nicht, was ich meine, so aber werdet ihr es besser verstehen. Wenn wir wissen, daß das Sehen,
den Augen einwohnend, die besser mache, denen es einwohnt, und 190 a
zugleich zu bewirken vermöge, daß es den Augen einwohne: so kennen wir doch offenbar das Sehen selbst, was es ist, über welches wir Rat geben sollen, wie jemand es am leichtesten und besten erwerben möge. Denn wenn wir auch dieses nicht einmal wüßten, was das Sehen ist oder das Hören, so hat es gute Wege, daß wir taugliche Ratgeber und Ärzte sein könnten für Augen und Ohren, auf welche
Weise jemand Gehör und Gesicht am besten erlangen könnte. b

LACHES: Richtig ist, was du sagst, o Sokrates.

[16. Stellung der Frage: Was ist Tapferkeit?]

SOKRATES: Haben nun nicht, o Laches, auch jetzt diese beiden uns zur Beratung gerufen, auf welche Weise wohl den Seelen ihrer Söhne Tugend beigebracht werden und sie besser machen möge?

LACHES: Freilich.

SOKRATES: Muß also nicht dieses wenigstens sich bei uns finden, daß wir wissen, was die Tugend ist? Denn wenn wir etwa ganz und gar nicht wüßten von der Tugend, was sie eigentlich ist, wie könnten
wir wohl jemandem Rat darüber erteilen, auf welche Weise er sie c
am besten erwerben möge?

LACHES: Wir könnten es ganz und gar nicht, wie mich wenigstens dünkt, o Sokrates.

Sokrates: Behaupten wir also, o Laches, daß wir wissen, was sie ist?

Laches: Freilich wollen wir das.

Sokrates: Wovon wir aber wissen, davon müssen wir doch auch sagen können, was es ist?

Laches: Wie sollten wir nicht.

Sokrates: Laß uns aber nicht, o Bester, nach der ganzen Tugend sogleich fragen, denn vielleicht wäre dies Geschäft zu groß, sondern von einem Teile derselben zuerst sehen, ob wir tüchtig sind, ihn zu
d verstehen; so wird uns wahrscheinlich die Untersuchung leichter sein.

Laches: Wohl, o Sokrates, laß es uns so machen, wie du willst.

Sokrates: Welchen also sollen wir wählen von den Teilen der Tugend? Oder, nicht wahr, den gewiß, auf welchen diese Kunst des Fechtens abzuzwecken scheint? Und das scheint sie doch den Leuten auf die Tapferkeit?

Laches: Allerdings, so scheint es ihnen.

Sokrates: Dieses also wollen wir zuerst versuchen zu erklären, was die Tapferkeit ist; dann aber nach diesem auch überlegen, auf wel-
e che Art sie den Jünglingen beizubringen wäre, soweit es nämlich möglich ist, sie durch Übung und Unterricht beizubringen. Also versuche nun, wie ich sage, zu beschreiben, was die Tapferkeit ist.

[17. Unvollkommene Antwort des Laches]

Laches: Dieses, o Sokrates, ist beim Zeus nicht schwer zu sagen. Denn wenn jemand pflegt in Reih und Glied standhaltend die Feinde abzuwehren und nicht zu fliehn, so wisse, daß ein solcher tapfer ist.

Sokrates: Sehr wohl zwar gesprochen, o Laches; vielleicht aber bin ich, weil ich mich nicht deutlich erklärt, schuld daran, daß du nicht dasjenige geantwortet hast, was ich im Sinne hatte bei meiner Frage, sondern etwas anderes.

Laches: Wie meinst du dieses, o Sokrates?

191 a Sokrates: Ich will es dir erklären, wenn ich nur dazu imstande sein werde. Tapfer freilich ist auch der, den du beschreibst, der im Gliede standhaltend gegen die Feinde ficht.

Laches: So wenigstens behaupte ich.

Sokrates: Ich gewiß auch. Aber was ist denn der, welcher fliehend gegen die Feinde ficht, und nicht standhaltend?

Laches: Wie doch fliehend?

Sokrates: Wie ja von den Skythen gesagt wird, daß sie nicht minder fliehend als verfolgend den Feind bekriegen. Und auch Homeros, indem er irgendwo die Pferde des Aineias lobt, sagt: Dort zu spren-
b gen und dort, verständen sie, in Verfolgungen und in Entfliehung. Ja auch den Aineias selbst lobt er in dieser Hinsicht, daß er sich auf die Flucht verstände, und nennt ihn Ersinner der Flucht.

Laches: Und das sehr richtig, o Sokrates, denn er spricht von Wagen, und so meinst auch du das von den Skythen in Beziehung auf die Reiter; denn die Reiter bei ihnen fechten so, das Fußvolk der Hellenen aber so, wie ich sage.

Sokrates: Ausgenommen doch wohl, o Laches, das der Lakedai-

monier; denn von diesem wird erzählt, als es bei Plataiai auf die c
Schildträger gestoßen, habe es nicht standhaltend fechten gewollt, sondern sei geflohen, nachdem aber die Reihen der Perser sich getrennt, habe es umkehrend wie Reiter gefochten und dadurch in jener Schlacht gesiegt.

LACHES: Richtig.

[18. Präzisierung der Frage]

SOKRATES: Das ist nun eben, was ich meinte, ich wäre schuld daran, daß du nicht recht geantwortet hast, weil ich dich nicht recht ge-
fragt habe; denn ich wollte nicht nur erfahren, welches die Tapfern d
im Fußvolke wären, sondern auch in der Reiterei und in allem, was zum Kriege gehört; und nicht nur die im Kriege, sondern auch die Tapfern in den Gefahren der See, ferner auch die, welche in Krankheiten und in Armut und in der Staatsverwaltung tapfer sind, ja noch mehr, nicht nur die gegen den Schmerz tapfer sind und gegen die Furcht, sondern auch die gegen Begierden und Lust stark sind
zu fechten, und zwar sowohl standhaltend als umwendend. Denn e
es sind doch einige, o Laches, auch in diesen Dingen tapfer?

LACHES: Gar sehr, o Sokrates.

SOKRATES: Tapfer also sind alle diese, aber einige beweisen in der Lust, einige in der Unlust, einige in der Begierde, einige in der Furcht ihre Tapferkeit: andere aber dagegen, meine ich, Feigheit eben hierin?

LACHES: Allerdings.

SOKRATES: Was ist wohl jede von diesen? Danach fragte ich. Noch einmal also versuche zuerst die Tapferkeit zu erklären, was doch seiend sie in allem diesen dasselbe ist. Oder verstehst du noch nicht, was ich meine?

LACHES: Noch nicht recht.

[19. These des Laches: Tapferkeit ist verständige Beharrlichkeit]

SOKRATES: Ich meine es so, als wenn ich fragte, was wohl die Ge- 192a
schwindigkeit ist, was sie nämlich sowohl im Laufen ist, als in der Musik, im Reden, im Lernen und in vielen andern Dingen, und fast haben wir sie ja in allem, wovon nur der Mühe lohnt zu reden, sowohl in den Verrichtungen der Hände als der Füße, des Mundes und der Stimme oder auch des Verstandes. Oder meinst du nicht auch so?

LACHES: Allerdings.

SOKRATES: Wenn nun jemand mich fragte, wie erklärst du dieses, o Sokrates, was du in allen Dingen Geschwindigkeit nennst, so würde
ich sagen, daß ich die in kurzer Zeit vieles vollbringende Kraft Ge- b
schwindigkeit nenne, sowohl in der Stimme als im Lauf und in allen andern Dingen.

LACHES: Sehr gut wäre dieses erklärt.

SOKRATES: Versuche also auch du, o Laches, so die Tapferkeit zu erklären, welche Kraft wohl, als dieselbe seiend, in der Lust und Unlust und allen andern Dingen, worin wir sagen, daß sie statthabe, dann Tapferkeit genannt wird.

Laches: So dünkt sie mich denn eine gewisse Beharrlichkeit der
c Seele zu sein, wenn ich doch das in allem sich findende von der Tapferkeit sagen soll.

Sokrates: Das mußt du allerdings, wenn wir uns die Frage wirklich beantworten wollen. Dieses ist mir indes deutlich, daß doch nicht jede Beharrlichkeit, glaube ich, dir als Tapferkeit erscheint. Ich schließe es aber hieraus: das nämlich weiß ich doch, daß du die Tapferkeit unter die vortrefflichen Dinge rechnest.

Laches: Davon halte dich überzeugt, unter die allervortrefflichsten.

Sokrates: Also ist die Beharrlichkeit mit Verstand wohl gut und vortrefflich?

Laches: Allerdings.

d Sokrates: Wie aber die mit Unverstand? Ist diese nicht im Gegensatz zu jener schädlich und verderblich?

Laches: Ja.

Sokrates: Vortrefflich also, wolltest du behaupten, wäre, was so schädlich ist und verderblich?

Laches: Keineswegs wäre das recht, o Sokrates.

Sokrates: Also wirst du auch nicht zugeben, daß eine solche Beharrlichkeit Tapferkeit ist, da sie ja nicht vortrefflich ist, die Tapferkeit aber etwas Vortreffliches.

Laches: Richtig.

Sokrates: Die verständige Beharrlichkeit also wäre nach deiner Rede Tapferkeit?

Laches: So sieht es aus.

[20. Widerlegung der These]

e Sokrates: Laß uns also sehen, ist es die in etwas Gewissem oder die in allen Dingen verständige, sie seien groß oder klein. Wie wenn jemand im Geldausgeben verständig beharrte, wohl wissend, daß er durch das Ausgeben gewinnen wird, möchtest du diesen tapfer nennen?

Laches: Beim Zeus, ich nicht.

Sokrates: Wie aber, wenn ein Arzt, den sein Sohn oder sonst ein mit der Lungenentzündung Behafteter bäte, er solle ihm zu essen oder zu trinken geben, sich doch nicht erweichen ließe, sondern auf
193 a der Weigerung beharrte?

Laches: Keineswegs, auch nicht diesen.

Sokrates: Aber einen im Kriege Beharrlichen und zum Streite Mut Behaltenden, welcher es verständig berechnete, weil er wüßte, daß nicht nur andere ihm zu Hilfe kommen werden, sondern auch, daß er gegen Wenigere und Schlechtere zu fechten hat als die, zu denen er selbst gehört, und überdies noch mehr durch seinen Standort begünstigt ist: würdest du diesen mit solcher Kenntnis und solchen Hilfsmitteln Beharrenden für tapferer erklären oder den, der in dem entgegenstehenden Heere noch Lust hätte, standzuhalten und auszudauern?

b Laches: Mich dünkt, den im entgegenstehenden Lager, o Sokrates.

SOKRATES: Aber dessen Beharrlichkeit ist ja doch unverständiger als die des andern.

LACHES: Das ist wahr.

SOKRATES: Und du wirst wohl den mit der Reitkunst in einem Reitergefecht Aushaltenden weniger für tapfer erklären als den ohne diese Kunst?

LACHES: Mich wenigstens dünkt es so.

SOKRATES: Also auch den, der mit der Fertigkeit des Schleuderns oder des Bogenschießens oder irgendeiner andern beharrt?

LACHES: Freilich. c

SOKRATES: Und welche in den Brunnen springen und im Untertauchen auszuharren denken oder in sonst etwas dergleichen, wiewohl sie in der Sache nicht stark sind, die, behauptest du, wären tapferer als die, welche stark darin sind?

LACHES: Was sollte einer denn anders behaupten, o Sokrates?

SOKRATES: Nichts, wenn er es wirklich so meint.

LACHES: Aber ich meine es freilich so.

SOKRATES: Doch aber, o Laches, gefährden sich diese und beharren unverständiger als die dasselbe mit Kunst tun.

LACHES: So scheinen sie.

SOKRATES: Und hatte sich nicht die unverständige Kühnheit und d
Beharrung in dem vorigen als schlecht und verderblich gezeigt?

LACHES: Freilich wohl.

SOKRATES: Die Tapferkeit aber, waren wir übereingekommen, sei etwas Vortreffliches?

LACHES: Darin waren wir übereingekommen.

SOKRATES: Nun aber behaupten wir wieder, jenes Schlechte, die unverständige Beharrung, sei Tapferkeit?

LACHES: Das behaupten wir offenbar.

SOKRATES: Dünkt dich also, daß wir etwa Richtiges sagen?

LACHES: Beim Zeus, o Sokrates, mich nicht.

[21. Entschluß zum Beharren beim Logos]

SOKRATES: Wir beiden sind also wohl nicht, deiner Rede zufolge, dorisch gestimmt, ich und du, o Laches; die Taten nämlich sind uns e
nicht im Einklang mit den Reden. Denn in den Taten möchte einer wohl sagen, wie es scheint, daß wir die Tapferkeit besäßen, in den Reden aber glaube ich wohl nicht, wenn er jetzt unser Gespräch hörte.

LACHES: Sehr wahr ist dieses.

SOKRATES: Wie also, dünkt es dich gut zu sein, daß es so um uns steht?

LACHES: Auch nicht im geringsten.

SOKRATES: Willst du also, daß wir dem, was wir behaupten, wenigstens so weit gehorchen?

LACHES: Wie weit doch, und welchem?

SOKRATES: Der Behauptung, welche zu beharren befiehlt. Wenn 194 a
du nämlich willst, so wollen auch wir der Untersuchung standhalten und beharren, damit doch gerade die Tapferkeit uns nicht auslache,

daß wir sie nicht tapfer suchen, wenn doch vielleicht eben die Beharrung Tapferkeit ist.

LACHES: Ich wenigstens bin bereit, o Sokrates, nicht eher abzulassen, obschon ich ungewohnt bin solcher Reden. Aber es hat mich ordentlich ein Eifer ergriffen über das Gesagte, und ich bin ganz
b unwillig, wie ich, was ich in Gedanken habe, so gar nicht imstande bin zu sagen. Denn in Gedanken glaube ich es doch zu haben, was die Tapferkeit ist; ich weiß aber nicht, wie sie mir jetzt entgangen ist, so daß ich sie nicht ergreifen konnte in der Rede und heraussagen, was sie ist.

SOKRATES: Nicht wahr, Lieber, der gute Jäger muß nachsetzen und nicht ablassen?

LACHES: Auf alle Weise freilich.

SOKRATES: Willst du also, daß wir auch den Nikias hier herbeirufen zur Jagd, ob er etwa mehr ausrichten kann als wir?

c LACHES: Ich will es wohl; warum sollte ich nicht?

[22. These des Nikias: Tapferkeit ist Erkenntnis des Gefährlichen und des Unbedenklichen]

SOKRATES: Hierher also, Nikias! Guten Freunden, die eine stürmische Fahrt haben in der Untersuchung und nicht vorwärts können, komm zu Hilfe, wenn du etwas vermagst. Denn unser Tun siehst du, wie es nichts fördert. Sage du also, was du glaubst, das die Tapferkeit sei, um dadurch sowohl uns aus der Verlegenheit zu erlösen als auch dir selbst, was du im Sinne hast, durch die Rede noch fester zu begründen.

NIKIAS: Ihr dünkt mich also schon lange, o Sokrates, die Tapferkeit nicht recht bestimmt zu haben. Denn was ich dich sonst schon sehr richtig habe sagen gehört, das wendet ihr nicht an.

SOKRATES: Was doch, o Nikias?

d NIKIAS: Oft habe ich dich sagen gehört, darin wäre jeder von uns gut, worin er klug ist, worin aber dumm, darin auch schlecht.

SOKRATES: Wahr ist, beim Zeus, was du sagst, o Nikias.

NIKIAS: Also wenn der Tapfere gut ist, ist er offenbar auch klug?

SOKRATES: Hast du gehört, o Laches?

LACHES: Ich habe wohl, nur verstehe ich eben nicht sehr, was er meint.

SOKRATES: Ich aber glaube es zu verstehen, nämlich mich dünkt der Mann zu meinen, die Tapferkeit sei irgendeine Klugheit.

LACHES: Was doch für eine Klugheit, o Sokrates?

e SOKRATES: Willst du das nicht von diesem lieber erfragen?

LACHES: Das tue ich.

SOKRATES: So komm denn, o Nikias, und sage ihm, was denn für eine Klugheit die Tapferkeit sein soll nach deiner Rede. Denn die des Flötenbläsers ist sie doch nicht?

NIKIAS: Keineswegs.

SOKRATES: Auch nicht dessen, der die Lyra spielt?

NIKIAS: Ebensowenig.

SOKRATES: Also was für eine Erkenntnis ist sie denn und wovon?

Laches: Ganz recht fragst du ihn das, o Sokrates, und er sage also, was für eine er behauptet, das sie sei.

Nikias: Diese, o Laches, die Erkenntnis des Gefährlichen und Unbedenklichen im Kriege sowohl als in allen andern Dingen. 195 a

Laches: Was für ungereimte Dinge er redet, o Sokrates!

Sokrates: Weshalb meinst du denn das, o Laches?

Laches: Weshalb? Klugheit ist doch wohl etwas ganz anderes als Tapferkeit!

Sokrates: Nein, meint eben Nikias.

Laches: Freilich meint er nein, und eben das ist verwirrt geredet.

Sokrates: So laß uns ihn belehren, aber nicht schmähen.

Nikias: Freilich nicht. Aber Laches dünkt mich nur zu wünschen, daß ich mich auch als einen zeigen möchte, der nichts sagt, weil er sich eben als einen solchen gezeigt hat. b

[23. Widerlegungsversuch des Laches . . .]

Laches: Allerdings, o Nikias, und ich will wenigstens versuchen, es zu beweisen; denn du sagst auch nichts. Nämlich gleich in Krankheiten, erkennen da nicht die Ärzte das Gefährliche? Oder scheinen dir die Tapfern es zu erkennen? Oder nennst du die Ärzte tapfer?

Nikias: Keineswegs.

Laches: Auch wohl nicht die Landwirte, glaube ich; wiewohl das im Ackerbau Furchtbare gerade diese erkennen, und so auch erkennen alle Gewerbetreibenden jeder in seiner Kunst das Gefährliche und das Unbedenkliche; aber keineswegs sind sie deshalb tapfer. c

Sokrates: Was dünkt dich Laches zu sagen, o Nikias? Es sieht doch aus, als sagte er etwas.

Nikias: Er sagt auch wohl etwas, aber nur nichts Richtiges.

Sokrates: Wieso?

Nikias: Weil er meint, die Ärzte wüßten noch etwas mehr von den Kranken, als daß sie sagen können, was ihnen gesund ist und ungesund; in der Tat aber wissen sie nur dieses. Ob aber einem eben dieses gefährlich ist, das Gesundsein mehr als das Kranksein, glaubst du, o Laches, daß dies die Ärzte wissen? Oder meinst du nicht, daß es vielen besser ist, von der Krankheit nicht aufzukommen als aufzukommen? Hierüber nämlich erkläre dich: behauptest du, daß es für alle besser ist zu leben und nicht für viele besser, zu sterben?

Laches: Ich dieses letztere. d

Nikias: Welchen also das Sterben dienlich ist, glaubst du, daß denen dasselbe gefährlich ist, wie welchen das Leben?

Laches: Nicht ich.

Nikias: Und dieses zu erkennen schreibst du den Ärzten zu oder irgendeinem, der ein anderes Geschäft treibt außer dem, der sich auf das Gefährliche und Unbedenkliche versteht und welchen eben ich tapfer nenne?

Sokrates: Merkst du nun, o Laches, was er meint?

Laches: O ja, daß er nämlich die Wahrsager tapfer nennt. Denn e
welcher andere kann wissen, wem besser ist zu leben oder zu ster-

ben? Du selbst aber, o Nikias, behauptest du, daß du ein Wahrsager bist oder weder ein Wahrsager noch auch tapfer?

Nikias: Wie denn? Meinst du nun wieder, dem Wahrsager komme zu, daß Gefährliche zu erkennen und das Unbedenkliche?

Laches: Das meine ich. Wem sonst?

[24. ... und sein Rückzug unter Protest]

Nikias: Dem weit mehr, welchen ich meine, o Bester. Denn der Wahrsager soll nur die Zeichen dessen erkennen, was geschehen wird, ob einem Tod oder Krankheit oder Verlust des Vermögens
196 a bevorsteht, ob Siegen oder Besiegtwerden im Kriege oder in jedem andern Kampf. Was aber einem besser ist, von diesen Dingen zu erfahren oder nicht zu erfahren, wie sollte das mehr dem Wahrsager zu beurteilen zukommen als jedem andern sonst?

Laches: Nein, diesen kann ich nicht begreifen, o Sokrates, was er sagen will. Denn weder ist es der Wahrsager noch der Arzt, noch stellt er sonst einen auf, den er für tapfer erklärt, wo er nicht etwa nur irgendeinen Gott dafür erklärt. Mir nun scheint nur Nikias nicht
b ehrlich gestehen zu wollen, daß er nichts gesagt hat, sondern er windet sich hin und her, um seine Verlegenheit zu verbergen. Das aber hätten wir auch vorher gekonnt, ich und du, uns so winden, wenn wir gestrebt hätten, nicht das Ansehen zu haben, daß wir uns selbst widersprächen. Wenn nun unsere Reden vor Gericht wären, so hätte er vielleicht nicht ganz unrecht, es so zu machen; nun aber, weshalb sollte wohl einer in solchem Zusammensein sich unnützerweise mit leeren Worten schmücken!

c Sokrates: Das dünkt auch mich zu nichts zu führen, o Laches. Aber laß uns sehen, ob nicht Nikias wirklich glaubt, etwas zu sagen, und nicht bloß um zu streiten dieses vorträgt. Laß uns daher ihn doch genauer ausforschen, was er wohl meint; und wenn sich zeigt, daß etwas Richtiges darin liegt, so wollen wir es ihm zugestehen, wo aber nicht, so wollen wir ihn belehren.

Laches: Forsche du also weiter, Sokrates, wenn du willst; denn ich habe, denk ich, schon genug ausgeforscht.

Sokrates: Nichts hindert mich, denn die Nachforschung wird gemeinschaftlich sein für mich sowohl als dich.

Laches: Allerdings.

[25. Unterschied zwischen Tapferkeit und Furchtlosigkeit]

Sokrates: Sage mir also, o Nikias, oder vielmehr uns, denn ich
d und Laches haben gemeinschaftliche Sache, die Tapferkeit, sagst du, wäre die Erkenntnis des Gefährlichen und des Unbedenklichen?

Nikias: Das sage ich.

Sokrates: Und dies wäre nicht jedermanns Sache zu erkennen, da ja weder der Arzt noch der Wahrsager es wissen soll, also auch nicht tapfer sein, wenn er nicht jene Erkenntnis besonders erlangt hat. Meintest du es nicht so?

Nikias: So allerdings.

SOKRATES: Nach dem Sprichwort also wird in der Tat nicht jedes Schwein dieses wissen, noch auch tapfer sein.

NIKIAS: Nein, wie ich denke.

SOKRATES: Offenbar also, o Nikias, wirst du auch von dem krom- e
myonischen Schwein nicht glauben, es sei tapfer gewesen. Und das sage ich nicht scherzend, sondern ich meine, es ist notwendig für den, der dieses behauptet, keinem Tiere Tapferkeit zuzugestehen oder zuzugeben, irgendein Tier sei so weise, daß, was wenige Menschen wissen, weil es schwer einzusehen ist, dieses dennoch ein Löwe oder Tiger oder Eber wissen könne; sondern vielmehr, daß Löwe und Hirsch, Stier und Affe, was Tapferkeit betrifft, gleicher Natur sind, muß derjenige behaupten, der die Tapferkeit so erklärt, wie du sie erklärst.

LACHES: Bei den Göttern, sehr richtig ist, was du sagst; und be- 197 a
antworte uns doch dieses nach der Wahrheit, o Nikias, ob du behauptest, weiser als wir wären diese Tiere, denen wir alle zugestehen, daß sie tapfer sind, oder ob du allen widersprechend wagst, sie auch nicht tapfer zu nennen?

NIKIAS: Niemals, o Laches, werde ich weder ein Tier noch sonst ein Wesen tapfer nennen, was nur aus Unwissenheit das Gefährliche nicht fürchtet, sondern furchtlos und töricht nenne ich es. Oder meinst du, ich nenne auch alle Kinder tapfer, welche sich aus Unwissenheit vor nichts fürchten? Sondern ich meine, furchtlos und b
tapfer ist nicht dasselbe. Denn Tapferkeit und Vorsicht findet sich nur bei sehr wenigen, denke ich; Verwegenheit aber und Kühnheit und furchtloses Wesen mit Unvorsichtigkeit bei gar vielen Männern sowohl als Frauen und Kindern und Tieren. Das also, was du mit den meisten tapfer nennst, nenne ich nur kühn, tapfer aber nur, was verständig ist in der Art, wie ich sagte. c

[26. Wiederholter Protest des Laches]

LACHES: Nun sieh nur, o Sokrates, wie schön dieser sich selbst, seiner Meinung nach, durch seine Erklärung schmückt; denen aber alle zugestehen, daß sie tapfer sind, die untersteht er sich dieser Ehre zu berauben.

NIKIAS: Ganz und gar nicht, o Laches! Sei guten Mutes; denn ich behaupte eben, daß du klug bist, und Lamachos wohl auch, weil ihr ja tapfer seid, und noch verschiedene andere Athener.

LACHES: Ich werde nichts hierauf sagen, obschon ich könnte, damit du nicht etwa sagen mögest, ich wäre ein rechter Aixoneer.

SOKRATES: Sage auch nur ja nichts, o Laches. Denn mich dünkt, d
du merkst noch gar nicht, daß Nikias diese Weisheit von unserm Freunde Damon überkommen hat; Damon aber ist sehr genau bekannt mit dem Prodikos, welcher dafür gilt, am besten unter allen Sophisten solche Wörter zu unterscheiden.

LACHES: Jawohl, o Sokrates, es ziemt auch besser einem Sophisten, sich mit solchen Dingen zu rühmen, als einem Manne, den die Stadt wert achtet, ihr vorzustehen.

SOKRATES: Das aber ziemt sich doch auch, du Stolzer, daß der, e dem das Größte anvertraut wird, auch die größte Weisheit besitze. Mich dünkt daher, es verdient wohl näher erwogen zu werden, worauf Nikias eigentlich geht bei seiner Erklärung dieses Wortes Tapferkeit.

LACHES: So untersuche du es denn selbst, o Sokrates.

SOKRATES: Das will ich soeben tun, o Bester. Glaube jedoch nicht, daß ich dich losgeben werde aus der Gemeinschaft der Rede, sondern merke wohl auf und erwäge mit, was gesagt wird.

LACHES: Das soll geschehen, sofern du es nötig findest.

[27. Definition des Gefährlichen und Unbedenklichen]

SOKRATES: So finde ich es allerdings. Du aber, Nikias, sprich uns
198 a noch einmal von Anfang an. Du weißt doch, daß wir im Anfang unseres Gesprächs nach der Tapferkeit fragten, als nach einem Teile der Tugend?

NIKIAS: Sehr gut.

SOKRATES: Also auch du hast dieses so beantwortet als einen Teil, so daß es noch andere Teile gibt, welche insgesamt Tugend genannt werden.

NIKIAS: Wie sonst?

SOKRATES: Meinst auch du wohl dieselben, die ich meine? Ich nenne nämlich außer der Tapferkeit auch noch die Besonnenheit und die Gerechtigkeit und einige andere dergleichen. Nicht auch du?

b NIKIAS: Allerdings.

SOKRATES: Halt also; denn hierüber wären wir einig, aber wegen des Furchtbaren und des Unbedenklichen laß uns zusehen, damit nicht etwa du darunter etwas anderes verstehst und wir wieder etwas anderes. Was nun wir darunter verstehen, wollen wir dir anzeigen; wenn aber du nicht einig damit bist, wirst du uns darüber belehren. Wir nämlich halten das für gefährlich, was Furcht macht, für unbedenklich aber das, was keine Furcht macht; Furcht aber machen weder die vergangenen Übel noch die gegenwärtigen, sondern die, welche erwartet werden; denn Furcht ist die Erwartung eines bevorstehenden Übels. Oder dünkt es ebenso nicht auch dich, o Laches?

c LACHES: Gar sehr ebenso, o Sokrates.

SOKRATES: Das unsrige also, o Nikias, hörst du, daß wir sagen: künftige Übel wären das Gefährliche, das Unbedenkliche aber wäre dasjenige Zukünftige, was entweder nicht übel ist oder gut. Du aber, erklärst du dich ebenso oder anders hierüber?

NIKIAS: Ebenso ich.

SOKRATES: Und die Erkenntnis hiervon nennst du Tapferkeit?

NIKIAS: Ganz recht.

[28. Eine und dieselbe Erkenntnis für das Künftige, das Gegenwärtige und das Vergangene]

SOKRATES: Nun laß uns auch noch das Dritte sehen, ob du darin gleicher Meinung bist mit uns.

NIKIAS: Was ist also dieses?

Sokrates: Ich will es dir sagen. Es dünkte nämlich mich und diesen, daß, wovon immer es eine Erkenntnis gibt, davon gebe es nicht eine eigene für das, was geschehen ist, zu wissen wie es geschah, und wieder eine eigene für das, was geschieht, wie es geschieht, und noch eine andere, wie das am besten wirklich werden und geschehen könnte, was noch nicht geworden ist, sondern eine und dieselbe. Zum Beispiel was die Gesundheit anbetrifft, so übersieht für alle Zeiten keine andere als die Arzneikunst, die eine ist, das Geschehende sowohl als das Geschehene und das, was geschehen wird, wie es geschehen wird. Und gegen das, was aus der Erde wächst, verhält sich die Kunst der Landwirtschaft ebenso. Und gar was den e Krieg betrifft, da könnt ihr selbst bezeugen, daß die Kriegskunst am besten nicht nur das übrige bedenkt, sondern auch das, was geschehen wird, und daß sie auch der Kunst des Wahrsagers nicht glaubt dienen, sondern befehlen zu müssen, weil sie nämlich besser versteht, was in Beziehung auf den Krieg geschieht und geschehen 199 a wird. Ebenso verordnet auch das Gesetz, daß nicht der Wahrsager dem Heerführer befehle, sondern der Heerführer dem Wahrsager. Wollen wir dies behaupten, o Laches? d

Laches: Wir wollen.

Sokrates: Wie aber du, o Nikias? Stimmst du uns bei, daß in Beziehung auf dieselben Dinge auch dieselbe Erkenntnis sowohl das, was sein wird, als auch das Werdende und Gewordene verstehe?

Nikias: Ich stimme ein, denn es dünkt mich so, o Sokrates.

Sokrates: Also, o Bester, auch die Tapferkeit ist die Erkenntnis des Gefährlichen und des Unbedenklichen, wie du behauptest. Nicht wahr? b

Nikias: Ja.

Sokrates: Das Gefährliche aber und das Unbedenkliche war uns einstimmig dieses das künftige Gute, jenes das künftige Übel.

Nikias: Ganz recht.

Sokrates: Und daß es nur eine und dieselbe Erkenntnis gebe für einerlei Dinge, sie mögen nun künftig sein oder sich sonstwie verhalten?

Nikias: So ist es.

Sokrates: Nicht also allein des Gefährlichen und des Unbedenklichen Erkenntnis ist die Tapferkeit. Denn nicht nur auf die künftigen Güter und Übel versteht sie sich, sondern auch auf die, welche da sind und gewesen sind, und wie sie sich immer verhalten mögen, eben wie die übrigen Erkenntnisse. c

Nikias: So sieht es aus.

[29. Tapferkeit also mit der gesamten Tugend identisch?]

Sokrates: Also etwa ein Drittel der Tapferkeit, o Nikias, hast du uns angegeben in deiner Antwort, obwohl wir doch nach der ganzen Tapferkeit fragten, was sie sei. Und auch jetzt, wie es scheint, ist nach deiner Rede die Erkenntnis nicht nur des Gefährlichen und Unbedenklichen Tapferkeit, sondern überhaupt die Erkenntnis aller Gü-

ter und Übel, wie sich auch jedes verhalte, würde, wie jetzt wieder
d deine Rede lautet, Tapferkeit sein. So wieder umzuändern, o Nikias,
oder wie meinst du?

NIKIAS: Ich denke so, o Sokrates.

SOKRATES: Dünkt dich denn aber, du Wunderbarer, dem noch irgend etwas von der Tugend zu fehlen, welcher Erkenntnis hätte von allen Gütern in jeder Art, wie sie entstehen und entstehen werden und entstanden sind, und eben so auch von den Übeln? Und derjenige, glaubst du, bedürfe noch irgend der Besonnenheit oder Gerechtigkeit oder Frömmigkeit, welchem allein schon eigen ist, gegen
Götter sowohl als Menschen das Gefährliche zu vermeiden und das
e nicht solche und das Gute ins Werk zu richten, und der also weiß,
sich recht gegen sie zu verhalten?

NIKIAS: Dies scheint mir etwas gesagt zu sein, o Sokrates.

SOKRATES: Nicht also ein Teil der Tugend wäre das jetzt von dir Beschriebene, sondern die gesamte Tugend?

NIKIAS: So sieht es aus.

SOKRATES: Wir aber behaupteten doch, die Tapferkeit wäre nur einer von den Teilen der Tugend.

NIKIAS: Das behaupteten wir freilich.

SOKRATES: Das jetzt Beschriebene aber erscheint nicht so.

NIKIAS: Es sieht nicht so aus.

SOKRATES: Wir haben also nicht gefunden, o Nikias, was die Tapferkeit ist?

NIKIAS: Wir scheinen nicht.

LACHES: Ich aber, o lieber Nikias, glaubte gewiß, du werdest sie
200 a finden, da du mich so weit übersahst, als ich dem Sokrates antwortete. Gar große Hoffnung hatte ich gewiß, daß vermittels der Weisheit von Damon her du sie finden würdest.

[30. Abschlußgeplänkel und Einigkeit über Sokrates]

NIKIAS: Wahrlich schön, o Laches, daß du das für gar nichts mehr rechnest, daß du selbst dich eben gezeigt hast als ein von der Tapferkeit nichts Wissender, sondern nur, ob auch ich ebenfalls als ein solcher erscheinen werde, darauf siehst du und machst dir nun nichts mehr daraus, wie es scheint, wenn nur mit mir, nichts zu wissen von dem, wovon doch einem Manne, der sich etwas zu sein dünkt, Erkenntnis zu haben geziemt. Du also scheinst mir recht das Mensch-
b liche zu tun, nicht auf dich selbst zu sehen, sondern nur auf die andern. Ich aber glaube über dasjenige, wovon die Rede war, schon jetzt mich ganz erträglich erklärt zu haben, und sollte etwas darin noch nicht hinlänglich erklärt sein, es noch in der Folge zu berichtigen mit dem Damon sowohl, den du auslachen zu dürfen glaubst, ohne ihn doch jemals gesehen zu haben, als auch mit anderen. Und wenn ich es recht werde begründet haben, will ich es auch dich lehren und es dir nicht vorenthalten, denn du dünkst mich noch gar
c sehr des Lernens zu bedürfen.

LACHES: Du freilich bist sehr klug, Nikias. Dennoch aber gebe ich dem Lysimachos hier und dem Melesias den Rat, nach dir und mir, was die Erziehung der Jünglinge betrifft, nicht weiter zu fragen, sondern nur den Sokrates hier, wie ich auch gleich anfangs sagte, ja nicht loszulassen. Denn wenn meine Söhne schon das Alter dazu hätten, würde ich dasselbe auch tun.

NIKIAS: Dagegen wende auch ich nichts ein, wenn nämlich Sokrates sich der jungen Leute annehmen will, daß sie ja keinen andern suchen sollen. Wie auch ich den Nikeratos am liebsten ihm übergeben möchte, wenn er nur wollte; allein er empfiehlt mir jedesmal andere, wenn ich ihm davon erwähne, selbst aber will er nicht. Sieh du also zu, o Lysimachos, ob dir Sokrates besser gehorchen wird. d

LYSIMACHOS: Das sollte er wohl billig, o Nikias. Denn auch ich möchte ihm gern vieles tun, was ich nicht eben vielen andern tun würde. Was sagst du also, o Sokrates? Wirst du gehorchen und mit zu dem Besserwerden der Jünglinge helfen?

[31. Aufforderung zu weiterer Bemühung]

SOKRATES: Das wäre ja wohl arg, o Lysimachos, irgend jemandem e
nicht helfen zu wollen zu seinem Besserwerden. Wenn also in unsern jetzigen Gesprächen ich mich gezeigt hätte als einen Kundigen, diese beiden aber sich als Unkundige, dann möchte es billig sein, mich vorzüglich zu diesem Geschäfte zu berufen; nun wir aber alle auf gleiche Weise in Verlegenheit geraten sind, wie könnte wohl jemand einen von uns besonders vorziehen? Mich meines Teils dünkt das keinem zu gebühren. Sondern, da die Sache sich so verhält, so 201 a
erwägt, ob dies euch ein guter Rat dünkt, den ich geben will. Ich nämlich sage: Ihr Männer – denn keine bekanntzumachende Rede ist es – wir müssen alle gemeinschaftlich zuerst für uns selbst den besten Lehrer suchen, den wir bekommen können, denn wir bedürfen seiner, dann aber auch für die jungen Männer, und weder Geld dabei schonen noch sonst etwas. Es aber dabei bewenden zu lassen, wie es jetzt mit uns bewandt ist, das rate ich nicht. Sollte uns aber jemand auslachen wollen, daß wir so alt schon noch Lehrer besu- b
chen wollen: so dünkt mich, wir müssen uns mit dem Homeros schützen, welcher gesagt hat: Nicht gut sei Scham dem darbenden Manne. Auch wir also wollen es gut sein lassen, wenn einer etwas sagt, und gemeinschaftlich für uns und für die Jünglinge Sorge tragen.

LYSIMACHOS: Mir meines Teils gefällt, o Sokrates, was du sagst; und ich will, soviel ich der älteste bin, soviel auch der bereitwilligste sein, mit den jungen Leuten zugleich zu lernen. Das aber tue mir, komme morgen früh zu mir ins Haus und verfehle es ja nicht, c
damit wir weiter Rat pflegen können über eben diese Sache. Für jetzt aber müssen wir auseinandergehen.

SOKRATES: Ja, das werde ich tun, o Lysimachos, und morgen früh zu dir kommen, so Gott will.

EUTHYPHRON

GLIEDERUNG

A. Einleitung: 1. a) Die Anklage des Meletos wegen Verderbung der Jugend (1. Kap., 2 a 1—3 a 5) und Erdichtung neuer Götter (2. Kap., 3 a 6—3 c 5). b) Ihr vermutlicher Grund (3. Kap., 3 c 6—3 e 6). 2. Die Sache des Euthyphron (4. Kap., 3 e 7—5 a 2). 3. Wunsch des Sokrates, sich über das Fromme belehren zu lassen (5. Kap., 5 a 3—5 d 6).

B. Hauptteil:

1. 1. These: Fromm ist, den Übeltäter zu verfolgen; Beispiel der Götter (6. Kap., 5 d 7—6 c 7). 2. a) Ihr Ungenügen und 2. These: Fromm ist, was den Göttern lieb ist (7. Kap., 6 c 8—7 a 5). b) Aufzeigung ihrer Ambiguität (8. Kap., 7 a 6—8 a 9). c) Was ist den Göttern lieb und wer tut Unrecht? (9. Kap., 8 a 10—8 e 9). d) Anwendung auf den Fall des Euthyphron? (10. Kap., 9 a 1—9 b 10). 3. a) Verbesserung der 2. These: Was *alle* Götter lieben, ist fromm (11. Kap., 9 c 1—9 e 9). b) Das Fromme ist nicht mit dem Gottgeliebten identisch (12. Kap., 10 a 1—10 e 4). c) Das Fromme ein Teil des Gerechten (13. Kap., 10 e 5—12 d 4). 4. a) 3. These: Das Fromme ist der Teil des Gerechten, der auf die Behandlung der Götter geht (14. Kap., 12 d 5—12 e 8). b) Behandlung der Götter bedeutet Dienst (15. Kap., 12 e 9—13 d 8). c) Welches ist das Werk dieses Dienstes? Abbiegen des Euthyphron (16. Kap., 13 d 9—14 b 7). 5. a) 4. These: Frömmigkeit ist Wissen von Geschenk und Bitte an die Götter (17. Kap., 14 b 8—14 d 8). b) Frömmigkeit als Handel zwischen Göttern und Menschen. Rückkehr zur 2. These (18. Kap., 14 d 9—15 b 6). 6. Konstatierung des Zirkels (19. Kap., 15 b 7—15 c 10).

C. Schluß: Erneute Frage und Flucht des Euthyphron (20. Kap., 15 c 11 bis 16 a 4).

Euthyphron, Sokrates

[1. Die Anklage des Meletos wegen Verderbung der Jugend]

Euthyphron: Was hat sich doch Neues ereignet, o Sokrates, daß 2 a
du dem Aufenthalt im Lykeion entsagend dich jetzt hier aufhältst bei der Halle des Basileus? Denn du hast doch wohl nicht auch einen Rechtsstreit bei dem Basileus, wie ich?

Sokrates: Wenigstens, o Euthyphron, nennen dies die Athener nicht einen Rechtsstreit, sondern eine Staatsklage.

Euthyphron: Was sagst du? Eine solche hat jemand gegen dich b
eingeleitet? Denn du gegen einen andern, das kann ich von dir nicht denken.

Sokrates: So ist es auch nicht.

Euthyphron: Sondern ein anderer gegen dich?

Sokrates: Freilich.

Euthyphron: Wer denn?

Sokrates: Ich kenne den Mann selbst nicht recht, Euthyphron; jung scheint er mir nämlich noch zu sein und ziemlich unbekannt. Man nennt ihn, glaube ich, Meletos, und von Zunft ist er ein Pitthier, wenn du dich etwa auf einen Pitthier Meletos besinnst mit glattem Haar, noch schwachem Bart und Habichtsnase.

Euthyphron: Ich besinne mich nicht; aber was für eine Klage hat
er denn gegen dich eingegeben? c

Sokrates: Was für eine? Die ihm nicht wenig Ehre bringt, dünkt mich. Denn so jung noch sein und schon eine so wichtige Sache verstehen, ist nichts Geringes. Nämlich er weiß, wie er behauptet, auf welche Weise die Jugend verderbt wird und wer sie verdirbt. Er mag also wohl ein Weiser sein, und weil er meiner Unweisheit inne geworden, durch welche ich seine Altersgenossen verderbe: so geht er, wie zur Mutter, zum Staat, um mich zu verklagen. Und er allein unter allen öffentlichen Männern scheint mir die Sache recht anzu-
fangen: Denn ganz recht ist es, zuerst für die Jugend zu sorgen, d
daß sie aufs beste gedeihe; wie auch ein guter Landmann immer zuerst für die jungen Pflanzen sorgt und hernach für die übrigen. So wahrscheinlich will auch Meletos zuerst uns vertilgen, die wir
den frischen Trieb der Jugend verderben, wie er sagt; hernach aber 3 a
wird er natürlich auch für die Älteren sorgend dem Staat ein Urheber sehr vieler und großer Vorteile werden, wie man ja erwarten muß von dem, der mit einem solchen Anfang anfängt.

[2. ... und Erdichtung neuer Götter]

Euthyphron: Das wünschte ich wohl, o Sokrates! Allein es graut mir, daß es nur nicht das Gegenteil sei. Denn mich dünkt er recht vom heiligsten Grund aus den Staat mißhandeln zu wollen, da er sich bemüht, dich zu verletzen. Aber sage mir doch, wodurch behauptet er denn, daß du die Jugend verderbest?

b SOKRATES: Unsinnig genug, mein Guter, wenn man es so hört. Er sagt nämlich, ich erdichtete Götter, und als einen Erdichter neuer Götter, der an die alten nicht glaubt, verklagt er mich eben deshalb, wie er sagt.

EUTHYPHRON: Ich verstehe, Sokrates. Weil du immer sagst, das Dämonische sei dir widerfahren: so stellt er diese Klage gegen dich an als gegen einen Neuerer in göttlichen Dingen und kommt, um dich zu verleumden, vor Gericht, weil er weiß, daß dergleichen Verleumdungen sehr leicht Eingang finden bei den meisten. Denn auch mit
c mir, wenn ich in der Gemeinde etwas rede von göttlichen Dingen und ihnen vorhersage, was geschehen wird, treiben sie Spott wie mit einem Wahnsinnigen, und doch ist nichts, was nicht eingetroffen wäre von allem, was ich vorhersagte. Aber doch sind wir alle ihnen verhaßt. Aber man muß sich nur nicht um sie kümmern, sondern geradezu gehen.

[3. Ihr vermutlicher Grund]

SOKRATES: Lieber Euthyphron, bespöttelt zu werden, das ist nun eben keine große Sache. Und weiter, wie mich dünkt, kümmern sich die Athener nicht sonderlich um einen, wenn sie ihn auch für noch so gewaltig halten, der nur nicht lehrlustig ist mit seiner Weisheit. Von wem sie aber glauben, er wolle auch andere zu solchen machen,
d dem zürnen sie, sei es nun aus Haß, wie du meinst, oder aus was sonst.

EUTHYPHRON: Was dies betrifft, begehre ich gar nicht zu versuchen, wie sie über mich denken.

SOKRATES: Weil du eben das Ansehen hast, dich selten zu machen und niemanden deine Weisheit lehren zu wollen; ich aber befürchte, daß ich bei ihnen in dem Ruf stehe meiner Menschenliebe wegen, was ich nur weiß, verschwenderisch jedermann zu sagen, nicht nur unentgeltlich, sondern auch noch gern etwas dazugebend, wenn mich nur jemand hören will. Wie ich also eben sagte, wenn sie mit mir nur Scherz treiben wollten, wie du behauptest, daß sie
e es mit dir machen: so wäre das gar nicht übel, scherzend und lachend vor Gericht zu stehen. Wenn sie aber Ernst machen wollen, so kann wohl niemand leicht wissen, wie die Sache ablaufen wird, außer ihr Wahrsager.

EUTHYPHRON: Wahrscheinlich wird es wohl nichts sein, Sokrates; sondern du wirst deine Sache nach Wunsch ausfechten und, so denke ich, auch ich die meinige.

[4. Die Sache des Euthyphron]

SOKRATES: Und was für eine Sache hast denn du, Euthyphron? Verfolgst du oder wirst du verfolgt?

EUTHYPHRON: Ich verfolge.

SOKRATES: Und wen?

Euthyphron: Einen solchen, daß man mich für rasend halten 4a wird, ihn zu verfolgen.

Sokrates: Wieso? Kann er etwa fliegen?

Euthyphron: Am Fliegen fehlt ihm wohl viel, da er schon ganz wohlbetagt ist.

Sokrates: Und wer ist es denn?

Euthyphron: Mein eigener Vater.

Sokrates: Dein eigener Vater, o Bester?

Euthyphron: Ganz sicher.

Sokrates: Und welches ist denn die Beschuldigung? Worauf geht die Klage?

Euthyphron: Auf Totschlag, Sokrates.

Sokrates: Herakles! Aber die meisten Menschen, Euthyphron, wissen wohl gar nicht, wie dies recht ist? Denn ich glaube wohl nicht, daß der erste beste dies richtig tun kann; sondern nur, wer b schon weit in der Weisheit vorgeschritten ist.

Euthyphron: Weit genug allerdings, beim Zeus, Sokrates.

Sokrates: Es ist also wohl deiner nächsten Angehörigen einer, der durch deinen Vater ums Leben gekommen ist? Oder versteht sich das von selbst: denn eines Fremden wegen würdest du ihn wahrlich nicht als Totschläger verklagen!

Euthyphron: Lächerlich ist es, o Sokrates, daß du meinst, dies mache einen Unterschied, ob der Getötete ein Fremder ist oder ein Angehöriger, und man müsse nicht das allein beachten, ob der Tötende ihn mit Recht getötet hat oder nicht, und wenn mit Recht, ihn gehen lassen, wenn aber nicht, ihn verfolgen, und wenn auch der Totschläger dein Herd- und Tischgenosse ist. Denn gleich groß c ist ja die Befleckung, wissentlich mit einem solchen zu leben, ohne daß man sich und ihn durch die Angabe vor Gericht reinigt. Übrigens war der Tote ein Dienstmann von mir, und als wir des Landbaus wegen auf Naxos waren, war er dort bei uns Tagelöhner. In der Trunkenheit nun erzürnt er sich mit einem unserer Knechte und schlägt ihn tot. Der Vater also läßt ihn an Händen und Füßen gebunden in eine Grube werfen und schickt einen hierher zum Ausleger, sich Rat zu holen, was zu tun wäre. Binnen dieser Zeit aber vernachlässigte d er den Gebundenen als einen Totschläger und als ob es nichts wäre, wenn er auch stürbe. Welches ihm dann auch begegnete: denn Frost, Hunger und Fesseln töteten ihn, ehe noch der Bote von dem Ausleger zurückkehrte. Dieses nun verdrießt eben den Vater und die übrigen Verwandten, daß ich eines Totschlägers wegen den Vater des Totschlages anklage, da er ihn doch, wie sie sagen, nicht einmal umgebracht hat, und selbst wenn er ihn umgebracht hätte, man doch eines solchen wegen sich nicht viel kümmern dürfe, der ja selbst ein Totschläger war. Denn es sei doch ruchlos, daß der Sohn den e Vater des Totschlages anklage. Aber schlecht, o Sokrates, wissen sie, wie das Göttliche sich verhält, was Frommes und Ruchloses betrifft.

Sokrates: Du aber, um des Zeus willen, o Euthyphron, glaubst so genau dich auf die göttlichen Dinge zu verstehen, wie es sich damit verhält, und auf das Fromme und Ruchlose, daß du bei diesem Hergang der Sache, wie du ihn berichtet hast, gar nicht besorgst, ob du nicht selbst wiederum, indem du den Vater zu Recht belangst, etwas Ruchloses begehst?

EUTHYPHRON: Gar nichts wäre ich ja nutz, o Sokrates, und um 5a nichts wäre Euthyphron besser als die andern, wenn ich dergleichen nicht alles genau verstände.

[5. Wunsch des S., sich über das Fromme belehren zu lassen]

SOKRATES: So wird es demnach für mich, du bewunderungswürdiger Euthyphron, wohl das beste sein, daß ich dein Schüler werde und dem Meletos, noch ehe ich mich auf seine Klage einlasse, eben hierauf Vergleich anbiete und ihm sage: Auch vorher schon hätte ich es mir sehr angelegen sein lassen, das Göttliche zu verstehen, und nun, da er behauptete, daß ich auf meine eigne Weise grüble und Neuerungen in göttlichen Dingen aufbringend mich schwer versündige, wäre ich eben dein Schüler geworden. Und wenn du nun, o Meletos, würde ich sagen, zugibst, daß Euthyphron weise ist in b diesen Dingen und richtig darüber denkt: so glaube es von mir auch und verklage mich nicht. Wo aber nicht, so melde ihm, meinem Lehrer, die Klage eher an als mir, weil er die alten Leute verdirbt, mich und seinen Vater, mich durch Lehre, jenen aber durch Verweis und Strafe. Wenn er mir nun nicht glaubt, noch auch mich von der Klage losläßt und statt meiner dich angibt: so werde ich vor Gericht eben das sagen, was ich ihm vorher beim Versuch des Vergleiches allein gesagt.

EUTHYPHRON: Ja, beim Zeus, Sokrates, wenn er es doch wagen woll- c te, mich anzugeben! Ich würde wohl finden, glaube ich, wo es faul mit ihm ist, und es sollte weit eher noch vor Gericht von ihm die Rede sein als von mir.

SOKRATES: Eben weil ich dies auch weiß, lieber Freund, wünsche ich, dein Schüler zu werden. Denn ich weiß ja, wie auch sonst mancher und so auch dieser Meletos dich nicht einmal zu sehen scheint, mich aber hat er so scharf und leicht überschaut, daß er mich schon der Gottlosigkeit anklagt. So sage mir nun um Zeus' willen, was du jetzt eben so genau zu wissen behauptest, worin doch deiner Behauptung nach das Gottesfürchtige und das Gottlose bestehe, sowohl in Be- d ziehung auf Totschlag als auf alles übrige. Oder ist nicht das Fromme in jeder Handlung sich selbst gleich und das Ruchlose wiederum allem Frommen entgegengesetzt und sich selbst ähnlich, so daß alles, was ruchlos sein soll, soviel nämlich seine Ruchlosigkeit betrifft, eine gewisse Gestalt hat?

EUTHYPHRON: Auf alle Weise freilich, Sokrates.

[6. 1. These: Fromm ist, den Übeltäter zu verfolgen; Beispiel der Götter]

SOKRATES: So sage also, was du behauptest, das das Fromme sei, und was das Ruchlose.

EUTHYPHRON: Ich sage eben, daß das fromm ist, was ich jetzt tue, den Übeltäter nämlich, er habe nun durch Totschlag oder durch der Heiligtümer Beraubung oder durch irgend etwas dergleichen ge-

sündigt, zu verfolgen, sei er auch Vater oder Mutter oder wer sonst
immer; ihn nicht zu verfolgen aber ist ruchlos. Denn, o Sokrates, e
betrachte nur, welchen starken Beweis ich dir anführen werde für
diese Vorschrift, daß sie richtig ist: wie ich auch andern schon ge-
sagt, daß dies ganz richtig wäre, dem Gottlosen nichts durchgehen
zu lassen, und wäre er auch, was du nur willst. Nämlich die Men-
schen halten ja selbst den Zeus für den trefflichsten und gerechte-
sten aller Götter, und von diesem gestehen sie doch, daß er seinen
eignen Vater gefesselt, weil der seine Söhne verschluckt ohne recht- 6 a
lichen Grund; und dieser wiederum habe seinen Vater verschnitten
ähnlicher Dinge wegen. Mir aber wollen sie böse sein, daß ich mei-
nen Vater, der auch unrecht getan, vor Gericht belange; und so
widersprechen sie sich selbst in dem, was sie sagen in bezug auf die
Götter und auf mich.

SOKRATES: Ist etwa eben dies die Ursache, o Euthyphron, weshalb
ich mit der Klage verfolgt werde, weil ich nämlich, wenn jemand
dergleichen von den Göttern sagt, es übel aufnehme? Und meint man,
wie es scheint, daß ich eben hierin fehle? Nun also, wenn auch du
dieser Meinung bist, der in solchen Dingen so wohl Unterrichtete:
so müssen, wie es scheint, auch wir es zugeben. Denn was wollten b
wir auch sagen, die wir selbst eingestehen, nichts von der Sache zu
wissen? Aber sage mir, beim Gott der Freundschaft, glaubst du wirk-
lich, daß dieses so gewesen ist?

EUTHYPHRON: Und noch Wunderbareres als dieses, o Sokrates, wo-
von nur die wenigsten etwas wissen.

SOKRATES: Auch Krieg, glaubst du also wirklich, daß die Götter
haben gegeneinander und gewaltige Feindschaften und Schlachten
und viel anderes dergleichen, wie es von den Dichtern erzählt wird,
und wie es teils an andern heiligen Orten von guten Malern ab- c
gebildet ist, teils auch der Teppich voll ist von solchen Abbildun-
gen, der an den großen Panathenäen in die Akropolis hinaufgetra-
gen wird? Dies alles wollen wir für wahr erklären, Euthyphron?

EUTHYPHRON: Und zwar nicht dieses allein, o Sokrates; sondern,
wie ich eben sagte, noch vieles andere kann ich dir, wenn du willst,
von göttlichen Dingen erzählen, welches vernehmend du, wie ich
wohl weiß, erstaunen wirst.

[7. Ihr Ungenügen und 2. These: Fromm ist, was den Göttern lieb ist]

SOKRATES: Das soll mich nicht wundern. Allein dies magst du mir
ein andermal bei Gelegenheit erzählen. Jetzt aber versuche das, wo-
nach ich dich soeben fragte, mir genauer zu erklären. Denn Freund, d
du hast mich vorher nicht hinlänglich belehrt auf meine Frage, was
wohl das Fromme wäre; sondern du sagtest mir nur, dieses wäre
fromm, was du jetzt tust, indem du den Vater des Totschlages we-
gen belangst.

EUTHYPHRON: Und daran habe ich wahr gesprochen, o Sokrates.

SOKRATES: Wahrscheinlich. Aber du gibst doch zu, Euthyphron, daß
es noch viel anderes Frommes gibt?

EUTHYPHRON: Das gibt es auch.

SOKRATES: Du erinnerst dich doch, daß ich dir nicht dieses aufgab, mich einerlei oder zweierlei von dem vielen Frommen zu lehren, sondern jenen Begriff selbst, durch welchen alles Fromme fromm ist. Denn du gabst ja zu, einer gewissen Gestalt wegen, die es habe,
e sei alles Ruchlose ruchlos und das Fromme fromm. Oder besinnst du dich darauf nicht?

EUTHYPHRON: Sehr wohl.

SOKRATES: Diese Gestalt selbst also lehre mich, welche sie ist, damit ich, auf sie sehend und mich ihrer als Urbild bedienend, was nun ein solches ist in deinen oder sonst jemandes Handlungen, für fromm erkläre, was aber nicht ein solches, davon ausschließe.

EUTHYPHRON: Wenn du es so willst, Sokrates, kann ich es dir auch so erklären.

SOKRATES: Gar sehr will ich das.

7a EUTHYPHRON: Was also den Göttern lieb ist, ist fromm; was nicht lieb, ruchlos.

SOKRATES: Sehr schön, o Euthyphron, und so, wie ich wünschte, daß du antworten möchtest, hast du jetzt geantwortet. Ob indes auch richtig, das weiß ich noch nicht. Allein, du wirst mir gewiß auch das noch dazu zeigen, wie es richtig ist, was du sagst.

EUTHYPHRON: Ganz gewiß.

[8. Aufzeigung ihrer Ambiguität]

SOKRATES: So komm denn, laß uns betrachten, was wir sagen. Was den Göttern lieb ist, und der den Göttern liebe Mensch ist fromm, und das den Göttern Verhaßte und der ihnen Verhaßte ist ruchlos. Und nicht etwa einerlei, sondern ganz entgegengesetzt ist das Fromme dem Ruchlosen. Nicht so?

EUTHYPHRON: Allerdings so.

SOKRATES: Und gut ist das wohl offenbar gesagt.

b EUTHYPHRON: Ich denke: denn es ist so erklärt worden.

SOKRATES: Ferner auch, daß die Götter entzweit sind und uneins untereinander, o Euthyphron, und daß es Feindschaft unter ihnen gibt gegeneinander, auch das wurde gesagt.

EUTHYPHRON: Das wurde freilich gesagt.

SOKRATES: Aus der Uneinigkeit über was für Dinge aber entsteht wohl Feindschaft und Erzürnung, o Bester? Laß uns das so überlegen. Wenn wir uneinig wären, ich und du, über Zahlen, welche von beiden mehr betrüge, würde die Uneinigkeit hierüber uns wohl zu Feinden machen und erzürnt gegeneinander? Oder wür-
c den wir zur Rechnung schreitend sehr bald über dergleichen Dinge uns einigen?

EUTHYPHRON: Ganz gewiß.

SOKRATES: Nicht auch, wenn wir über Größeres und Kleineres uneinig wären, würden wir zur Messung schreitend sehr bald dem Streit ein Ende machen?

EUTHYPHRON: Das ist richtig.

SOKRATES: Und zur Abwägung schreitend, würden wir, glaube ich, über Leichteres und Schwereres entscheiden?

Euthyphron: Wie sollten wir nicht?

Sokrates: Worüber also müßten wir uns wohl streiten und zu
was für einer Entscheidung nicht kommen können, um uns zu er-
zürnen und einander feind zu werden? Vielleicht fällt es dir eben
nicht bei: allein, laß mich es aussprechen, und überlege, ob es wohl
dieses ist, das Gerechte und Ungerechte, das Edle und Schlechte, das d
Gute und Böse. Sind nicht dies etwa die Gegenstände, worüber strei-
tend und nicht zur völligen Entscheidung gelangend wir einander
feind werden, sooft wir es werden, du und ich sowohl als auch alle
übrigen Menschen?

Euthyphron: Freilich ist es gerade dieser Streit, Sokrates, und über diese Dinge.

Sokrates: Und wie die Götter, o Euthyphron? Werden sie nicht, wenn sie sich je streiten, sich über eben diese Dinge streiten?

Euthyphron: Ganz notwendig.

Sokrates: Also auch von den Göttern, du teurer Euthyphron, hal- e
ten andere anderes für gerecht nach deiner Rede, und für edel und
schlecht und für gut und böse? Denn sie würden ja nicht in Zwie-
tracht miteinander sein, wenn sie nicht im Streit wären über diese
Gegenstände. Nicht wahr?

Euthyphron: Ganz richtig.

Sokrates: Und, nicht wahr, was jeder von ihnen für edel hält und für gut und gerecht, das liebt er auch, und das Gegenteil davon haßt er?

Euthyphron: Allerdings.

Sokrates: Dasselbige aber, wie du sagst, halten die einen für ge-
recht, die andern für ungerecht, welcher Uneinigkeit halber sie sich
eben in Zwietracht und Krieg untereinander befinden. Ist es nicht 8 a
so?

Euthyphron: Gerade so.

Sokrates: Dasselbige also, wie es scheint, wird von den Göttern gehaßt und auch geliebt, und dasselbe also wäre gottgehässig und gottgefällig?

Euthyphron: Das scheint so.

Sokrates: Also wäre ein und dasselbe auch fromm und ruchlos nach dieser Rede?

Euthyphron: So ist es beinahe.

[9. Was ist den Göttern lieb und wer tut Unrecht?]

Sokrates: Also hast du doch nicht, was ich fragte, beantwortet,
du Wunderlicher. Denn ich fragte nicht nach dem, was, dasselbe
bleibend, fromm und auch ruchlos sein kann; was aber gottgefäl-
lig ist, das ist auch gottverhaßt, wie es scheint. So daß nicht zu ver- b
wundern ist, o Euthyphron, wenn das, was du jetzt tust, indem du
deinen Vater zur Strafe ziehst, dem Zeus etwa ganz wohlgefällig ist,
dem Kronos aber und dem Uranos verhaßt, oder dem Hephaistos
zwar lieb, der Here aber verhaßt, und ebenso auch mit andern Göt-
tern, wenn etwa noch sonst einer mit einem andern hierüber un-
eins ist.

Euthyphron: Allein, ich glaube, o Sokrates, daß hierüber kein Gott mit dem andern uneins ist, daß nämlich der nicht Strafe leiden müsse, der einen andern ungerechterweise getötet hat.

Sokrates: Wie doch, Euthyphron? Hast du etwa von Menschen jemals einen gehört, welcher das bezweifelt hätte, ob, wer ungerech-
c terweise einen andern getötet oder irgend sonst etwas ungerechterweise getan, auch wohl Strafe leiden müsse?

Euthyphron: Sie hören ja gar nicht auf, über dergleichen zu streiten, sowohl sonst als auch besonders vor Gericht. Denn nachdem sie noch so viel Unrecht getan, tun und reden sie alles Ersinnliche, um nur loszukommen von der Klage.

Sokrates: Gestehen sie denn auch ein, daß sie Unrecht getan, und behaupten, nachdem sie dies eingestanden, dennoch, daß sie keine Strafe erleiden dürften?

Euthyphron: Das freilich keineswegs.

Sokrates: Also doch nicht alles tun und sagen sie. Denn dies, denke ich, unterstehen sie sich nicht zu sagen oder zu bestreiten, daß sie nicht, wenn sie Unrecht getan, müßten Strafe leiden; sondern
d sie behaupten nur, glaube ich, sie hätten nicht Unrecht getan. Nicht wahr?

Euthyphron: Darin hast du recht.

Sokrates: Nicht also jenes bestreiten sie, daß der Unrechthandelnde müsse bestraft werden; sondern nur darüber streiten sie miteinander, wer es denn ist, der Unrecht tut, und wodurch und wann.

Euthyphron: Das ist richtig.

Sokrates: Muß nun nicht dasselbe auch den Göttern begegnen, wenn sie doch in Zwietracht untereinander sind wegen des Gerechten und Ungerechten, wie ja deine Rede besagt, und einige behaupten, sie hätten einander Unrecht getan, andere leugnen es? Denn dieses, du Wunderbarer, wagt doch wohl niemand, weder Gott noch
e Mensch, zu sagen, daß auch, wer wirklich Unrecht getan, doch nicht Strafe leiden müsse.

Euthyphron: Ja, hierin, o Sokrates, redest du wohl wahr im ganzen.

Sokrates: Sondern über jegliches einzelne, was getan worden ist, streiten die, welche streiten, Menschen wie Götter, wenn anders Götter miteinander streiten; weil sie über eine Handlung ungleicher Meinung sind, sagen einige, es sei recht gewesen, so zu handeln, andere, es sei unrecht gewesen. Ist es etwa nicht so?

Euthyphron: Allerdings.

[10. Anwendung auf den Fall des Euthyphron?]

9a Sokrates: So komm denn, lieber Euthyphron, und lehre auch mich, damit ich weiser werde: Was für einen Beweis hast du denn darüber, daß alle Götter glauben, der sei ungerechterweise getötet, der als Tagelöhner selbst einen totgeschlagen, dann von dem Herrn des Erschlagenen gebunden und an diesen Banden noch eher gestorben ist, als der, welcher ihn gebunden, Erkundigung von den Auslegern eingezogen, was seinetwegen zu tun wäre, und es sei ganz recht,

wenn eines solchen wegen der Sohn den Vater des Totschlages beschuldigte und belangte? Komm und versuche mir recht deutlich zu erweisen, daß vor allen Dingen diese Handlung alle Götter für b
recht halten; und wenn du es mir zur Genüge erweist, werde ich nie aufhören, dich deiner Weisheit wegen zu preisen.

EUTHYPHRON: Das ist nun wohl auch keine geringe Sache, o Sokrates; aber gewiß könnte ich es dir ganz deutlich zeigen.

SOKRATES: Ich verstehe, du hältst mich für ungelehriger als die Richter: denn denen willst du doch gewiß deutlich machen, daß das ungerecht ist und daß alle Götter es hassen.

EUTHYPHRON: Ganz deutlich, Sokrates, wenn sie nur hören werden auf meine Rede.

[11. Verbesserung der 2. These: Was alle Götter lieben, ist fromm]

SOKRATES: Sie werden schon zuhören, wenn sie nur finden, daß c
du gut redest. Aber folgendes ist mir eingefallen, während du sprachst, und ich überlege es bei mir: Wenn mich nun auch Euthyphron noch so gründlich belehrt, daß sämtliche Götter einen solchen Tod für ungerecht halten: was habe ich dadurch mehr vom Euthyphron gelernt, was das Fromme ist und das Ruchlose? Denn gottgehässig wäre nun wohl diese Tat, wie es scheint. Aber eben hatte sich gezeigt, daß hierdurch das Fromme und Ruchlose nicht bestimmt ist, weil nämlich von dem Gottgehässigen sich gezeigt hatte, daß es auch gottgefällig ist. So daß ich dich hiervon gern loslasse, Euthyphron, und wenn du willst, sollen alle Götter dies für ungerecht halten und alle sollen es hassen. Wollen wir aber nun dieses be- d
richtigen in unserer Erklärung, daß nämlich, was alle Götter hassen, ruchlos sein soll und was alle lieben fromm, was aber einige lieben und andere hassen, das soll auch keins von beiden sein oder beides? Willst du, daß uns nun so die Erklärung gestellt sein soll über das Fromme und Ruchlose?

EUTHYPHRON: Was hindert uns, Sokrates?

SOKRATES: Mich wohl nichts, Euthyphron; aber du überlege dir deinerseits, ob du dies zugrunde legend mich am leichtesten das lehren kannst, was du versprochen hast.

EUTHYPHRON: Ich möchte allerdings behaupten, das sei das From- e
me, was alle Götter lieben, und gegenteils, was alle Götter hassen, sei ruchlos.

SOKRATES: Wollen wir nun nicht wieder dieses in Betrachtung ziehen, ob es gut gesagt ist, Euthyphron, oder es lassen und so leicht mit uns selbst und andern zufrieden sein, daß, wenn nur jemand behauptet, etwas verhalte sich so, wir es gleich einräumen und annehmen? Oder muß man erst erwägen, was der wohl sagt, der etwas sagt?

EUTHYPHRON: Erwägen muß man es; ich jedoch glaube, dieses ist nun richtig gesagt.

[12. Das Fromme ist nicht mit dem Gottgeliebten identisch]

10 a Sokrates: Bald, mein Guter, werden wir es besser wissen. Bedenke dir nämlich nur dieses, ob wohl das Fromme, weil es fromm ist, von den Göttern geliebt wird, oder ob es, weil es geliebt wird, fromm ist?

Euthyphron: Ich verstehe nicht, was du meinst, Sokrates.

Sokrates: So will ich versuchen, es dir deutlicher zu erklären. Wir nennen doch etwas bewegt und bewegend, getrieben und treibend, gesehen und sehend, und alles dergleichen siehst du doch ein, daß es verschieden ist und auch wie es verschieden ist.

Euthyphron: Dies glaube ich einzusehen.

Sokrates: Gibt es nicht ebenso auch ein Geliebtes und von diesem verschieden das Liebende?

Euthyphron: Wie sollte es nicht?

b Sokrates: So sage mir denn, ob das Bewegte deswegen, weil es bewegt wird, ein Bewegtes ist oder wegen etwas anderem?

Euthyphron: Nein, sondern deswegen.

Sokrates: Auch das Getriebene also, weil es getrieben wird, und das Gesehene, weil es gesehen wird?

Euthyphron: Allerdings.

Sokrates: Nicht also, weil es ein Gesehenes ist, deshalb wird es gesehen; sondern im Gegenteil, weil es gesehen wird, deshalb ist es ein Gesehenes. Und nicht weil etwas ein Getriebenes ist, deshalb wird es getrieben; sondern weil es getrieben wird, deshalb ist es ein Getriebenes. Noch auch weil es ein Bewegtes ist, deshalb wird es bewegt; sondern weil es bewegt wird, ist es ein Bewegtes. Ist dir nun deutlich, Euthyphron, was ich sagen will? Ich will nämlich dies sa-
c gen, wenn etwas irgendwie wird oder irgend etwas leidet: so wird es nicht, weil es ein Werdendes ist, sondern weil es wird, ist es ein Werdendes; noch weil es ein Leidendes ist, leidet es; sondern weil es leidet, ist es ein Leidendes. Oder gibst du das nicht zu?

Euthyphron: Ich gewiß.

Sokrates: Ist nun nicht auch das Geliebte ein etwas Werdendes oder ein etwas von einem andern Leidendes?

Euthyphron: Freilich.

Sokrates: Auch dieses also verhält sich so wie das Bisherige; nicht weil es ein Geliebtes ist, wird es geliebt von denen, die es lieben, sondern weil es geliebt wird, ist es ein Geliebtes.

Euthyphron: Notwendig.

d Sokrates: Was sagen wir also von dem Frommen, Euthyphron? Nicht, daß es von allen Göttern geliebt wird, wie die Erklärung lautet?

Euthyphron: Ja.

Sokrates: Ob wohl deshalb, weil es fromm ist, oder wegen etwas anderm?

Euthyphron: Nein, sondern deshalb.

Sokrates: Also weil es fromm ist, deshalb wird es geliebt, und nicht weil es geliebt wird, deshalb ist es fromm.

Euthyphron: So scheint es.

SOKRATES: Das Gottgefällige hingegen ist doch deswegen, weil es von den Göttern geliebt wird, das Geliebte und Gottgefällige.

EUTHYPHRON: Wie anders?

SOKRATES: Also ist das Gottgefällige nicht das Fromme, o Euthyphron, noch auch das Fromme das Gottgefällige, wie du sagst, sondern verschieden ist dieses von jenem.

EUTHYPHRON: Wie doch das, Sokrates? e

SOKRATES: Weil wir doch zugeben, das Fromme werde deshalb geliebt, weil es fromm ist, nicht aber, weil es geliebt wird, sei es fromm. Nicht wahr?

EUTHYPHRON: Ja.

[13. Das Fromme ein Teil des Gerechten]

SOKRATES: Das Gottgefällige aber sei, weil es von den Göttern geliebt wird, eben dieses Geliebtwerdens wegen gottgefällig, nicht aber weil es gottgefällig ist, werde es geliebt.

EUTHYPHRON: Das ist richtig.

SOKRATES: Wenn also nun, lieber Euthyphron, das Gottgefällige
und das Fromme dasselbe wäre: so müßte ja, wenn das Fromme
um des Frommseins willen geliebt wird, auch das Gottgefällige we- 11 a
gen des Gottgefälligseins geliebt werden; wenn aber das Gottgefällige wegen des Von-den-Göttern-geliebt-Werdens gottgefällig ist, alsdann auch das Fromme wegen des Geliebtwerdens fromm sein. Nun aber siehst du, daß beides sich entgegengesetzt verhält und also auch gänzlich voneinander verschieden sein muß. Denn das eine ist, weil es geliebt wird, ein solches zum Geliebtwerden, das andere aber, weil es etwas ist zum Geliebtwerden, wird eben deshalb geliebt. Und es scheint beinahe, o Euthyphron, als wolltest du, gefragt, was das Fromme ist, das Wesen desselben nicht aufzeigen, sondern nur eine Eigenschaft angeben, die ihm zukommt, daß nämlich dem
Frommen das eignet, von allen Göttern geliebt zu werden; als was b
aber ihm dies eignet, das hast du noch nicht gesagt. Ist es dir also genehm, so verbirg es mir nicht, sondern erkläre noch einmal von vorn, was denn an sich seiend das Fromme hernach von allen Göttern geliebt wird, oder was ihm sonst zukommt; denn hierüber wollen wir uns nicht streiten. Aber sage nur offen heraus, was denn das Fromme ist und das Ruchlose.

EUTHYPHRON: Aber ich weiß nicht, wie ich dir sagen soll, was ich denke. Denn wovon wir auch ausgehen, das geht uns ja immer herum und will nicht bleiben, wohin wir es gestellt haben.

SOKRATES: Das wäre ja meines Ahnherrn, des Daidalos, Kunst,
o Euthyphron, was du da beschreibst. Wenn also ich dies gesagt und c
gesetzt hätte: so würdest du mich wohl verspotten, daß auch mir wegen der Verwandtschaft mit ihm meine Wortgebilde davongingen und nicht stehen bleiben wollten, wohin sie einer auch stellt. Nun aber, denn die Grundlagen sind ja dein, brauchen wir einen andern Scherz. Denn dir wollen sie nicht bleiben, wie es dich ja selbst dünkt.

EUTHYPHRON: Mir aber, o Sokrates, scheinen unsere Reden gerade dieses Scherzes zu bedürfen. Denn dies Herumgehen und Nicht-an-

Ort-und-Stelle-Bleiben habe nicht ich in sie hineingelegt, sondern
d du, denke ich, der Daidalos. Denn meinetwegen wären sie immer so geblieben.

Sokrates: So scheine ich ja beinahe jenen Mann um soviel zu übertreffen in der Kunst, als er nur sein eigenes konnte in Bewegung bringen, ich aber außer dem meinigen, wie es scheint, auch fremdes. Und das eben ist die rechte Reinheit in meiner Kunst, daß ich wider Willen kunstreich bin. Denn ich wollte ja weit lieber, daß die Reden mir blieben und unbeweglich ständen, als daß ich zu der
e Weisheit des Daidalos hernach auch den Reichtum des Tantalos bekäme. Doch dem sei genug.

Weil du mir aber weichlich zu sein scheinst: so will ich mich mit dir bemühen zu zeigen, wie du mich belehren könnest über das Fromme; und werde mir nur nicht vorher müde. Sieh also zu, ob du nicht für notwendig hältst, daß alles Fromme auch gerecht sei?

Euthyphron: Allerdings.

Sokrates: Etwa auch alles Gerechte fromm? Oder alles Fromme
12 a zwar gerecht, das Gerechte aber nicht alles fromm, sondern einiges davon zwar fromm, anderes aber auch anders?

Euthyphron: Ich folge nicht, Sokrates, dem, was du sagst.

Sokrates: Du bist ja doch um nicht viel wenigeres jünger, als du auch weiser bist denn ich. Aber, wie ich sage, du bist weichlich aus Überfluß von Weisheit. Allein, du Glücklicher, nimm dich ein wenig zusammen: denn es ist ja gar nicht schwer zu verstehen, was ich meine. Ich meine nämlich das Gegenteil von dem, was jener Dichter gedichtet hat, welcher sagt: «Aber den Zeus, der's wirkte, der dies hat alles geordnet, Weigerst zu nennen du dich, denn wo Furcht,
b da immer ist Scham auch.» Ich nun weiche ab von diesem Dichter; soll ich dir sagen wie?

Euthyphron: Sage es frei.

Sokrates: Mich dünkt nicht, wo Furcht, ist immer die Scham auch. Denn viele, denke ich, welche Krankheit, Armut und dergleichen vielerlei fürchten, fürchten dies zwar, aber schämen sich keineswegs dessen, was sie fürchten. Denkst du nicht auch?

Euthyphron: Allerdings.

Sokrates: Wohl aber dünkt mich, wo Scham, da immer auch Furcht zu sein. Oder gibt es wohl jemand, der eine Sache scheuend und
c sich schämend nicht auch Furcht und Angst hätte vor dem Ruf der Schlechtigkeit?

Euthyphron: Gewiß fürchtet er ihn.

Sokrates: Also ist es nicht richtig zu sagen: Wo nur Furcht, ist immer die Scham auch; wohl aber, wo Scham, ist immer die Furcht auch. Nämlich größer ist, glaube ich, die Furcht als die Scham: denn die Scham ist ein Teil der Furcht, so wie das Ungerade ein Teil der Zahl ist. Wie denn auch nicht überall, wo nur Zahl, immer auch Ungerades ist, wo aber Ungerades ist, da ist immer auch Zahl. Nun folgst du mir doch wohl?

Euthyphron: Vollkommen.

Sokrates: In demselben Sinne nun fragte ich auch dort, ob etwa, wo Gerechtes, immer auch Frommes ist? Oder zwar, wo Frommes, immer auch Gerechtes, wo aber Gerechtes, nicht überall Frommes, weil nämlich das Fromme ein Teil des Gerechten ist. Wollen wir dies behaupten oder willst du anders? d

Euthyphron: Nein, sondern so, denn es leuchtet mir ein, daß dies richtig ist.

[14. 3. These: Das Fromme ist der Teil des Gerechten, der auf die Behandlung der Götter geht]

Sokrates: Sieh also auch das folgende. Denn wenn das Fromme ein Teil des Gerechten ist, so liegt uns ob, wie es scheint, auszufinden, welcher Teil des Gerechten das Fromme denn ist. Wenn du mich nun über etwas von dem vorigen fragtest, wie z. B., was für ein Teil der Zahl wohl das Gerade wäre und welche Zahl dies eigentlich ist, so würde ich sagen, es ist die, welche nicht schief ist, sondern gleichschenklig. Oder meinst du nicht?

Euthyphron: Ich gewiß.

Sokrates: Versuche also auch du ebenso mir zu zeigen, was für e
ein Teil des Gerechten das Fromme ist, damit ich doch dem Meletos sagen kann, er solle mir nicht länger unrecht tun und mich der Gottlosigkeit verklagen, indem ich von dir schon vollkommen gelernt hätte, was gottesfürchtig und fromm ist und was nicht.

Euthyphron: Mich dünkt also, o Sokrates, derjenige Teil des Gerechten das Gottesfürchtige und Fromme zu sein, der sich auf die Behandlung der Götter bezieht; der aber auf die der Menschen, ist der übrige Teil des Gerechten.

[15. Behandlung der Götter bedeutet Dienst]

Sokrates: Und sehr schön, o Euthyphron, scheinst du mir dies erklärt zu haben. Nur noch ein weniges fehlt mir, die Behandlung 13 a
nämlich verstehe ich noch nicht recht, was für eine du meinst: denn gewiß meinst du nicht, wie man von einer Behandlung anderer Dinge redet, eine solche auch der Götter. Denn wir reden so auch sonst. So zum Beispiel sagen wir, nicht jedermann wisse Pferde zu behandeln, sondern nur der Reiter. Nicht wahr?

Euthyphron: Allerdings.

Sokrates: Nämlich die Reitkunst ist die Behandlung der Pferde.

Euthyphron: Ja.

Sokrates: Auch Hunde weiß nicht jeder zu behandeln, sondern der Jäger.

Euthyphron: So ist es.

Sokrates: Zur Jägerei nämlich gehört auch die Behandlung der Hunde.

Euthyphron: Ja. b

Sokrates: Und die Viehzucht ist die Behandlung der Ochsen.

Euthyphron: Allerdings.

Sokrates: Und die Frömmigkeit und Gottesfurcht, o Euthyphron, die der Götter. Meinst du so?

Euthyphron: So meine ich es.

SOKRATES: Bezweckt aber nicht alle Behandlung ein und dasselbe, sie gereicht nämlich irgendwie zum Besten und zum Vorteil dessen, was man behandelt, wie du wohl siehst, daß die Pferde, von der Reitkunst behandelt und bedient, Vorteil haben und besser werden. Oder denkst du nicht?

EUTHYPHRON: Ich wohl.

SOKRATES: Ebenso die Hunde von der Jägerei, die Ochsen von der
c Rindviehzucht und alles andere gleichermaßen. Oder meinst du, die Behandlung gereiche zum Schaden des Behandelten?

EUTHYPHRON: Ich nicht, beim Zeus.

SOKRATES: Sondern zum Nutzen?

EUTHYPHRON: Wie anders?

SOKRATES: Ist also auch die Frömmigkeit, da sie die Behandlung der Götter ist, ein Vorteil für die Götter und macht die Götter besser? Und würdest du das gelten lassen, daß, wenn du etwas Frommes verrichtest, du dadurch einen der Götter besser machst?

EUTHYPHRON: Beim Zeus, ich nicht!

SOKRATES: Auch ich, o Euthyphron, glaube nicht, daß du dies meinst; weit gefehlt! Sondern eben deshalb fragte ich vorher, was für eine
d Behandlung der Götter du wohl meintest, weil ich nicht glaubte, daß du eine solche meintest.

EUTHYPHRON: Und das ganz richtig, o Sokrates, denn ich meine auch nicht eine solche.

SOKRATES: Gut. Aber was für eine Behandlung der Götter wäre denn die Frömmigkeit?

EUTHYPHRON: Von der Art, o Sokrates, wie man auch sagen kann, daß die Knechte ihre Herren behandeln und bedienen.

SOKRATES: Ich verstehe; ein Dienst, wie es scheint, soll sie den Göttern sein?

EUTHYPHRON: Allerdings.

[16. Welches ist das Werk dieses Dienstes? Abbiegen des Euth.]

SOKRATES: Kannst du mir nun wohl sagen, die Dienstleistung an Ärzte, zu welches Werkes Hervorbringung ist sie wohl behilflich? Zur Hervorbringung der Gesundheit, glaubst du doch?

EUTHYPHRON: Gewiß.

e SOKRATES: Und die Dienstleistung an Schiffbauer, zu welches Werkes Hervorbringung ist die behilflich?

EUTHYPHRON: Offenbar, o Sokrates, zu der des Schiffes.

SOKRATES: Und die an Baumeister zu der des Hauses?

EUTHYPHRON: Ja.

SOKRATES: So sage denn, o Bester, die Dienstleistung an Götter, zu welches Werkes Hervorbringung mag die behilflich sein? Denn gewiß weißt du es doch, da du behauptest, unter allen Menschen am besten dich auf göttliche Dinge zu verstehen.

EUTHYPHRON: Woran ich auch ganz recht habe, o Sokrates.

SOKRATES: So sage denn, beim Zeus, welches ist doch jenes vortreffliche Werk, das die Götter hervorbringen und uns dabei als Diener gebrauchen?

Euthyphron: Sehr viele und schöne gibt es dergleichen, o Sokrates.

Sokrates: Auch so die Heerführer, Freund. Dennoch aber kannst 14 a du mir sehr leicht das Wesentliche davon sagen, daß sie nämlich im Kriege den Sieg hervorbringen. Oder nicht?

Euthyphron: Allerdings.

Sokrates: Ebenso auch vieles und schönes die Landbauer. Dennoch aber ist das Wesentliche davon die Hervorbringung der Nahrung aus der Erde.

Euthyphron: So ist es.

Sokrates: Was also von dem vielen Schönen, das die Götter hervorbringen? Was ist das Wesentliche ihrer Hervorbringung?

Euthyphron: Auch vorher schon, o Sokrates, sagte ich dir, es wäre ein zu großes Geschäft, dies alles, wie es sich verhält, genau zu lernen. b So viel sage ich dir indes kurz und gut, daß, wenn jemand versteht, betend und opfernd den Göttern Angenehmes zu reden und zu tun, das ist fromm, und das errettet die Häuser der einzelnen und das Gemeinwohl der Staaten. Das Gegenteil aber des ihnen Angenehmen ist das Ruchlose, wodurch auch alles umgestürzt und zerstört wird.

[17. 4. These: Frömmigkeit ist Wissen von Geschenk und Bitte an die Götter]

Sokrates: Gewiß weit kürzer, o Euthyphron, könntest du mir, wenn du nur wolltest, den Inhalt dessen sagen, wonach ich dich fragte. Daß du aber nicht Lust hast, es mich zu lehren, das ist nun offenbar. Denn auch jetzt, als du eben daran warst, bist du umgewendet, c da ich, wenn du dies beantwortet hättest, jetzt vielleicht schon von dir gelernt hätte, was Frömmigkeit ist. Jetzt aber, denn der Fragende muß doch dem Befragten folgen, wohin ihn dieser führt, was sagst du wiederum, was das Fromme sei und die Frömmigkeit? Nicht eine Wissenschaft des Betens und Opferns?

Euthyphron: Das sage ich.

Sokrates: Heißt nun nicht opfern, den Göttern etwas schenken, und beten, die Götter um etwas bitten?

Euthyphron: Allerdings, Sokrates.

Sokrates: Die Wissenschaft also von Geschenk und Bitte an die d Götter wäre die Frömmigkeit nach dieser Erklärung.

Euthyphron: Sehr schön, o Sokrates, hast du verstanden, was ich meinte.

Sokrates: Ich trage eben große Lust, o Freund, zu deiner Weisheit und richte alle Gedanken darauf, so daß nichts zur Erde fallen soll, was du sagen wirst. Aber sage mir, was für eine Dienstleistung an die Götter ist dies nun? Man bittet sie, sagst du, und gibt ihnen?

Euthyphron: Das sage ich.

[18. Frömmigkeit als Handel zwischen Göttern und Menschen. Rückkehr zur 2. These]

Sokrates: Würde nun nicht das rechte Bitten das sein, wenn wir sie um dasjenige bäten, was wir von ihnen bedürfen?

Euthyphron: Welches sonst?

e Sokrates: Und das rechte Geben wiederum, ihnen das, was sie von uns bedürfen, zum Gegengeschenk zu machen? Denn das wäre doch kein kunstmäßiges Schenken, jemandem etwas zu geben, dessen er gar nicht bedarf.

Euthyphron: Ganz richtig, Sokrates.

Sokrates: So wäre also, o Euthyphron, die Frömmigkeit eine Kunst des Handels zwischen Menschen und Göttern?

Euthyphron: Auch das sei sie, wenn es dir lieber ist, sie so zu nennen.

Sokrates: Mir ist es wahrlich um nichts lieber, wenn es nicht richtig ist. Erkläre mir also, welchen Nutzen die Götter wohl haben von den Geschenken, die sie von uns empfangen. Denn was sie geben,
15 a weiß jeder, da wir ja gar nichts Gutes haben, was sie nicht gegeben hätten. Was sie aber von uns empfangen, welchen Nutzen bringt ihnen das? Oder gewinnen wir so viel bei diesem Handel, daß wir alles Gute von ihnen empfangen, sie aber von uns nichts?

Euthyphron: Aber meinst du denn, Sokrates, daß die Götter Vorteil haben von dem, was sie von uns empfangen?

Sokrates: Aber was wären denn sonst, o Euthyphron, unsere Geschenke an die Götter?

Euthyphron: Wofür anders hältst du sie als für Ehrenbezeigungen und Ehrengaben und, was ich eben sagte, Angenehmes?

b Sokrates: Angenehm also, o Euthyphron, ist die Frömmigkeit den Göttern, aber nicht nützlich oder lieb?

Euthyphron: Lieb, glaube ich nun meines Teils ganz vorzüglich.

Sokrates: So ist also wiederum, wie es scheint, das Fromme das den Göttern Liebe?

Euthyphron: Ganz vorzüglich.

[19. Konstatierung des Zirkels]

Sokrates: Und dies erklärend, wunderst du dich noch, wenn sich zeigt, deine Erklärungen wollen nicht bestehen, sondern wandeln? Und willst mich noch beschuldigen, ich, der Daidalos, mache sie wandeln, da du doch selbst, weit künstlicher noch als Daidalos, sie gar im Kreise herumgehen machst? Oder merkst du nicht, daß die Rede, rund herum gegangen, sich nun wieder am alten Orte befin-
c det? Denn du erinnerst dich doch, daß sie uns im vorigen das Fromme und das Gottgefällige nicht als einerlei gezeigt hatte, sondern als verschieden voneinander? Oder entsinnst du dich dessen nicht einmal?

Euthyphron: O ja.

Sokrates: Nun aber merkst du nicht, daß du behauptest, was den Göttern lieb ist, sei fromm? Wird denn dies etwa nicht das Gottgefällige? Oder doch?

Euthyphron: Ganz dasselbe.

Sokrates: Also haben wir entweder vorher etwas fälschlich zugegeben; oder wenn damals gut, so behaupten wir jetzt nicht richtig.

Euthyphron: So scheint es.

[20. Erneute Frage und Flucht des Euthyphron]

Sokrates: Von Anfang an also müssen wir noch einmal erwägen, was denn das Fromme ist. Denn ich werde, ehe ich es erfahre, nicht gutwillig abziehen. Aber behandele mich nicht so geringschätzig, d
sondern nimm deinen Verstand recht zusammen und sage mir endlich das Richtige. Denn wissen mußt du es, wenn irgendein Mensch, und man muß dich, wie den Proteus, nicht loslassen, bis du es sagst. Denn kenntest du nicht ganz bestimmt das Fromme und das Ruchlose: so hättest du auf keine Weise unternommen, um eines Tagelöhners willen einen betagten Vater des Totschlages zu verklagen; sondern sowohl vor den Göttern hättest du dich gefürchtet, so etwas zu wagen, falls es doch vielleicht nicht recht getan wäre, als auch die Menschen hättest du gescheut. Daher weiß ich gewiß, daß du ganz genau zu kennen meinst, was fromm ist und was nicht. Sage e
daher, bester Euthyphron, und verbirg nicht, was du davon hältst.

Euthyphron: Ein anderes Mal denn, o Sokrates; denn jetzt eile ich wohin, und es ist Zeit, daß ich gehe.

Sokrates: Was tust du doch, Freund! Du gehst und wirfst mich von der großen Hoffnung herab, die ich hatte, teils der Anklage des Meletos, von dir über das Fromme und Ruchlose belehrt, glücklich zu entkommen, wenn ich ihm beweisen könnte, daß ich nun schon vom Euthyphron weise gemacht wäre in göttlichen Dingen und nicht 16 a
mehr aus Unwissenheit auf meine eigene Weise grübelte oder Neuerungen suchte, teils aber auch, mein übriges Leben würdiger zu verleben.

GORGIAS

GLIEDERUNG

A. Einleitung: Ankunft «nach dem Fest». Die Frage des Sokrates: Was ist Gorgias? (1. Kap., 447 a 1—447 d 5).

B. Hauptteil:

I. Sokrates und Gorgias. Die gorgianische Definition der Rhetorik und das Problem des Gerechten. 1. a) Intervention und rhetorische Antwort des Polos (2. Kap., 447 d 6—448 c 9). b) Gorgias Redner und Redelehrer. Methode des Gesprächs (3. Kap., 448 d 1—449 c 8). 2. a) 1. Definition: Die Rhetorik hat ihr Vollbringen im Reden (4. Kap., 449 c 9 bis 450 c 2). b) Ungenügen dieser Definition (5. Kap., 450 c 3—451 a 2). c) Verbesserung der 1. Def.: Die rhetorischen Reden beziehen sich auf die wichtigsten menschlichen Dinge (6. Kap., 451 a 3—451 d 8). 3. a) 2. Definition: Die Rhetorik bewirkt Überredung (7. Kap., 451 d 9 bis 452 e 8). b) Mangel dieser Definition (8. Kap., 452 e 9—454 a 5). c) Verbesserung der 2. Def.: Die rhetorische Überredung bewirkt Glauben, nicht Wissen, und zwar über das Gerechte und Ungerechte (9. Kap., 454 a 6—455 a 7). 4. a) Wofür ist die Rhetorik zuständig? (10. Kap., 455 a 8—456 a 6). b) Macht der Rhetorik. Ihr rechtlicher und unrechtlicher Gebrauch (11. Kap., 456 a 7—457 c 3). c) Bedenken des S. über die Fortführung des Gesprächs (12. Kap., 457 c 4—458 c 2). 5. a) Verbundenheit von rhetorischer Überzeugungsmöglichkeit mit sachlicher Unwissenheit (13. Kap., 458 c 3—459 c 2). b) Zugeständnis des Gorgias, daß der Redner das Gerechte wissen muß (14. Kap., 459 c 3—460 c 6). c) Folgerung: Unmöglichkeit eines unrechtlichen Gebrauchs der Rhetorik (15. Kap., 460 c 7—461 b 2).

II. Sokrates und Polos. Die sokratische Definition der Rhetorik und ihre Konsequenzen: Ohnmacht der bloßen Macht und Unrechttun, Verfehlen des Guten. 1. Protestierende Einmischung des Polos (16. Kap., 461 b 3 bis 462 b 2). 2. Thesen des Sokrates: a) Die Rhetorik nur eine Geübtheit im Erzeugen von Lust und Wohlgefallen (17. Kap., 462 b 3 bis 463 a 5). b) Die Rhetorik als Schmeichelei das Schattenbild eines Teils der Staatskunst (18. Kap., 463 a 6—464 b 1). c) Schattenbild der Heilkunst die Kochkunst (19. Kap., 464 b 2—465 a 7). d) Redekunst: Schattenbild der Rechtspflege und Gegenstück zur Kochkunst (20. Kap., 465 b 1—466 a 3). 3. a) Macht der Rhetorik? (21. Kap., 466 a 4 bis 466 d 4). b) These des Sokr., daß die Macht der Redner und Tyrannen am geringsten ist. (22. Kap., 466 d 5—467 c 4). c) Das Gute das Worumwillen jedes Tuns (23. Kap., 467 c 5—468 b 8). d) Ohnmacht der bloßen Macht. Unrecht leiden besser als Unrecht tun (24. Kap., 468 b 8 bis 469 c 7). e) Beispiel vermeintlicher Macht. Das Rechtmäßige besser (25. Kap., 469 c 8—470 c 3). 4. a) Beweisversuch des Polos, daß Unrechttun zur Glückseligkeit führt (26. Kap., 470 c 4—471 d 2). b) Sokrates über bloß rhetorische und wahre Widerlegung (27. Kap., 471 d 3—472 d 5). 5. a) These des Sokrates: Der Ungerechte auf jeden Fall elend und unbestraft noch elender (28. Kap., 472 d 6—473 d 2). b) Genügen des S. an einem Zeugen. Erneute Feststellung der Thesen (29. Kap., 473 d 3 bis 474 c 8). 6. Beweis der sokratischen These. a) Das Schöne und Häßliche ist so im Hinblick auf die Lust und das Gute (30. Kap., 474 c 8 bis 475 b 8). b) Beweis, daß Unrecht tun schlechter und häßlicher ist als Unrecht leiden (31. Kap., 475 b 8—476 b 3). c) Jede Art des Tuns bewirkt im Objekt eine ihr entsprechende Art des Leidens. Anwendung auf die Strafe (32. Kap., 476 b 3 — 476 e 5). d) Der Gestrafte wird an der Seele besser und vom größten Übel befreit (33. Kap., 477 a 1 bis 477 e 6). e) Die Rechtspflege als Befreiung von der Ungerechtigkeit; ihr Nutzen (34. Kap., 477 e 7 — 479 a 4). 7. a) Zusammenfassung: Ungestraftheit beim Unrechttun das größte Übel (35. Kap., 479 a 5 — 479 e 9). b) Schlußfolgerungen für den Nutzen der Redekunst (36. Kap., 480 a 1 bis 481 b 5).

III. Sokrates und Kallikles. Zwei Formen menschlichen Lebens und ihre Beziehung zum Guten und Angenehmen. 1. Verwunderung des Kallikles über diese Thesen. Sichberufen des S. auf die Philosophie (37. Kap., 481 b 6 — 482 c 3). 2. a) Kallikles über den Grund der Widerlegung des Polos. Unterschied des durch Gesetz und des von Natur Häßlichen (38. Kap., 482 c 4 — 483 c 6). b) Das Gerechte der Natur fordert das Mehrhaben des Besseren (39. Kap., 483 c 6 — 484 c 3). c) Philosophie eine Sache für Knaben und schimpflich für erwachsene Männer (40. Kap., 484 c 4 — 485 e 2). d) Rat an Sokr., die Philosophie zu lassen (41. Kap., 485 e 2 — 486 d 1). e) S. über die Befähigung des Kallikles als Prüfstein zur Wahrheitsfindung (42. Kap., 486 d 2 — 488 b 6). 3. 1. Erklärung des Kallikles: Würdiger, besser und stärker bedeuten dasselbe. Ihre Ungereimtheit (43. Kap., 488 b 7 — 489 b 6). 4. a) 2. Erklärung: Der Bessere ist der Einsichtsvollere und hat Recht auf Mehrhaben (44. Kap., 489 b 7 — 490 a 8). b) Was bedeutet hier Mehrhaben und wovon? (45. Kap., 490 b 1 — 491 b 4). 5. a) These des Kallikles: Tugend bedeutet, zur größten Zügellosigkeit imstande zu sein (46. Kap., 491 b 5 — 492 c 8). b) Gegen-Mythologem des Sokr. über den Zustand der zügellosen Seele (47. Kap., 492 d 1 — 493 d 4). c) Bildlicher Vergleich des zügellosen und des besonnenen Lebens. Wahl des Kall. nach der Menge entstehender Lust (48. Kap., 493 d 5 — 494 c 3). 6. a) These des Kallikles: Das Angenehme und das Gute identisch (49. Kap., 494 c 4 — 495 b 9). b) Nach Kall. Erkenntnis und Tapferkeit voneinander und vom Guten verschieden. Theorem des Sokr. über das Entstehen und Schwinden von Gegensätzlichkeiten (50. Kap., 495 c 1 bis 496 c 5). c) Jedes Begehren schmerzlich. Folgerung der Verschiedenheit des Angenehmen vom Guten (51. Kap., 496 c 6 — 497 c 2). d) Zugeständnis des K., daß die Guten durch Anwesenheit des Guten gut sind (52. Kap., 497 c 3 — 498 c 8). e) Widerspruchsvolle Folge bei Ansetzung der Lust als das Gute: Der Schlechte ebensogut wie der Gute (53. Kap., 498 d 1 — 499 b 3). 7. a) Unterscheidung des Kall. zwischen guter und schlechter Lust (54. Kap., 499 b 4 — 500 a 6). b) Rückgang auf die beiden Lebensformen und ihre Ziele: Das Gute und das Angenehme (55. Kap., 500 a 7 — 500 e 2). 8. Thesen des Sokrates: a) Kunstmäßige und bloß schmeichlerische Beschäftigung mit der Seele (56. Kap., 500 e 3 — 501 d 6). b) Musik und Tragödie gehen auf das Vergnügen aus. Dichtung als schmeichlerische Redekunst (57. Kap., 501 d 7 bis 502 d 9). c) Kein Redner hat das Volk zu bessern versucht, auch Themistokles und Perikles nicht (58. Kap., 502 d 10 — 503 d 3). d) Ordnung und Anstand der Seele sind Gerechtigkeit und Besonnenheit (59. Kap., 503 d 4 — 504 d 4). e) Hinblick des wahren Redners auf die Gerechtigkeit. Zucht für die Seele besser als Unbändigkeit (60. Kap., 504 d 5 — 505 d 3). 9. Aufgeben des Kallikles (61. Kap., 505 d 4 bis 506 c 4).

IV. Sokrates. Zusammenfassende Darstellung seiner Ansicht vom richtigen Leben. 1. a) Wohlgeordnetheit der Seele ist Besonnenheit; ihre Verbindung mit Gerechtigkeit, Frömmigkeit und Tapferkeit (62. Kap., 506 c 5 — 507 c 7). b) Durch Gerechtigkeit und Besonnenheit sind die Glückseligen glückselig (63. Kap., 507 c 8 — 508 c 3). c) Ungerechtigkeit ist das größte Übel (64. Kap., 508 c 4 — 509 c 5). 2. a) Notwendigkeit eines Vermögens, das Unrecht zu meiden (65. Kap., 509 c 6 bis 510 b 1). b) Freundschaft mit der herrschenden Gewalt dazu dienlich? (66. Kap., 510 b 2 — 511 c 3). c) Bloße Rettung vorm Tode bedeutet nicht viel (67. Kap., 511 c 4 — 512 b 2). d) Streben nach Selbsterhaltung ist keine Tugend. Politischer Einfluß? (68. Kap., 512 b 3 — 513 c 3). 3. a) Besserung der Bürger Ziel des Staatsmanns (69. Kap., 513 c 4 — 514 d 2). b) Erfordernis vorheriger Prüfung, ob man zum Bessermachen imstande ist (70. Kap., 514 d 3 — 515 b 5). c) Prüfung des Perikles nach diesem Maßstab (71. Kap., 515 b 6 — 516 a 3). d) Weder Perikles noch Kimon, Themistokles oder Miltiades gute Staatsmänner (72. Kap., 516 a 4 — 517 a 6). e) Rückgriff auf die beiden Beschäftigungen mit dem Körper und mit der Seele (73. Kap., 517 a 7 — 518 c 1). f) Verurteilung der athenischen Politik (74. Kap., 518 c 1 — 519 d 7). g) Unvernünftigkeit der Klage der Staatsmänner und Sophisten über erlittenes Unrecht. (75. Kap., 519 d 8 — 520 d 9). 4. a) Schändlichkeit der Geldannahme für Bildung. Welche Staatskunst ist zu betreiben? (76. Kap., 520 d 9 bis 521 c 2). b) Sokrates allein der wahre Staatsmann und eben darum der Verurteilung ausgesetzt (77. Kap., 521 c 3 — 522 b 2). c) Wahrscheinliches Schicksal des Sokr. vor Gericht (78. Kap., 522 b 3 — 522 e 8). 5. Jenseitsmythos. a) Einsetzung des gerechten Gerichts über die Toten durch Zeus (79. Kap., 523 a 1 — 524 a 7). b) Zustand der Seele nach dem Tode (80. Kap., 524 a 8 — 525 a 7). c) Zwei Arten richtigen Strafens. Schicksal der ungerechten Mächtigen (81. Kap., 525 b 1 — 526 b 3). 6. Folgerungen für die Lebensführung. Zusammenfassung der Thesen des Sokrates (82. Kap., 526 b 3 — 527 c 4).

C. Schluß: Schlußparänese (83. Kap., 527 c 4 — 527 e 7).

KALLIKLES, SOKRATES, CHAIREPHON, GORGIAS, POLOS

[1. Ankunft «nach dem Fest». Die Frage des S.: Was ist Gorgias?]

KALLIKLES: Zum Kriege und zur Schlacht, heißt es, o Sokrates, 447 a
muß man so zurechtkommen.

SOKRATES: Also sind wir wohl, was man nennt, nach dem Fest gekommen und verspätet?

KALLIKLES: Und nach einem gar herrlichen Fest! Denn viel Schönes hat uns Gorgias vor kurzem zu hören gegeben.

SOKRATES: Daran, o Kallikles, ist also Chairephon schuld, der uns nötigte, auf dem Markte zu verweilen.

CHAIREPHON: Keine große Sache, Sokrates, denn ich kann es auch b
wiedergutmachen. Gorgias ist mir freund und wird es uns auch wohl hören lassen, wenn es beliebt, jetzt oder, wenn du lieber willst, ein anderes Mal.

KALLIKLES: Wie doch, Chairephon, hat Sokrates Lust, den Gorgias zu hören?

CHAIREPHON: Eben dazu ja sind wir gekommen.

KALLIKLES: Also wenn ihr zu mir kommen wollt nach Hause, denn bei mir wohnt Gorgias: so wird er sich vor euch hören lassen.

SOKRATES: Schön, Kallikles. Aber ob er sich wohl mit uns unterreden möchte? Denn ich will gern von ihm erfahren, was doch die c
Kunst des Mannes eigentlich vermag und was das ist, was er ausbietet und lehrt. Was er uns sonst zeigen will, mag er, wie du auch sagst, ein andermal tun.

KALLIKLES: Nichts besser als ihn selbst fragen, Sokrates. Auch gehörte ja das mit zu seiner Ausstellung; denn er hieß alle drinnen fragen, was einer nur wollte, und auf alles verhieß er zu antworten.

SOKRATES: Sehr wohl gesprochen. Frage ihn also, Chairephon.

CHAIREPHON: Was soll ich ihn fragen?

SOKRATES: Was er ist. d

CHAIREPHON: Wie meinst du das?

SOKRATES: Wie wenn er nun einer wäre, der Schuhe verfertigte, er dir dann gewiß antworten würde, er wäre ein Lederarbeiter. Oder verstehst du nicht, was ich meine?

[2. Intervention und rhetorische Antwort des Polos]

CHAIREPHON: Ich verstehe und will ihn fragen. Sage mir doch, Gorgias, ist es wahr, was Kallikles sagt, daß du dich erbietest, zu beantworten, was dich einer nur fragt?

GORGIAS: Es ist wahr, Chairephon. Auch jetzt hatte ich mich eben 448 a
dazu erboten, und ich sage dir, niemand hat mich mehr etwas Neues gefragt seit vielen Jahren.

CHAIREPHON: Du antwortest also gewiß sehr leicht, Gorgias.

GORGIAS: Darüber, Chairephon, kannst du ja einen Versuch machen.

POLOS: Beim Zeus, wenn du irgend willst, Chairephon, lieber mit mir. Denn Gorgias, dünkt mich, ist wohl müde, da er nur eben gar vieles vorgetragen hat.

CHAIREPHON: Wie doch, Polos, meinst du besser als Gorgias antworten zu können?

b POLOS: Wozu das? Wenn nur gut genug für dich.

CHAIREPHON: Zu nichts freilich. Also da du willst, so antworte.

POLOS: Frage nur.

CHAIREPHON: Ich frage also, wenn Gorgias ein Meister in eben der Kunst wäre, worin sein Bruder Herodikos, wie würden wir ihn dann recht benennen? Nicht ebenso wie jenen?

POLOS: Allerdings.

CHAIREPHON: Wenn wir also sagten, er wäre ein Arzt, so würden wir uns richtig ausdrücken.

POLOS: Ja.

CHAIREPHON: Wäre er aber mit Aristophon, dem Sohne des Aglaophon, oder mit dessen Bruder in einerlei Kunst erfahren, wie würden wir ihn dann wohl richtig nennen?

c POLOS: Offenbar einen Maler.

CHAIREPHON: Nun er aber in was für einer Kunst sachverständig ist, müssen wir ihn wie nennen, um ihn richtig zu nennen?

POLOS: O Chairephon, viele Künste sind unter den Menschen durch Geschicklichkeit geschickt erfunden. Denn Geschicklichkeit macht, daß unser Leben nach der Kunst geführt wird, Ungeschicktheit aber nach der Gunst. Von allen diesen nun ergreift je ein anderer eine andere und auf andere Weise, die Besten aber auch die besten, zu welchen dann auch Gorgias hier gehört und also Anteil hat an der vortrefflichsten unter den Künsten.

[3. Gorgias Redner und Redelehrer. Methode des Gesprächs.]

d SOKRATES: Trefflich gewiß, o Gorgias, scheint Polos gerüstet zu sein auf Reden; allein was er dem Chairephon versprochen hat, leistet er nicht.

GORGIAS: Was doch, Sokrates?

SOKRATES: Was er gefragt ward, scheint er mir gar nicht zu beantworten.

GORGIAS: So frage du ihn, wenn du willst.

SOKRATES: Nicht, wofern du selbst antworten wolltest, sondern dann weit lieber dich. Denn vom Polos ist mir schon aus dem, was er gesagt hat, deutlich, daß er sich auf die sogenannte Redekunst weit mehr gelegt hat als auf die Führung des Gesprächs.

e POLOS: Wieso, Sokrates?

SOKRATES: Weil du, da Chairephon dich fragt, in welcher Kunst Gorgias ein Meister wäre, seine Kunst zwar rühmst, als ob jemand sie tadelte, was sie aber ist, doch nicht beantwortet hast.

POLOS: Habe ich denn nicht geantwortet, sie wäre die vortrefflichste?

Sokrates: Jawohl. Aber niemand hat ja gefragt, was des Gorgias Kunst wert wäre, sondern was sie wäre, und wie man den Gorgias deshalb nennen müsse. Wie du nun, was dir vorhin Chairephon vorlegte, ihm kurz und gut beantwortet hast, ebenso sage doch auch 449 a
jetzt, welches seine Kunst ist und wie wir ihn zu nennen haben? Oder vielmehr Gorgias, sage du uns selbst, wie wir dich nennen müssen, als Meister welcher Kunst?

Gorgias: Der Redekunst, Sokrates.

Sokrates: Einen Redner also müssen wir dich nennen?

Gorgias: Und zwar einen vollkommenen, Sokrates, wenn du mich, was ich zu sein mich rühme, wie Homeros sagt, nennen willst.

Sokrates: Das will ich freilich.

Gorgias: So nenne mich demnach.

Sokrates: Sagen wir nicht auch, du vermögest auch andere dazu b
zu machen?

Gorgias: Dazu erbiete ich mich ja, nicht nur hier, sondern auch anderwärts.

Sokrates: Möchtest du wohl, Gorgias, so wie wir jetzt miteinander reden, die Sache zu Ende bringen durch Frage und Antwort, die langen Reden aber, womit auch schon Polos anfing, für ein andermal versparen? Also was du versprichst, darum bringe uns nicht, sondern laß dir gefallen, in der Kürze das Gefragte zu beantworten.

Gorgias: Es gibt zwar einige Antworten, Sokrates, die notwendig durch lange Reden wollen erteilt sein; dennoch aber will ich sie ver- c
suchen aufs kürzeste. Denn auch dessen rühme ich mich ja, niemand könne kürzer als ich dasselbe sagen.

Sokrates: Dies eben brauche ich, Gorgias. Eben hiervon gib mir ein Meisterstück, von der Kürze, vom Langreden aber ein andermal.

Gorgias: Das will ich tun, und du sollst gestehen, du habest nie einen kürzer reden gehört.

[4. 1. Def.: Die Rhetorik hat ihr Vollbringen im Reden]

Sokrates: Wohlan denn, da du behauptest, in der Redekunst ein Meister zu sein und auch einen andern zum Redner machen zu können, auf welches denn unter allen Dingen bezieht sich die Rede- d
kunst? So wie z. B. die Weberei auf Verfertigung der Gewänder, nicht wahr?

Gorgias: Ja.

Sokrates: Oder die Tonkunst auf Dichtung der Gesangweisen?

Gorgias: Ja.

Sokrates: Bei der Hera, Gorgias, ich habe meine Freude an deinen Antworten, weil du wirklich antwortest so kurz als nur möglich.

Gorgias: Das denke ich, Sokrates, auch gehörig zu tun.

Sokrates: Wohl gesprochen. Antworte mir nun auch ebenso wegen der Redekunst, auf welches unter allen Dingen bezieht sie sich als Wissenschaft?

Gorgias: Auf Reden.

Sokrates: Auf was für Reden aber, Gorgias? Etwa auf die, wel- e che den Kranken erklären, bei welcher Lebensweise sie genesen könnten?

Gorgias: Nein.

Sokrates: Also doch nicht auf alle Reden bezieht sich die Redekunst?

Gorgias: Freilich nicht.

Sokrates: Aber doch macht sie tüchtig zum Reden.

Gorgias: Ja.

Sokrates: Nicht auch, worüber zu reden, darüber ebenfalls richtig zu urteilen?

Gorgias: Wie anders?

450 a Sokrates: Macht nicht auch die eben angeführte Heilkunst tüchtig, über Kranke sowohl richtig zu urteilen als auch zu reden?

Gorgias: Gewiß.

Sokrates: Auch die Heilkunst also, wie es scheint, bezieht sich auf Reden?

Gorgias: Ja.

Sokrates: Nämlich auf die über Krankheiten?

Gorgias: Allerdings.

Sokrates: Bezieht sich nun nicht auch die Turnkunst auf Reden, nämlich auf die über den guten oder schlechten Zustand des Leibes?

Gorgias: Freilich.

Sokrates: Und gewiß auch mit den übrigen Künsten, o Gorgias,
b verhält es sich so: jede hat es mit denjenigen Reden zu tun, welche sich auf den Gegenstand beziehen, wovon sie die Kunst ist.

Gorgias: Offenbar.

Sokrates: Wie also, nennst du nicht auch die übrigen Künste Redekünste, da sie es doch auch mit Reden zu tun haben, wenn du diejenige die Redekunst nennen willst, welche es mit Reden zu tun hat?

Gorgias: Weil, o Sokrates, bei den andern Künsten auf gewisse Handgriffe und dergleichen Verrichtungen, mit einem Wort gesagt, die ganze Wissenschaft geht; die Redekunst aber hat nichts dergleichen Handgreifliches, sondern ihre ganze Verrichtung und Voll-
c führung geht durch Reden. Deshalb lasse ich die Redekunst es mit Reden zu tun haben, ganz richtig erklärend, wie ich behaupte.

[5. Ungenügen dieser Definition]

Sokrates: Merke ich nun etwa, wovon du sie benennen willst? Doch ich werde es wohl bald noch genauer wissen; antworte mir nur. Wir haben doch Künste, nicht wahr?

Gorgias: Ja.

Sokrates: Unter diesen nun, glaube ich, sind einige, bei denen das meiste Tätigkeit ist und die nur sehr wenig Rede bedürfen, einige auch gar keiner, sondern was die Kunst will, könnte auch schweigend verrichtet werden, dergleichen die Malerei und die Bildnerei sind, und viele andere. Solche scheinst du mir zu bezeichnen
d als die, zu welchen, wie du behauptest, die Redekunst nicht gehöre. Oder nicht?

Gorgias: Vollkommen richtig hast du es aufgefaßt, Sokrates.

Sokrates: Wiederum andere gibt es unter den Künsten, welche
alles durch Rede vollbringen und der Tat sozusagen ganz und gar
nicht oder doch nur sehr wenig bedürfen, wie das Zählen und Rech-
nen und die Meßkunst und die Kunst des Brettspiels und viele an-
dere Künste, bei deren einigen die Rede fast zu gleichen Teilen geht
mit der Tat, bei vielen auch mehr beträgt, so daß ganz und gar ihre
Verrichtung und ihr Vollbringen in Reden besteht. Von diesen nun, e
dünkst du mich zu meinen, sei eine auch die Redekunst.

Gorgias: Ganz richtig.

Sokrates: Aber doch wirst du, denke ich, auch von den genannten keine wollen Redekunst nennen, wiewohl du wörtlich so sagtest, die ihr ganzes Geschäft durch Reden vollendende wäre die Redekunst. Und es könnte wohl einer folgern, der dir die Worte zum Verdruß kehren wollte: also die Rechenkunst, Gorgias, nennst du Redekunst? Aber ich glaube nicht, daß du, sei es nun die Meßkunst oder die Rechenkunst, Redekunst nennst.

Gorgias: Und ganz recht glaubst du daran, Sokrates, und ver- 451 a
stehst mich ganz richtig.

[6. Verbesserung der 1. Def.: Die rhetorischen Reden beziehen sich auf die wichtigsten menschlichen Dinge]

Sokrates: Wohlan denn, so bringe mir nun auch die Antwort,
nach der ich fragte, zu Ende. Denn da die Redekunst von diesen
Künsten eine ist, welche sich überwiegend der Rede bedienen, es
aber auch noch andere von derselben Art gibt: so versuche doch
zu sagen, woran denn diejenige ihr Geschäft durch Reden vollendet,
welche die Redekunst ist? So, wie wenn mich jemand nach irgend-
einer Kunst von den eben angeführten fragte: O Sokrates, was ist
denn die Zahlenkunst? ich ihm sagen würde, wie du vorhin, eine b
von den ihr Geschäft durch Reden vollbringenden, und wenn er
mich weiter fragte: Woran denn? ich sagen würde, am Geraden und
Ungeraden, wie groß jedes sei. Fragte er aber wieder: Und welche
Kunst nennst du denn die Rechenkunst? ich ihm sagen würde, auch
sie ist eine von den alles durch Reden vollbringenden. Und wenn er
weiter fragte: Woran denn? ich sagen würde, wie es in der Volks-
versammlung heißt, alles andere wie zuvor, bei der Rechenkunst c
wie bei der Zahlenkunde, nur soviel ist sie unterschieden, daß die
Verhältnislehre auch betrachtet, wie Gerades und Ungerades unter
sich und gegen einander sich verhält der Größe nach. Und wenn
jemand nach der Sternkunde fragte, und auf meine Erklärung, daß
auch diese alles durch Reden vollbringe, spräche: Aber die Re-
den der Sternkunde, worauf beziehen sich die? ich sagen würde,
auf die Bewegung der Gestirne und der Sonne und des Mondes, wie
sie sich gegeneinander verhalten an Geschwindigkeit.

Gorgias: Und ganz recht sprächest du, Sokrates.

Sokrates: Wohlan, ebenso tue also auch du, Gorgias! Die Rede- d
kunst ist doch eine von den alles durch Reden ausführenden und
vollbringenden. Nicht wahr?

GORGIAS: So ist es.

SOKRATES: Sage also, von den worauf gehenden ist sie eine? Welches unter allen Dingen ist dasjenige eigentlich, worauf die Reden sich beziehen, deren die Redekunst sich bedient?

GORGIAS: Die wichtigsten, o Sokrates, unter allen menschlichen Dingen, und die herrlichsten.

[7. 2. Def.: Die Rhetorik bewirkt Überredung]

SOKRATES: Aber auch dies, Gorgias, ist ja wieder zweifelhaft und
e noch gar nichts Bestimmtes. Du hast ja wohl, denke ich, bei Gast-
mälern Leute jenes Trinklied singen gehört, worin sie aufzählen,
das Beste sei die Gesundheit, und das zweite, in Schönheit einherzu-
gehn, und das dritte, wie der Dichter des Trinkliedes meint, reich
sein ohne Falsch.

GORGIAS: Wohl habe ich das gehört. Aber wozu führst du es an?

452 a SOKRATES: Weil dir nun gleich die Meister in dem, was das Trink-
lied gelobt hat, werden in den Weg treten, der Arzt und der Turn-
meister und der Erwerbsmann; und der Arzt zuerst würde sagen: O
Sokrates, Gorgias hintergeht dich, denn nicht seine Kunst geht auf
das wichtigste Gut für die Menschen, sondern die meinige. Wenn
ich ihn nun fragte, und wer bist du, daß du das sagst? so würde er
eben sagen: Ein Arzt. Wie meinst du, spräche ich dann. Also das
Werk deiner Kunst wäre das größte Gut? – Wie sollte denn nicht,
o Sokrates, würde er vielleicht sagen, die Gesundheit dies sein? Was
für ein größeres Gut gibt es denn für die Menschen als Gesund-
b heit? Wenn nun nach diesem wiederum der Meister der Leibes-
übungen sagte: Es sollte mich wundern, Sokrates, wenn Gorgias dir
ein größeres Gut von seiner Kunst aufzeigen könnte, als ich von
der meinigen! so würde ich auch zu dem sagen: Und wer bist du
denn, Mensch, und was ist dein Geschäft? – Ich bin der Turnmeister,
spräche er, und mein Geschäft ist, die Menschen schön und stark zu
machen am Leibe. Und nach diesem sagte dann der Erwerbsmann,
wie ich denke, recht mit Verachtung aller andern: Sieh doch zu, So-
c krates, ob sich dir irgendein größeres Gut zeigt als der Reichtum beim
Gorgias oder bei irgendwem sonst. – Und wie, sprächen wir dann
zu ihm, du kannst den machen? – Er bejahte es. – Als wer denn?
– Als Erwerbsmann. – Und wie? Du hältst also dafür, der Reich-
tum sei das größte Gut für den Menschen? sagten wir. – Wie sollte
ich nicht! würde er antworten. – Aber Gorgias hier, sprächen wir,
behauptet doch gegen dich, daß seine Kunst ein größeres Gut her-
vorbringe als die deinige. – Offenbar würde er dann weiter fragen:
d Und was ist denn dieses Gut? Das beantworte Gorgias. – Wohlan
denn, Gorgias, denke dir, du werdest so von jenen sowohl als von
mir gefragt, und beantworte uns, was doch das ist, wovon du be-
hauptest, es sei das größte Gut für die Menschen und du der Mei-
ster davon.

GORGIAS: Was auch in der Tat das größe Gut ist, Sokrates, und kraft dessen die Menschen sowohl selbst frei sind als auch über andere herrschen, jeder in seiner Stadt.

Sokrates: Was meinst du nun also hiermit?

Gorgias: Wenn man durch Worte zu überreden imstande ist, so- e
wohl an der Gerichtsstätte die Richter, als in der Ratsversammlung die Ratmänner und in der Gemeinde die Gemeindemänner, und so in jeder andern Versammlung, die eine Staatsversammlung ist. Denn hast du dies in deiner Gewalt, so wird der Arzt dein Knecht sein, der Turnmeister dein Knecht sein, und von diesem Erwerbsmann wird sich zeigen, daß er andern erwirbt und nicht sich selbst, sondern dir, der du verstehst zu sprechen und die Menschen zu überreden.

[8. Mangel dieser Definition]

Sokrates: Nun, Gorgias, dünkst du mich aufs genaueste erklärt
zu haben, für was für eine Kunst du die Redekunst hältst; und 453 a
wenn ich anders etwas verstehe, so sagst du, der Überredung Meisterin sei die Redekunst, und ihr ganzes Geschäft und Wesen laufe hierauf hinaus. Oder weißt du noch etwas weiteres zu sagen, was die Redekunst vermöge, als Überredung in der Seele der Hörenden zu bewirken?

Gorgias: Keineswegs, Sokrates, sondern du scheinst sie mir vollständig erklärt zu haben. Denn dies ist ihre Hauptsache.

Sokrates: So höre denn, Gorgias. Denn ich, das wisse nur, glaube
gewiß, wenn irgendwer im Gespräch beabsichtigt, das wirklich zu b
erforschen, wovon die Rede ist, bin ich gewiß auch ein solcher, und ich denke, du auch.

Gorgias: Was also weiter, Sokrates?

Sokrates: Ich sage es gleich. Diese durch die Redekunst entstehende Überredung, von der du sprichst, was für eine die ist, und in Bezug auf welche Gegenstände sie Überredung ist, dies, bedenke nur, weiß ich noch immer nicht recht. Ich ahne freilich wohl, was für eine du, wie ich glaube, meinst, und wovon; nichtsdestoweniger aber werde ich dich doch weiter fragen, was für eine Überredung du meinst, daß aus der Redekunst entstehe und auf welche Gegen-
stände sie gehe. Weshalb aber, da ich es ja schon ahne, ich dich noch c
fragen will und es nicht selbst sage? Nicht deinetwegen, sondern unseres Gespräches wegen, damit es so fortgehe, daß uns das möglichst deutlich werde, wovon die Rede ist. Denn überlege nur, ob dich nicht dünkt, ich habe recht, dich weiter zu fragen. Nämlich wie wenn ich dich gefragt hätte: Welcher Maler ist Zeuxis, und du mir gesagt hättest, der Gemälde malt; würde ich dich dann nicht mit Recht fragen, der was doch für Gemälde malt und wo?

Gorgias: Gewiß.

Sokrates: Etwa deshalb, weil es auch noch andere Maler gibt, die d
viele andere Gemälde malen?

Gorgias: Ja.

Sokrates: Wenn aber kein anderer als Zeuxis dergleichen malte, dann wäre deine Antwort gut gewesen.

Gorgias: Wie sollte sie nicht?

Sokrates: Wohlan denn, auch von der Redekunst sage mir, ob du denkst, die Redekunst allein bewirke Überredung oder auch andere Künste? Ich meine nämlich dies, wer irgend etwas lehrt, überredet der in dem, was er lehrt, oder nicht?

Gorgias: Bewahre, sondern ganz gewiß überredet er.

e Sokrates: Wenn wir nun wieder auf dieselben Künste zurückkommen wie oben, lehrt uns nicht die Zahlenkunde und der Zahlenkünstler die Größe der Zahlen?

Gorgias: Freilich.

Sokrates: Und überredet uns also auch?

Gorgias: Ja.

Sokrates: Also auch die Zahlenkunde ist eine Meisterin der Überredung?

Gorgias: So scheint es.

Sokrates: Und wenn uns jemand fragt, in was für einer Überre-
dung und wovon? so werden wir ihm etwa antworten, in einer be-
454 a lehrenden von dem Geraden und Ungeraden, wie groß es ist. Und
auch von allen andern eben angeführten Künsten werden wir zeigen
können, daß sie Meisterinnen der Überredung sind und was für
einer und wovon. Oder nicht?

Gorgias: Ja.

Sokrates: Nicht also die Redekunst allein ist Meisterin der Überredung.

Gorgias: Freilich nicht.

[9. Verbesserung der 2. Def.: Die rhetorische Überredung bewirkt Glauben, nicht Wissen, und zwar über das Gerechte und Ungerechte]

Sokrates: Da nun nicht sie allein dieses Werk hervorbringt, so
möchten wir wohl mit Recht, eben wie bei dem Maler, den, der dies
gesagt, hernach weiter fragen, die Kunst was für einer Überredung
und wovon ist wohl die Redekunst? Oder hältst du es nicht für
b recht, dies weiter zu fragen?

Gorgias: Ich wohl.

Sokrates: So antworte denn, Gorgias, wenn es dich auch so dünkt.

Gorgias: Jener Überredung also sage ich, Sokrates, welche an den Gerichtsstätten vorkommt und bei den andern Volksversammlungen, wie ich auch schon vorhin sagte, und in Beziehung auf das, was gerecht ist und ungerecht.

Sokrates: Das ahnte ich auch schon, daß du diese Überredung
meintest, Gorgias, und in Beziehung hierauf. Wundere dich aber
nur nicht, wenn ich dich auch bald wieder einmal um so etwas fra-
c ge, was deutlich zu sein scheint, und ich frage doch erst danach. Denn
wie gesagt, um in der Ordnung die Rede zu Ende zu bringen, frage
ich dergleichen, nicht deinetwegen, sondern damit wir uns nicht ge-
wöhnen, halbverstehend einander das Gesagte vorwegzunehmen,
sondern du deinen Satz ganz nach deiner Ansicht durchführen mö-
gest, wie du selbst willst.

Gorgias: Und ganz recht tust du daran, wie mich dünkt.

Sokrates: So komm denn, laß uns auch dies überlegen: du sagst doch bisweilen, man habe etwas gelernt?

GORGIAS: O ja.

SOKRATES: Auch man habe etwas geglaubt?

GORGIAS: Ich gewiß.

SOKRATES: Dünkt dich dies nun einerlei, gelernt haben und geglaubt, und erlerntes Wissen und Glauben, oder verschieden? d

GORGIAS: Ich, o Sokrates, meine, es ist verschieden.

SOKRATES: Und gar recht meinst du das. Du kannst es aber hieraus erkennen. Wenn dich jemand fragte, gibt es wohl einen falschen Glauben und einen wahren? Das würdest du bejahen, denke ich?

GORGIAS: Ja.

SOKRATES: Wie nun? Auch eine falsche Erkenntnis und eine wahre?

GORGIAS: Keineswegs.

SOKRATES: Offenbar also ist nicht beides einerlei.

GORGIAS: Du hast recht.

SOKRATES: Doch aber sind sowohl die Wissenden überredet als die Glaubenden. e

GORGIAS: So ist es.

SOKRATES: Willst du also, wir sollen zwei Arten der Überredung setzen, die eine, welche Glauben hervorbringt ohne Wissen, die andere aber, welche Erkenntnis?

GORGIAS: Allerdings.

SOKRATES: Welche von beiden Überredungen also bewirkt die Redekunst an der Gerichtsstätte und in den andern Volksversammlungen in Beziehung auf das Gerechte und Ungerechte? Aus welcher das Glauben entsteht ohne Wissen oder aus welcher das Wissen?

GORGIAS: Offenbar doch, Sokrates, aus welcher das Glauben.

SOKRATES: Die Redekunst also, Gorgias, ist, wie es scheint, Meisterin in einer glaubenmachenden, nicht in einer belehrenden Über- 455 a
redung in Bezug auf Gerechtes und Ungerechtes?

GORGIAS: Ja.

SOKRATES: Also belehrt auch der Redner nicht in den Gerichts- und anderen Versammlungen über Recht und Unrecht, sondern macht nur glauben. Auch könnte er wohl nicht einen so großen Haufen in kurzer Zeit belehren über so wichtige Dinge.

GORGIAS: Wohl nicht.

[10. Wofür ist die Rhetorik zuständig?]

SOKRATES: Wohlan denn, laß uns sehen, was wir doch eigentlich sagen von der Redekunst; denn ich selbst kann noch gar nicht recht b
verstehen, was ich sage. Wenn, um Ärzte zu erwählen, die Stadt sich versammelt oder um Schiffsbaumeister oder eine andere Art von Gewerbsleuten, nicht wahr, dann darf der Redner nicht Rat geben? Denn es ist klar, daß bei jeder Wahl der Kunstverständigste gewählt werden muß. Auch nicht, wenn von Erbauung der Mauern die Rede ist und davon, die Häfen instand zu setzen oder die Werften, sondern dann die Baumeister. Auch nicht, wenn die Beratschlagung die Wahl eines Heerführers betrifft oder die Stellung eines Heeres gegen den Feind oder die Besitznehmung einer Gegend; son- c
dern die Kriegskünstler werden dann Rat erteilen, nicht die Rede-

künstler. Oder was meinst du, Gorgias, hiervon? Denn da du behauptest, selbst sowohl ein Redner zu sein, als auch andere zu Redekünstlern zu machen: so ist es ja recht, was deine Kunst betrifft, von dir zu erfragen. Ja glaube nur, daß ich jetzt zugleich auch auf das Deinige bedacht bin; denn vielleicht ist mancher hier drinnen gesonnen, dein Schüler zu werden, wie ich denn fast mehrere glaube
zu bemerken, die vielleicht sich scheuen, dich weiter zu fragen. Wie
d du also jetzt von mir befragt wirst, so denke dir, du würdest auch
von jenen gefragt: Was, o Gorgias, wird uns dafür werden, wenn wir uns zu dir gesellen? Worüber werden wir vermögen, der Stadt Rat zu geben? Nur über Recht und Unrecht allein oder auch über das, was Sokrates eben anführte? Versuche also, ihnen zu antworten.

GORGIAS: So will ich denn versuchen, Sokrates, dir recht deutlich die ganze Kraft der Redekunst aufzudecken. Denn du selbst hast es
sehr gut eingeleitet. Nämlich du weißt ja wohl, daß diese Werften
e und diese Mauern der Athener und dieser Bau ihrer Häfen auf den
Rat des Themistokles entstanden sind, teils auch des Perikles, nicht aber jener Baumeister aller Art.

SOKRATES: So sagt man, o Gorgias, vom Themistokles; den Perikles aber habe ich noch selbst gehört, als er seine Meinung vortrug wegen der mittleren Mauer.

456a GORGIAS: Und wenn eine Wahl solcher Männer angesetzt ist, wie du erwähntest, so siehst du doch, daß die Redner die Ratgebenden sind und deren Meinung durchgeht in solchen Dingen.

SOKRATES: Eben weil ich mich hierüber wundere, Gorgias, frage ich so lange schon, was doch eigentlich das Wesen der Redekunst ist. Denn ganz übermenschlich groß dünkt sie mich, wenn ich sie so betrachte.

[11. Macht der Rhetorik. Ihr rechtlicher und unrechtlicher Gebrauch]

GORGIAS: Wie, wenn du erst alles wüßtest, Sokrates, daß sie mit
einem Wort alle andern Kräfte zusammengenommen unter sich be-
b greift! Einen auffallenden Beweis will ich dir hiervon geben. Näm-
lich gar oft bin ich mit meinem Bruder oder andern Ärzten zu einem Kranken hingegangen, der entweder keine Arznei nehmen oder den Arzt nicht wollte schneiden und brennen lassen, und da dieser ihn nicht überreden konnte, habe ich ihn doch überredet, durch keine andere Kunst als die Redekunst. Ja, ich behaupte, es möge in eine Stadt, wohin du willst, ein Redekünstler kommen und ein Arzt, und wenn sie vor der Gemeinde oder sonst einer Versammlung redend durchfechten müßten, welcher von beiden zum
Arzt gewählt werden sollte: so würde nirgends an den Arzt ge-
c dacht werden; sondern der zu reden versteht, würde gewählt wer-
den, wenn er wollte. Ebenso im Streit gegen jeden andern Sachverständigen würde der Redner eher als irgendeiner überreden, ihn selbst zu wählen. Denn es gibt nichts, worüber nicht ein Redner überredender spräche als irgendein Sachverständiger vor dem Volke. Die Kraft dieser Kunst ist also in der Tat eine solche und so

große. Indessen muß man sich, o Sokrates, der Redekunst bedienen wie auch jeder andern Streitkunst. Denn auch andere Streitkunst muß man nicht deshalb gegen alle Menschen gebrauchen, weil ei- d
ner den Faustkampf und das Ringen und das Fechten in Waffen so gut gelernt hat, daß er stärker darin ist als Freunde und Feinde, und muß deswegen nicht seine Freunde schlagen und stoßen und töten. Noch, beim Zeus, wenn einer, der den Übungsplatz besucht hat und ein tüchtiger Fechter geworden ist, hernach Vater und Mutter schlägt oder sonst einen von Verwandten und Freunden, darf man deshalb die Turnmeister und die Fechtmeister verfolgen und e
aus den Städten vertreiben. Denn diese haben ihre Kunst mitgeteilt, damit man sich ihrer rechtlich bediene gegen Feinde und Beleidiger zur Verteidigung, nicht zum Angriff, und nur jene kehren es um und bedienen sich der Stärke und der Kunst nicht richtig. 457 a
Nicht also die Lehrer sind böse, noch ist die Kunst hieran schuld und deshalb böse, sondern die, glaube ich, welche sie nicht richtig anwenden. Dasselbe nun gilt auch von der Redekunst. Vermögend ist freilich der Redner, gegen alle und über alles so zu reden, daß er den meisten Glauben findet beim Volk, um es kurz herauszusa- b
gen, worüber er nur will. Deshalb aber soll er doch weder den Ärzten den Ruf entziehen, weil er das wohl auszurichten vermöchte, noch andern Sachverständigen den ihrigen, sondern rechtlicherweise sich auch der Redekunst bedienen, eben wie der Streitkunst. Und wenn einer, meine ich, ein Redner geworden ist und handelt hernach ungerecht vermöge dieser Kraft und Kunst: so muß man, denke ich, nicht seinen Lehrer hassen und aus der Stadt verweisen. Denn zu rechtlichem Gebrauch hat dieser sie ihm übergeben; er c
aber bedient sich ihrer entgegengesetzt. Den also, der sie unrichtig anwendet, mag es recht sein zu hassen und zu vertreiben, nicht aber den, der ihn unterrichtet hat.

[12. Bedenken des S. über die Fortführung des Gesprächs]

Sokrates: Ich denke, Gorgias, auch du wirst schon vielen Unterredungen beigewohnt und dieses dabei bemerkt haben, daß nicht leicht eine Zusammenkunft so auseinandergehen kann, daß sie dasjenige, worüber sie zu sprechen unternahmen, gemeinschaftlich bestimmt und so einander belehrt und voneinander gelernt hätten; vielmehr, wenn sie über etwas uneins sind und einer den andern d
beschuldigt, er rede nicht richtig oder nicht bestimmt, so erzürnen sie sich und meinen, der andere sage so etwas aus Mißgunst gegen sie, weil er nämlich nur um seine Ehre sich ereifere beim Gespräch, nicht aber den vorliegenden Gegenstand suche. Ja, einige gehen zuletzt auf die schändlichste Art auseinander mit Schimpfreden und indem sie dergleichen Dinge einander anzuhören geben, die es sogar den Anwesenden leid machen für sich selbst, daß sie solcher Leute Zuhörer haben sein gewollt. Weshalb nun sage ich dies? Weil e
mich dünkt, du sagst jetzt etwas nicht Folgerechtes und nicht Zusammenstimmendes mit dem, was du vorher sagtest von der Redekunst. Ich fürchte mich aber, dich zu widerlegen, damit du nicht

denkst, ich sage es nicht im Eifer auf die Sache, daß sie uns offen-
458a bar werde, sondern auf dich. Bist du nun eben ein solcher als ich,
so möchte ich dich gern durchfragen; wo nicht, so würde ich es las-
sen. Und von welchen bin ich einer? Von denen, die sich gern über-
führen lassen, wenn sie etwas Unrichtiges sagen, aber auch gern
selbst überführen, wenn ein anderer etwas Unrichtiges sagt; nicht
unlieber jedoch jenes als dieses. Denn für ein größeres Gut halte
ich jenes um soviel, als es ja besser ist, selbst von dem größten
Übel befreit zu werden, als einen andern davon zu befreien. Denn
nichts, denke ich, ist ein so großes Übel für den Menschen, als irrige
b Meinungen über das, wovon jetzt die Rede ist unter uns. Behaup-
test nun auch du ein solcher zu sein, so wollen wir weiter reden;
dünkt dich aber, daß wir es lassen müssen, so wollen wir es im-
merhin lassen und die Unterredung aufheben.

GORGIAS: Allerdings behaupte auch ich ein solcher zu sein, wie
du jetzt vorzeigst. Vielleicht jedoch müssen wir auch auf die An-
wesenden Bedacht nehmen. Denn schon lange ehe ihr gekommen
seid, habe ich den Anwesenden vieles vorgetragen, und es mag sich
leicht auch jetzt in die Länge ziehen, wenn wir Gespräch führen.
c Wir müssen also auch diese bedenken, damit wir nicht einige hin-
dern, die lieber etwas anderes vornehmen wollten.

[13. Verbundenheit von rhetorischer Überzeugungsmöglichkeit mit sachlicher Unwissenheit]

CHAIREPHON: Den Ungestüm dieser Männer hört ihr ja selbst, o Gorgias und Sokrates, wie sehr sie zu hören wünschen, wenn ihr etwas redet. Ich selbst aber möchte nie so in Geschäfte verwickelt sein, daß ich solche und so vorgetragene Reden hintansetzen müßte, weil mir dringender wäre, etwas anderes zu verrichten.

d KALLIKLES: Bei den Göttern, Chairephon, auch ich, der schon so vielen Unterredungen beigewohnt, weiß nicht, ob ich mich jemals so ergötzt habe als eben jetzt: so daß es mir, und wenn ihr euch den ganzen Tag unterreden wollt, immer lieb sein wird.

SOKRATES: Von meiner Seite, Kallikles, ist kein Hindernis, wenn Gorgias nur will.

GORGIAS: Unziemlich würde es ja nun sein, Sokrates, wenn ich
nicht wollte, zumal ich selbst aufgefordert habe zu fragen, was einer
e nur Lust hätte. Also, wenn es diesen gefällt, so sprich und frage,
was du willst.

SOKRATES: So höre denn, Gorgias, was mich wundert an dem von dir Gesagten. Denn vielleicht hast du es ganz recht gesagt, und ich habe nur nicht richtig aufgefaßt. Zum Redner, sagst du doch, könnest du einen machen, wenn er bei dir lernen will?

GORGIAS: Ja.

SOKRATES: Und zwar über jegliches, so daß er die Menge überredet, nicht belehrend jedoch, sondern nur Glauben erregend.

459a GORGIAS: Allerdings.

SOKRATES: Denn du sagtest eben, daß auch in Sachen der Gesundheit der Redner mehr Glauben finden würde als der Arzt.

GORGIAS: Das sagte ich auch; bei der Menge nämlich.

SOKRATES: Und nicht wahr, dieses «bei der Menge» heißt bei denen, die nicht wissen? Denn bei den Wissenden wird er doch nicht mehr Glauben finden als der Arzt?

GORGIAS: Darin hast du recht.

SOKRATES: Findet er nun mehr Glauben als der Arzt, so findet er mehr Glauben als der Wissende?

GORGIAS: Allerdings.

SOKRATES: Ohne ein Arzt zu sein, nicht wahr? b

GORGIAS: Ja.

SOKRATES: Der Nichtarzt ist aber dessen unkundig, wessen der Arzt kundig ist?

GORGIAS: Offenbar.

SOKRATES: Der Nichtwissende also findet mehr als der Wissende Glauben unter den Nichtwissenden, wenn der Redner mehr Glauben findet als der Arzt. Folgt dies, oder etwas anderes?

GORGIAS: Dies folgt hier freilich.

SOKRATES: Verhält sich nun nicht auch gegen die andern Künste insgesamt der Redner ebenso und die Redekunst? Die Sachen selbst braucht sie nicht zu wissen, wie sie sich verhalten, sondern sie muß nur einen Kunstgriff der Überredung ausgefunden haben, so c
daß sie das Ansehen bei den Nichtwissenden gewinnt, mehr zu wissen als die Wissenden.

[14. Zugeständnis des G., daß der Redner das Gerechte wissen muß]

GORGIAS: Ist das nun nicht ein großer Vorteil, Sokrates, daß man, ohne andere Künste gelernt zu haben, sondern nur diese einzige, um nichts zurücksteht hinter den Meistern in jenen?

SOKRATES: Ob der Redner, weil es sich so mit ihm verhält, zurücksteht oder nicht hinter jenen andern, das wollen wir hernach überlegen, wenn es uns zur Sache dient. Jetzt laß uns dieses zuerst bedenken: ob auch in Bezug auf das Gerechte und Ungerechte, das Schöne und Unschöne, das Gute und Üble der Redner sich ebenso d
verhält wie in Hinsicht auf das Gesunde und die andern Gegenstände der andern Künste; nämlich, daß er von der Sache selbst nicht weiß, was gut ist oder übel, schön oder unschön, gerecht oder ungerecht, sondern nur Überredung sich erkünstelt hat, so daß er als Nichtwissender unter den Nichtwissenden dafür gilt, mehr zu wissen als ein Wissender. Oder ist es notwendig, das zu wissen, und e
muß dessen schon vorher kundig zu dir kommen, wer die Redekunst von dir lernen soll? Wo aber nicht, wirst dann du, der Lehrer der Redekunst, den Ankömmling dieses nicht lehren, weil es deine Sache nicht ist, sondern ihn nur dahin bringen, daß er der Menge auch dieses zu wissen scheine, ohne es zu wissen, und gut zu sein scheine, ohne es zu sein? Oder wirst du ganz und gar nicht imstande sein, ihn die Redekunst zu lehren, wenn er nicht hierüber vorher das Richtige weiß? Oder wie verhält es sich hiermit, Gorgias? Ja, um Zeus willen! Decke nun, wie du vorher sagtest, die ganze Kraft der 460 a
Redekunst auf und sprich, worin sie besteht!

GORGIAS: Ich meine jedenfalls, Sokrates, wenn er jenes zufällig noch nicht weiß, so wird er auch das von mir lernen.

SOKRATES: Halt, denn das ist vortrefflich gesagt. Wenn du einen zum Redner machen sollst, muß er notwendig wissen, was gerecht ist und ungerecht, es sei nun zuvor schon, oder erst, nachdem er es von dir gelernt?

GORGIAS: Allerdings.

b SOKRATES: Wie nun? Wer die Baukunst gelernt hat, ist der ein Baumeister oder nicht?

GORGIAS: Ja.

SOKRATES: Und wer die Tonkunst, ein Tonkünstler?

GORGIAS: Ja.

SOKRATES: Und wer die Heilkunde, ein Heilkundiger, und so auch im übrigen nach derselben Regel, wer etwas gelernt hat, ist ein solcher, wozu jeden diese Erkenntnis macht?

GORGIAS: Freilich.

SOKRATES: Also, nach demselben Verhältnis, wer das Gerechte gelernt hat, ist gerecht?

GORGIAS: Auf alle Weise freilich.

SOKRATES: Der Gerechte aber handelt doch gerecht?

GORGIAS: Ja.

c SOKRATES: Also ist notwendig, daß der Redekünstler gerecht ist und daß der Gerechte gerecht handelt?

GORGIAS: So zeigt es sich ja.

SOKRATES: Und niemals wird doch der Gerechte wollen Unrecht tun?

GORGIAS: Natürlich.

SOKRATES: Der Rednerische aber ist unserer Rede zufolge notwendig gerecht.

GORGIAS: Ja.

SOKRATES: Niemals also wird der Rednerische wollen Unrecht tun.

GORGIAS: Nein, wie es ja scheint.

[15. Folgerung: Unmöglichkeit eines unrechtlichen Gebrauchs der Rhetorik]

SOKRATES: Erinnerst du dich nun, vor kurzem gesagt zu haben,
d man müsse den Turnmeistern nicht die Schuld geben noch sie aus der Stadt verweisen, wenn der Faustkämpfer seine Kunst nicht schön gebraucht und unrecht tut? Ebenso wenn ein Redner die Redekunst ungerecht gebrauche, müsse man nicht dem Lehrer die Schuld geben noch ihn aus der Stadt verweisen, sondern dem Unrechttuenden und die Redekunst nicht richtig Anwendenden? Ist das gesagt worden oder nicht?

GORGIAS: Es ist gesagt worden.

e SOKRATES: Nun aber zeigt sich, daß dieser nämliche, der Redekünstler, niemals unrecht tut. Oder nicht?

GORGIAS: So zeigt es sich.

SOKRATES: Auch in unsern ersten Reden, o Gorgias, wurde ja gesagt, die Redekunst habe es mit Reden nicht vom Geraden und Ungeraden zu tun, sondern vom Gerechten und Ungerechten. Nicht so?

Gorgias: Ja.

Sokrates: Ich nun, als du dies damals sagtest, verstand dich so, die
Redekunst könne niemals etwas Ungerechtes sein, da ja immer ihre
Reden von der Gerechtigkeit handeln. Als du aber bald darauf sag-
test, der Redner könne wohl auch die Redekunst ungerecht gebrau-
chen: so habe ich, hierüber verwundert und in der Meinung, das 461 a
Gesprochene stimme nicht zusammen, jenes gesagt, daß, wenn du es
für einen Gewinn hieltest, überführt zu werden, wie ich es dafür hal-
te, es dann lohnte, uns weiter zu besprechen, wo aber nicht, wir es
besser unterließen. Und nun wir es noch einmal erwogen haben, siehst
du auch selbst, ist wiederum festgestellt worden, daß es unmöglich
sei, der Redner könne die Redekunst ungerecht gebrauchen oder Un-
recht tun wollen. Dieses nun, wie es sich eigentlich verhalte, zu un-
tersuchen, dazu, o Gorgias, mag, beim Hunde! eine gar nicht kurze b
Unterredung erfordert werden.

[16. Protestierende Einmischung des Polos]

Polos: Wie doch, Sokrates? Denkst du auch wirklich so über die
Redekunst, wie du jetzt sprichst? Oder meinst du – weil Gorgias sich
geschämt hat, dir darin nicht beizustimmen, daß ein Redner auch das
Gerechte wissen müsse und das Schöne und das Gute und daß, wenn
einer dies nicht wissend zu ihm käme, er es ihn lehren müsse, so ist
hernach eben durch dieses Eingeständnis vielleicht etwas Widerspre-
chendes in seine Reden gekommen –, woran du dann deine Freude c
hast, nachdem du zu solchen Fragen die Unterredung hingeleitet.
Denn wer, meinst du wohl, würde leugnen wollen, daß er selbst nicht
des Gerechten kundig sei und es auch andere lehren könne? Aber
auf dergleichen die Rede hinzuführen, ist sehr ungesittet.

Sokrates: Nun, schönster Polos, eben dazu ausdrücklich haben wir
ja unsere Freunde und Söhne, damit, wenn wir selbst im höheren
Alter uns irren, ihr Jüngeren bei der Hand seid und uns das Leben
wieder berichtigt in Tat und Wort. Auch jetzt also, wenn ich und Gor-
gias in unserer Rede uns irren, bist du ja bei der Hand, berichtige d
uns also. Gebühren mag es dir wohl. Und ich bin bereit, wenn du
glaubst, irgend etwas von dem Zugestandenen sei nicht mit Recht zu-
gestanden worden, dir zurückzugeben, was du willst, wenn du mir
nur eins beobachtest.

Polos: Was meinst du damit?

Sokrates: Die langen Reden, o Polos, wenn du die nur zurückhältst, deren du dich auch zuvor schon bedienen wolltest.

Polos: Wie doch? Es soll mir nicht erlaubt sein zu reden wieviel ich will?

Sokrates: Das wäre freilich hart für dich, Bester, wenn du nach e
Athen gekommen bist, wo in ganz Hellas die größte Freiheit im Re-
den herrscht, und du allein solltest ihrer eben hier entbehren. Nur
nimm auch den anderen Fall: wenn du weitläufig redest und das
Gefragte nicht beantworten willst, wäre es dann nicht wiederum sehr

hart für mich, wenn mir nicht erlaubt sein sollte, wegzugehen und
462 a dich nicht anzuhören? Also wenn du dich des aufgestellten Satzes annehmen und ihn berichtigen willst: so nimm, wie ich eben sagte, zurück, was dir beliebt, und dann, nach der Ordnung fragend und befragt wie ich und Gorgias, überführe mich und laß dich überführen. Denn du rühmst dich doch, auch selbst das zu verstehen, was Gorgias. Oder nicht?

POLOS: Das behaupte ich.

SOKRATES: Also auch du forderst wohl auf, daß man dich frage, was jeder jedesmal will, als einer, der wohl versteht zu antworten.

POLOS: Allerdings.

b SOKRATES: So tue denn auch jetzt, welches von beiden du willst; frage oder antworte.

[17. Thesen des S.: Die Rhetorik eine Geübtheit im Erzeugen von Lust und Wohlgefallen]

POLOS: Wohl, das will ich tun. Antworte mir also, Sokrates: Da du doch meinst, Gorgias wisse keinen Rat wegen der Redekunst, was meinst du denn, daß sie ist?

SOKRATES: Fragst du, welche Kunst ich behaupte, daß sie sei?

POLOS: Eben das.

SOKRATES: Gar keine, dünkt mich, o Polos, um doch zu dir die Wahrheit zu sagen.

POLOS: Sondern was dünkt dich denn die Redekunst zu sein?

SOKRATES: Dasjenige, woraus die Kunst hervorgeht, wie du sagst
c in der Schrift, die ich neulich gelesen.

POLOS: Was meinst du damit?

SOKRATES: Eine gewisse Übung, meine ich.

POLOS: Also eine Übung dünkt dich die Redekunst zu sein?

SOKRATES: Ja, wenn du nicht etwas anderes sagst.

POLOS: Und eine Übung worin?

SOKRATES: In Bewirkung einer gewissen Lust und eines Wohlgefallens.

POLOS: Dünkt dich also nicht die Redekunst etwas Schönes zu sein, wenn man imstande ist, den Menschen gefällig zu sein?

SOKRATES: Wie doch, Polos? Hast du etwa schon von mir erfahren, was sie meiner Meinung nach ist, daß du schon das weitere fragst,
d ob ich sie nicht für etwas Schönes halte?

POLOS: Habe ich denn nicht erfahren, daß sie deiner Meinung nach eine Übung ist?

SOKRATES: Willst du wohl, da du auf das Gefälligsein so viel Wert legst, mir auch in einer Kleinigkeit gefällig sein?

POLOS: Sehr gern.

SOKRATES: So frage mich doch, welche Kunst die Kochkunst mir zu sein scheint.

POLOS: Ich frage dich also, welche Kunst ist die Kochkunst?

SOKRATES: Gar keine, o Polos.

POLOS: Aber was denn? Sprich.

SOKRATES: Ich sage also, eine Übung.

Polos: Was doch für eine? Sage an.

Sokrates: Ich sage also, in Bewirkung einer gewissen Lust und eines Wohlgefallens, o Polos. e

Polos: Einerlei ist also Kochkunst und Redekunst?

Sokrates: Keineswegs, sondern nur Teile desselben Bestrebens.

Polos: Was doch für eines?

Sokrates: Wenn es nur nicht unziemlich ist, die Wahrheit herauszusagen; denn ich trage wirklich Bedenken des Gorgias wegen, es zu sagen, damit er nicht glaube, ich wolle sein eignes Bestreben auf Spott ziehen. Indes, ob dies die Redekunst ist, was Gorgias treibt, weiß ich ja nicht; denn eben jetzt aus dem Gespräch ist uns nicht offen- 463 a
bar geworden, was er recht meint. Was ich aber die Redekunst nenne, das ist ein Teil einer Sache, die gar nicht unter die schönen gehört.

Gorgias: Was doch für einer, Sokrates? Sage es nur, ohne mich zu scheuen.

[18. Die Rhetorik als Schmeichelei das Schattenbild eines Teils der Staatskunst]

Sokrates: Mich dünkt also, Gorgias, es gibt ein gewisses Bestreben, das künstlerisch zwar gar nicht ist, aber einer dreisten Seele angehört, die richtig zu treffen weiß und von Natur stark ist in Behandlung der Menschen; im ganzen aber nenne ich es Schmeichelei. Die- b
se Bestrebung nun scheint mir viele andere Teile zu haben, wovon einer auch die Kochkunst ist, welche für eine Kunst zwar gehalten wird, wie aber meine Rede lautet, keine Kunst ist, sondern nur eine Übung und Fertigkeit. Von derselben nun betrachte ich als einen Teil auch die Redekunst und die Putzkunst und die Sophistik: vier Teile für vier Gegenstände. Wenn also Polos mich ausfragen will, so tue er es. Denn noch hat er mir nicht abgefragt, welcher Teil der Schmeichelei ich meine, daß die Redekunst sei; sondern, ohne zu c
bemerken, daß ich dies noch nicht beantwortet, fragt er schon weiter, ob ich sie nicht für etwas Schönes halte. Ich aber werde ihm nicht eher antworten, ob ich die Redekunst für etwas Schönes oder etwas Unschönes halte, bis ich ihm zuvor geantwortet habe, was sie ist. Denn das wäre nicht recht, Polos. Also wenn du es erfahren willst, so frage, welcher Teil der Schmeichelei ich dann meine, daß die Redekunst sei.

Polos: So frage ich denn, und antworte du, was für ein Teil.

Sokrates: Ob du auch wohl verstehen wirst, wenn ich antworte? d
Nämlich nach meiner Erklärung ist die Redekunst von einem Teile der Staatskunst das Schattenbild.

Polos: Wie nun? Sagst du, sie sei schön oder unschön?

Sokrates: Unschön. Denn das Böse nenne ich unschön, da ich dir doch antworten soll, als wüßtest du schon, was ich meine.

Gorgias: Beim Zeus, Sokrates, verstehe ich doch selbst nicht, was du meinst.

Sokrates: Wohl glaublich, Gorgias. Denn ich sage auch noch nichts e
Bestimmtes. Dieser Polos aber ist gar jung und hitzig.

Gorgias: Also laß nur diesen und sage mir, wie du denn meinst, die Redekunst sei von einem Teile der Staatskunst das Schattenbild.

SOKRATES: Wohl, ich will versuchen zu erklären, was mir die Redekunst zu sein scheint, und wenn sie dies nicht sein sollte, so mag mich
464 a Polos widerlegen. Du nennst doch etwas Leib und Seele?

GORGIAS: Wie sollte ich nicht.

SOKRATES: Und glaubst auch, daß es ein Wohlbefinden gibt für jedes von diesen beiden?

GORGIAS: Auch das.

SOKRATES: Wie aber? Auch ein scheinbares Wohlbefinden, das keines ist? Ich meine dergleichen: Viele haben das Ansehn, sich ganz wohl zu befinden dem Leibe nach, denen nicht leicht jemand abmerken würde, daß sie sich nicht wohl befinden, außer ein Arzt etwa und einer von den Turnverständigen.

GORGIAS: Ganz recht.

SOKRATES: Dergleichen nun, sage ich, gibt es am Leibe und in der Seele, welches macht, daß Leib oder Seele scheint sich wohl zu befinden, befindet sich aber deshalb doch nicht so.

b GORGIAS: Das gibt es.

[19. Schattenbild der Heilkunst die Kochkunst]

SOKRATES: Wohlan denn, wenn ich kann, will ich dir nun deutlicher zeigen, was ich meine. Für diese zwei Dinge setze ich zwei Künste und nenne die für die Seele die Staatskunst; die aber für den Leib kann ich dir nicht so als eine benennen, sondern ich setze von dieser einen Besorgung des Leibes wiederum zwei Teile, die Turnkunst als den einen, die Heilkunst als den andern. So auch in der Staatskunst, gegenüberstehend der Turnkunst die Gesetzgebung, gegenüberste-
c hend aber der Heilkunst die Rechtspflege. So haben je zwei von diesen als auf denselben Gegenstand sich beziehend etwas miteinander gemein, die Heilkunde mit der Turnkunst und die Rechtspflege mit der Gesetzgebung, doch aber sind sie auch wieder verschieden. Diese vier nun, welche immer mit Hinsicht auf das Beste die Angelegenheiten, jene beiden des Leibes, diese beiden der Seele besorgen, bemerkt nun die Schmeichelei – nicht sie erkennt sie, sage ich, sondern sie spürt und trifft sie nur –, teilt sich nun selbst in vier Teile, verkleidet sich in jene Teile und stellt sich nun an, dasjenige zu sein,
d worin sie sich verkleidet; auf das Beste aber gar nicht denkend, fängt sie durch das jedesmal Angenehmste den Unverstand und hintergeht ihn so, daß sie ihm scheint, überaus viel wert zu sein. In die Heilkunst nun verkleidet sich die Kochkunst und stellt sich an zu wissen, welches die besten Speisen sind für den Leib, so daß, wenn vor Kindern oder auch vor Männern, die so unverständig wären wie die Kinder, ein Arzt und ein Koch sich um den Vorzug streiten sollten, wer von beiden sich auf heilsame und schädliche Speisen verstände, der
e Arzt oder der Koch, der Arzt Hungers sterben könnte. Schmeichelei nun nenne ich das und behaupte, es sei etwas Schlechtes, o Polos –
465 a denn zu dir sage ich dies –, weil es das Angenehme zu treffen sucht ohne das Beste. Eine Kunst aber leugne ich, daß es sei; sondern nur

eine Übung, weil sie keine Einsicht hat von dem, was sie anwendet, was es wohl seiner Natur nach ist, und also den Grund von einem jeden nicht anzugeben weiß; ich aber kann nichts Kunst nennen, was eine unverständige Sache ist. Und bist du etwa hierüber anderer Meinung: so will ich dir Rede stehen.

*[20. Redekunst: Schattenbild der Rechtspflege und Gegenstück zur
Kochkunst]* In die Heilkunst also, wie gesagt, verkleidet sich die b
kochkundige Schmeichelei, in die Turnkunst aber auf eben die Weise
die putzkundige, die gar verderblich ist und betrügerisch, unedel
und unanständig, und die durch Gestalten und Farben und Glätte
und Bekleidung die Menschen so betrügt, daß sie, fremde Schönheit
herbeiziehend, die eigne, welche durch die Kunst der Leibesübungen
entsteht, vernachlässigen. Um nun nicht weitläufig zu werden, will
ich es dir ausdrücken wie die Meßkünstler, denn nun wirst du ja
wohl schon folgen können, nämlich daß, wie die Putzkunst zur Turn- c
kunst, so die Kochkunst zur Heilkunst, oder vielmehr so, wie die
Putzkunst zur Turnkunst, so die Sophistik zur Gesetzgebung, und
wie die Kochkunst zur Heilkunst, so die Redekunst zur Rechtspflege.
Wie ich nun sage, so stehen sie ihrem Wesen nach auseinander; weil
sie aber auch nahe sind, werden sie untereinander gemischt und mit
demselben geben sich Sophisten und Redner ab und wissen selbst
nicht, was sie mit sich, noch auch andere Menschen, was sie mit ihnen
anzufangen haben. Denn auch wenn die Seele nicht dem Leibe vor-
stände, sondern dieser sich selbst und also von jener nicht Kochkunst d
und Heilkunst verglichen und unterschieden würden, sondern der
Leib selbst nach Maßgabe des für ihn Wohlgefälligen urteilen müß-
te: so würde es mit jenem Anaxagoreischen gar weit gehen, lieber
Polos, denn du bist dieser Dinge ja kundig, nämlich alle Dinge wür-
den alles zugleich sein untereinandergemischt, und ungesondert blie-
be das Gesunde und Heilkunstmäßige von dem Kochkunstmäßigen.
Was ich nun meine, daß die Redekunst sei, hast du gehört, nämlich
das Gegenstück zur Kochkunst, für die Seele, was diese für den Leib. e
Vielleicht nun habe ich es widersinnig angefangen, daß ich dich nicht
wollte lange Reden halten lassen und nun selbst die Rede ziemlich
lang gedehnt habe. Billig aber muß man mir dies verzeihen. Denn
als ich kurz redete, verstandest du mich nicht und wußtest nichts
anzufangen mit der Antwort, die ich dir gab, sondern bedurftest einer
Erörterung. Wenn nun auch ich mit deinen Antworten nichts wer-
de anzufangen wissen, dann dehne auch du die Rede; weiß ich es 466 a
aber, so laß mich damit machen, denn so ist es billig. Auch jetzt also,
wenn du mit dieser Antwort etwas zu machen weißt, so tue es.

[21. Macht der Rhetorik?]

Polos: Was sagst du also? Schmeichelei dünkt dich die Redekunst zu sein?

Sokrates: Von der Schmeichelei, sagte ich, ein Teil. Hast du kein Gedächtnis in deinen Jahren, Polos? Was wirst du denn tun, wenn du alt wirst?

Polos: Scheinen dir denn in den Staaten die ausgezeichneten Redner wie Schmeichler für schlechte Leute schlecht geachtet zu werden?

b Sokrates: Fragst du da eine Frage, oder ist es der Anfang einer
Rede?

Polos: Ich frage.

Sokrates: Nun dann, gar nicht geachtet werden sie, meine ich.

Polos: Wie, nicht geachtet? Haben sie nicht am meisten Macht in den Städten?

Sokrates: Nein, wenn du unter dem Macht-Haben verstehst, daß es etwas Gutes ist für den Vermögenden.

Polos: So verstehe ich es allerdings.

Sokrates: Dann, dünkt mich, haben die Redner unter allen in der Stadt am wenigsten Macht.

Polos: Wie? Töten sie nicht wie die Tyrannen, wen sie wollen, und
c berauben des Vermögens und verweisen aus der Stadt, wen ihnen
gut dünkt?

Sokrates: Beim Hunde! Jedoch bin ich zweifelhaft, Polos, bei jedem, was du sagst, ob du selbst das sagst und deine Meinung darlegst oder ob du mich fragst.

Polos: Freilich frage ich dich.

Sokrates: Wohl, Lieber! Dann fragst du zweierlei zugleich.

Polos: Wieso zweierlei?

Sokrates: Sagtest du nicht eben etwa so, die Redner töteten, wen
d sie wollen, und beraubten des Vermögens und verbannten aus der
Stadt, wen ihnen gut dünkt?

Polos: So sagte ich.

[22. These des S., daß die Macht der Redner und Tyrannen am geringsten ist]

Sokrates: So sage ich dir denn, daß dies zwei Fragen sind, und
daß ich dir auf beide antworten will. Ich behaupte nämlich, Polos,
Macht haben Redner sowohl als Tyrannen eigentlich am wenigsten
im Staat, weil sie nämlich nichts tun, was sie wollen, daß ich es ge-
e radeheraus sage; jedoch tun sie freilich, was ihnen dünkt, das Beste
zu sein.

Polos: Dies ist ja doch eben das Macht-Haben, das Viel-Vermögen.

Sokrates: Nein, wie Polos wenigstens sagt.

Polos: Ich sagte Nein? Ich sage eben Ja.

Sokrates: Nein wahrlich, du wohl nicht, da du ja sagtest, Macht haben, viel vermögen sei etwas Gutes dem, der es hat.

Polos: Das sage ich freilich.

Sokrates: Meinst du also, das sei gut, wenn, was ihn dünkt das Beste zu sein, einer ausrichtet, der keine Erkenntnis hat? Und nennst du das viel vermögen?

Polos: Nein, das nicht.

Sokrates: Also mußt du zeigen, daß die Redner Erkenntnis haben
467 a und daß die Redekunst eine Kunst ist, nicht bloße Schmeichelei, mich
widerlegend. Wenn du mich aber unwiderlegt läßt, so werden die Red-
ner, wenn sie in den Städten tun, was ihnen gut dünkt, und so auch

die Tyrannen, hieran nichts Gutes besitzen. Und Macht haben soll doch, wie du behauptest, etwas Gutes sein. Ausrichten aber was einen bedünkt ohne Erkenntnis, das räumst auch du ein, sei ein Übel. Oder nicht?

Polos: Das räume ich ein.

Sokrates: Wie also sollten wohl Redner Macht haben im Staate oder auch Tyrannen, wenn nicht dem Sokrates zuvor vom Polos bewiesen wird, daß sie bewirken, was sie wollen?

Polos: Das ist mir ein Mann! b

Sokrates: Ich leugne, daß sie bewirken, was sie wollen. Widerlege mich.

Polos: Hast du nicht eben zugegeben, daß sie bewirken, was ihnen dünkt das Beste zu sein?

Sokrates: Das gebe ich auch noch zu.

Polos: So bewirken sie ja, was sie wollen?

Sokrates: Das leugne ich.

Polos: Unerachtet sie bewirken, was ihnen gut dünkt?

Sokrates: Ja.

Polos: Erbärmliche Sachen sagst du und ganz ungewaschene.

Sokrates: Ei, teures Freundchen, daß ich dich doch nach deiner Weise anrede, schelte nicht; sondern wenn du verstehst, mich zu fragen, c so zeige, daß ich unrecht habe, wo nicht, so antworte selbst.

Polos: Ich will auch antworten, um doch zu sehen, was du meinst.

[23. Das Gute das Worumwillen jedes Tuns]

Sokrates: Denkst du denn, daß die Menschen dasjenige wollen, was sie jedesmal tun, oder vielmehr jenes, um deswillen sie dasjenige tun, was sie tun? Wie etwa die Leute, die Arznei einnehmen von den Ärzten, denkst du, daß die dasjenige wollen, was sie tun, Arznei nehmen und Schmerzen haben, oder jenes, das Genesen, um deswillen sie sie nehmen?

Polos: Offenbar das Genesen.

Sokrates: So auch bei den Schiffahrttreibenden und denen, die auf d anderes Gewerbe ausgehen, ist, was sie wollen, nicht dasjenige, was sie jedesmal tun. (Denn wer will wohl zu Schiffe sein und in Gefahr schweben und Händel haben?) Sondern jenes, denke ich, um deswillen sie zu Schiffe gehen, das Reichwerden; denn um des Reichtums willen gehen sie zu Schiffe.

Polos: Allerdings.

Sokrates: Ist es nun nicht ebenso mit allem? Wenn jemand etwas um eines andern willen tut, so will er nicht das, was er tut, sondern das, um deswillen er es tut?

Polos: Ja. e

Sokrates: Gibt es nun wohl etwas, das nicht entweder gut wäre oder übel oder zwischen beiden, weder gut noch übel?

Polos: Eins von diesen ganz notwendig, Sokrates.

Sokrates: Sagst du nun nicht, daß gut die Weisheit ist und die Gesundheit und der Reichtum und das übrige der Art, übel aber das Gegenteil hiervon?

Polos: Allerdings.

Sokrates: Weder gut noch übel aber, meinst du, sei dergleichen, 468 a was bisweilen mit dem Guten zusammenhängt, bisweilen mit dem Übel, bisweilen mit keinem von beiden, wie Sitzen und Gehen, Laufen und Schiffen; und wiederum wie Stein und Holz und anderes dergleichen. Meinst du nicht dies? Oder nennst du etwas anderes weder gut noch böse?

Polos: Nein, sondern dieses.

Sokrates: Tun sie nun etwa dies Mittlere um des Guten willen, wenn sie es tun, oder das Gute um des Mittleren willen?

Polos: Das Mittlere doch wohl um des Guten willen.

b Sokrates: Dem Guten also nachtrachtend gehen wir, wenn wir gehen, in der Meinung, daß es besser sei, und wenn wir im Gegenteil stehen, so stehen wir um des nämlichen willen, des Guten. Oder nicht?

Polos: Ja.

Sokrates: Also töten wir auch, wenn wir jemand töten, und vertreiben und berauben des Vermögens in der Meinung, es sei uns besser, dieses zu tun als nicht?

Polos: Allerdings.

Sokrates: Um des Guten willen also tut alles dieses, wer es tut.

Polos: Das gebe ich zu.

[24. Ohnmacht der bloßen Macht; Unrecht leiden besser als Unrecht tun]

Sokrates: Haben wir nun nicht eingestanden, was wir um eines andern willen tun, dieses selbst wollten wir eigentlich nicht, son- c dern nur jenes, um deswillen wir es eigentlich tun?

Polos: Unbedenklich.

Sokrates: Also wollen wir nicht hinrichten und des Landes verweisen und des Vermögens berauben so schlechthin an sich; sondern wenn uns dergleichen nützlich ist, wollen wir es tun, ist es uns aber schädlich, dann nicht. Denn nur das Gute wollen wir, wie du behauptest, das weder Gute noch Üble aber wollen wir nicht, noch auch das Üble. Nicht wahr? Dünkt dich, daß ich recht habe, Polos, oder nicht? Warum antwortest du nicht?

Polos: Recht.

d Sokrates: Wenn wir also hierin einig sind, so wird, wenn jemand einen hinrichten läßt oder aus dem Staate vertreibt oder seines Vermögens beraubt, in der Meinung, es sei für ihn selbst besser, es ist aber in der Tat schlimmer für ihn, dieser zwar allerdings tun, was ihn gut dünkt; nicht wahr?

Polos: Ja.

Sokrates: Aber etwa auch was er will, wenn es doch ein Übel für ihn ist? Was antwortest du nicht?

Polos: Nein also; er scheint mir nicht zu tun, was er will.

Sokrates: Kann man also wohl sagen, ein solcher habe Macht in e diesem Staat, wenn doch mächtig sein, wie du einräumtest, etwas Gutes ist?

Polos: Man kann es nicht sagen.

Sokrates: Recht also hatte ich, als ich sagte, es könne gar wohl ein Mensch, der in der Stadt ausrichtet, was ihm bedünkt, dennoch nicht mächtig sein noch auch ausrichten, was er will.

Polos: Also du, Sokrates, wünschtest nicht, daß dir freistände zu tun, was dich gut dünkt in der Stadt, lieber als es nicht zu können, und bist nicht neidisch, wenn du einen siehst, der ums Leben gebracht hat, wen es ihm beliebte, oder des Eigentums beraubt oder ins Gefängnis gesetzt?

Sokrates: Meinst du rechtmäßig oder unrechtmäßig?

Polos: Wie er es auch tue, ist es nicht in beiden Fällen zu beneiden? 469 a

Sokrates: Sprich besser, o Polos!

Polos: Wieso?

Sokrates: Man soll ja wohl weder die nicht zu Beneidenden beneiden noch die Elenden, sondern sie bedauern.

Polos: Und wie? So, meinst du, stehe es mit denjenigen, von welchen ich rede?

Sokrates: Wie wohl anders?

Polos: Wer also töten kann, wen es ihm beliebt, der dünkt dich, wenn er ihn mit Recht tötet, elend zu sein und bedauernswürdig?

Sokrates: Nein, das nicht; aber auch nicht beneidenswert.

Polos: Behauptetest du nicht eben, er sei ein Elender?

Sokrates: Von dem unrechtmäßig Tötenden, o Freund, und b
daß er bedauernswürdig wäre dazu; wer aber rechtmäßig, wäre auch nicht zu beneiden.

Polos: Vielmehr, wer unrechtmäßigerweise sterben muß, ist bedauernswürdig und elend.

Sokrates: Weniger als der ihn tötet, Polos, und auch weniger, als der rechtmäßigerweise sterben muß.

Polos: Wie das, Sokrates?

Sokrates: So, wie ja Unrechttun das Größte aller Übel ist.

Polos: Also dies ist das größte? Nicht Unrecht leiden größer?

Sokrates: Keineswegs.

Polos: Du also wolltest Unrecht leiden lieber als Unrecht tun?

Sokrates: Ich wollte wohl keines von beiden; müßte ich aber ei- c
nes von beiden, Unrecht tun oder Unrecht leiden, so würde ich vorziehen, lieber Unrecht zu leiden als Unrecht zu tun.

Polos: Du also möchtest nicht ein Tyrann sein?

Sokrates: Nein, wenn du darunter dasselbe verstehst wie ich.

Polos: Ich verstehe darunter eben das Vorige, daß man Macht habe, im Staate was einem gutdünkt auszurichten, zu töten, zu vertreiben und alles zu tun nach eignem Wohlgefallen.

[25. Beispiel vermeintlicher Macht. Das Rechtmäßige besser]

Sokrates: O Bester, was ich dir jetzt sagen will, das nimm doch
recht vor. Wenn ich auf vollem Markt mit einem Dolch unter dem d
Arm zu dir spräche: O Polos, zu einer wunderbaren Gewalt und Herrschaft bin ich jetzt gelangt. Denn wenn es mir gefiele, daß irgendeiner von diesen Menschen, die du hier siehst, sogleich sterben

sollte: so wird der tot sein, von dem es mir gefällt. Und wenn, daß einem der Kopf müßte eingeschlagen werden, so würde er sogleich eingeschlagen sein; und wenn einem das Kleid zu zerreißen, so wäre
e es zerrissen – soviel Macht habe ich in dieser Stadt. Wenn du es dann bezweifeltest und ich dir den Dolch zeigte, so würdest du mir vielleicht sagen: Ja, auf diese Art, Sokrates, kann jeder Macht haben. Auf diese Weise müßte auch jedes Haus abbrennen, das dir einfiele, und der Athener Schiffswerften und Galeeren und alle Schiffe, die der Stadt oder einzelnen gehören. Aber das heißt nicht mächtig sein, auf diese Art tun, was einem gut dünkt. Oder meinst du?

Polos: Nein, so freilich nicht.

470 a Sokrates: Kannst du nun wohl sagen, warum du eine solche Macht tadelst?

Polos: Das kann ich.

Sokrates: Warum denn? Sprich.

Polos: Weil notwendig, wer so zu Werke geht, zu Schaden kommt.

Sokrates: Und ist das Schadenleiden nicht ein Übel?

Polos: Freilich.

Sokrates: Also, du Wunderlicher, zeigt es sich dir schon wieder: wenn einer tut, was ihm dünkt, und zugleich dies damit verbunden ist, daß er es zu seinem Vorteil tue, dann ist es gut, und dies, wie es scheint, ist das Mächtigsein; wenn aber nicht, dann ist es schlecht
b und Ohnmächtigsein. Erwägen wir aber auch dies. Gestehen wir nicht ein, daß es bisweilen besser ist, das zu tun, was wir eben anführten, Menschen zu töten und zu verbannen und des Eigentums zu berauben, bisweilen aber auch nicht?

Polos: Freilich.

Sokrates: Dies also, wie es scheint, wird von dir nicht minder als von mir eingestanden.

Polos: Ja.

Sokrates: Wann also, meinst du, daß es besser sei, dies zu tun? Sprich, welche Bestimmung setzt du fest?

Polos: Du, o Sokrates, beantworte doch eben dieses.

c Sokrates: Ich also behaupte, o Polos, wenn dir doch lieber ist, von mir dies zu hören, daß, wenn einer dieses rechtmäßig tut, es besser ist, wenn aber unrechtmäßig, dann schlimmer.

[26. Beweisversuch des Polos, daß Unrechttun zur Glückseligkeit führt]

Polos: Ein schweres Stück ist es wohl, dich zu überführen, Sokrates; aber könnte nicht jedes Kind dich überführen, daß du nicht recht hast?

Sokrates: So werde ich dem Kinde großen Dank wissen, und gleichen auch dir, wenn du mich überführst und der Torheit entledigst. Also laß dir's nicht beschwerlich sein, einem Freunde dich wohltätig zu erzeigen, sondern widerlege mich.

Polos: Wohl denn, Sokrates, es ist gar nicht nötig, dich durch alte
d Geschichten zu widerlegen; sondern was gestern und ehegestern sich ereignet hat, ist hinlänglich, dich zu widerlegen und zu beweisen, daß viele Menschen, welche Unrecht tun, glückselig sind.

Sokrates: Welche Ereignisse nur?

Polos: Du siehst doch diesen Archelaos, des Perdikkas Sohn, über Makedonien herrschen?

Sokrates: Wenigstens höre ich es.

Polos: Dünkt dich nun der glückselig zu sein oder elend?

Sokrates: Ich weiß nicht, Polos; denn ich habe nie Umgang gehabt mit dem Manne.

Polos: Wie doch? Im Umgang würdest du es erkennen, anders e
aber kannst du von selbst nicht einsehen, daß er glückselig ist?

Sokrates: Beim Zeus, nicht recht.

Polos: Offenbar also, Sokrates, wirst du auch nicht einmal vom Großkönige wissen wollen, daß er glückselig ist.

Sokrates: Und ganz mit Recht werde ich das sagen. Denn ich weiß ja nicht, wie es um seine Einsicht und Gerechtigkeit steht.

Polos: Wie? Darin also besteht alle Glückseligkeit?

Sokrates: Wie ich wenigstens sage, Polos. Denn wer rechtschaffen und gut ist, der, behaupte ich, ist glückselig, sei es Mann oder Frau; wer aber ungerecht und böse, ist elend.

Polos: Unglückselig also ist dieser Archelaos nach deiner Meinung? 471 a

Sokrates: Wenn er anders ungerecht ist, Freund.

Polos: Wie sollte er denn nicht ungerecht sein, dem ja von der Herrschaft gar nichts gebührte, die er jetzt hat, indem er von einer Mutter geboren ist, welche dem Alketas, dem Bruder des Perdikkas, als Magd gehörte? Nach dem Recht also wäre er des Alketas Knecht, und wollte er gerecht handeln, so müßte er dem Alketas dienen und wäre dann glückselig nach deiner Rede. Nun aber ist es wunderbar, wie unglückselig er geworden, weil er so äußerst ungerecht
gehandelt hat, indem er zuerst eben diesen seinen Herrn und Ohm b
zu sich einlud, als wolle er ihm die Herrschaft übergeben, welche Perdikkas ihm geraubt hatte, dann ihn und seinen Sohn Alexandros, seinen eignen Vetter also, fast von gleichem Alter mit ihm selbst, beide bewirtete und trunken machte, dann sie, auf einen Wagen geworfen, bei Nacht fortschaffen und beide umbringen ließ, so daß niemand weiß, wo sie geblieben sind. Und nach solcher ungerechten Tat merkte er gar nicht, daß er selbst der unglückseligste Mensch geworden war, und es gereute ihn auch gar nicht, sondern er wollte noch immer nicht glückselig werden dadurch, daß er sei-
nen Bruder, den vollbürtigen Sohn des Perdikkas, ein siebenjähriges c
Kind, dem nun nach dem Rechte die Regierung zukam, auferzogen und sie ihm übergeben hätte. Vielmehr ließ er diesen bald darauf in eine Pfütze werfen und ertränken und sagte zu seiner Mutter Kleopatra, er sei einer Gans nachgelaufen und so hineingefallen. Demzufolge ist er nun, wie er gewiß unter allen in Makedonien am ungerechtesten gehandelt hat, auch der Elendste aller Makedonier und nicht der Glückseligste, und es möchte vielleicht mancher Athe-
ner, du voran, lieber jeder andere Makedonier sein als Archelaos. d

[27. S. über bloß rhetorische und wahre Widerlegung]

Sokrates: Schon am Anfang unserer Unterredung, o Polos, habe

ich dich gelobt, weil mir schien, du habest dich sehr gut in der Re-
dekunst gebildet, wiewohl die Kunst des Gesprächs darüber ver-
nachlässigt. Auch jetzt, nicht wahr, ist dies nun die Rede, womit je-
des Kind mich widerlegen könnte, und ich bin also nun, wie du
meinst, durch diese Rede widerlegt mit meiner Behauptung, daß,
wer unrecht handle, nicht glückselig sein könne. Woher doch, du
Guter? Gebe ich dir doch nichts zu von allem, was du sagst.

e Polos: Du willst nämlich nicht, denkst aber doch gewiß eben wie
ich sage.

Sokrates: Du Seliger gedenkst eben mich auf rednerische Art zu
überführen, wie sie auch an der Gerichtsstätte Beweis zu führen
sich einbilden. Denn auch da glaubt ein Teil den andern überführt
zu haben, wenn er für seine Behauptung, die er vorträgt, viele Zeu-
gen aufstellen kann und angesehene, der Gegenpart aber etwa einen
aufstellt oder gar keinen. Ein solcher Beweis aber ist gar nichts wert,
472 a wo es auf die Wahrheit ankommt. Denn gar manches Mal kann
einer den falschen Zeugnissen vieler erliegen, die für etwas Rech-
tes gehalten werden. So auch jetzt: in dem, was du sagst, werden
dir beinahe alle beistimmen, die Athener und die Fremden; und
wenn du gegen mich Zeugen aufrufen willst, daß ich unrecht habe,
so werden sich dir dazu hergeben, wenn du willst, Nikias, der Sohn
des Nikeratos, samt seinen Brüdern, von denen die Dreifüße her-
rühren, die nebeneinander im Dionysion stehn, auch, wenn du willst,
b Aristokrates, des Skellias Sohn, von welchem wiederum das schöne
Weihgeschenk im pythischen Tempel kommt, und wenn du willst,
das ganze Haus des Perikles, oder welches andere Geschlecht von
den hiesigen du auswählen möchtest. Ich aber ganz allein gebe
es dir nicht zu. Denn du beweist mir nichts; sondern nur durch
Aufstellung vieler falscher Zeugen gegen mich versuchst du, mich
aus meinem Gut und der Wahrheit hinauszuwerfen. Ich dagegen,
wenn ich nicht dich selbst, der du einer bist, als Zeugen aufstellte,
der mir beistimmen muß in dem, was ich sage, will mich dann gar
nicht dünken lassen, daß ich etwas Tüchtiges ausgeführt habe über
c unsern Gegenstand. Ich glaube aber, auch du nicht, wenn nicht ich
selbst allein dir Zeugnis gebe und du die andern allesamt gehen
läßt. Dies ist nun eine Beweisart, wie du dafür hältst und viele an-
dere; es gibt aber auch eine andere, mit der ich es wiederum halte.
Laß sie uns also nebeneinander stellen und achtgeben, ob sie sich
in etwas von einander unterscheiden werden. Ist doch auch das,
worüber wir streiten, nichts Kleines, sondern fast wohl dasjenige,
welches zu wissen das Schönste, nicht zu wissen aber das Unschön-
ste ist. Denn das Wesentliche davon ist doch entweder einsehen oder
nicht einsehen, wer glückselig ist und wer nicht. Gleich zuerst also,
d wovon wir jetzt reden: du hältst dafür, es könne ein Mensch glück-
selig sein, der unrecht handelt und ungerecht ist; wenn du doch
dafür hältst, Archelaos sei ungerecht und dabei glückselig. Nicht wahr,
wir sollen denken, daß du dies annimmst?

Polos: Allerdings.

[28. These des S.: Der Ungerechte auf jeden Fall elend und unbestraft noch elender]

SOKRATES: Ich aber erkläre dies für unmöglich. Über dieses eine sind wir im Streit. Wohl. Soll nun der Ungerechte etwa glückselig sein, wenn ihm Recht widerfährt und Strafe?

POLOS: Keineswegs. Denn so wäre er freilich der Elendste.

SOKRATES: Sondern, wenn ihm also nicht Recht widerfährt, dann e
wird der Ungerechte nach deiner Rede glückselig sein.

POLOS: Das behaupte ich.

SOKRATES: Nach meiner Meinung aber, Polos, ist der Unrechttuende und Ungerechte auf jeden Fall zwar elend, elender jedoch, wenn ihm nicht sein Recht widerfährt und er keine Strafe erleidet für sein Unrecht, weniger elend aber, wenn ihm Recht widerfährt und er Strafe erleidet von Göttern und Menschen.

POLOS: Ungereimtes, o Sokrates, unternimmst du zu behaupten. 473 a

SOKRATES: Ich will indes versuchen, auch dich, Freund, dahin zu bringen, daß du dasselbe mit mir behauptest. Denn du willst mir wohl, glaube ich. Worüber wir also uneins sind, das wäre dies. Sieh du nun selbst. Ich sagte doch irgendwo im vorigen, Unrecht tun wäre schlimmer als Unrecht leiden.

POLOS: Freilich.

SOKRATES: Du aber, Unrecht leiden?

POLOS: Ja.

SOKRATES: Und die Unrechttuenden, behauptete ich, wären unglückselig, und wurde von dir widerlegt.

POLOS: Ja, beim Zeus.

SOKRATES: Wie du wenigstens meinst, Polos. b

POLOS: Und ganz richtig hoffentlich.

SOKRATES: Und du wiederum, die Unrechttuenden wären glückselig, wenn sie nämlich keine Strafe litten.

POLOS: Allerdings.

SOKRATES: Ich aber behaupte, daß gerade diese die Unglückseligsten sind, die aber Strafe leiden, weniger. Willst du auch dies widerlegen?

POLOS: Dies ist wohl noch schwerer zu widerlegen als jenes.

SOKRATES: Das nicht, Polos, sondern unmöglich. Denn das Wahre kann nie widerlegt werden.

POLOS: Wie meinst du? Wenn ein ungerechter Mensch darüber ergriffen wird, daß er etwa ungesetzmäßiger Gewalt nachstellt, und dann gemartert und verstümmelt wird und ihm die Augen aus- c
gebrannt, und nicht nur ihm selbst sonst noch große und vielfältige Qualen angetan werden, sondern er auch Weib und Kinder ebenso behandelt sieht und zuletzt ans Kreuz geschlagen oder mit Pech verbrannt wird, der soll glückseliger sein, als wenn er unentdeckt hernach als Tyrann aufsteht und den Staat beherrschend fortlebt, alles bewirkend, was er will, ein beneidenswerter Mann und glückselig gepriesen von den Bürgern und allen andern? Dies, meinst d
du, sei unmöglich zu widerlegen?

[29. Genügen des S. an einem Zeugen. Erneute Feststellung der Thesen]

SOKRATES: Nun schreckst du mich wieder, wackerer Polos, und widerlegst mich nicht; vorher riefst du Zeugen auf. Doch hilf mir ein wenig, mich zu erinnern, ob du sagtest, wenn unrechtmäßig nach der Gewalt strebend.

POLOS: So sagte ich.

SOKRATES: Glückseliger wird dann freilich keiner von beiden jemals sein, weder der die Herrschaft unrechtmäßig in Besitz nimmt, noch der die Strafe erleidet. Denn von zwei Elenden kann keiner
e glückselig sein; elender aber ist der unentdeckt Bleibende und Herrschende. Was soll dieses, Polos? Du lachst? Ist auch dies wieder eine Beweisart, wenn jemand etwas sagt, es zu belachen und nicht zu widerlegen?

POLOS: Glaubst du denn nicht schon widerlegt zu sein, Sokrates, wenn du solche Dinge behauptest, die kein Mensch zugeben würde? Doch frage einen von diesen!

SOKRATES: O Polos, ich bin kein Staatsmann. Ja, im Vorjahr, als es mich traf, im Rat zu sitzen, und der Stamm den Vorsitz hatte
474 a und ich die Stimmen einsammeln sollte, bereitete ich mir Gelächter und verstand gar nicht, die Stimmen zu sammeln. Also mute mir auch jetzt nicht zu, Stimmen zu sammeln von den Anwesenden. Sondern wenn du keinen bessern Beweis hast als diesen, wie ich schon vorhin sagte: so überlaß es nun mir meinerseits und versuche dich dann an dem Beweise, wie ich glaube, daß er sein muß. Nämlich ich verstehe für das, was ich sage, nur einen Zeugen aufzustellen, den, mit dem ich jedesmal rede, die andern alle laß ich gehn, und nur von dem einen weiß ich die Stimme einzufordern, mit den andern aber
b rede ich nicht einmal. Sieh also zu, ob du nun auch willst an deinem Teil Rede stehn und das Gefragte beantworten. Ich nämlich glaube, daß ich und du und alle Menschen das Unrechttun für schlimmer halten als das Unrechtleiden und das Nicht-gestraft-werden als das Gestraft-werden.

POLOS: Ich aber glaube dies weder von mir noch sonst irgendeinem Menschen. Also du möchtest lieber Unrecht leiden als Unrecht tun?

SOKRATES: Auch du wohl und alle andern.

POLOS: Weit gefehlt, sondern weder ich noch du, noch sonst irgend jemand.

c SOKRATES: Willst du also antworten?

POLOS: Freilich. Denn mich verlangt recht zu wissen, was du nur sagen wirst.

SOKRATES: So sage mir denn, damit du es erfährst, wie wenn ich dich von vornherein fragte: welches von beiden, Polos, scheint dir schlimmer zu sein, das Unrechttun oder das Unrechtleiden?

POLOS: Mir das Unrechtleiden.

SOKRATES: Wie aber nun, welches von beiden häßlicher, das Unrechttun oder das Unrechtleiden? Antworte.

POLOS: Das Unrechttun.

[30. Das Schöne und Häßliche ist so im Hinblick auf die Lust und das Gute]

Sokrates: Also auch schlimmer, wenn häßlicher.

Polos: Keineswegs das.

Sokrates: Ich verstehe. Du hältst dies nicht für einerlei, Schönes und Gutes und Schlimmes, Übles und Häßliches. d

Polos: Freilich nicht.

Sokrates: Wie aber dies? Alles Schöne, wie Körper, Farben, Gestalten, Töne, Handlungen, nennst du das so ohne irgendeine Beziehung auf etwas schön? Wie zunächst schöne Körper, nennst du die nicht entweder in Beziehung auf den Gebrauch schön, wozu jeder nützlich ist, oder in Beziehung auf eine Lust, wenn sie beim Anschauen den Anschauenden ergötzen? Weißt du noch außer diesem etwas anzugeben über die Schönheit der Körper?

Polos: Ich weiß nichts.

Sokrates: Und nennst du nicht ebenso alles andere, Gestalten e
und Farben, entweder einer Lust wegen schön oder eines Nutzens wegen oder beider?

Polos: Ich gewiß.

Sokrates: Nicht auch die Töne und alles, was zur Tonkunst gehört, ebenso?

Polos: Ja.

Sokrates: Und gewiß auch, was in Gesetzen und Handlungsweisen schön ist, ist es nicht außerhalb dieser Beziehung, daß es entweder nützlich ist oder angenehm oder beides?

Polos: Mich wenigstens dünkt nicht. 475 a

Sokrates: Ebenso ist es wohl mit der Schönheit der Erkenntnisse?

Polos: Freilich, und sehr schön erklärst du jetzt, Sokrates, indem du das Schöne durch die Lust und das Gute erklärst.

Sokrates: Also das Häßliche im Gegenteil durch Unlust und Übel?

Polos: Notwendig.

Sokrates: Wenn also von zwei schönen Dingen eins schöner ist, so ist es, weil es entweder an einem von jenen beiden oder an beiden das andere übertrifft, schöner, entweder an Lust oder an Nutzen oder an beidem?

Polos: Gewiß.

Sokrates: Und ist von zwei häßlichen das eine häßlicher, so wird es, weil es entweder an Unlust oder Übel das andere übertrifft, häß- b
licher sein. Oder folgt dies nicht?

Polos: Ja.

Sokrates: Wohl denn, was wurde eben gesagt über das Unrechttun und Unrechtleiden? Sagtest du nicht, das Unrechtleiden wäre zwar übler, das Unrechttun aber häßlicher?

Polos: Das sagte ich.

Sokrates: Wenn also das Unrechttun häßlicher ist als das Unrechtleiden: so ist es entweder unlustiger und wäre wegen eines Übermaßes von Unlust häßlicher oder durch ein Übermaß von Übel oder von beidem. Folgt nicht auch dies notwendig?

Polos: Wie sollte es nicht.

[31. Beweis, daß Unrecht tun schlechter und häßlicher ist als Unrecht leiden]

c SOKRATES: Zuerst laß uns sehen, tut etwa das Unrechttun es an Unlust dem Unrechtleiden zuvor, und haben die Unrechttuenden mehr Pein als die Unrechtleidenden?

POLOS: Keineswegs, o Sokrates, doch wohl dieses.

SOKRATES: An Unlust also übertrifft es nicht?

POLOS: Wohl nicht.

SOKRATES: Also wenn nicht an Unlust, dann auch nicht mehr an beidem?

POLOS: Nein, wie sich zeigt.

SOKRATES: Es bleibt also nur noch übrig, an dem andern von beiden.

POLOS: Ja.

SOKRATES: Dem Übel.

POLOS: So scheint es.

SOKRATES: Übertrifft es aber an Übel, so wäre ja das Unrechttun übler als das Unrechtleiden.

POLOS: Offenbar wohl.

d SOKRATES: War aber nicht von den meisten und auch von dir im Vorigen zugegeben worden, das Unrechttun sei häßlicher als das Unrechtleiden?

POLOS: Ja.

SOKRATES: Nun aber hat es sich doch als übler gezeigt.

POLOS: So scheint es.

SOKRATES: Würdest du also lieber das Üblere sowohl als Häßlichere wählen als das, was beides weniger ist? Zögere nicht zu
e antworten, o Polos, denn es wird dir nichts zuleide geschehen, sondern gib dich nur beherzt der Rede wie dem Arzte hin und antworte und bejahe entweder oder verneine, was ich frage.

POLOS: Ich würde es also nicht wählen, o Sokrates.

SOKRATES: Etwa irgend sonst jemand?

POLOS: Nein, dünkt mich, nach dieser Rede.

SOKRATES: Recht also hatte ich, daß weder ich, noch du, noch sonst ein Mensch lieber würde Unrecht tun wollen als Unrecht leiden; denn es ist übler.

POLOS: So zeigt es sich.

SOKRATES: Siehst du nun wohl, Polos, wenn man den einen Beweis neben den andern stellt, wie er ihm gar nicht ähnlich ist. Denn dir stimmen alle andern bei, außer mir; mir aber ist es genug, daß
476 a einzig und allein du nur mir beistimmst und Zeugnis gibst, und deine Stimme allein abfordernd, lasse ich die andern alle gehn. So demnach verhält sich uns dies. Nächstdem laß uns nun das, worüber wir zweitens uneinig waren, in Betrachtung ziehn: Wenn man Unrecht getan und Strafe leidet, ist das das größte aller Übel, wie du meintest, oder ein größeres, sie nicht zu leiden, wie ich meines Teils meinte? Überlegen wir es aber so. Strafe leiden und rechtmäßig gezüchtigt werden für begangenes Unrecht, ist dir dieses beides einerlei?

Polos: Gewiß.

Sokrates: Kannst du nun wohl sagen, daß nicht alles Gerechte b auch schön ist, sofern es gerecht ist? Überlege es wohl und sprich.

Polos: Das dünkt mich allerdings, Sokrates.

[32. Jede Art des Tuns bewirkt entsprechende Art des Leidens. Anwendung auf die Strafe]

Sokrates: Bedenke nun auch dies. Wenn jemand etwas tut, muß es dann nicht notwendig auch ein Leidendes geben von diesem Tuenden?

Polos: Mich dünkt.

Sokrates: Und zwar dasselbe leidend, was das Tuende tut, und auf solche Art, wie das Tuende tut? Ich meine nämlich so: wenn jemand schlägt, wird notwendig etwas geschlagen?

Polos: Notwendig.

Sokrates: Und wenn der Schlagende heftig schlägt oder geschwind, wird auf dieselbe Weise auch das Geschlagene geschlagen? c

Polos: Ja.

Sokrates: Ein solches ist also das Leiden in dem Geschlagenen, wie das Schlagende tut?

Polos: Gewiß.

Sokrates: Nicht auch, wenn jemand sengt, wird notwendig etwas gesengt?

Polos: Wie anders?

Sokrates: Und wenn er stark sengt oder schmerzlich, muß ebenso das Gesengte gesengt werden, wie das Sengende sengt?

Polos: Allerdings.

Sokrates: Nicht auch, wenn einer schneidet, gilt dasselbe, nämlich etwas wird geschnitten?

Polos: Ja.

Sokrates: Und wenn der Schnitt groß oder tief oder schmerzlich ist, allemal wird mit solchem Schnitt das Geschnittene geschnitten, d wie das Schneidende schneidet.

Polos: Offenbar.

Sokrates: Sieh also zu, ob du im allgemeinen, was ich eben sagte, von allem zugibst, daß, wie das Tuende tut, so das Leidende auch leidet.

Polos: Das gebe ich zu.

Sokrates: Dieses nun zugestanden, ist das Gestraftwerden ein Leiden oder ein Tun?

Polos: Notwendig, Sokrates, ein Leiden.

Sokrates: Also von einem Tuenden?

Polos: Wie sonst? Von dem Strafenden.

Sokrates: Und der richtig Strafende straft gerecht?

Polos: Ja. e

Sokrates: Gerechtes daran tuend oder nicht?

Polos: Gerechtes.

Sokrates: Also der Gestrafte, dem Recht widerfährt, leidet Gerechtes.

Polos: Offenbar.

Sokrates: Das Gerechte aber, haben wir zugestanden, sei auch schön.

Polos: Allerdings.

Sokrates: Von diesen also tut der eine Schönes, der andere aber, der Gezüchtigte, leidet es?

Polos: Ja.

[33. Der Gestrafte wird an der Seele besser und vom größten Übel befreit]

477 a Sokrates: Wenn aber Schönes, dann auch Gutes, denn es ist nämlich entweder angenehm oder nützlich?

Polos: Notwendig.

Sokrates: Gutes also leidet der, dem sein Recht widerfährt.

Polos: So scheint es.

Sokrates: Vorteil also erlangt er?

Polos: Ja.

Sokrates: Etwa den Vorteil, welchen ich mir vorstelle, daß er nämlich der Seele nach besser wird, wenn er doch rechtmäßig gezüchtigt wird?

Polos: Wahrscheinlich wohl.

Sokrates: Von der Schlechtigkeit der Seele also wird der Strafe Leidende entledigt?

Polos: Ja.

b Sokrates: Wird er also etwa des größten Übels entledigt? – Überlege es nur so. Wenn man auf den Zustand des Vermögens sieht bei einem Menschen, gibt es da wohl eine andere Schlechtigkeit als die Armut?

Polos: Nein, sondern Armut.

Sokrates: Und wenn auf die Beschaffenheit des Leibes? Würdest du da die Schwäche Schlechtigkeit nennen und die Krankheit und die Häßlichkeit und dergleichen?

Polos: Gewiß.

Sokrates: Und du glaubst doch, daß es auch in der Seele eine Schlechtigkeit gibt?

Polos: Wie sollte es nicht?

Sokrates: Meinst du nun damit nicht die Ungerechtigkeit und den Unverstand und die Feigheit und dergleichen?

Polos: Allerdings.

Sokrates: Also für das Vermögen, für den Leib und für die Seele
c als drei verschiedene hast du drei verschiedene Schlechtigkeiten angegeben, Armut, Krankheit, Ungerechtigkeit?

Polos: Ja.

Sokrates: Welche nun unter diesen Schlechtigkeiten ist die häßlichste? Nicht die Ungerechtigkeit und überhaupt die Schlechtigkeit der Seele?

Polos: Bei weitem.

Sokrates: Wenn also die häßlichste, dann auch die übelste?

Polos: Wie das, Sokrates?

SOKRATES: So. Allemal ist das Häßlichste, weil es am meisten entweder Unlust oder Schaden oder beides bewirkt, deshalb das Häßlichste nach dem vorhin Zugestandenen.

POLOS: Ganz recht.

SOKRATES: Und als das Häßlichste haben wir jetzt einstimmig die Ungerechtigkeit und die gesamte Schlechtigkeit der Seele angenommen?

POLOS: Dafür haben wir sie angenommen. d

SOKRATES: Also ist sie entweder als das Schmerzhafteste durch ihren Überschuß an Pein das Häßlichste unter diesen, oder durch den an Schaden, oder an beidem.

POLOS: Notwendig.

SOKRATES: Ist nun etwa ungerecht und zügellos sein oder feige und unverständig schmerzhafter als arm sein und krank?

POLOS: Das scheint mir nicht auf diese Art.

SOKRATES: Also muß durch übermäßig großen Schaden und wunderbares Übel die Schlechtigkeit der Seele, über die andern hervorragend, das Häßlichste unter allen sein, wenn sie es doch nicht ver- e
möge der Unlust ist, wie du ja sagst.

POLOS: Offenbar.

SOKRATES: Was aber durch den größten Schaden, den es verursacht, sich auszeichnet, das wäre ja auch das größte Übel unter allen?

POLOS: Ja.

SOKRATES: Die Ungerechtigkeit also und die Ungebundenheit und was sonst noch zur Schlechtigkeit der Seele gehört, ist das größte unter allen Übeln.

POLOS: So zeigt es sich.

[34. Die Rechtspflege als Befreiung von der Ungerechtigkeit. Ihr Nutzen]

SOKRATES: Welche Kunst nun entledigt von der Armut? Nicht die Erwerbsamkeit?

POLOS: Ja.

SOKRATES: Welche aber von der Krankheit? Nicht die Heilkunde?

POLOS: Natürlich.

SOKRATES: Welche aber von der Schlechtigkeit und Ungerechtig- 478 a
keit? – Kannst du es auf diese Art nicht finden, so betrachte es so. Wohin und zu wem führen wir die Kranken?

POLOS: Zum Arzte, Sokrates.

SOKRATES: Wohin aber die Unrechttuenden und Unbändigen?

POLOS: Zum Richter, meinst du wohl?

SOKRATES: Nicht wahr, damit er sie zur Strafe ziehe?

POLOS: So meine ich es.

SOKRATES: Die aber auf die rechte Art strafen, tun die es nicht mit einer gewissen Anwendung der Gerechtigkeit?

POLOS: Offenbar.

SOKRATES: Die Erwerbsamkeit also befreit von der Armut, die
Heilkunde von der Krankheit, die Anwendung der Gerechtigkeit b
von der Unbändigkeit und Ungerechtigkeit?

POLOS: So zeigt es sich.

SOKRATES: Welche ist nun wohl von diesen die schönste?

POLOS: Von welchen meinst du?

SOKRATES: Von Erwerbsamkeit, Heilkunde und Rechtspflege?

POLOS: Bei weitem, o Sokrates, hat die Rechtspflege den Vorzug.

SOKRATES: Also bewirkt sie entweder am meisten Lust oder am meisten Nutzen oder beides, wenn sie das Schönste ist?

POLOS: Ja.

SOKRATES: Ist es nun etwa angenehm, vom Arzte behandelt zu werden, und haben die Vergnügen, welche von ihm behandelt werden?

POLOS: Mich dünkt eben nicht.

SOKRATES: Aber nützlich ist es. Nicht wahr?

POLOS: Ja.

c SOKRATES: Denn es befreit von einem großen Übel, so daß es wohl lohnt, den Schmerz auszuhalten und dann gesund zu sein.

POLOS: Wie sollte es nicht?

SOKRATES: Ist nun so, was den Leib betrifft, einer am glückseligsten, wenn er vom Arzt geheilt wird oder wenn er gar nicht krank geworden ist?

POLOS: Offenbar, der gar nicht krank ist.

SOKRATES: Denn nicht das war Glückseligkeit, wie es scheint, Entledigung vom Übel, sondern von vornherein keine Gemeinschaft damit.

POLOS: So ist es.

d SOKRATES: Und wie? Welcher ist der Elendere von zweien, die ein Übel haben, sei es nun am Leibe oder an der Seele? Der vom Arzt behandelt und des Übels entledigt wird, oder der nicht vom Arzt behandelt wird, es aber hat?

POLOS: Mir scheint, der nicht vom Arzt behandelt wird.

SOKRATES: War nun nicht Bestraftwerden die Befreiung von dem größten Übel, der Schlechtigkeit der Seele?

POLOS: Das war sie.

SOKRATES: Denn die Strafe macht besonnener und gerechter, und ihre Verwaltung wird die Heilkunde für diese Schlechtigkeit.

POLOS: Ja.

SOKRATES: Der Glückseligste also ist, der keine Schlechtigkeit in
e der Seele hat, da diese sich als das größte Übel gezeigt hat.

POLOS: Offenbar.

SOKRATES: Der zweite aber ist, der davon befreit wird.

POLOS: So scheint es.

SOKRATES: Das war aber der, dem man Ermahnungen gibt und Verweise und Strafe.

POLOS: Ja.

SOKRATES: Am schlechtesten also lebt, wer die Ungerechtigkeit hat und nicht davon befreit wird.

POLOS: So kommt es heraus.

SOKRATES: Ist das nun nicht der, welcher durch die größten Ver-

brechen und Ausübung der größten Ungerechtigkeit es dahin gebracht hat, daß er weder Zurechtweisung noch Züchtigung noch 479 a
Strafe bekommt, wie du eben sagst, daß Archelaos dieses erreicht habe und andere Tyrannen, Redner und Gewalthaber?

Polos: So scheint es.

[35. Zusammenfassung: Ungestraftheit beim Unrechttun das größte Übel]

Sokrates: Denn diese, o Bester, haben es beinahe eben dahin gebracht, als wenn einer, der mit den ärgsten Krankheiten behaftet ist, es dahin gebracht hätte, sich für diese Sünden an seinem Körper von den Ärzten nicht strafen und sich nicht von ihnen behandeln zu lassen, aus Furcht, wie ein Kind, vor dem Brennen und Schneiden, weil es weh tut. Oder scheint es dir nicht auch so? b

Polos: Jawohl.

Sokrates: Weil ihm nämlich unbekannt ist, wie es scheint, was es eigentlich mit der Gesundheit und Tüchtigkeit des Körpers auf sich hat. Etwas Ähnliches nun scheinen nach dem unter uns Ausgemachten, o Polos, auch diejenigen zu tun, welche die Strafe fliehen. Das Schmerzhafte davon nämlich sehen sie ein, gegen das Heilsame aber sind sie blind und wissen nicht, wieviel unseliger noch als ein ungesunder Leib das ist, keine gesunde Seele zu haben, sondern eine faulige, ungerechte und unheilige. Daher sie denn, um nur ja nicht Strafe zu leiden und so von dem größten Übel befreit zu werden, c
alles mögliche tun, auf Geld bedacht sind und auf Freunde und auch darauf, immer möglichst Glauben zu finden, wenn sie reden. Wenn nun das richtig war, was wir vorher angenommen haben, Polos, merkst du wohl, was dann aus der Rede folgt, oder sollen wir es doch lieber zusammenrechnen?

Polos: Wenn du nicht anders meinst.

Sokrates: Folgt also, daß Ungerechtigkeit und Unrechttun das größte Übel ist?

Polos: Offenbar. d

Sokrates: Und als eine Entledigung von diesem Übel zeigte sich doch das Strafe-Leiden.

Polos: So scheint es.

Sokrates: Das Nicht-Strafe-Leiden aber als ein Dableiben des Übels?

Polos: Ja.

Sokrates: Das zweite Übel der Größe nach ist also das Unrechttun; die Ungestraftheit aber beim Unrechttun ist das erste und größte unter allen Übeln.

Polos: Das scheint so.

Sokrates: Stritten wir nun nicht eben hierüber, Freund, indem du den Archelaos glücklich priesest, der das ärgste Unrecht getan und dennoch keine Art von Strafe erlitten hat; ich aber im Gegen- e
teil meinte, daß, sei es nun Archelaos oder wer sonst für sein Unrechttun nicht gestraft werde, dieser ganz vorzüglich vor allen Menschen für elend zu halten sei, und immer der Unrechttuende für

elender als der Unrechtleidende und der Nichtgestrafte als der Gestrafte. War es das nicht, was ich behauptete?

POLOS: Ja.

SOKRATES: Und ist nicht bewiesen, daß dies mit Recht behauptet wurde?

POLOS: So scheint es.

[36. Schlußfolgerungen für den Nutzen der Rhetorik]

480 a SOKRATES: Wohl. Wenn nun dieses wahr ist, o Polos, was ist dann
der große Nutzen der Redekunst? Denn nach dem jetzt Angenommenen muß jeder sich selbst zuvörderst am meisten davor hüten, daß er nicht Unrecht tue, indem er sonst Übel genug an sich haben wird. Nicht wahr?

POLOS: Freilich.

SOKRATES: Tut aber entweder er selbst Unrecht oder ein anderer von denen, die ihm wert sind: so muß er selbst freiwillig dahin gehn, wo er baldmöglichst bestraft werden kann, zum Richter hineilend, wie man zum Arzte pflegt, damit die Krankheit der Unge-
b rechtigkeit nicht einwurzele und unter sich fresse in der Seele und
sie unheilbar angreife. Oder was sollen wir sagen, Polos, wenn doch unsere ersten Behauptungen bestehen sollen? Ist nicht gewiß, daß nur dieses mit ihnen übereinstimmt, alles andere aber nicht?

POLOS: Was wollten wir auch sagen, Sokrates!

SOKRATES: Um also Verteidigungen vorzubringen für die eigne Ungerechtigkeit oder die der Eltern, Freunde und Kinder oder auch für das unrecht handelnde Vaterland, dazu ist uns die Redekunst nichts nutz, o Polos; es müßte denn etwa jemand denken zum Ge-
c genteil, um nämlich recht anzuklagen vornehmlich sich selbst, dann
aber auch Verwandte und wer sonst von Freunden Unrecht tut, und ja nicht das Unrecht zu verbergen, sondern ans Licht zu bringen, damit der Täter Strafe leide und gesund werde, und um sich selbst und andere zu bewegen, daß man nicht feige werde, sondern sich mit zugedrückten Augen tapfer hinstelle wie vor den Arzt zum Schneiden und Brennen, immer dem Guten und Schönen nachjagend, das Schmerzhafte aber nicht in Rechnung bringend, wenn einer Unrechtes, was Schläge verdient, begangen hat, zum Schlagen
d sich hergebend, was Gefängnis, zum Einkerkern, was Geldbuße,
zum Bezahlen, was Verbannung, zur Flucht, wer aber was den Tod, zum Sterben, jeder als erster Ankläger seiner selbst und der andern, die ihm zugetan sind, und eben dazu sich der Redekunst bedienend, um durch Bekanntmachung der Vergehungen von dem größten Übel entledigt zu werden, von der Ungerechtigkeit. Wollen wir dies sagen, Polos, oder nicht?

e POLOS: Ungereimt zwar, o Sokrates, scheint es mir wenigstens;
mit dem vorigen indes stimmt es vielleicht wohl zusammen.

SOKRATES: Also muß entweder auch jenes aufgegeben werden, oder dieses folgt notwendig.

POLOS: Ja, so verhält es sich allerdings.

SOKRATES: Und um nun auch den entgegengesetzten Fall vorzu-

nehmen, wenn man jemandem soll Übles zufügen, sei es nun ein
Feind oder wer sonst, und nur nicht selbst von ihm beleidigt wird
— denn davor muß man sich hüten —, wenn aber dieser Feind ei-
nen andern beleidigt, muß man auf alle Weise tätig und durch Re-
den dies bewerkstelligen, daß er ja nicht zur Strafe gezogen werde 481 a
noch vor den Richter geführt; kommt er aber dennoch dahin, dann
alles mögliche anwenden, daß der Feind entkomme und ja nicht Stra-
fe leide; vielmehr, hat er viel Geld geraubt, dieses nicht zurückge-
ben müsse, sondern es behalte und für sich und die Seinigen unge-
rechter- und gottloserweise gebrauche; hat er etwas Todeswürdiges
verbrochen, daß er ja nicht sterbe, womöglich nie, sondern unsterb-
lich sei als ein Böser, zum wenigsten aber so lange irgend möglich
lebe als ein solcher. Hierzu scheint mir, o Polos, die Redekunst nütz- b
lich zu sein. Denn für den, der überhaupt nicht Unrecht tun will,
dünkt mich ihr Nutzen eben nicht groß zu sein, wenn sie anders ir-
gendeinen Nutzen hat, wie sich denn im vorigen nirgend einer ge-
zeigt hat.

[37. Verwunderung des Kall. Sichberufen des S. auf die Philosophie]

KALLIKLES: Sage mir, Chairephon, meint Sokrates dies im Ernst
oder scherzt er?

CHAIREPHON: Mir wenigstens scheint, o Kallikles, als sei es ihm
ausnehmend Ernst. Doch ist nichts so gut, als ihn selbst fragen.

KALLIKLES: Bei den Göttern, das will ich auch. Sage mir, Sokrates,
sollen wir denken, du treibst jetzt Ernst oder Scherz? Denn wenn c
du es ernstlich meinst und das wahr ist, was du sagst, so wäre ja
wohl das menschliche Leben unter uns ganz verkehrt und wir tä-
ten in allen Dingen das gerade Gegenteil, wie es scheint, von dem,
was wir sollten?

SOKRATES: O Kallikles, wenn nicht den Menschen, einigen so, an-
dern so, dasselbe begegnete, sondern einem etwas ganz Eigentüm-
liches vor allen andern: so wäre es nicht leicht, einem andern sei- d
nen Zustand zu bezeichnen. Ich sage dies aber, weil ich bemerke,
daß wir beide, ich und du, uns jetzt in gleichem Zustande befinden.
Wir lieben nämlich beide, jeder zwei, ich den Alkibiades, des Klei-
nias Sohn, und die Philosophie, du das Athenische Volk und den
Sohn des Pyrilampes. Ich bemerke nun allemal an dir, so gewaltig
du auch sonst bist, daß, was immer dein Liebling behaupte und wie
er behaupte, daß sich etwas verhalte, du ihm niemals widerspre-
chen kannst, sondern umwendest, bald so, bald so. Denn in der Ge- e
meinde, wenn du etwas gesagt hast und das Volk der Athener meint
nicht, daß es sich so verhalte: so wendest du wieder um und sprichst,
wie jenes will; und mit dem Sohn des Pyrilampes, dem schönen
Jünglinge, geht es dir ebenso, nämlich des Lieblings Beschlüssen
und Reden vermagst du nicht zuwider zu sein. So daß, wenn sich je-
mand darüber, was du jedesmal sagst um dieser geliebten beiden
willen, wundern wollte, wie ungereimt es doch ist, du ihm vielleicht,
wenn du die Wahrheit sagen wolltest, erwidern würdest, daß, wenn
nicht jemand machen könnte, daß dein Liebling aufhöre, dergleichen

482 a zu sagen, du auch nicht aufhören würdest, dasselbe zu sagen. Denke
dir also, daß du nun auch dergleichen von mir hören müßtest, und
wundere dich nicht, daß ich dir dies sage, sondern mache, daß die
Philosophie, mein Liebling, aufhöre es zu sagen. Denn eben sie, lie-
ber Freund, behauptet immer, was du jetzt von mir hörst, und sie
macht mir weit weniger zu schaffen als jener andere Liebling. Denn
dieser Sohn des Kleinias führt freilich bald solche Reden, bald solche;
die Philosophie aber immer die nämlichen. Und eben sie sagt das,
b worüber du dich jetzt wunderst; du warst ja auch selbst dabei, als
es gesagt wurde. Entweder also widerlege jener das, was ich eben
behauptet, daß also Unrecht tun und nicht dafür bestraft werden
das Ärgste aller Übel sei; oder wenn du dies unwiderlegt läßt, bei dem
Hunde, dem Gott der Ägypter, so wird Kallikles niemals mit dir
übereinstimmen, o Kallikles, sondern dir mißtönen das ganze Leben
hindurch. Und ich wenigstens, du Bester, bin der Meinung, daß bes-
ser meine Lyra verstimmt sein und mißtönen möge oder ein Chor,
c den ich anzuführen hätte, und daß eher die meisten Menschen nicht
mit mir übereinstimmen, sondern mir widersprechen mögen, als daß
ich allein mit mir selbst nicht zusammenstimmen, sondern mir wi-
dersprechen müßte.

*[38. K. über den Grund der Widerlegung des Polos. Unterschied des
durch Gesetz und des von Natur Häßlichen]*

KALLIKLES: O Sokrates, du scheinst blenden zu wollen mit deinen
Reden, wie ein rechter Volksschwätzer; und jetzt willst du uns hier-
mit beschwatzen, da dem Polos dasselbe begegnet ist, was er vorher
dem Gorgias von dir begegnet zu sein schuld gab. Er sagte nämlich,
als du den Gorgias gefragt, wenn einer, um die Redekunst von ihm
d zu lernen, zu ihm käme, der das Gerechte noch nicht verstände, ob
er es ihn lehren würde, da habe Gorgias sich geschämt und bejaht,
daß er es ihn lehren würde, lediglich wegen der Gesinnung der Men-
schen, weil sie unwillig werden würden, wenn jemand dies leugne-
te, und durch dieses Eingeständnis sei er hernach in die Notwendig-
keit gekommen, sich selbst zu widersprechen, welches eben deine
Freude wäre. Und hierüber hat er dich damals, ganz mit Recht, wie
mich dünkt, verspottet; jetzt aber ist ihm seinerseits eben dasselbe
begegnet. Und ich bin nun wieder eben deshalb mit dem Polos un-
zufrieden, daß er dir eingeräumt hat, das Unrechttun sei häßlicher
e als das Unrechtleiden. Denn gerade durch dieses Eingeständnis ist
auch er wieder von dir verwickelt worden in den Reden und zum
Schweigen gebracht, indem er sich schämte, was er dachte auch zu
sagen. Denn in der Tat, Sokrates, führst du immer, ungeachtet du
behauptest, die Wahrheit zu suchen, die Rede auf solche verfängli-
chen Dinge, die gut sind vor dem Volke vorzubringen, auf das näm-
lich, was von Natur nicht schön ist, wohl aber nach dem Gesetz.
Denn diese beiden stehn sich größtenteils entgegen, die Natur und
das Gesetz. Wenn sich nun jemand schämt und nicht den Mut hat
483 a zu sagen, was er denkt: so wird er gezwungen, sich zu widerspre-
chen. Was auch du dir eben recht künstlich abgemerkt hast und an-

dere damit übervorteilst in den Reden; wenn jemand von dem Gesetzlichen spricht, schiebst du in der Frage das Natürliche unter, wenn aber vom Natürlichen, dann du das Gesetzliche. So gleich beim Unrechttun und Unrechtleiden, als Polos vom gesetzlich Unschöneren sprach, verfolgtest du das Gesetzliche, als wäre es das Natürliche. Denn von Natur ist allemal jedes das Unschönere, was auch das Üblere ist, also das Unrechtleiden, gesetzlich aber ist es das Unrechttun. Auch ist dies wahrlich kein Zustand für einen Mann, das Un- b
rechtleiden, sondern für ein Knechtlein, dem besser wäre zu sterben als zu leben, weil er beleidigt und beschimpft nicht imstande ist, sich selbst zu helfen, noch einem andern, der ihm wert ist. Allein ich denke, die die Gesetze geben, das sind die Schwachen und der große Haufe. In Beziehung auf sich selbst also und das, was ihnen nützt, bestimmen sie die Gesetze und das Löbliche, was gelobt, das Tadelhafte, was getadelt werden soll; und um kräftigere Menschen, c
welche mehr haben könnten, in Furcht zu halten, damit diese nicht mehr haben mögen als sie selbst, sagen sie, es sei häßlich und ungerecht, für sich immer auf mehr auszugehn, und das ist nun das Unrechttun, wenn man sucht, mehr zu haben als die andern. Denn sie selbst, meine ich, sind ganz zufrieden, wenn sie nur gleiches erhalten, da sie die Schlechteren sind.

[39. Das Gerechte der Natur fordert das Mehrhaben des Besseren]
Daher wird nun gesetzlich dieses unrecht und häßlich genannt, das Streben, mehr zu haben als die meisten, und sie nennnen es Unrechttun. Die Natur selbst aber, denke ich, beweist dagegen, daß es gerecht ist, daß der Edlere mehr habe als der Schlechtere und der Tüch- d
tigere als der Untüchtige. Sie zeigt aber vielfältig, daß sich dieses so verhält, sowohl an den übrigen Tieren als auch an ganzen Staaten und Geschlechtern der Menschen, daß das Gerechte so bestimmt ist, daß der Bessere über den Schlechteren herrsche und mehr habe. Denn nach welchem Recht führte Xerxes Krieg gegen Hellas, oder dessen Vater gegen die Skythen? Und tausend anderes der Art könnte man anführen. Also, meine ich, tun sie dieses der Natur gemäß, e
und, beim Zeus, auch dem Gesetz gemäß, nämlich dem der Natur; aber freilich nicht nach dem, welches wir selbst willkürlich machen, die wir die Besten und Kräftigsten unter uns gleich von Jugend an, wie man es mit dem Löwen macht, durch Besprechung gleichsam und Bezauberung knechtisch einzwängen, indem wir ihnen immer vorsagen, alle müssen gleich haben, und dies sei eben das Schöne 484 a
und Gerechte. Wenn aber, denke ich, einer mit einer recht tüchtigen Natur zum Manne wird: so schüttelt er das alles ab, reißt sich los, durchbricht und zertritt all unsere Schriften und Gaukeleien und Besprechungen und widernatürlichen Gesetze und steht auf, offenbar als unser Herr, er der Knecht, und eben darin leuchtet recht b
deutlich hervor das Recht der Natur. Auch Pindaros scheint mir das, was ich meine, anzudeuten in dem Liede, worin er sagt: «Das Gesetz, der Sterblichen König und Unsterblichen», dies also, sagt er, «führt von Natur herbei rechtfertigend das Gewaltsamste mit über-

mächtiger Hand. Ich zeige es an den Taten des Herakles; denn un-
gekauft» – so ungefähr lautet es, denn ich weiß das Lied selbst
nicht, er meint aber, weder gekauft noch geschenkt habe jener des
Geryones Stiere weggetrieben, als ob also dieses das von Natur Ge-
c rechte wäre, daß eben Stiere und alles andere Eigentum der Schlech-
teren und Geringeren dem Besseren gebühre, der mehr ist.

[40. Philosophie eine Sache für Knaben] Dies ist also eigentlich das
Wahre, und das wirst du auch einsehn, wenn du zum Größeren fort-
schreitest und von der Philosophie endlich abläßt. Denn diese, o So-
krates, ist eine ganz artige Sache, wenn jemand sie mäßig betreibt
in der Jugend; wenn man aber länger als billig dabei verweilt, ge-
reicht sie den Menschen zum Verderben. Denn wie herrliche Gaben
einer auch habe, wenn er über die Zeit hinaus philosophiert, muß
d er notwendig in allem dem unerfahren bleiben, worin erfahren sein
muß, wer ein wohlangesehener und ausgezeichneter Mann werden
will. Denn sowohl in den Gesetzen des Staates bleiben sie unerfah-
ren als auch in der rechten Art, wie man mit Menschen umgehen
muß bei allerlei Verhandlungen, eignen und öffentlichen, und mit
den Gelüsten und Neigungen der Menschen und ihrer Gemütsart
überhaupt bleiben sie unbekannt. Gehen sie hernach an ein Geschäft,
e sei es nun für sich oder für den Staat, so machen sie sich lächerlich,
wie, glaube ich, auch die Staatsmänner wiederum, wenn sie zu eu-
ren Versammlungen und Unterredungen kommen, lächerlich wer-
den. Denn hier trifft die Rede des Euripides: «Darinnen wohl glänzt
jeder, drängt auch dazu sich vorzüglich hin, die meiste Zeit gern
widmend solcherlei Geschäft, worin er selbst der Beste leicht erfun-
485 a den wird»; worin er aber schlecht ist, das meidet er und schmäht
darauf, das andere hingegen lobt er aus Wohlmeinen mit sich selbst,
weil er glaubt, so sich selbst zugleich zu loben. Das Richtigste aber,
denke ich, ist, sich mit beidem einzulassen. Mit der Philosophie
nämlich, soweit es zur Bildung dient, sich einzulassen ist schön,
und keineswegs gereicht es einem Jüngling zur Unehre zu philo-
sophieren. Wenn aber ein schon Älterer noch philosophiert, Sokrates,
b so wird das ein lächerlich Ding, und es geht mir mit dem Philo-
sophieren gerade wie mit dem Stammeln und Tändeln. Wenn ich
nämlich sehe, daß ein Kind, dem es noch ziemt, so zu sprechen,
stammelt und tändelt: so macht mir das Vergnügen, und ich fin-
de es lieblich und natürlich und dem Alter des Kindes angemes-
sen. Höre ich dagegen ein kleines Kind ganz bestimmt und rich-
tig sprechen, so ist mir das zuwider, es peinigt meine Ohren und
dünkt mich etwas Erzwungenes zu sein. Hört man dagegen von ei-
c nem Manne unvollkommene Aussprache und sieht ihn tändeln, das
ist offenbar lächerlich und unmännlich und verdient Schläge. Eben-
so nun geht es mir mit den Philosophierenden. Wenn ich Knaben
und Jünglinge bei der Philosophie antreffe, so freue ich mich; ich
finde, daß es ihnen wohl ansteht, und glaube, daß etwas Edles in
solchen ist, den aber, der nicht philosophiert, halte ich für unedel
und glaube, daß er es nie mit sich selbst auf etwas Großes und

Schönes anlegen wird. Wenn ich dagegen sehe, daß ein Alter noch d
philosophiert und nicht davon loskommen kann, solcher Mann, o
Sokrates, dünkt mich, müßte Schläge bekommen. Denn wie ich eben
sagte, es findet sich bei solchem Menschen gewiß, wie schöne Gaben
er auch von Natur besitze, daß er unmännlich geworden ist, das In-
nere der Stadt und die öffentlichen Orte flieht, wo doch erst, wie der
Dichter sagt, sich Männer hervortun, und daß er versteckt in einem
Winkel mit drei bis vier Knaben flüsternd sein übriges Leben hin- e
bringt, ohne je edel, groß und tüchtig herauszureden.

[41. Rat an S., die Philosophie zu lassen] Ich meines Teils, Sokrates,
bin dir gut und gewogen; und es mag mir beinahe jetzt mit dir ge-
hen wie beim Euripides, dessen ich vorhin schon gedacht, dem Ze-
thos mit dem Amphion. Denn auch ich habe Lust dir dergleichen zu
sagen, wie jener seinem Bruder, daß du, o Sokrates, versäumst, was
du betreiben solltest, und ein Gemüt so herrlicher Natur durch knä-
bische Gebärdung ganz entstellst, daß weder wo das Recht beraten 486 a
wird, du richtig vorzutragen weißt, noch scheinbar was und glaub-
lich aufzustellen, noch auch je für andere, wo Raten gilt, mutvollen
Schluß beschließen wirst. Und doch, lieber Sokrates — aber werde
mir nicht böse, denn ich sage es aus Wohlmeinen gegen dich —, dünkt
es dich nicht schmählich, in solchem Zustande zu sein, in welchem
du bist, wie ich glaube, und alle, die es immer weiter treiben mit der
Philosophie? Denn wenn jetzt jemand dich oder einen andern sol-
chen ergriffe und ins Gefängnis schleppte, behauptend, du habest
etwas verbrochen, da du doch nichts verbrochen hättest: so weißt du
wohl, daß du nicht wissen würdest, was du anfangen solltest mit
dir selbst, sondern dir würde schwindlig werden, und du würdest b
mit offenem Munde stehn und nicht wissen, was du sagen solltest.
Und wenn du dann vor Gericht kämest und auch nur einen ganz
gemeinen und erbärmlichen Menschen zum Ankläger hättest: so
würdest du sterben müssen, wenn es ihm einfiele, auf die Todesstra-
fe anzutragen. Und doch, wie könnte das wohl weise sein, Sokrates,
wenn eine Kunst «den wohlbegabten Mann ergreifend, ihn schlech-
ter macht», so daß er weder sich selbst helfen und aus den größten
Gefahren erretten kann, noch sonst einen, wohl aber von seinen Fein-
den aller seiner Habe beraubt werden kann und offenbar ehrlos im c
Staate leben muß? Einen solchen kann man ja, um es derber zu sa-
gen, ins Angesicht schlagen ungestraft. Darum, du Guter, gehorche
mir, «Hör auf zu lehren, üb' im Wohlklang lieber dich von schönen
Taten», in dem, wodurch du weise erscheinst, «Laß andern jetzt dies
ganze herrliche», soll ich es Possenspiel nennen oder Geschwätz,
«Weshalb dein Haus armselig, leer und öde steht», und eifere nicht
denen nach, die solche Kleinigkeiten untersuchen, sondern die sich
Reichtum erwerben und Ruhm und viel anderes Gute. d

[42. S. über die Befähigung des K. als Prüfstein zur Wahrheitsfindung]
Sokrates: Wenn ich etwa eine goldne Seele hätte, Kallikles,
glaubst du nicht, daß ich gar zu gern von jenen Steinen, an denen

sie das Gold prüfen, den trefflichsten möchte gefunden haben, gegen
welchen ich sie dann halten könnte, und wenn der Stein mir Zeugnis
gäbe, daß meine Seele in gutem Stande wäre, nun ganz gewiß
wüßte, daß ich zufrieden sein könne und keiner weiteren Prüfung
bedürfe?
e Kallikles: Weshalb fragst du das nur, o Sokrates?
Sokrates: Das will ich dir gleich sagen. Ich glaube nämlich, nun
ich dich gefunden, ein solches Kleinod gefunden zu haben.
Kallikles: Wieso?
Sokrates: Ich weiß gewiß, daß, was du mir zugibst von meinen
Meinungen, dieses dann gewiß die Wahrheit selbst ist. Ich denke mir
487 a nämlich, wer eine vollständige Prüfung anstellen soll mit einer Seele,
ob sie recht lebt oder nicht, muß dreierlei haben, welches du alles
hast, Einsicht, Wohlwollen und Freimütigkeit. Denn ich treffe
auf gar viele, welche nicht imstande sind, mich zu erproben, weil
sie nicht weise sind wie du. Andere sind zwar weise, wollen mir aber
nicht die Wahrheit sagen, weil sie sich meiner nicht so annehmen
wie du. Und wiederum diese beiden Fremden, Gorgias und Polos,
b sind zwar weise und mir auch gewogen, ermangeln aber etwas der
Freimütigkeit und sind verschämter als billig. Oder wie kann es
anders sein, da sie es so weit treiben mit der Verschämtheit, daß sie
beide, weil sie sich schämen, es über sich bringen, sich selbst angesichts
vieler Menschen zu widersprechen, und das in den wichtigsten
Dingen. Du aber hast dieses alles, was die andern nicht haben. Denn
unterrichtet bist du zur Genüge, wie gewiß die meisten Athener eingestehn
würden, und gegen mich bist du wohlmeinend. Woraus ich
c das schließe, will ich dir sagen. Ich weiß, Kallikles, daß ihr vier eine
Gemeinschaft der Weisheit unter euch errichtet habt, du und Tisandros,
der Aphidnaier, und Andron, der Sohn des Androtion, und
Nausikydes der Cholarger. Und ich habe euch einmal behorcht, als
ihr beratschlagtet, wie weit man sich mit der Wissenschaft abgeben
müsse, und weiß, daß eine solche Meinung unter euch die Oberhand
behielt, man müsse es nicht bis aufs Äußerste treiben wollen mit
der Philosophie, vielmehr ermahntet ihr euch untereinander, auf
d eurer Hut zu sein, damit ihr nicht weiser würdet als schicklich und
dadurch unvermerkt in Unglück gerietet. Da ich nun höre, daß du
mir denselben Rat erteilst wie deinen Vertrautesten: so ist mir dies
ein hinreichender Beweis, daß du es wahrhaft wohl mit mir meinst.
Daß du aber frei heraus zu reden verstehst, ohne dich zu schämen,
sagst du ja selbst, und was du vorher sagtest, bezeugt es dir auch.
e Daher verhält es sich hiermit jetzt offenbar so: wenn du mit mir
über etwas in unseren Reden übereinkommst, das wird alsdann
hinlänglich erprobt sein durch mich und dich, und es wird nicht nötig
sein, es noch auf eine andere Probe zu bringen. Denn du würdest
es ja sonst nicht eingeräumt haben, weder aus Mangel an Weisheit
noch aus Überfluß an Scham; noch auch um mich zu betrügen, würdest
du es einräumen. Denn du bist mir freund, wie du auch selbst
sagst. Gewiß also wird, was ich und du eingestehen, das höchste Ziel
der Richtigkeit haben. Es gibt aber gewiß keine schönere Untersu-

chung, o Kallikles, als darüber, weshalb du mir eben Vorwürfe machtest, wie nämlich ein Mann sein muß und wonach er zu streben hat und wie weit, im Alter sowohl als in der Jugend. Denn 488 a
wenn ich irgendwo nicht richtig handle in meinem Leben: so wisse nur, daß ich nicht freiwillig fehle, sondern in meinem Unverstande. Wie du also schon angefangen hast, mich zurechtzuweisen, so laß nicht ab; sondern zeige mir vollständig, was dasjenige ist, dessen ich mich bestreben soll, und auf welche Weise ich es wohl erlangen könnte. Und wenn du findest, daß ich dir jetzt zwar beistimme, in der Folge aber dasjenige nicht tue, worin ich dir beigestimmt: so halte mich nur ganz für einen Taugenichts und ermahne mich niemals wieder nachher, als einen, der nichts wert ist. Wiederhole mir aber noch ein- b
mal von Anfang an, wie du glaubst und Pindaros mit dir, daß es sich mit dem Gerechten verhalte, dem der Natur gemäßen? Daß der Würdigere gewaltsam wegführt, was dem Geringeren gehört, und der Bessere über den Schlechteren herrscht und der Edlere mehr hat als der Gemeinere? Ist nach deiner Rede das Gerechte etwas anderes, oder habe ich es richtig behalten?

[43. 1. Erklärung des K.: Würdiger, besser und stärker identisch. Ihre Ungereimtheit]

Kallikles: Eben das sagte ich damals und sage es auch jetzt noch.

Sokrates: Meinst du aber dasselbe, wenn du sagst, einer ist besser, und wenn du sagst, einer ist würdiger? Denn das konnte ich auch c
schon damals nicht recht verstehn, wie du es meintest. Nennst du die würdiger, welche stärker sind, und soll der Schwächere auf den Stärkeren hören, wie mich dünkt, daß du auch damals zeigtest, daß die größeren Staaten nach dem natürlichen Recht die kleineren angriffen, weil sie nämlich würdiger sind und stärker, wonach dann würdiger und stärker und besser einerlei wäre? Oder kann man besser sein, aber geringer und schwächer, und würdiger, aber schlechter? Oder soll besser und würdiger einerlei besagen? Dieses gerade d
bestimme mir recht genau, ob das verschieden ist oder einerlei, würdiger und besser und stärker.

Kallikles: So sage ich dir denn ganz bestimmt, daß es einerlei ist.

Sokrates: Sind nun nicht die Vielen von Natur stärker als der Eine, da sie ja auch die Gesetze geben für den Einen, wie du auch selbst vorher sagtest?

Kallikles: Wie anders?

Sokrates: Was also den Vielen gesetzlich ist, ist es auch den Stärkeren.

Kallikles: Allerdings.

Sokrates: Also auch den Besseren? Denn die Stärkeren sind bei e
weitem die Besseren nach deiner Rede.

Kallikles: Ja.

Sokrates: Also das bei diesen Gesetzliche ist von Natur schön, da sie ja eben die Besseren sind?

Kallikles: Das gebe ich zu.

Sokrates: Setzen nun nicht die Vielen eben dieses fest, wie du

auch selbst oben sagtest, es sei gerecht, das Gleiche zu haben, und
489 a Unrecht tun sei unschöner als Unrecht leiden? Ist dies so oder nicht? Und daß du hier nur ja nicht darauf ertappt wirst, daß du dich auch schämst. Setzen die Vielen dieses fest oder nicht, daß, das Gleiche zu haben und nicht mehr, gerecht sei? Nicht die Antwort hierauf mir vorenthalten, Kallikles, damit, wenn du mir beistimmst, ich dann befestigt werde durch dich, weil nun ein Mann, der wohl imstande ist, es zu beurteilen, mir beigestimmt hat.

KALLIKLES: Ja, die Vielen setzen dies so fest.

SOKRATES: Also nicht nur dem Gesetze nach ist Unrecht tun un-
b schöner als Unrecht leiden und das Gleiche haben gerecht, sondern auch der Natur nach. So daß du im vorigen nicht magst wahr gesprochen, noch mir mit Recht schuld gegeben haben, als du sagtest, Gesetz und Natur wären einander entgegen, was ich wohl wüßte und dadurch in meinen Reden den andern übervorteilte, indem ich, wenn es jemand nach der Natur meinte, ihn auf das Gesetzliche führte, wenn aber nach dem Gesetz, dann auf die Natur.

[44. 2. Erklärung: Der Bessere ist der Einsichtsvollere]

KALLIKLES: Dieser Mann wird nie aufhören, leeres Geschwätz zu treiben. Sage mir, Sokrates, schämst du dich nicht, in deinem Alter auf Worte Jagd zu machen, und wenn jemand in einem Worte fehlt,
c dies für einen großen Fund zu achten? Glaubst du denn, daß ich etwas anderes meine unter dem Besser-Sein als Würdiger-Sein? Sage ich dir nicht schon immer, ich setze dies als einerlei, würdiger und besser? Oder glaubst du, ich meine, wenn sich ein Haufen Knechte versammelt oder allerlei andere Leute, an denen weiter gar nichts ist, als daß sie vielleicht körperliche Kräfte haben, und diese es behaupten, daß dann eben dieses das Gesetzliche sei?

SOKRATES: Wohl, du weisester Kallikles! So meinst du es?

KALLIKLES: Freilich so.

d SOKRATES: Auch ich vermutete selbst schon lange, daß du so etwas meintest mit dem Würdiger-Sein, und fragte dich eben weiter, weil ich gern recht genau wissen wollte, wie du es meintest. Denn du hältst doch wohl nicht allemal zwei für besser als einen, noch deine Knechte für besser als dich, weil sie stärker sind als du. Also sage mir noch einmal von Anfang an, was du denn eigentlich verstehst unter den Besseren, wenn doch nicht die Stärkeren. Und, du Wunderlicher, lehre mich etwas sanftmütiger, damit ich nicht wegbleibe von dir.

e KALLIKLES: Du spottest wieder, Sokrates.

SOKRATES: Nein, beim Zethos, vermittels dessen du vor kurzem soviel Spott mit mir getrieben hast. Also komm und sage mir, wer du meinst daß die Besseren sind.

KALLIKLES: Die Edleren, meine ich.

SOKRATES: Siehst du nun, daß du selbst nur Worte vorbringst und nichts erklärst? Willst du mir nicht sagen, ob du etwa unter denen, die würdiger und besser sind, die Einsichtsvolleren meinst oder andere?

Kallikles: Nun ja, eben diese meine ich, beim Zeus, ganz eigentlich.

Sokrates: Oftmals also ist *ein* Einsichtsvoller besser als zehntau- 490a
send, die ohne Einsicht sind, nach deiner Rede, und dieser muß herrschen, jene aber beherrscht werden und der Herrschende mehr haben als die Beherrschten. Denn dies, dünkt mich, willst du sagen, und ich mache nicht Jagd auf Worte, wenn der eine besser ist als die zehntausend.

Kallikles: Eben das ist es auch, was ich meine. Denn dies, denke ich, ist das Gerechte von Natur, daß der Bessere und Einsichtsvollere herrsche und mehr habe als die Schlechteren.

[45. Was bedeutet hier Mehrhaben und wovon?]

Sokrates: Halt doch hier. Was sagst du nur wieder jetzt? Wenn, b
wie jetzt hier, unser sehr viele zusammen wären und hätten gemeinschaftlich hier vielerlei Speisen und Getränke, wären aber durcheinander von allerlei Art, Kräftige und Schwächliche, einer aber unter uns wäre der Einsichtsvollste hierin, weil er ein Arzt wäre, wäre aber selbst, wie es ja wahrscheinlich ist, kräftiger als einige, schwächlicher als andere; nicht wahr, so wäre doch dieser, weil er einsichtsvoller wäre als wir, auch besser und stärker hierin?

Kallikles: Freilich.

Sokrates: Müßte er nun etwa von diesen Speisen mehr bekom- c
men, weil er der Bessere ist? Oder müßte er, sofern er herrscht, eben alles verteilen, sofern er es aber genießt und verbraucht für seinen eignen Leib, nicht nach dem meisten streben, wenn er nicht Schaden leiden wollte, sondern mehr haben als einige und weniger als andere; und wenn er zufälligerweise der Schwächlichste wäre, dann gerade am wenigsten, Kallikles, unter allen, ungeachtet er der Beste wäre. Nicht so, mein Guter?

Kallikles: Von Speisen sprichst du und Getränk und Ärzten und
Possen, ich aber meine das gar nicht. d

Sokrates: Sagst du also nicht, daß der Einsichtsvollere der Bessere ist? Sprich doch ja oder nein.

Kallikles: Ja, sage ich.

Sokrates: Aber nicht, daß der Bessere auch mehr haben müsse?

Kallikles: Nicht Speise und Trank.

Sokrates: Ich verstehe. Aber vielleicht Kleider, und wer sich am besten auf das Weben versteht, muß auch das größte Kleid haben und am vollständigsten und schönsten angezogen umhergehn?

Kallikles: Was doch Kleider?

Sokrates: Aber an Schuhen offenbar muß, wer der Einsichtsvoll-
ste und Beste hierin ist, auch mehr haben, und der Schuhmacher e
vielleicht auf die größten und meisten Sohlen treten?

Kallikles: Was für Geschwätz machst du nun wieder von Schuhen!

Sokrates: Also, wenn du dergleichen nicht meinst, dann vielleicht dieses, wie: ein Landmann, der im Ackerbau einsichtsvoll ist und achtungswert, der muß vielleicht mehr Samen haben und möglichst vielen auf seinem Acker verbrauchen?

Kallikles: Wie du doch immer wieder dasselbe vorbringst, Sokrates!

Sokrates: Nicht nur das, o Kallikles, sondern auch, wohl zu merken, von derselben Sache.

491 a Kallikles: Bei den Göttern, du hörst auch gar nicht auf, immer von Schustern und Gerbern und Köchen und Ärzten zu reden, als wenn davon die Rede wäre unter uns.

Sokrates: Willst du also sagen, worin denn der Einsichtsvollere und Bessere mehr haben soll, damit er es auch mit Recht habe? Oder willst du weder leiden, daß ich dir etwas vorlege, noch auch es selbst sagen?

Kallikles: Aber ich sage es ja schon lange, zuerst wer die Besseren sind, daß ich nicht Schuster meine noch Köche, sondern die in
b den Angelegenheiten des Staates einsichtsvoll sind und wissen, wie er gut kann verwaltet werden, und nicht nur einsichtsvoll, sondern auch tapfer, so daß sie imstande sind, was sie ersonnen haben, auch auszuführen, und nicht dabei ermüden aus Weichlichkeit des Gemüts.

[46. These des K.: Tugend bedeutet, zur größten Zügellosigkeit imstande zu sein]

Sokrates: Siehst du, bester Kallikles, wie es gar nicht dasselbe ist, was du mir vorwirfst, und was ich wiederum dir? Denn du behauptest von mir, ich sagte immer dasselbe, und tadelst mich deshalb. Ich aber beschuldige dich im Gegenteil, daß du nie dasselbe
c sagst von derselben Sache; sondern bald erklärst du, die Besseren und die Würdigeren wären die Stärkeren, dann wieder sind es die Einsichtsvolleren; nun aber bringst du schon wieder etwas anderes, indem du gewisse Tapfere für die Besseren ausgibst und die Würdigeren. Aber, du Guter, sage es doch einmal fertig heraus, wer denn die Besseren sein sollen und worin?

Kallikles: Aber ich habe es ja schon gesagt, die in den Staatssachen einsichtsvoll sind und tapfer. Denn diesen kommt es zu, die
d Staaten zu beherrschen, und das ist eben das Recht, daß diese mehr haben als die andern, die Herrschenden als die Beherrschten.

Sokrates: Wie nun? Über sich selbst, Freund, wie? Zu herrschen oder beherrscht zu werden?

Kallikles: Wie meinst du das?

Sokrates: Ich meine, daß doch jeder einzelne über sich selbst herrscht. Oder ist das gar nicht nötig, sich selbst beherrschen, sondern nur die andern?

Kallikles: Wie meinst du, sich selbst beherrschen?

Sokrates: Gar nichts besonders Schwieriges, sondern wie es die Leute meinen, besonnen sein und seiner selbst mächtig, die Lüste
e und Begierden, die jeder in sich hat, beherrschend.

Kallikles: Wie gutmütig du bist! Diese Einfältigen meinst du, die Besonnenen!

Sokrates: Warum denn? Das kann ja jedermann wissen, daß ich das nicht meine.

KALLIKLES: Ganz gewiß doch, Sokrates. Denn wie könnte wohl ein Mensch glückselig sein, der irgendwem diente? Sondern das ist eben das von Natur Schöne und Rechte, was ich dir nun ganz freiheraus sage, daß, wer richtig leben will, seine Begierden muß so groß werden lassen als möglich und sie nicht einzwängen; und diesen, wie groß sie auch sind, muß er dennoch Genüge zu leisten vermögen 492 a
durch Tapferkeit und Einsicht und befriedigen, worauf seine Begierde jedesmal geht. Allein dazu, meine ich, sind eben die meisten nicht imstande, weshalb sie gerade solche Menschen tadeln aus Scham, ihr eigenes Unvermögen verbergend, und sagen, die Ungebundenheit sei etwas Schändliches, um, wie ich auch vorher schon sagte, die von Natur besseren Menschen einzuzwängen; und weil sie selbst ihren Lüsten keine Befriedigung zu verschaffen vermögen, so loben sie die Besonnenheit und die Gerechtigkeit ihrer eigenen b
Unmännlichkeit wegen. Denn denen, welche entweder schon ursprünglich Söhne von Königen waren oder welche kraft ihrer eigenen Natur vermochten, sich ein Reich oder eine Macht und Herrschaft zu gründen, was wäre wohl unschöner und übler als die Besonnenheit für diese Menschen, wenn sie, da sie des Guten genießen könnten und ihnen niemand im Wege steht, sich selbst einen Herrn setzten, nämlich des großen Haufens Gesetz, Geschwätz und Gericht. Oder wie sollten sie nicht elend geworden sein durch das Schöne der Gerechtigkeit und Besonnenheit, wenn sie nun ihren c
Freunden nicht mehr zuwenden als ihren Feinden, und das, ungeachtet sie herrschen in ihrem Staat! Sondern der Wahrheit nach, o Sokrates, die du ja behauptest zu suchen, verhält es sich so: Üppigkeit und Ungebundenheit und Freigebigkeit, wenn sie nur Rückhalt haben, sind eben Tugend und Glückseligkeit; jenes andere aber sind Ziererreien, widernatürliche Satzungen, leeres Geschwätz der Leute und nichts wert.

[47. Gegen-Mythologem des S. über den Zustand der zügellosen Seele]

SOKRATES: Gar nicht feigherzig, o Kallikles, machst du deinen Aus- d
fall mit großer Freimütigkeit. Denn ganz offen sagst du nun heraus, was die andern zwar auch denken, aber nicht sagen wollen. Ich bitte dich daher, ja auf keine Weise nachzulassen, damit nun in der Tat offenbar werde, wie man leben muß. Und sage mir: die Begierden, sprichst du, muß man nicht einzwängen, wenn man sein will wie man soll, sondern sie so groß wie immer möglich lassen und ihnen, woher es auch sei, Befriedigung bereiten, und das sei die Tugend. e

KALLIKLES: Das behaupte ich.

SOKRATES: Nicht richtig also sagt man, die nichts Bedürfenden wären glückselig.

KALLIKLES: Die Steine wären ja auf diese Art am glückseligsten und die Toten.

SOKRATES: Aber doch auch, so wie du es beschreibst, ist das Leben mühselig. Ich wenigstens wollte mich nicht wundern, wenn Euripides recht hätte, wo er sagt: «Wer weiß, ob unser Leben nicht ein Tod nur ist, Gestorbensein dagegen Leben?» Und vielleicht sind

493 a wir in der Tat tot. Was ich auch sonst schon von einem der Weisen
gehört habe, daß wir jetzt tot wären, und unsere Leiber wären nur
unsere Gräber, der Teil der Seele aber, worin die Neigungen sind,
wäre ein beständiges Anneigen und Abstoßen aufwärts und ab-
wärts, welches ein stattlicher Mann, der Sinnbilder dichtet, einer
aus Sizilien wohl oder Italien, mit dem Worte spielend wegen des
Einfüllens und Fassenwollens ein Faß genannt hat, und die Ausge-
lassenen Ausgeschlossene, und bei diesen Ausgeschlossenen könnte
b nun der Teil der Seele, wo die Neigungen sind, eben wegen der Un-
gebundenheit und Unhaltbarkeit nicht schließen, wie ein leckes Faß,
womit er sie der Unersättlichkeit wegen verglich. Und ganz dir ent-
gegengesetzt, o Kallikles, zeigt dieser, daß in der Schattenwelt, wor-
unter er die Geisterwelt meinte, jene Ausgeschlossenen die Unselig-
sten wären und Wasser trügen in das lecke Faß mit einem ebenso
lecken Siebe. Unter dem Siebe aber verstand er, wie der sagt, der
c es mir erzählte, die Seele, und die Seele der Ausgelassenen ver-
glich er mit einem Siebe, weil sie leck wäre und nichts festhalten
könne aus Ungewißheit und Vergeßlichkeit. Dies ist nun gewisser-
maßen hinreichend wunderlich; es macht aber doch deutlich, was
ich dich gern, wenn ich es dir irgend zeigen könnte, überreden möch-
te umzuwechseln und anstatt des unersättlichen und ausgelassenen
und ungebundenen Lebens das besonnene und mit dem jedesmal
Vorhandenen sich begnügende zu wählen. Aber wie ist es nun?
d Überrede ich dich wohl, und änderst du deine Behauptung dahin,
daß die Sittlichen glückseliger sind als die Ungebundenen; oder
schaffe ich nichts, sondern wenn ich auch noch soviel dergleichen
dichtete, würdest du doch deine Meinung nicht ändern?

Kallikles: Dies war richtiger gesprochen, Sokrates.

[48. Bildlicher Vergleich des zügellosen und des besonnenen Lebens. Wahl des K. nach der Menge entstehender Lust]

Sokrates: Wohlan, ich will dir noch ein anderes Bild erklären
aus derselben Schule wie das vorige. Gib acht, ob du wohl dies rich-
tig findest von jeder dieser beiden Lebensweisen, der besonnenen
und der zügellosen, wie wenn zwei Menschen jeder viele Fässer hät-
te. Die des einen wären dicht und angefüllt, eins mit Wein, eins mit
e Honig, eins mit Milch und viele andere mit vielen andern Dingen;
die Quellen aber von dem allen wären sparsam und schwierig und
gäben nur mit vieler Mühe und Arbeit etwas her. Jener eine nun
hätte seine Fässer voll und leitete nichts weiter hinein, dächte auch
gar nicht weiter daran, sondern wäre hierüber ganz ruhig. Der an-
dere aber hätte eben wie jener solche Quellen, die zwar etwas her-
gäben, aber mit Mühe, seine Gefäße aber wären leck und morsch,
494 a und er müßte sie Tag und Nacht anfüllen oder die ärgste Pein er-
dulden. Willst du nun, wenn es sich mit diesen beiden Lebenswei-
sen so verhält, dennoch sagen, die des Ungebundenen wäre glück-
seliger als die des Sittlichen? Überrede ich dich etwa hierdurch zu-
zugeben, das sittliche Leben sei besser als das zügellose, oder über-
rede ich dich nicht?

Kallikles: Du überredest mich nicht, Sokrates. Denn für jenen,
wenn er seine Fässer voll hat, gibt es gar keine Lust mehr, sondern
das heißt eben, was ich vorher sagte, wie ein Stein leben, wenn al-
les angefüllt ist, weder Lust mehr haben noch Unlust. Sondern dar- b
in besteht eben das Angenehm-Leben, daß recht viel hineinfließe.

Sokrates: So muß doch notwendig, wenn viel einfließen soll, auch
des Abgehenden viel sein und gar große Öffnungen für die Aus-
flüsse?

Kallikles: Allerdings.

Sokrates: Das ist wiederum ein Leben wie einer Ente, was du
meinst, freilich nicht das eines Toten oder eines Steins! Sage mir
aber, du meinst es doch so, wie hungern, und wenn man hungert,
essen?

Kallikles: Ja.

Sokrates: Auch dursten, und wenn man durstet, trinken? c

Kallikles: Auch; und ebenso alle andern Begierden soll man ha-
ben und befriedigen können und so Lust gewinnen und glückselig
leben.

[49. These des K.: Das Angenehme und das Gute identisch]

Sokrates: Wohl, Bester! Bleibe nur dabei, wie du angefangen
hast, und daß du ja nicht aus Scham abspringst. Wie es aber scheint,
muß auch ich mich nicht schämen. Und so sage mir nur zuerst, ob
Krätzig-Sein und das Jucken haben, wenn man sich nur genug scha-
ben kann und so gekitzelt sein Leben hinbringen, ob das auch heißt
glückselig leben?

Kallikles: Wie abgeschmackt du immer bist, Sokrates, und offen- d
bar schlechte Kunstgriffe gebrauchst.

Sokrates: Darum eben habe ich auch den Polos und den Gorgias
eingeschreckt und blöde gemacht. Du aber laß dich ja nicht ein-
schrecken und schäme dich auch nicht, denn du bist ja ein entschlos-
sener Mann, sondern antworte nur.

Kallikles: So sage ich denn, auch wer sich kratzt, wird angenehm
leben.

Sokrates: Also wenn angenehm, auch glückselig.

Kallikles: Freilich.

Sokrates: Etwa wenn ihn nur der Kopf juckt, oder soll ich dich e
noch sonst etwas fragen? Siehe wohl zu, Kallikles, was du antwor-
ten willst, wenn dich jemand, was hiermit zusammenhängt, alles der
Reihe nach fragt. Und verhält es sich hiermit so, so kommt heraus,
das Leben der Knabenschänder ist nicht abscheulich und schänd-
lich und elend. Oder wirst du wirklich wagen zu behaupten, daß
auch diese glückselig sind, wenn sie nur vollauf haben, wessen sie
bedürfen?

Kallikles: Schämst du dich nicht, Sokrates, die Rede auf solche
Dinge zu bringen?

Sokrates: Bringe ich sie etwa darauf, Bester, oder der, welcher
so ohne weiteres behauptet, wer nur Lust habe, gleichviel wie er
Lust habe, der sei glückselig, und keinen Unterschied angibt, wel- 495 a

che Lust gut ist und welche schlecht. Aber auch jetzt noch sage nur, behauptest du, das Angenehme und das Gute sei einerlei, oder es gebe Angenehmes, was nicht gut ist?

KALLIKLES: Damit ich also meinen Satz nicht aufgebe, wenn ich sage, es wäre verschieden, so sage ich, es ist einerlei.

SOKRATES: Aber, Kallikles, du verdirbst die ersten Reden und kannst nicht mehr gehörig mit mir das Wahre erforschen, wenn du anders redest, als du es selbst meinst.

b KALLIKLES: Auch dir gilt das, Sokrates.

SOKRATES: Also tue weder ich recht, wenn ich dies tue, noch du. Aber, Bester, bedenke doch, das ist wohl nicht das Gute, auf alle Weise nur Lust haben. Denn das eben angedeutete viele Schändliche folgt doch offenbar, wenn sich dies so verhält, und noch viel anderes.

KALLIKLES: Wie du wenigstens glaubst, Sokrates.

SOKRATES: Du aber, Kallikles, willst dies in der Tat durchsetzen?

KALLIKLES: Das will ich.

[50. Nach K. Erkenntnis und Tapferkeit voneinander und vom Guten verschieden. Theorem des S. über das Entstehen und Schwinden von Gegensätzlichkeiten]

c SOKRATES: Sollen wir also auf den Satz losgehn, als wäre es dir Ernst damit?

KALLIKLES: Allerdings freilich.

SOKRATES: Wohlan, wenn es denn so sein soll, so bringe mir doch dieses in Ordnung. Du nennst doch etwas Erkenntnis.

KALLIKLES: Ja.

SOKRATES: Sagtest du nicht auch, daß es eine Tapferkeit gäbe mit Erkenntnis?

KALLIKLES: Das tat ich.

SOKRATES: Nicht wahr, doch als sei die Tapferkeit verschieden von der Erkenntnis, darum nanntest du sie zwei?

KALLIKLES: Allerdings.

SOKRATES: Und wie? Sind Lust und Erkenntnis einerlei oder verschieden?

d KALLIKLES: Verschieden doch wohl, du weisester Mann.

SOKRATES: Auch die Tapferkeit verschieden von der Lust?

KALLIKLES: Wie anders?

SOKRATES: Wohlan, laß uns dies wohl behalten, daß Kallikles der Acharner gesagt hat, angenehm und gut zwar sei einerlei, Erkenntnis aber und Tapferkeit voneinander sowohl als von dem Guten verschieden.

KALLIKLES: Sokrates aber von Alopeka gibt dies nicht zu. Oder gibt er es zu?

e SOKRATES: Er gibt es nicht zu. Ich glaube aber, auch Kallikles nicht, wenn er sich selbst erst recht betrachtet hat. Denn sage mir doch, die wohl leben und die schlecht leben, meinst du nicht, daß diese sich in einem entgegengesetzten Zustande befinden?

KALLIKLES: Freilich.

SOKRATES: Muß nun nicht, wenn beides wirklich einander entgegengesetzt ist, es sich so damit verhalten, wie es sich mit Gesundheit und Krankheit verhält? Nämlich ein Mensch ist doch nicht zu gleicher Zeit gesund und krank, verliert auch nicht zu gleicher Zeit die Gesundheit und die Krankheit.

Kallikles: Wie meinst du das?

Sokrates: Nimm welches einzelne du willst am Leibe und betrachte
es. Ein Mensch sei krank an den Augen, was man die Augenent- 496 a
zündung nennt.

Kallikles: Gut.

Sokrates: So ist er doch nicht zugleich gesund an denselben?

Kallikles: Auf keine Weise.

Sokrates: Wie aber, wenn er nun die Augenentzündung verliert, verliert er alsdann auch die Gesundheit der Augen und hat am Ende beides zugleich verloren?

Kallikles: Ganz und gar nicht.

Sokrates: Es wäre auch, denke ich, wunderlich und widersinnig.
Nicht wahr? b

Kallikles: Gar sehr.

Sokrates: Sondern abwechselnd, glaube ich, bekommt und verliert er jedes. Nicht wahr?

Kallikles: Gewiß.

Sokrates: Auch Stärke und Schwäche ebenso?

Kallikles: Ja.

Sokrates: Und Schnelligkeit und Langsamkeit?

Kallikles: Ebenso.

Sokrates: Etwa auch das Gute und die Glückseligkeit und das Gegenteil davon, Übel und Elend, bekommt und verliert man immer eins um das andere?

Kallikles: Auf alle Weise.

Sokrates: Wenn wir also etwas fänden, was der Mensch zugleich c
verliert und auch hat: so wäre dieses offenbar nicht das Gute und das Böse. Wollen wir dies annehmen? Bedenke es dir recht gut, ehe du antwortest.

Kallikles: Ja, ganz übermäßig nehme ich das an.

[51. Jedes Begehren schmerzlich. Folgerung der Verschiedenheit des Angenehmen vom Guten]

Sokrates: So gehe mit mir auf das vorhin Eingestandene zurück. Sagtest du, hungern wäre angenehm oder schmerzlich? Ich meine das Hungern selbst.

Kallikles: Schmerzlich, sagte ich; das Essen jedoch, wenn man hungert, angenehm.

Sokrates: Das denke ich auch. Aber doch das Hungern selbst d
schmerzlich?

Kallikles: Das gebe ich zu.

Sokrates: Auch wohl das Dursten?

Kallikles: Gar sehr.

Sokrates: Soll ich nun noch mehr fragen, oder gibst du zu, daß überall jedes Bedürfnis und Begehren schmerzlich ist?

Kallikles: Ich gebe es zu; frage nur nicht weiter.

Sokrates: Wohl! Durstend aber trinken, sagst du nicht, das sei angenehm?

Kallikles: Das sage ich.

Sokrates: In diesem nun, was du sagst, bedeutet doch das «durstend» Unlust habend.

Kallikles: Ja.

e Sokrates: Das Trinken aber die Befriedigung des Bedürfnisses und also Lust?

Kallikles: Ja.

Sokrates: Sofern man also trinkt, sagst du, man habe Lust?

Kallikles: Gewiß.

Sokrates: Durstend doch?

Kallikles: So meine ich's.

Sokrates: Also Unlust habend?

Kallikles: Ja.

Sokrates: Merkst du nun, was folgt, daß du nämlich sagst, der Unlust habende habe zugleich Lust, wenn du sagst, der Durstige trinkt? Oder geschieht dieses etwa nicht zugleich in einerlei Raum und Zeit, wie du willst, der Seele oder des Leibes? Denn das, denke ich, macht uns hier keinen Unterschied. Ist es so oder nicht?

Kallikles: Es ist so.

Sokrates: Daß aber, wer wohl lebt, zugleich auch schlecht leben
497 a könne, das, sagtest du, wäre unmöglich.

Kallikles: Das sage ich freilich.

Sokrates: Daß aber ein Unlust habender zugleich Lust haben könne, hast du als möglich zugegeben.

Kallikles: So scheint es.

Sokrates: Lust haben ist also nicht gut leben und Unlust haben nicht schlecht. So daß das Angenehme verschieden ist vom Guten.

Kallikles: Ich weiß nicht, was du herausklügelst, Sokrates.

Sokrates: Du weißt es wohl, aber du sträubst dich, Kallikles. Und rücke nur noch etwas weiter heraus mit deinen Schwänken, damit du recht siehst, von welcher Weisheit herab du mich zurechtweisest.
b Hört nicht jeder von uns zugleich auf zu dursten und zugleich, am Trinken Vergnügen zu haben?

Kallikles: Ich weiß nicht, was du willst.

Gorgias: Nicht also, Kallikles, sondern antworte, auch unsertwegen, damit die Rede durchgeführt werde.

Kallikles: Aber Sokrates ist immer so, Gorgias, daß er geringfügige und nichtswürdige Dinge ausfragt und widerlegt.

Gorgias: Aber was verschlägt dir das? Auf alle Weise kommt ja das nicht auf deine Rechnung, Kallikles; sondern laß du nur den Sokrates beweisen, wie er will.

c Kallikles: So frage denn deine Kleinigkeiten und Jämmerlichkeiten, wenn es dem Gorgias so gut dünkt.

[52. Zugeständnis des K., daß die Guten durch Anwesenheit des Guten gut sind]

SOKRATES: Du bist glückselig, Kallikles, daß du die großen Weihen hast vor der kleinen; ich meinte, das ginge nicht an. Wo du also stehn bliebst, das beantworte, ob nicht jeder zugleich aufhört zu dursten und auch Lust zu haben.

KALLIKLES: Das gebe ich zu.

SOKRATES: Also auch mit dem Hunger und allen andern Begierden hört die Lust zugleich auf.

KALLIKLES: So ist es.

SOKRATES: Also hört auch die Unlust und die Lust zugleich auf?

KALLIKLES: Ja. d

SOKRATES: Aber das Gute und Böse hört nicht zugleich auf, wie du zugabst; gibst du es aber nun nicht zu?

KALLIKLES: O ja, und was weiter?

SOKRATES: Daß demnach, lieber Freund, das Gute nicht einerlei ist
mit dem Angenehmen, noch das Böse mit dem Unangenehmen; denn
diese hören beide zugleich auf, jene aber nicht, so daß also offenbar
beide verschieden sind. Wie sollte also das Angenehme mit dem Gu-
ten einerlei sein und das Unangenehme mit dem Bösen? Wenn du
lieber willst, betrachte es auch so. Denn ich denke, auch so wird es dir
nicht herauskommen. Sieh nur zu. Nennst du die Guten nicht gut, weil e
ihnen Gutes einwohnt, wie diejenigen schön, denen Schönheit ein-
wohnt?

KALLIKLES: Das tue ich.

SOKRATES: Und wie? Nennst du die Törichten und Feigherzigen Gute? Vorher wenigstens nicht, sondern die Tapfern und Einsichtsvollen nanntest du so. Oder nennst du nicht diese gut?

KALLIKLES: Allerdings.

SOKRATES: Und wie? Hast du schon ein unverständiges Kind vergnügt gesehn?

KALLIKLES: O ja.

SOKRATES: Einen unverständigen Mann hast du aber noch nicht vergnügt gesehn?

KALLIKLES: Ich glaube wohl, aber wozu das?

SOKRATES: Zu nichts; antworte nur.

KALLIKLES: Ich habe solche gesehn. 498 a

SOKRATES: Wie? Auch Verständige vergnügt und unlustig?

KALLIKLES: O ja.

SOKRATES: Welche haben nun mehr Lust und Unlust, die Vernünftigen oder die Unvernünftigen?

KALLIKLES: Ich glaube, das wird ziemlich dasselbe sein.

SOKRATES: Auch das ist mir genug. Hast du auch schon im Kriege einen Feigherzigen gesehen?

KALLIKLES: Wie sollte ich nicht.

SOKRATES: Wenn nun die Feinde abzogen, welche dünkten dich mehr Freude zu haben, die Feigen oder die Tapfern?

KALLIKLES: Sie dünkten mich beide mehr zu haben, wo nicht, doch b
ziemlich gleichviel.

Sokrates: Auch das verschlägt nichts. Es freuen sich also doch auch die Feigen?

Kallikles: Gar sehr.

Sokrates: Und die Törichten, wie es scheint?

Kallikles: Ja.

Sokrates: Kommen aber die Feinde angezogen, haben dann die Feigen allein Unlust, oder auch die Tapfern?

Kallikles: Beide.

Sokrates: Auch gleich sehr?

Kallikles: Mehr vielleicht die Feigen.

Sokrates: Und wenn sie abziehn, sollten sie nicht mehr Lust haben?

Kallikles: Vielleicht.

Sokrates: Also Lust und Unlust haben die Törichten und die Einsichtsvollen, die Feigen und die Tapfern gleichmäßig, wie du be-
c hauptest, und wohl die Feigen mehr als die Tapfern.

Kallikles: Das behaupte ich.

Sokrates: Aber doch sind die Einsichtsvollen und die Tapfern gut, die Feigen und Törichten aber böse?

Kallikles: Ja.

Sokrates: Gleichviel also haben die Guten und die Bösen Lust und Unlust?

Kallikles: Das behaupte ich.

Sokrates: Sind nun etwa auch die Guten und die Bösen beides gleichviel, gut und böse, oder sogar die Bösen noch mehr gut?

[53. Folge bei Ansetzung der Lust als das Gute: Der Schlechte ebensogut wie der Gute]

d Kallikles: Ja, beim Zeus, ich weiß nicht, was du willst.

Sokrates: Weißt du nicht, daß du sagtest, die Guten wären gut, weil ihnen Gutes einwohnte, die Bösen böse, weil Böses; das Gute aber wäre die Lust, das Böse die Unlust?

Kallikles: Das sagte ich.

Sokrates: Also denen, die sich freuen, wohnt das Gute ein, die Lust, wenn sie sich doch freuen.

Kallikles: Wie sollte es nicht.

Sokrates: Also, da ihnen Gutes einwohnt, sind die gut, welche sich freuen?

Kallikles: Ja.

Sokrates: Und wie? Denen, die Schmerz empfinden, wohnt denen nicht Böses ein, die Unlust?

Kallikles: Ja.

e Sokrates: Und wegen Einwohnung des Bösen, sagst du, sind die Bösen böse. Oder sagst du es nicht mehr?

Kallikles: Noch immer.

Sokrates: Gut also sind, die irgend Lust haben; böse, die irgend Schmerzen?

Kallikles: Freilich.

Sokrates: Die mehr, sind es mehr, die weniger, weniger, und die gleich sehr, sind es gleich sehr?

Kallikles: Ja.

Sokrates: Nun sagst du doch, die Einsichtsvollen und Törichten und die Feigen und Tapfern hätten gleich sehr Lust und Unlust, oder auch die Feigen noch mehr.

Kallikles: Das sage ich.

Sokrates: So rechne nun gemeinschaftlich mit mir zusammen, was aus dem Eingestandenen folgt. Denn auch zweimal und dreimal, sagen sie, dürfe man das Schöne vorbringen und erwägen. Gut sei der 499 a
Einsichtsvolle und Tapfere, sagen wir, nicht wahr?

Kallikles: Ja.

Sokrates: Böse der Törichte und Feige?

Kallikles: Allerdings.

Sokrates: Gut aber auch wiederum der Vergnügte?

Kallikles: Ja.

Sokrates: Und schlecht der, welcher Pein hat?

Kallikles: Notwendig.

Sokrates: Gepeinigt aber und vergnügt, sagst du, sei der Gute und der Schlechte auf gleiche Weise, vielleicht auch der Schlechte noch mehr?

Kallikles: Ja.

Sokrates: Also wird der Schlechte ebenso wie der Gute gut und schlecht oder auch noch mehr gut? Folgt nicht dieses und auch jenes b
vorige, wenn jemand behauptet, Gutes und Angenehmes wäre dasselbe? Ist es nicht notwendig, Kallikles?

[54. Unterscheidung des K. zwischen besserer und schlechterer Lust]

Kallikles: Schon lange höre ich dir so zu, Sokrates, indem ich dir immer alles zugebe, weil ich merke, daß, wenn dir jemand, wäre es auch nur im Scherz, irgend etwas preisgibt, du dich damit freust wie ein Kind. Also glaubst du wirklich, daß ich oder sonst irgendein Mensch meine, es sei nicht einige Lust besser, andere schlechter?

Sokrates: O! o! Kallikles! Wie boshaft bist du und gehst mit mir um, wie mit einem Kinde! Bald sagst du, die Sache verhalte sich so, c
bald wieder anders, und hintergehst mich. Und doch glaubte ich anfangs nicht, daß ich absichtlich von dir würde hintergangen werden, da du mir ja wohlwillst; nun aber bin ich betrogen und muß schon, nach dem alten Spruch, nehmen, was ich bekommen kann, und aus dem, was du mir gibst, soviel machen als möglich. Es ist also, wie es scheint und du jetzt sagst, so, daß einige Lust gut ist, andere schlecht.

Kallikles: Ja.

Sokrates: Sind nun gut etwa die nützlichen, schlecht aber die schäd- d
lichen?

Kallikles: Freilich.

Sokrates: Und nützlich sind doch, die etwas Gutes bewirken, schädlich aber, die etwas Schlechtes?

Kallikles: Das sage ich auch.

Sokrates: Meinst du etwa diese? Wie in Beziehung auf den Leib, von der Lust, welche wir anführten am Essen und Trinken, wenn davon einige dem Leibe Gesundheit verschaffen oder Stärke oder irgendeine andere Vollkommenheit des Leibes, daß diese gut sind, die aber das Gegenteil hiervon, schlecht?

e Kallikles: Freilich.

Sokrates: Ist es nun auch mit der Unlust ebenso, daß einige heilsam ist, andere verderblich?

Kallikles: Wie sollte es nicht.

Sokrates: Also die gute Lust und Unlust muß man wählen und bewirken?

Kallikles: Freilich.

Sokrates: Die schlechte aber nicht?

Kallikles: Offenbar.

Sokrates: Denn um des Guten willen müsse man alles tun, glaubten wir beide, wenn du dich noch erinnerst, ich und Polos. Glaubst du dies etwa mit uns, daß aller Handlungen Ziel das Gute ist, und daß um seinetwillen alles andre muß getan werden, nicht aber dieses
500 a um des andern willen? Willst du auf unsre Seite treten als der dritte?

Kallikles: Das will ich.

Sokrates: Um des Guten willen also muß man alles übrige und so auch das Angenehme tun, nicht aber das Gute wegen des Angenehmen.

Kallikles: Freilich.

Sokrates: Ist es nun etwa jedermanns Sache, auszuwählen, was unter dem Angenehmen gut ist und was schlecht, oder bedarf es zu jedem eines Kunstverständigen?

Kallikles: Eines Kunstverständigen.

[55. Repetition der beiden Lebensformen und ihrer Ziele]

Sokrates: Bringen wir uns nun in Erinnerung, was ich zum Polos und Gorgias sagte. Ich sagte nämlich, es gäbe Vorrichtungen, von
b denen einige nur bis zur Lust gingen und diese allein bewirkten, vom Besseren und Schlechteren aber nichts wüßten, andere aber erkennten, was gut ist und was schlecht; und so setzte ich unter die auf die Lust gehenden, als die leibliche, des Kochs Geschicklichkeit, nicht Kunst, unter die aber auf das Gute gehenden ebenso die Kunst des Arztes. Und nun, beim freundlichen Zeus, o Kallikles, treibe weder selbst Scherz mit mir und antworte nicht gegen deine Meinung, was sich eben trifft, noch weniger aber nimm, was ich sagen werde, so an,
c als scherzte ich. Denn du siehst, daß davon die Rede unter uns ist, worüber es gewiß für jeden Menschen, der nur ein wenig Vernunft hat, nichts Ernsthafteres geben kann, nämlich auf welche Weise er leben soll, ob auf diejenige, zu welcher du mich ermunterst, daß ich doch jenes dem Manne Geziemende betreiben möchte, im Volke auftreten, die Redekunst ausüben und den Staat verwalten auf die Art, wie ihr ihn eben jetzt verwaltet, oder ob er sich zu jener Lebensweise halten solle in der Philosophie, und worin wohl diese von der andern sich unterscheidet. Vielleicht wäre es nun am besten, wie
d ich schon vorher versuchte, abzuteilen und, nachdem wir abgeteilt haben und miteinander übereingekommen sind, ob dies die beiden Lebensweisen sind, dann überlegen, worin sie sich unterscheiden und

nach welcher man leben müsse. Vielleicht weißt du aber noch nicht, was ich meine?

KALLIKLES: Nicht recht.

SOKRATES: So will ich es dir noch deutlicher sagen. Nachdem wir
übereingekommen, ich und du, es gebe ein Gutes und auch ein An-
genehmes, und das Angenehme wäre verschieden von dem Guten,
für jedes von beiden aber gebe es eine Bemühung und Vorrichtung,
zu seinem Besitz zu gelangen, ein Jagen nach dem Angenehmen also
und eins nach dem Guten. – Gleich dies aber gib mir zuerst ent-
weder zu oder leugne es. e

KALLIKLES: Ich gebe es zu.

[56. Kunstmäßige und bloß schmeichlerische Beschäftigung mit der Seele]

SOKRATES: Wohlan, auch darüber, was ich zu diesen sagte, erkläre
dich mir, ob dich damals dünkte, daß ich recht hätte. Ich sagte näm-
lich, die Kochkunst schiene mir keine Kunst zu sein, sondern nur
eine Geschicklichkeit, wohl aber die Heilkunst, wobei ich meinte,
daß diese die Natur dessen erforscht hätte, was sie besorgt, und den 501 a
Grund dessen, was sie tut, und von jedem einzelnen Rechenschaft
geben kann; die andere aber an die Lust, auf welche ihre ganze
Sorge gerichtet ist, offenbar ganz kunstlos herangeht, ohne weder
die Natur der Lust erforscht zu haben noch ihren Grund, indem sie
ganz vernunftlos, daß ich es geradeheraus sage, gar nichts berech-
net, sondern nur durch Übung und Geschicklichkeit eine Erinnerung
dessen erhält, was zu geschehen pflegt, wodurch sie eben die Lust b
herbeischafft. Dieses nun überlege zuerst, ob du glaubst, es sei mit
Grund gesagt und es gebe wirklich auch ebenso verschiedene Be-
schäftigungen mit der Seele, einige kunstgemäße, welche Fürsorge
tragen für das Beste der Seele, andere, welche, dieses vernachläs-
sigend, nur wie dort auf die Lust der Seele bedacht sind, welcher-
maßen ihr die entstehen könnte; darauf aber, welche Lust besser
sei und welche schlechter, weder acht haben noch überhaupt um ir-
gend etwas anderes sich bekümmern, als nur wohlgefällig zu sein,
gleichviel ob besser oder schlechter. Mich nun, o Kallikles, dünkt, c
es gebe solche, und ich wenigstens sage, dergleichen sei Schmeiche-
lei, in Beziehung auf den Leib sowohl als die Seele und jedes an-
dere, dem jemand nur durch Lust gütlich tun will, ohne nachge-
dacht zu haben über das Bessere und Schlechtere. Du aber, stellst
du hierüber dieselbe Meinung auf wie wir, oder widersprichst du?

KALLIKLES: Ich nicht, sondern ich räume es ein, damit auch deine Rede zu Ende gebracht werde und ich dem Gorgias zu Willen sei.

SOKRATES: Soll es nun dergleichen für eine Seele zwar geben, für d
zwei oder mehrere aber nicht?

KALLIKLES: Nein, sondern auch für zwei und viele.

SOKRATES: Also auch vielen zu Hauf kann man Wohlgefallen erregen, ohne auf das Beste bedacht zu sein.

KALLIKLES: Das glaube ich wohl.

[57. Musik und Tragödie gehen auf das Vergnügen aus. Dichtung als schmeichlerische Redekunst]

Sokrates: Kannst du nun wohl sagen, welches die Beschäftigungen sind, die dieses tun? Oder vielmehr, wenn du willst, laß mich fragen, und welche dir nun zu diesen zu gehören scheint, von der bejahe es, welche nicht, von der verneine es. Zuerst laß uns die
e Kunst des Flötenspielens betrachten. Dünkt sie dich nicht eine solche zu sein, Kallikles, daß sie nur unser Vergnügen sucht und auf nichts anderes bedacht ist?

Kallikles: Das dünkt mich.

Sokrates: Nicht auch alle ähnlichen insgesamt, wie das Spiel auf der Lyra in den tonkünstlerischen Wettstreiten?

Kallikles: Ja.

Sokrates: Und wie die Ausführung der Chöre und die Dichtung der Dithyramben, erscheint dir die nicht auch als eine solche? Oder meinst du, Kinesias, der Sohn des Meles, denke im mindesten darauf, wie er so etwas sagen will, wodurch seine Zuhörer besser wer-
502 a den? Oder nur, wodurch er dem großen Haufen derselben gefallen will?

Kallikles: Das letzte wohl ist deutlich genug, vom Kinesias nämlich.

Sokrates: Nun, und sein Vater Meles? Glaubst du, der habe auf das Beste Rücksicht genommen bei seinem Spiel auf der Lyra? Oder er ja wohl nicht einmal auf das Angenehmste; denn er quälte mit seinem Gesang die Zuhörer. Aber überlege nur, scheint dir nicht das ganze Spiel auf der Lyra und die dithyrambische Dichtkunst nur zum Vergnügen erfunden zu sein?

Kallikles: Das scheint mir.

b Sokrates: Und jene prächtige und bewundernswürdige Dichtung der Tragödie, worauf wendet die so viel Fleiß? Meinst du, ihr Zweck und ihre Bemühung sei nur darauf gerichtet, den Zuschauern Wohlgefallen zu erregen, oder auch darauf, durchzusetzen, daß, wenn ihnen etwas zwar angenehm ist und wohlgefällig, aber verderblich, dieses nicht gesagt werde, und wenn dagegen etwas ihnen widerlich ist, aber heilsam, daß sie dieses sage und singe, mögen sie sich nun daran ergötzen oder nicht? Auf welches von beiden scheint es dir die tragische Dichtkunst angelegt zu haben?

Kallikles: Es ist ja offenbar, Sokrates, daß sie mehr auf die Lust
c ausgeht und darauf, den Zuschauern gefällig zu sein.

Sokrates: Dieses aber, o Kallikles, sagten wir eben jetzt, sei Schmeichelei?

Kallikles: Allerdings.

Sokrates: Wohlan, wenn jemand von jeder Dichtung den Gesang wegnimmt und den Tonfall und das Silbenmaß, werden nicht, was übrigbleibt, Reden?

Kallikles: Notwendig.

Sokrates: Und vor einem großen Haufen Volks werden diese Reden gesprochen?

Kallikles: Freilich.

Sokrates: Also ist die Dichtkunst auch eine Volksbearbeitung.
Kallikles: So scheint es. d
Sokrates: Und nicht wahr, als Redekunst ist sie Volksbearbeitung. Oder scheinen dir nicht die Dichter auf der Schaubühne Redekunst zu treiben?
Kallikles: Wohl freilich.
Sokrates: Jetzt also haben wir eine Redekunst gefunden an ein solches Volk, aus Kindern zugleich und Weibern und Männern bestehend, aus Knechten und Freien, mit welcher wir nicht sehr zufrieden sind; denn wir sagen, sie sei eine Schmeichelei.
Kallikles: Freilich.

[58. Kein Redner hat das Volk zu bessern versucht, auch Themistokles und Perikles nicht]

Sokrates: Wie aber die vor dem Volk der Athener oder überhaupt in Städten vor andern Versammlungen freier Männer? Was e
ist uns doch diese? Scheinen dir etwa die Redner immer in Beziehung auf das Beste zu sprechen, dieses im Auge habend, daß die Bürger möglichst gebessert werden durch ihre Reden? Oder gehen auch diese nur darauf aus, sich den Bürgern gefällig zu machen, und behandeln, ihres eigenen Vorteils wegen den gemeinsamen vernachlässigend, das versammelte Volk wie Kinder, indem sie ihm nur Vergnügen zu machen suchen, ob es aber besser oder schlechter werden wird dadurch, sich nicht kümmern? 503 a
Kallikles: Das ist nicht mehr so im allgemeinen zu beantworten; denn es gibt solche, die, was sie sagen, aus wahrer Vorsorge für die Bürger sagen, es gibt aber auch solche, wie du sagst.
Sokrates: Das genügt mir. Denn wenn sich dieses auch teilt: so ist doch der eine Teil Schmeichelei und schlechte Volksbearbeitung; der andere aber wäre etwas Schönes, Besserung zu bewirken für die Seelen der Bürger und immer durchzusetzen, daß man nur das Beste rede, mag es angenehmer sein oder unangenehmer für die Hörer. Aber niemals gewiß hast du diese Redekunst gesehen; oder b
wenn du einen solchen angeben kannst unter den Rednern, warum hast du ihn mir nicht auch genannt, welcher es sei?
Kallikles: Ja, beim Zeus, ich weiß dir keinen zu nennen, wenigstens unter den jetzigen Rednern.
Sokrates: Wie? Etwa unter den alten weißt du einen zu nennen, durch welchen besser geworden zu sein man den Athenern nachsagen kann, seit er angefangen, das Volk zu bearbeiten, da sie vorher schlechter waren? Denn ich weiß nicht, wer dieser ist.
Kallikles: Wie? Hast du nicht gehört, was für ein vortrefflicher c
Mann Themistokles gewesen und Kimon und Miltiades und dieser Perikles, der erst neuerdings gestorben ist und den du noch selbst gehört hast?
Sokrates: Ja, Kallikles, wenn nämlich die, welche du vorher meintest, die rechte Tugend ist, Begierden zu befriedigen, seine eignen und andrer; wenn aber nicht dies, sondern was wir in dem späteren Teil des Gesprächs genötigt wurden anzunehmen, nämlich wel-

che Begierden, wenn sie befriedigt werden, den Menschen besser
d machen, diese zu erfüllen, welche aber schlechter, die nicht, und daß es hierzu einer Kunst bedürfe; kannst du dann wohl sagen, daß irgendeiner von diesen Männern ein solcher gewesen sei?

KALLIKLES: Ich weiß nicht mehr, was ich sagen soll.

[59. Ordnung und Anstand der Seele sind Gerechtigkeit und Besonnenheit]

SOKRATES: Wenn du es nur aufrichtig untersuchst, wirst du es schon finden. Laß uns aber so ganz gemach betrachtend zusehn, ob einer von diesen ein solcher gewesen ist. Nicht wahr, der rechtschaffene Mann, der um des Besten willen sagt, was er sagt, der wird doch nicht in den Tag hinein reden, sondern etwas Bestimmtes vor
e Augen habend? So wie auch alle anderen Künstler jeder sein eigentümliches Werk im Auge habend nicht aufs Geratewohl zugreifend jedesmal etwas Neues an ihr Werk anlegen, sondern damit jedem das, was er ausarbeitet, eine gewisse bestimmte Gestalt bekomme. Wie wenn du die Maler ansehn willst, die Baumeister, die Schiffbauer und alle anderen Arbeiter, welche du willst, so bringt jeder jedes, was er hinzubringt, an eine bestimmte Stelle und zwingt jedes, sich zu dem andern zu fügen und ihm angemessen zu sein,
504a bis er das ganze Werk wohlgeordnet und ausgestattet mit Schönheit dargestellt hat. So diese Künstler, und so auch jene andern, von denen wir eben sprachen, die es mit dem Leibe zu tun haben, die Ärzte und die Turnmeister, die bringen doch so den Leib zu Ordnung und Anstand. Nehmen wir an, daß es sich so verhalte, oder nicht?

KALLIKLES: Das mag immer so sein.

SOKRATES: Ein Hauswesen also, in welchem Ordnung und Anstand anzutreffen ist, das wäre ein vollkommenes, in welchem aber Unordnung, das ein schlechtes?

KALLIKLES: Das gebe ich zu.

SOKRATES: Ebenso auch ein Schiff?

b KALLIKLES: Ja.

SOKRATES: Und dasselbe sagen wir auch von unserm Leibe?

KALLIKLES: Freilich.

SOKRATES: Wie aber die Seele? Wird die vollkommen sein, wenn Unordnung in ihr anzutreffen ist, oder auch sie, wenn Ordnung und Anstand?

KALLIKLES: Notwendig ergibt sich aus dem vorigen auch dieses.

SOKRATES: Wie nennt man nun, was für den Leib aus Ordnung und Anstand sich bildet?

KALLIKLES: Du meinst wohl Gesundheit und Stärke?

c SOKRATES: Die meine ich. Wie aber nun, was der Seele eingebildet wird durch Ordnung und Anstand? Versuche doch auch dafür wie für jenes einen Namen zu finden und auszusprechen.

KALLIKLES: Warum sagst du es nicht selbst, Sokrates?

SOKRATES: Wenn es dir lieber ist, will ich es wohl sagen. Aber nur, wenn du glaubst, daß ich es richtig sage, stimme mir bei; wenn aber nicht, so widerlege mich und sieh mir ja nichts nach. Ich meine also, die Ordnungen für den Leib heißen Gesundheitsregeln, wodurch in ihm Gesundheit entsteht und jede andere Tugend des Leibes. Ist das so oder nicht?

Kallikles: Es ist so.

Sokrates: Die Ordnungen aber und Bildungsvorschriften für die d
Seele sind Recht und Gesetz, vermittels deren sie rechtlich werden und anständig, und das ist eben Gerechtigkeit und Besonnenheit. Bejahst du es oder nicht?

Kallikles: Es sei so.

[60. Hinblick des wahren Redners auf die Gerechtigkeit. Zucht für die Seele besser als Unbändigkeit]

Sokrates: Mit Hinsicht hierauf also wird jener Redner, der rechtschaffene und kunstmäßige, sowohl alle seine Reden, die er der Seele anbringt, einrichten, als auch seine Handlungen, und was er gewährt, wird er gewähren, wo er etwas versagt und entzieht, wird er es versagen, darauf immer den Sinn gerichtet, wie Gerechtigkeit in die Seele seiner Mitbürger kommen möge, Ungerechtigkeit aber e
hinweggeschafft werden und so jede andre Tugend hineinkommen möge, die Untugend aber abziehen. Räumst du dies ein oder nicht?

Kallikles: Ich räume es ein.

Sokrates: Denn was würde es auch helfen, einem kranken, zerrütteten Leibe viele und noch so angenehme Speisen zu reichen oder Getränke oder irgend etwas, was ihm bisweilen um nichts mehr dient, oder im Gegenteil recht gesprochen, wohl noch weniger. Ist das so oder nicht?

Kallikles: Es sei. 505 a

Sokrates: Denn ich denke, es lohnt dem Menschen nicht, in einem jämmerlichen Zustande des Leibes fortzuleben, weil er ja so auch notwendig ein jämmerliches Leben führt. Oder ist es nicht so?

Kallikles: Ja.

Sokrates: Und nicht wahr, seine Begierden zu befriedigen, wie wenn er hungert, essen soviel er will, und wenn ihn durstet trinken, das gestatten die Ärzte dem Gesunden wohl meistenteils, den Kranken aber lassen sie gerade niemals sich daran sättigen, wonach ihn gelüstet. Dies gibst du doch auch wohl zu?

Kallikles: Ja.

Sokrates: Und mit der Seele, Bester, ist es nicht ebenso? Solange b
sie noch schlecht ist, weil unvernünftig, unbändig, ungerecht und unfromm, muß man sie zurückhalten in ihren Begierden und ihr nicht verstatten, irgend anderes zu tun, als wodurch sie besser werden kann? Bejahst du oder nicht?

Kallikles: Ich bejahe.

Sokrates: Denn so ist es ihr selbst wohl besser, der Seele.

Kallikles: Ja doch.

Sokrates: Und zurückhalten von dem, was sie begehrt, das heißt doch bändigen und in Zucht halten?

Kallikles: Ja.

Sokrates: In Zucht gehalten werden, das ist also für die Seele besser als die Unbändigkeit, wie du doch vorher meintest.

c Kallikles: Ich weiß nicht, was du vorbringst, Sokrates! Frage lieber einen andern.

Sokrates: Dieser Mann will sich nicht gefallen lassen, gefördert zu werden durch eben dieses, wovon die Rede ist, daß man ihn nämlich in Zucht halte.

Kallikles: Auch kümmert mich gar nichts von allem, was du sagst, und ich habe dir auch bis jetzt nur des Gorgias wegen geantwortet.

Sokrates: Wohl! Was wollen wir also machen? Die Rede mitten abbrechen?

Kallikles: Das magst du selbst wissen.

Sokrates: Sagen sie doch, es sei nicht recht, auch nur ein Mär-
chen in der Mitte stecken zu lassen, sondern man solle ihm einen
d Kopf aufsetzen, damit es nicht ohne Kopf umhergehe. So beantwor-
te nun noch das übrige, damit auch unser Gespräch seinen Kopf
bekomme.

[61. Aufgeben des Kallikles]

Kallikles: Wie zudringlich du bist, Sokrates! Wenn du indes mir folgen wolltest, ließest du diese Rede fallen oder sprächst mit einem andern.

Sokrates: Wer will wohl von den andern? Damit wir doch die Rede nicht unvollendet lassen.

Kallikles: Kannst du sie denn nicht allein zu Ende bringen, sei es nun, daß du zusammenhängend fortsprächest, oder daß du dir selbst antwortetest?

e Sokrates: Damit mir noch das Epicharmische widerführe, was
vorhin zwei Männer sprachen, daß dazu ich allein genug sei. Indes,
es mag wohl so ganz notwendig sein. Wollen wir es jedoch so ma-
chen, so denke ich, wir müssen auch alle aus allen Kräften uns be-
mühen zu erfahren, was wahr ist in der Sache, wovon wir spre-
chen, und was falsch; denn es ist für alle insgemein gut, daß dies
506 a ans Licht komme. Ich also will es durchgehen, wie ich glaube, daß
es sich verhält. Wenn aber einen von euch dünkt, ich stimmte mir selbst bei, wo ich nicht sollte: so müßt ihr dazwischentreten und widerlegen. Denn nicht, als wüßte ich es, sage ich, was ich sage, sondern ich suche es gemeinschaftlich mit euch; so daß, wenn mir derjenige etwas zu sagen scheint, der mir widerstreitet, ich es zuerst einräumen werde. Ich sage jedoch dies nur, falls euch gut dünkt, daß die Rede zu Ende gebracht werde; wollt ihr aber das nicht, so lassen wir sie und gehen auseinander.

Gorgias: Ich meines Teils denke nicht, daß wir schon auseinander
b gehen sollten, sondern daß du die Rede durchführst, und ich sehe
wohl, daß die andern eben dies wünschen. Denn auch ich möchte gar gern hören, wie du das übrige allein durchnimmst.

Sokrates: Freilich, Gorgias, hätte ich gern noch mit unserm Kallikles weiter gesprochen, bis ich ihm könnte die Rede des Amphion wiedergegeben haben für die des Zethos. Da aber du, o Kallikles,

die Rede nicht mit mir zu Ende führen willst: so merke wenigstens
auf und weise mich zurecht, wenn du meinst, daß ich etwas Unrich-
tiges sage. Und wenn du mich überführst, werde ich dir nicht zür- c
nen, wie du mir, sondern als mein größter Wohltäter wirst du bei
mir angeschrieben stehen.

KALLIKLES: So sprich nur selbst, Guter, und mache ein Ende.

[62. Wohlgeordnetheit der Seele ist Besonnenheit. Ihre Verbindung mit Gerechtigkeit, Frömmigkeit und Tapferkeit]

SOKRATES: Höre denn, wie ich von Anfang an alles wieder aufnehme.

Ist wohl das Angenehme und das Gute einerlei? – Nicht einer-
lei, wie ich und Kallikles übereingekommen sind. – Muß nun das
Angenehme um des Guten willen getan werden oder das Gute um
des Angenehmen? – Das Angenehme um des Guten willen. – An-
genehm aber ist das, durch dessen Anwesenheit wir ergötzt wer-
den; gut hingegen, durch dessen Anwesenheit wir gut sind? – Ge- d
wiß. – Gut aber sind wir, und alles andere, was gut ist, durch ir-
gendeiner Tugend Anwesenheit? – Dies dünkt mich wenigstens not-
wendig, Kallikles. – Die Tugend eines jeglichen Dinges aber, eines
Gerätes wie eines Leibes und so auch einer Seele und jegliches Le-
benden, findet sich nicht so von ungefähr aufs schönste herzu, son-
dern durch Ordnung, richtiges Verhalten und durch die Kunst, wel-
che eben einem jeden angewiesen ist. Ist dies wohl so? – Ich we-
nigstens bejahe es. – Durch Ordnung also wird die Tugend eines je- e
den festgesetzt und instand gebracht? – Ich würde es bejahen. –
Eine gewisse eigentümliche Ordnung also, die sich in einem jeden
bildet, macht jeden und jedes gut? – So dünkt mich. – Auch die
Seele also, die ihre eigentümliche Ordnung und Sitte hat, ist bes-
ser als die ungeordnete? – Notwendig. – Die aber Ordnung und
Sitte hat, das ist die sittliche? – Wie anders? – Und die sittliche ist
die besonnene? – Notwendig. – Die besonnene Seele also ist die 507 a
gute? – Ich wenigstens weiß nichts anderes zu sagen als dies, lie-
ber Kallikles, weißt du aber etwas, so lehre es mich.

KALLIKLES: Sprich nur weiter, du Guter.

SOKRATES: Weiter also sage ich, wenn die besonnene die gute ist:
so ist die von der entgegengesetzten Beschaffenheit die böse; diese
war aber die besinnungslose und ungebundene? – Freilich. – Der
Besonnene aber tut überall, was sich gebührt, gegen Götter und
Menschen; denn er wäre ja nicht besonnen, wenn er das Ungebühr-
liche täte? – Das ist notwendig so. – Tut er nun, was sich gebührt b
gegen Menschen, so tut er das Gerechte; und wenn dasselbe gegen
die Götter, dann das Fromme, und wer gerecht und fromm handelt,
der ist notwendig auch gerecht und fromm? – So ist es. – Ja, auch
tapfer wohl notwendig; denn dem Besonnenen ist es nicht eigen,
zu suchen oder zu fliehen, was sich nicht gebührt, sondern diejeni-
gen Ereignisse und Menschen, Lust und Unlust zu fliehen und zu
suchen, welche er soll, und standhaft auszuharren, wo er soll. So
daß notwendig, o Kallikles, der besonnene Mann, da er, wie wir ge- c
zeigt haben, auch gerecht und tapfer und fromm ist, auch der voll-

kommen gute Mann sein wird; der Gute aber wird schön und wohl
in allem leben, wie er lebt, wer aber wohl lebt, wird auch zufrie-
den und glückselig sein; der Böse hingegen und der schlecht lebt,
elend. Und dies wäre der, welcher dem Besonnenen entgegengesetzt
sich verhält, der Zügellose, welchen du lobtest.

*[63. Durch Gerechtigkeit und Besonnenheit sind die Glückseligen
glückselig]* So setze ich wenigstens dieses und behaupte, daß es so
wahr ist. Ist dies aber wahr, so muß, wie es scheint, wer glückselig
d sein will, die Besonnenheit suchen und üben, die Zügellosigkeit aber
fliehen, jeder so weit und schnell er kann; und so dieses vor allen
Dingen zu erlangen suchen, daß er keiner Züchtigung bedürfe, bedarf
er ihrer aber entweder selbst oder einer von seinen Angehörigen,
sei es ein Einzelner oder der Staat, dann Strafe auflegen und züch-
tigen, wenn er glückselig sein will. Dies dünkt mich das Ziel zu sein,
auf welches man hinsehen muß bei Führung des Lebens, und alles
in eignen und gemeinschaftlichen Angelegenheiten darauf hinlen-
kend so verrichten, daß immer Gerechtigkeit und Besonnenheit dem
e gegenwärtig bleibe, der glückselig werden will; nicht aber so, daß
man die Begierden zügellos werden lasse und im Bestreben, sie zu
befriedigen — ein überschwengliches Übel —, das Leben eines Räubers
lebe. Denn weder mit einem andern Menschen kann ein solcher be-
freundet sein, noch mit einem Gott; denn er kann in keiner Ge-
meinschaft stehen, wo aber keine Gemeinschaft ist, da kann auch kei-
ne Freundschaft sein. Die Weisen aber behaupten, o Kallikles, daß
508 a auch Himmel und Erde, Götter und Menschen nur durch Gemein-
schaft bestehen bleiben und durch Freundschaft und Schicklichkeit
und Besonnenheit und Gerechtigkeit, und betrachten deshalb, o
Freund, die Welt als ein Ganzes und Geordnetes, nicht als Verwirrung
und Zügellosigkeit. Du aber, wie mich dünkt, merkst hierauf nicht,
wiewohl du so weise bist, sondern es ist dir entgangen, daß die geo-
metrische Gleichheit soviel vermag unter Göttern und Menschen;
du aber glaubst, alles komme an auf das Mehrhaben, weil du eben
die Meßkunst vernachlässigst. Wohl! Entweder nun muß uns dieser
b Satz widerlegt werden, daß durch Gerechtigkeit und Besonnenheit
die Glückseligen glückselig sind und durch Schlechtigkeit die Elen-
den elend, oder, wenn er wahr bleibt, muß man sehen, was folgt.
Nämlich jenes vorige, o Kallikles, folgt alles, wovon du mich fragtest,
ob ich es im Ernst meinte, als ich sagte, daß man, wer nur etwas Un-
rechtes getan, den anklagen müsse, sich selbst, seinen Sohn, seinen
Freund, und dazu die Redekunst gebrauchen. Und was Polos dir
schien nur aus Scham zugegeben zu haben, das war also wahr, daß
nämlich das Unrechttun um wieviel schändlicher, um soviel auch üb-
c ler wäre als das Unrechtleiden; und daß, wer ein rechter Redner wer-
den wolle, notwendig gerecht und des Rechts kundig sein müsse, was
wiederum Gorgias nach Polos' Rede nur aus Scham soll eingeräumt
haben.

[64. Ungerechtigkeit ist das größte Übel] Verhält sich nun dieses so:
so laß uns sehn, wie es wohl mit dem steht, was du mir vorwirfst, ob
es wohl recht gesagt ist oder nicht, daß ich nicht imstande bin, mir
selbst noch irgendeinem meiner Freunde und Angehörigen zu hel-
fen oder sie aus den größten Gefahren zu erretten, sondern daß ich
in eines jeden Gewalt bin, wie die Ehrlosen, der nur Lust hat, und
wenn er mich auch, was ja das große Wort in deiner Rede war, ins d
Angesicht schlagen wollte oder des Vermögens berauben oder aus der
Stadt vertreiben oder endlich gar töten; und sich in solchem Zustande
zu befinden ist ja das Schändlichste nach deiner Meinung. Meine Mei-
nung dagegen, welche schon oft gesagt worden ist, mag sie aber doch
immer noch einmal gesagt werden, ist: Ich leugne, Kallikles, daß
ungerechterweise ins Angesicht geschlagen zu werden das Schänd-
lichste ist; ebenso auch nicht, wenn man mir schnitte, sei es den Leib e
oder den Beutel, sondern eben das mich und das Meinige ungerech-
terweise Schlagen und das Schneiden ist sowohl schändlicher als üb-
ler. Und Stehlen dazu und Entführung zur Knechtschaft und ge-
waltsamer Einbruch und überhaupt jedes andere Unrecht gegen mich
und das Meinige ist für den, der es begeht, beides übler und schänd-
licher als für mich, an dem es begangen wird. Dieses, was sich uns
auch schon dort in den früheren Reden so gezeigt hatte, wie ich sage,
bleibt fest und wohl verwahrt, sollte das auch zu derb klingen, mit 509 a
eisernen und stählernen Gründen, wie es ja nun scheint, welche du
oder ein noch Mutigerer entweder lösen muß, oder es wird nicht mög-
lich sein, anders, als ich getan, und doch richtig über die Sache zu re-
den. Denn ich bleibe immer bei derselben Rede, daß ich zwar nicht
weiß, wie sich dies verhält, daß aber von denen, die ich angetroffen,
wie auch jetzt, keiner imstande gewesen ist, etwas anderes zu be-
haupten, ohne dadurch lächerlich zu werden. Daher sage ich wieder-
um, daß es sich so verhält. Und wenn es sich so verhält, und das b
größte unter allen Übeln die Ungerechtigkeit selbst ist für den, der
Unrecht tut, und noch ein größeres womöglich als dieses größte die
Ungestraftheit des Unrechttuns ist: welche Hilfe müßte dann ein
Mensch sich selbst zu leisten unfähig sein, um dadurch in Wahrheit
zum Gespött zu werden? Nicht diejenige, welche gerade den größten
Schaden von uns abwendet? Ganz notwendig doch muß es das
Schmählichste sein, gerade diese Hilfe sich selbst und seinen Freun-
den und Angehörigen nicht leisten zu können, nächstdem aber die
gegen das zweite Übel und drittens die gegen das dritte; und so fort c
nach der eigentümlichen Größe eines jeden Übels ist es auch schön,
gegen jedes Hilfe leisten zu können, und schmählich, es nicht zu
können. Verhält es sich anders, oder so, Kallikles?

KALLIKLES: Nicht anders.

[65. Notwendigkeit eines Vermögens, das Unrecht zu meiden]

SOKRATES: Unter den beiden nun, dem Unrechttun und Unrechtlei-
den, ist das größere Übel, sagen wir, das Unrechttun, das kleinere
das Unrechtleiden. Was müßte sich nun jemand wohl verschaffen,
um diese beiden Vorteile zu genießen, den, nicht Unrecht zu tun, d

und den, nicht Unrecht zu leiden? Das Vermögen oder den Willen? Ich meine nämlich so: Wenn einer nicht will Unrecht leiden, wird er schon deshalb wirklich nicht Unrecht leiden, oder wird er nur dann, wenn er sich ein Vermögen erworben hat, nicht Unrecht zu leiden, auch wirklich nicht Unrecht leiden?

Kallikles: Das ist ja wohl offenbar, wenn ein Vermögen.

Sokrates: Und wie ist es mit dem Unrechttun? Ist es etwa hinreichend, wenn einer nur nicht Unrecht tun will; so daß er dann auch
e nicht Unrecht tun wird; oder muß auch hierzu ein Vermögen und eine Kunst erworben werden, weil, wenn einer diese nicht lernt und übt, er doch Unrecht tun wird? Warum beantwortest du mir nicht dieses wenigstens, Kallikles! Glaubst du, daß ich und Polos durch eine wahre Notwendigkeit dahin gebracht worden sind oder nicht, in unserm vorigen Gespräch dies einzugestehn, was wir eingestanden, niemand täte mit Willen Unrecht, sondern alle Unrechttuenden täten Unrecht wider Willen?

510 a Kallikles: Auch das mag so sein, Sokrates, damit du deine Rede zu Ende bringst.

Sokrates: Auch hierzu also, wie es scheint, muß ein Vermögen und eine Kunst erworben werden, um nicht Unrecht zu tun?

Kallikles: Ja doch.

Sokrates: Welches ist nun die Kunst, durch welche man erreicht, daß man gar nicht oder so wenig als möglich Unrecht leidet? Sieh zu, ob du ebenso denkst wie ich. Ich denke nämlich so. Entweder muß man selbst im Staate herrschen, sei es gesetzmäßig oder gewalttätig, oder man muß der bestehenden Gewalt freund sein.

Kallikles: Siehst du, Sokrates, wie bereit ich bin, dich zu loben,
b wenn du etwas Richtiges vorbringst? Dies scheinst du mir sehr richtig gesagt zu haben.

[66. Freundschaft mit der herrschenden Gewalt dazu dienlich?]

Sokrates: Erwäge dann auch dies, ob es dir gut gesagt scheint. Freund nämlich dünkt mich einem jeden derjenige am meisten zu sein, von dem es schon die Alten und Weisen sagen, der Ähnliche dem Ähnlichen. Meinst du nicht auch?

Kallikles: Auch ich.

Sokrates: Wenn also ein roher und ungebildeter Mann irgendwo eigenmächtig herrscht, wird nicht ein solcher Tyrann, wenn es irgend in diesem Staate einen weit besseren Mann gibt, als er selbst
c ist, diesen fürchten und ihm nicht von ganzer Seele freund sein können?

Kallikles: So ist es.

Sokrates: Ebensowenig aber auch, wenn einer weit schlechter wäre, dem auch nicht. Denn einen solchen würde der Tyrann verachten und ihm nicht solche Aufmerksamkeit wie einem Freunde beweisen können.

Kallikles: Auch das ist wahr.

Sokrates: Es bleibt also nur der übrig als der rechte Freund für einen solchen, der ihm gleichgesinnt wäre, dasselbe lobend und ta-

delnd, und sich dennoch beherrschen lassen und dem Gewalthabenden unterworfen sein wollte. Dieser wird dann viel in solchem Staate vermögen, und niemand wird ihn ungestraft beleidigen. d
Steht es nicht so?

KALLIKLES: Ja.

SOKRATES: Wollte also in dieser Stadt einer von den jüngeren Leuten überlegen, auf welche Weise könnte ich wohl zu großer Macht gelangen, daß mich niemand beleidigte: so wäre dies, wie es scheint, der Weg für ihn, daß er sich gleich von Jugend an gewöhnte, dasselbe zu lieben und zu hassen wie sein Herr, und es darauf anlegte, diesem so ähnlich zu werden als möglich. Nicht so?

KALLIKLES: Ja.

SOKRATES: Also diesem wird das bewirkt sein in der Stadt, daß er nicht beleidigt werde und, wie ihr sprecht, viel vermöge? e

KALLIKLES: Allerdings.

SOKRATES: Aber etwa auch dies, daß er selbst nicht Unrecht tue? Oder weit gefehlt, wenn er ja einem unrechten Gewalthaber ähnlich sein soll und bei diesem viel vermögen? Sondern, denke ich, im Gegenteil wird ja seine ganze Vorrichtung darauf gehn, daß er imstande sei, möglichst viel Unrecht zu tun und doch nicht bestraft zu werden. Nicht wahr?

KALLIKLES: Offenbar.

SOKRATES: Also das größte Übel wird er doch bei sich tragen, daß 511 a
er sich nämlich um dieser Nachahmung seines Herrn und dieser Gewalt willen seine Seele zerrüttet und verstümmelt hat?

KALLIKLES: Ich weiß nicht, wie du jedesmal deine Reden windest und drehst, Sokrates, immer wieder das Unterste nach oben. Oder weißt du nicht, daß dieser Nachahmer jenen nicht Nachahmenden töten und ihm alles nehmen wird, was er hat?

SOKRATES: Das weiß ich, mein guter Kallikles, wenn ich etwa nicht b
taub bin, da ich es ja von dir und Polos eben mehr als einmal gehört habe und auch sonst von fast allen in der Stadt. Aber höre du mich auch; er wird ihn freilich töten, wenn er will; aber er wird dies tun wie ein Böser an einem Guten und Rechtschaffenen.

KALLIKLES: Ist das nun nicht eben das Empörendste?

SOKRATES: Nicht für den Vernünftigen, wie unsere Rede andeutet. Oder soll der Mensch nur dafür sorgen, daß er die längstmögliche Zeit lebe, und sich nur der Künste befleißigen, die uns immer aus den Gefahren erretten, wie auch der Redekunst, deren ich nach dei- c
nem Rate mich befleißigen soll, weil sie uns aushelfen kann vor Gericht?

KALLIKLES: Und gewiß, beim Zeus, sehr gut riet ich dir.

[67. Bloße Rettung vorm Tode bedeutet nicht viel]

SOKRATES: Wie doch, Bester? Hältst du auch die Kunst zu schwimmen für etwas sehr Großes und Vortreffliches?

KALLIKLES: Wahrlich, ich nicht.

SOKRATES: Aber doch rettet auch sie die Menschen vom Tode, wenn sie in solche Umstände geraten sind, wobei es dieser Kunst

bedarf. Dünkt dich nun diese geringfügig, so will ich dir eine grö-
d ßere als sie nennen, die Kunst der Schiffahrt, welche nicht nur das
Leben, sondern auch Leib und Vermögen zugleich aus den äußer-
sten Gefahren rettet, eben wie die Redekunst. Und diese hält sich
doch sehr zurückgezogen und sittsam und macht gar nicht große
Ansprüche in ihrem ganzen Betragen, als ob sie etwas Außerordent-
liches leistete. Sondern hat sie dasselbe geleistet, was die gerichtli-
che Verteidigung: so will sie doch, wenn sie einem aus Aigina glück-
lich hierher geholfen hat, glaube ich, zwei Obolen verdient haben,
wenn aber aus Ägypten oder dem Pontos, wird sie für diese große
e Wohltat, nachdem sie einen mit Weib und Kind und Habe erhal-
ten und in den Hafen gebracht hat, aufs höchste zwei Drachmen
fordern, und er selbst, der diese Kunst besitzt und dies geleistet hat,
steigt aus und geht am Ufer auf und ab neben seinem Schiffe gar
bescheidenen Ansehns. Er weiß nämlich, so denke ich, zu berechnen,
daß ihm unbewußt ist, welchen der Schiffsgesellschaft er wirklich
Nutzen gestiftet hat, indem er sie nicht ertrinken ließ, und welchen
vielleicht Schaden, da er ja weiß, daß er sie um nichts besser ausge-
512 a setzt hat als sie eingestiegen waren, weder dem Leibe noch der See-
le nach. Er berechnet also, daß doch unmöglich, wenn ein mit gro-
ßen und unheilbaren Leibesübeln Bestrafter nicht ertrank, ein sol-
cher zwar elend daran ist, daß er den Tod nicht gefunden hat, und
diesem also gar kein Vorteil geschafft ist durch ihn, wenn aber ei-
ner mit großen und unheilbaren Übeln an der Seele, die soviel mehr
als der Leib wert ist, behaftet ist, daß dem gut sein könne fortzu-
leben, und er ihm einen Nutzen verschafft habe, wenn er ihn, gleich-
viel ob aus der See oder vor Gericht oder wo nur sonst irgendher
errettet habe; sondern er weiß, daß es für einen solchen elenden
b Menschen gar nicht besser ist zu leben, weil er eben schlecht leben
muß.

[68. Streben nach Selbsterhaltung ist keine Tugend. Politischer Einfluß?]

Darum ist es auch nicht hergebracht, daß der Schiffer groß tut, ob
er uns gleich beim Leben erhält. Und ebensowenig ja der Kriegs-
baumeister, du Wunderlicher, der die Befestigungen besorgt, wie-
wohl er bisweilen kein geringerer Helfer ist als sogar der Heerfüh-
rer, geschweige denn als der Schiffer und als sonst irgendeiner;
denn er rettet ja wohl bisweilen ganze Städte. Meinst du nicht, der
könnte sich ja wohl mit dem Sachwalter gleichstellen? Und freilich,
Kallikles, wenn er reden wollte wie ihr und die Sache herausstrei-
c chen, er würde euch ganz verschütten unter seinen Reden und Er-
mahnungen, daß ihr solltet Kriegsbaumeister werden, und daß alles
andere nichts wäre. Zu sagen hätte er genug. Aber du achtest ihn
dennoch gering samt seiner Kunst, ja ordentlich zum Schimpf könn-
test du ihn den Kriegsbaumeister nennen und würdest weder seinem
Sohn deine Tochter zur Ehe geben noch die seinige für deinen neh-
men wollen. Und doch nach dem, weshalb du dein Geschäft lobst,
mit welchem Rechte kannst du ihn und die übrigen, die ich erwähnt,

gering achten? Ich weiß, du wirst sagen, du wärest ein Besserer und d
stammtest von Besseren her. Allein, wenn das Bessere nicht das
sein soll, was ich so nenne, sondern eben dies die Tugend ist, nur
sich selbst und das Seinige zu erhalten, wie einer auch sonst sein
möge: so wird deine Verachtung lächerlich, gegen den Kriegsbau-
meister und den Arzt und alle die andern Künste, welche der Er-
haltung wegen ersonnen sind. Also, Bester, sieh zu, ob nicht das
Edle und Gute etwas ganz anderes ist, als das Erhalten und Erhal-
tenwerden, und ob nicht ein Mann, der es wahrhaft ist, eben dieses, e
nur zu leben, so lange es irgend geht, muß dahingestellt sein las-
sen und keineswegs am Leben hängen, sondern, dieses Gott über-
lassend und mit den Weibern glaubend, daß doch keiner seinem
Schicksal entgeht, nur auf das Nächste sehen, auf welche Weise er
während der Zeit, die er nun zu leben hat, am besten leben möge,
ob er sich wirklich soll der Regierung ähnlich machen, unter wel- 513 a
cher er wohnt, und jetzt also auch du dem Volke der Athener sollst
ähnlich zu werden suchen so sehr als möglich, wenn du bei ihm
willst beliebt sein und viel vermögen in der Stadt. Dies siehe zu,
ob es dir wirklich nutzt und mir, damit es uns nicht gehe, wie man
von den Thessalerinnen sagt, welche den Mond herunterholen, und
auch wir mit dem Liebsten, was wir haben, uns dieses erwerben, viel
zu vermögen im Staate. Glaubst du aber, irgendein Mensch könne
dir eine solche Kunst mitteilen, welche dich vielvermögend machen
kann in dieser Stadt, wenn du auch ihrer Verfassung unähnlich b
bist, gleichviel ob besser oder schlechter: so berätst du dich schlecht,
o Kallikles, wie mich dünkt. Denn nicht einmal nur sein Nachahmer
mußt du sein, sondern schon von Natur ihm ähnlich, wenn du et-
was Ordentliches erlangen willst in der Freundschaft des atheni-
schen Volks, und so auch wahrlich in der deines Jünglings. Wer dich
also diesem recht ähnlich macht, der macht dich, wie du ein Staats-
mann zu sein wünschst, zu einem solchen Staatsmann und Redner.
Denn was nach seinem eignen Sinn gesprochen wird, daran freut
sich ein jeder, was aber aus einem fremden, das ist ihm zuwider, c
wenn du nicht etwa anders meinst, edelster Freund. Haben wir et-
was hiergegen zu sagen, Kallikles?

[69. Besserung der Bürger Ziel des Staatsmanns]

KALLIKLES: Ich weiß nicht, wie mir gewissermaßen gut vorkommt,
was du sagst, Sokrates; es geht mir aber doch wie den meisten, ich
glaube dir nicht sonderlich.

SOKRATES: Jene zwiefache Liebe eben, die du in der Seele hast, o
Kallikles, zum Volk und zum Jüngling, steht mir entgegen; aber
vielleicht, wenn wir öfter und besser dasselbe erwägen, wirst du d
überzeugt werden. Erinnere dich also, daß wir sagten, es gäbe eine
zwiefache Vorrichtung, um jedes, den Leib und die Seele, zu be-
handeln, davon die eine nur um der Lust willen sich damit abgebe,
die andere mit Hinsicht auf das Beste nicht sich gefällig mache, son-
dern durchsetze. War es das nicht, was wir voneinander unterschie-
den?

KALLIKLES: Allerdings.

SOKRATES: Und die eine, die es nur mit der Lust zu tun hat, war unedel und nichts anderes ihrem Wesen nach als Schmeichelei. Nicht wahr?

e KALLIKLES: Es sei so, wenn du denn willst.

SOKRATES: Die andere aber, wenn wir nach Kräften das besser zu machen suchen, was wir behandeln, sei es nun Leib oder Seele?

KALLIKLES: So war es.

SOKRATES: Sollen wir uns also auf diese Weise an die Stadt und
die Bürger wagen, daß wir sie behandeln, um sie, soviel möglich,
besser zu machen? Denn ohne dies, wie wir vorher fanden, ist es
unnütz, irgendeine andere Wohltat zu erweisen, wenn nicht die Ge-
514 a sinnung derer gut und schön ist, welche entweder zu großem Be-
sitz gelangen sollen oder zur Herrschaft über andere oder zu sonst
irgendeinem Vermögen. Sagen wir, daß es sich so verhält?

KALLIKLES: Ja, wenn es dir lieber ist.

SOKRATES: Wenn wir nun, in die öffentlichen Geschäfte eingetre-
ten, einander zuredeten, o Kallikles, uns unter den bürgerlichen
Angelegenheiten etwa mit dem Bauwesen zu befassen, mit den
Mauern, Schiffswerften oder den wichtigsten heiligen Gebäuden, müß-
ten wir uns dann nicht zuvor untersuchen und prüfen, zuerst ob
b wir wohl die Sache selbst verstehen oder nicht verstehen, die Bau-
kunst, und von wem wir sie gelernt haben? Müßten wir das oder
nicht?

KALLIKLES: Freilich wohl.

SOKRATES: Und zweitens wohl auch dieses, ob wir schon je wenig-
stens zum häuslichen Gebrauch irgendein Gebäude aufgeführt ha-
ben für einen unserer Freunde oder für uns selbst, und ob dieses
gut ist oder schlecht. Und wenn sich aus der Untersuchung ergibt,
c daß wir vortreffliche und berühmte Lehrer gehabt haben und viele
schöne Gebäude mit unsern Lehrern gemeinschaftlich aufgeführt,
viele auch selbst allein, seitdem wir uns von den Lehrern getrennt:
so ziemte es unter solchen Umständen vernünftigen Menschen, sich
auch an die öffentlichen Werke zu wagen. Könnten wir aber keinen
Lehrer aufzeigen und auch keine Gebäude oder viele zwar, aber nichts
werte, dann wäre es doch gewiß unvernünftig, öffentliche Werke zu
d unternehmen und einander dazu aufzumuntern. Wollen wir sagen,
dies sei richtig gesprochen, oder nicht?

KALLIKLES: Freilich.

[70. Erfordernis vorheriger Prüfung, ob man zum Bessermachen imstande ist]

SOKRATES: Nicht auch ebenso mit allem übrigen, wenn wir uns zureden wollten, auch die öffentlichen Geschäfte der Ärzte zu übernehmen, als tüchtig in diesem Fach, würden wir uns nicht erst prüfen, ich dich und du mich, laß doch sehn, bei Gott, den Sokrates selbst, wie es steht mit seiner Gesundheit? Oder ob wohl schon jemand durch ihn von einer Krankheit ist befreit worden, sei es ein Knecht oder ein Freier? Und auf eben die Art würde auch ich dich prüfen,

und fänden wir nicht, daß wir jemals jemanden gesünder gemacht
hätten, weder Fremden noch Bürger, weder Mann noch Weib, beim e
Zeus, Kallikles, wäre es nicht belachenswert, wenn dann Menschen
noch so töricht sein könnten, ehe sie erst für sich allein, vieles zwar,
wie es sich eben traf, vieles aber auch richtig und gut ausgeführt
und die Kunst hinlänglich geübt hätten, gleich wie der Töpfer im
Sprichwort beim Fasse anzufangen und sowohl sich selbst an die
öffentlichen Geschäfte zu wagen, als auch andere eben solche dazu
aufzumuntern? Dünkt es dich nicht unvernünftig, so zu handeln?

Kallikles: Mich wohl.

Sokrates: Nun aber, bester Mann, da du selbst eben angefangen 515 a
hast, Staatsgeschäfte zu betreiben, und mich ermahnst und schiltst,
daß ich sie nicht betreibe, wollen wir einander nicht prüfen, wohl-
an, hat Kallikles wohl schon einen Bürger besser gemacht? Ist einer,
der zuvor schlecht war, ungerecht etwa, zügellos und unvernünftig,
durch den Kallikles gut und rechtlich geworden, Fremder oder Ein-
heimischer, Knecht oder Freier? Sprich, wenn dich jemand hierauf
prüft, Kallikles, was wirst du sagen? Wen wirst du behaupten besser b
gemacht zu haben durch deinen Umgang? Bedenkst du dich zu ant-
worten, wenn du doch ein solches Werk aufzuzeigen hast aus der
Zeit, da du für dich lebtest, ehe du dich ins öffentliche Leben wag-
test?

Kallikles: Du willst immer recht behalten, Sokrates.

[71. Prüfung des Perikles nach diesem Maßstab]

Sokrates: Keineswegs aus Rechthaberei frage ich, sondern in Wahr-
heit, um zu erfahren, wie du denn meinst, daß der Staat bei uns
müsse verwaltet werden; ob du wohl auf etwas anderes deine Sorg-
falt zu wenden denkst, nun du dich der öffentlichen Angelegen-
heiten annimmst, als darauf, daß wir Bürger immer besser werden? c
Oder haben wir nicht schon oft eingestanden, daß dies der öffentliche
Mann bewirken müsse? Haben wir es eingestanden oder nicht? Ant-
worte! Wir haben es eingestanden, will ich für dich antworten. Wenn
also dies der rechtliche Mann seiner Stadt muß zu bewirken suchen:
so besinne dich und sage mir noch einmal deine Meinung von jenen
Männern, die du vorhin anführtest, ob du noch glaubst, daß sie gute
Staatsmänner gewesen sind, Perikles und Kimon und Miltiades und d
Themistokles?

Kallikles: Ich glaube es doch.

Sokrates: Waren sie also gute Staatsmänner: so hat doch offen-
bar jeder die Bürger zu besseren gemacht aus schlechteren. Ha-
ben sie das getan oder nicht?

Kallikles: Sie haben es getan.

Sokrates: Also da Perikles anfing, vor dem Volke zu reden, waren
die Athener schlechter, als da er zum letzten Male redete?

Kallikles: Vielleicht.

Sokrates: Nicht doch vielleicht, Bester, sondern es folgt notwen-
dig aus dem Eingestandenen, wenn anders jener ein guter Staats-
mann war.

e KALLIKLES: Und was weiter?

SOKRATES: Nur dies sage mir noch, ob man wirklich der Meinung ist, die Athener wären durch den Perikles besser geworden, oder umgekehrt, sie wären verderbt worden durch ihn. Denn dazu, höre ich wenigstens immer, habe Perikles die Athener gemacht, zu einem faulen, feigen, geschwätzigen, geldgierigen Volk, indem er sie zuerst zu Söldlingen erniedrigt.

KALLIKLES: Das hörst du von denen mit den eingeschlagenen Ohren, o Sokrates.

SOKRATES: Aber dies doch höre ich nicht nur, sondern wir wissen es beide genau, ich und du, daß Perikles zuerst zwar in gutem Ruf stand und die Athener keine schimpfliche Klage gegen ihn erkannten, als sie noch schlechter waren, nachdem sie aber durch ihn
516a gut und edel geworden, gegen das Ende seines Lebens, haben sie auf Unterschleif gegen ihn erkannt und hätten ihn beinahe am Leben gestraft, offenbar doch als einen gefährlichen Mann.

[72. Weder Perikles noch Kimon, Themistokles oder Miltiades gute Staatsmänner]

KALLIKLES: Nun? War etwa deshalb Perikles schlecht?

SOKRATES: Wenigstens ein solcher Aufseher über Esel, Pferde und Rinder würde für schlecht gehalten werden, der sie keineswegs so übernommen, daß sie schlugen, stießen und bissen, sie aber so hätte verwildern lassen, daß sie nun dieses alles tun. Oder dünkt dich
b nicht jeder solcher ein schlechter Aufseher über jede Art von Lebewesen, der sie zahmer bekommt und sie wilder macht, als er sie bekommen hat. Dünkt es dich nicht?

KALLIKLES: Ja doch, damit ich dir nur den Willen tue.

SOKRATES: So tue mir auch noch den Willen, mir dies zu beantworten, ob der Mensch auch zu den Lebewesen gehört, oder nicht?

KALLIKLES: Wie sollte er nicht?

SOKRATES: Und Menschen regierte Perikles?

KALLIKLES: Ja.

SOKRATES: Wie also? Sollten sie nicht nach dem eben Festgesetzten gerechter unter ihm geworden sein aus Ungerechteren, wenn er sie
c doch als ein rechter Staatsmann regierte?

KALLIKLES: Freilich.

SOKRATES: Nun aber sind die Gerechten zahm, wie Homeros sagt. Was sagst du aber? Nicht eben das?

KALLIKLES: Ja.

SOKRATES: Und doch hat er sie wilder gemacht, als er sie vorgefunden hatte, und zwar gegen ihn selbst, was er doch am wenigsten wollte.

KALLIKLES: Willst du, daß ich dir recht gebe?

SOKRATES: Wenn dich dünkt, daß ich recht habe?

KALLIKLES: So sei denn dieses so!

SOKRATES: Wenn also wilder, dann auch ungerechter und schlechter?

d KALLIKLES: Es sei.

SOKRATES: Also war Perikles kein guter Staatsmann nach dieser Rede.

KALLIKLES: Nein, behauptest du freilich.

SOKRATES: Beim Zeus, auch du, nach dem, was du mir zugegeben hast. Weiter auch wegen des Kimon sage mir doch, haben nicht eben die, deren Bestes er besorgte, ihn aus der Stadt verwiesen, um nur zehn Jahre lang seine Stimme gar nicht zu hören? Und haben sie nicht dem Themistokles dasselbe getan und ihn noch obendrein gänzlich verbannt? Den Miltiades aber, den Sieger bei Marathon, hat-
ten sie schon beschlossen, in der Grube umkommen zu lassen, und e
wäre nicht der Prytane gewesen, so würde er auch hineingekommen sein. Und doch würde diesen, wären sie so vortrefflich gewesen, wie du behauptest, dergleichen nicht begegnet sein. Wenigstens einem guten Wagenführer geht es nicht so, daß er anfangs zwar nicht herunterfällt vom Wagen, wenn er aber seine Pferde erst eine Zeitlang behandelt hat und dadurch auch selbst ein besserer Wagenführer geworden ist, dann herabfällt. Dergleichen kommt nicht vor, weder beim Wagenführen noch bei irgendeinem andern Geschäft. Oder meinst du?

KALLIKLES: Nein freilich.

SOKRATES: So waren also, wie es scheint, unsere vorigen Reden
ganz richtig, daß wir keinen wissen, der ein tüchtiger Staatsmann 517 a
gewesen wäre in dieser Stadt. Du aber räumtest zwar ein, es gebe keinen unter den jetzigen, unter den früheren aber meintest du doch, und hobst eben diese Männer heraus. Von diesen aber hat sich gezeigt, daß sie den jetzigen ganz gleich sind. So daß, wenn diese Redner waren, sie weder die wahre Redekunst verstanden haben, denn sonst würden sie nicht durchgefallen sein, noch auch die schmeichlerische.

[73. Rückgriff auf die beiden Beschäftigungen mit dem Leib und mit der Seele]

KALLIKLES: Aber es fehlt doch sehr viel, Sokrates, daß von den
jetzigen einer solche Dinge ausrichtete, wie von jenen jeder, wer du b
willst, ausgerichtet hat.

SOKRATES: O wunderlicher Kallikles, ich tadle ja auch diese Männer nicht, sofern sie Diener des Staats gewesen sind, vielmehr scheinen sie mir weit dienstbeflissener gewesen zu sein als die jetzigen und weit geschickter, dem Staate dasjenige zu verschaffen, wonach ihn gelüstete. Aber seine Gelüste umstimmen und ihnen nicht nachsehn, sondern durch Überredung und durch Gewalt ihn zu dem bewegen, wodurch die Bürger besser werden können, darin, daß ich
es geradeheraus sage, waren diese nichts besser als jene, und dies c
ist doch das einzige Geschäft des rechten und guten Staatsmannes. Allein Schiffe und Mauern und Werften zu schaffen und vielerlei dergleichen, darin gestehe auch ich dir gern, daß jene weit stärker gewesen sind als diese. Aber lächerlich machen wir uns, ich und du, in unsern Reden. Denn in der ganzen Zeit, seit wir miteinander sprechen, haben wir noch nicht aufgehört, immer auf dasselbe zu-

rückzukommen und nicht zu wissen, was wir meinen. Ich nämlich
denke, du hast oft genug zugestanden und eingesehen, daß es wirk-
d lich eine solche zwiefache Beschäftigung gibt, um den Leib und um
die Seele, deren die eine bloß eine dienstbare ist, daß einer imstande
ist, wenn unsern Leib hungert, Speise herbeizuschaffen, wenn ihn
durstet, Getränk, wenn er friert, Kleider, Decken, Schuhe und an-
deres, wozu sonst dem Leibe Lust ankommt. Und wohlbedacht er-
läutere ich es dir durch dieselben Bilder, damit du es leichter be-
e greifst. Wer nun dies zu verschaffen weiß, als Krämer oder Kauf-
mann oder Verfertiger dieser Dinge, als Koch, Bäcker, Weber, Schu-
ster, Gerber, kein Wunder, daß der sich selbst dünkt, der Versorger
des Leibes zu sein, und auch den übrigen, jedem nämlich, der nicht
weiß, daß es außer allen diesen eine Kunst gibt, die Heilkunst näm-
lich und die Turnkunst, welche in Wahrheit die Versorgerin des
Leibes ist und welcher auch gebührt, über alle jene Künste zu
herrschen und sich ihrer Werke zu bedienen, weil sie nämlich weiß,
was das Zuträgliche ist und das Verderbliche von Speisen und Ge-
518 a tränk für die Vollkommenheit des Leibes, die andern alle aber es
nicht wissen. Daher auch jene nur für knechtisch, dienstbar und
unedel gelten in ihren Bemühungen um den Leib, diese aber, die
Heilkunst und die Turnkunst, mit Recht Herrinnen jener andern
sind. Daß ich nun meine, daß dasselbe ebenso in Beziehung auf die
Seele stattfinde, dünkst du mich manchmal recht gut zu verste-
hen und gibst es zu, als wüßtest du, was ich meine; bald darauf
aber kommst du und behauptest, es hätte doch gar tüchtige und
b treffliche Staatsmänner gegeben unter uns, und als ich frage, welche
denn, stellst du mir Menschen auf, die sich zur Staatskunst voll-
kommen ebenso verhalten, als wenn du mir auf die Frage wegen
der Turnkunst, was für ausgezeichnete Männer in Besorgung des
Leibes wir wohl gehabt haben oder noch haben, ganz ernsthaft ant-
worten wolltest, Thearion der Bäcker und Mithaikos, der die Si-
zilische Kochkunst geschrieben hat, und Sarambos der Schenkwirt,
diese wären vortreffliche Pfleger des Leibes gewesen, denn der eine
c hätte wunderschönes Brot geliefert, der andere Speisen, der dritte
Wein.

[74. Verurteilung der athenischen Politik] Vielleicht nun wärest du
dann unwillig geworden, wenn ich dir gesagt hätte, lieber Mensch,
du verstehst nichts von der Leibespflege, denn du nennst mir nur
dienstbare Menschen, die für die Begierden arbeiten und nichts Gu-
tes und Schönes hiervon verstehen, die, wenn es sich so trifft, die
Leiber der Menschen anfüllend und aufschwemmend, wiewohl von
ihnen gelobt, ihnen das alte Fleisch auch noch verderben. Die Leute
d aber werden aus Unkunde nicht diese, von denen sie so bewirtet
wurden, beschuldigen, daß sie Ursache an ihren Krankheiten wären
und an dem Verlust ihrer bisherigen Wohlbeleibtheit, sondern die-
jenigen, welche alsdann gerade um sie sind und ihnen Rat geben,
wenn nämlich die ehemalige Überfüllung ihnen lange hernach
Krankheiten zuzieht, da sie ihnen so ganz ohne alle Rücksicht auf

die Gesundheit gewährt wurde, diese werden sie beschuldigen
und tadeln und ihnen Übles zufügen, wenn sie es vermögen; jene
früheren aber, die eigentlich schuld an dem Übel sind, werden sie
loben. Vollkommen ebenso gehst auch du jetzt zu Werke, Kallikles, e
und lobpreist Menschen, welche jene auf solche Art bewirtet haben
mit allem, wonach sie nur gelüstete, vollauf, und von denen es nun
heißt, sie hätten die Stadt zu ihrer Größe erhoben; daß sie aber
eigentlich nur aufgedunsen ist und innerlich anbrüchig durch das
Verfahren jener Alten, das merkt man nicht. Denn ohne auf Be- 519 a
sonnenheit und Gerechtigkeit zu denken, haben sie nur mit ihren
Häfen und Schiffswerften und Mauern und Zöllen und derlei Possen
die Stadt angefüllt. Wenn nun der rechte Ausbruch der Krankheit
erfolgen wird, werden sie die derzeitigen Ratgeber anklagen, den
Themistokles aber, den Perikles und Kimon, die Urheber des Übels,
werden sie lobpreisen und sich dagegen vielleicht an dich halten,
wenn du dich nicht hütest, und an meinen Freund Alkibiades, wenn
ihr ihnen mit dem Neuerworbenen auch noch das alte verliert, ob- b
wohl ihr doch gar nicht die Urheber des Übels seid, sondern viel-
leicht nur Mitschuldige. Auch noch etwas ganz Unvernünftiges sehe
ich jetzt vorfallen und höre auch gleiches von den Alten. Wenn näm-
lich die Stadt einen von den öffentlichen Männern angreift als
unrechttuend, dann höre ich sie murren und jammern, als müßten
sie Schreckliches erdulden; nachdem sie nämlich dem Staate so viele
Wohltaten erzeigt, würden sie nun von ihm ungerechterweise un-
glücklich gemacht, nach ihrer Rede. Das ist aber alles falsch. Denn
gar keinem Vorsteher eines Staates kann von eben diesem Staate, c
dem er vorsteht, irgend etwas Übles ungerechterweise widerfah-
ren! Nämlich es ist wohl ganz dasselbe mit denen, welche sich für
Staatsmänner, wie mit denen, welche sich für Sophisten ausgeben.
Denn auch die Sophisten, wie weise sie übrigens sind, begehen hier-
in Ungereimtes. Ungeachtet sie nämlich behaupten, Lehrer der Tu-
gend zu sein, beklagen sie sich doch oft über ihre Schüler, daß die-
se ihnen Unrecht täten, indem sie ihnen Lohn vorenthielten und
sich sonst nicht dankbar gegen sie bewiesen, obwohl sie doch Gutes
von ihnen empfangen haben. Und was kann wohl unvernünftiger d
sein als diese Rede, daß Menschen, die gut und gerecht geworden
sind, denen die Ungerechtigkeit von ihren Lehrern ausgenommen
und die Gerechtigkeit eingepflanzt worden, Unrecht tun sollten ver-
möge dessen, was sie gar nicht mehr haben? Dünkt dich das nicht
ungereimt, Freund? Ordentlich eine Rede zu halten hast du mich
gezwungen, Kallikles, weil du nicht antworten wolltest.

[75. Unvernünftigkeit der Klage der Staatsmänner und Sophisten über erlittenes Unrecht]

KALLIKLES: Kannst du denn gar nicht reden, wenn dir nicht je-
mand antwortet?

SOKRATES: Es scheint ja doch. Jetzt wenigstens habe ich ja meine e
Reden ziemlich lang gestreckt, da du mir nicht antworten willst.
Aber, du Guter, sprich, so lieb du mich hast, dünkt es dich nicht

unvernünftig, wenn einer behauptet, er habe einen andern gut gemacht, und doch eben diesem vorwirft, daß er, obgleich durch ihn gut geworden und jetzt wirklich gut, dennoch auch schlecht ist?

KALLIKLES: Das dünkt mich wohl so.

SOKRATES: Und hörst du nicht dieses eben diejenigen sagen, welche sich rühmen, die Menschen zur Tugend zu bilden?

520 a KALLIKLES: Freilich wohl. Aber was willst du auch nur sagen von Menschen, die gar nichts wert sind?

SOKRATES: Und was willst du nur von jenen sagen, welche be-
haupten, sie ständen dem Staate vor und sorgten dafür, daß er so
gut als möglich werde, und dann doch, wenn es sich trifft, ihn wie-
der anklagen als wunder wie schlecht? Meinst du, daß diese irgend
besser sind als jene? Ganz dasselbe, o Bester, ist ein Sophist wie ein
Redner, oder ihm wenigstens sehr nahe und verwandt, wie ich auch
zum Polos sagte; du aber meinst aus Unkunde, die eine, die Rede-
b kunst, sei etwas gar Schönes, und die andere dagegen verachtest
du. Nach der Wahrheit aber ist die Sophistik noch um soviel schöner
als die Redekunst, wie die Gesetzgebung schöner ist als die Rechts-
pflege und die Turnkunst schöner als die Heilkunst. Und gerade
den Volksmännern und den Sophisten, glaubte ich, stehe es nicht zu,
sich über das zu beklagen, was sie selbst unterrichten und bilden, als
handle es schlecht gegen sie, oder sie müssen mit derselben Rede zu-
gleich auch sich selbst anklagen, daß sie denen nichts nutz gewesen
sind, denen sie sich doch rühmen nützlich zu sein. Ist es nicht so?

c KALLIKLES: Freilich.

SOKRATES: Und gerade ihnen, wie sich zeigt, gebührte es, die
Dienste, welche sie leisten können, ohne Lohn zu erweisen, wenn
ich anders vorhin recht hatte. Denn wer in einer andern Sache
weiter gefördert ist von jemand, etwa wer schnellfüßiger geworden
ist durch den Turnmeister, der kann vielleicht mit dem Dank durch-
gehn, wenn der Turnmeister ihn freigestellt und nicht, über den Lohn
mit ihm eins geworden, sobald er ihm die Schnelligkeit mitgeteilt,
d auch sein Geld an sich genommen hat. Denn die Langsamkeit ist nicht
das, glaube ich, wodurch die Menschen unrecht tun, sondern die Un-
gerechtigkeit. Nicht wahr?

KALLIKLES: Ja.

SOKRATES: Also wenn ihnen jemand eben dies abnimmt, die Ungerechtigkeit: so darf er ja gar nicht bange sein, daß ihm Unrecht getan werde; sondern der allein kann es wagen, seine Dienstleistung unbedingt hinzugeben, wer nur wirklich andere gut machen könnte. Nicht so?

KALLIKLES: Ich gebe es zu.

[76. Schändlichkeit der Geldannahme für Bildung. Welche Staatskunst ist zu betreiben?]

SOKRATES: Darum ist auch, wie es scheint, in andern Dingen seinen Rat für Geld zu erteilen, in Sachen der Baukunst etwa und andern Künsten, gar nichts Schändliches.

e KALLIKLES: So scheint es.

SOKRATES: In dieser Angelegenheit aber, auf welche Weise wohl jemand möglichst gut werden könnte und sein Hauswesen oder seinen Staat gut verwalten, darin wird es für schändlich angesehen, wenn jemand seinen Rat versagen wollte, wofern man ihm nicht Geld dafür gäbe. Nicht wahr?

KALLIKLES: Ja.

SOKRATES: Und offenbar ist doch dies die Ursache, daß unter allen Dienstleistungen diese allein dem Empfangenden das Verlangen erregt, wieder hilfreich zu sein. So daß dies ein ganz gutes Kennzeichen ist, wer diesen Dienst gut erwiesen hat, dem wird auch wieder gedient werden, wer aber nicht, dem nicht. Verhält sich dies wirklich so?

KALLIKLES: Ja. 521 a

SOKRATES: Zu welcher von beiden Arten, den Staat zu behandeln, ermahnst du mich also, das bestimme mir. Zu der, welche es durchsetzen will, daß die Athener besser werden, wie es der Arzt macht; oder wie einer, der ihnen dienstbar sein muß und nur, wie es ihnen wohlgefällt, mit ihnen umgeht? Sage es mir aufrichtig, Kallikles! Denn es gebührt dir, wie du dich freimütig gezeigt hast gegen mich von Anfang an, auch nun dabei zu beharren, daß du mir sagst, was du meinst. Rede also auch jetzt rein und dreist heraus.

KALLIKLES: So sage ich denn, du sollst ihnen dienstbar sein.

SOKRATES: Ein Schmeichler also zu werden, du edelster Mann, for- b
derst du mich auf.

KALLIKLES: Wenn du lieber ein Mysier heißen willst, Sokrates. Denn wenn du dies einmal nicht tun willst –

SOKRATES: Sage nur nicht, was du schon so oft gesagt hast, daß
mich alsdann töten wird, wer Lust hat, damit ich nicht auch wieder
sage, ja, aber wie ein Schlechter einem Guten wird er mir das tun;
auch nicht etwa, daß er mir nehmen wird, was ich habe, damit ich
nicht wieder sage, ja, aber wenn er es genommen, wird er es nicht
zu gebrauchen wissen, sondern wie er es ungerecht genommen hat,
so wird er es auch ungerecht gebrauchen, und wenn ungerecht, c
auch schlecht, und wenn schlecht, auch zu seinem Schaden.

[77. Sokrates allein der wahre Staatsmann und eben darum der Verurteilung ausgesetzt]

KALLIKLES: Wie scheinst du mir doch, Sokrates, zu glauben, dir könne nichts dergleichen begegnen, als ob du weit aus dem Wege wohntest und nicht etwa könntest von dem ersten besten elenden und ganz schlechten Menschen vor Gericht gezogen werden.

SOKRATES: Dann wäre ich wohl ganz unvernünftig, Kallikles, wenn
ich nicht glaubte, daß in dieser Stadt jedem jedes begegnen kann,
wie es sich trifft. Aber das weiß ich auch, wenn ich vor Gericht er-
scheinen muß und in solche Gefahr komme wie du sagst, so wird d
das ein schlechter Mensch sein, der mich vorgeladen hat – denn
kein Guter würde einen unschuldigen Menschen belangen –, und es
sollte mich gar nicht wundern, wenn ich sterben müßte. Soll ich dir
sagen, weshalb ich das erwarte?

Kallikles: O ja.

Sokrates: Ich glaube, daß ich, mit einigen wenigen anderen Athenern, damit ich nicht sage ganz allein, mich der wahren Staatskunst befleißige und die Staatssachen betreibe ganz allein heutzutage. Da ich nun nicht ihnen zum Wohlgefallen rede, was ich jedesmal rede, sondern für das Beste, gar nicht für das Angenehmste, und mich
e nicht befassen will mit den herrlichen Dingen, die du mir anmutest: so werde ich nichts vorzubringen wissen vor Gericht, und es wird mich dasselbe treffen, was ich zum Polos sagte, ich werde nämlich gerichtet werden wie unter Kindern ein Arzt, den der Koch verklagte. Denn bedenke nur, wie sich ein solcher Mensch auf solchen Dingen ertappt verteidigen wollte, wenn ihn einer anklagte und spräche: Ihr Kinder, gar viel Übles hat dieser Mann euch zugefügt, und auch die jüngsten unter euch verdirbt er und ängstigt euch, daß
522 a ihr euch nicht zu helfen wißt, mit Schneiden und Brennen und Abmagern und Schwitzen und mit den bittersten Getränken und läßt euch hungern und dursten; gar nicht, wie ich euch immer mit so viel und vielerlei Süßigkeiten bewirtete. Was, glaubst du, wird ein Arzt, wenn er in solcher Not drinsteckt, wohl sagen können? Oder wenn er etwa die Wahrheit sagte: Ihr Kinder, das alles tat ich zu eurer Gesundheit, was, meinst du wohl, würden solche Richter für ein Geschrei erheben? Nicht ein großes?

Kallikles: Fast sollte man es denken.

Sokrates: Glaubst du also nicht, daß er in der größten Verlegen-
b heit sein wird, was er wohl sagen soll?

Kallikles: Freilich.

[78. Wahrscheinliches Schicksal des S. vor Gericht]

Sokrates: Ebenso, weiß ich recht gut, würde es auch mir ergehen, wenn ich vor Gericht käme. Denn keine Lust, die ich ihnen bereitet, werde ich ihnen anführen können, was sie doch allein als Verdienst und Wohltat ansehn, ich aber beneide weder die, welche sie ihnen verschaffen, noch die, denen sie verschafft werden. Und wenn einer sagt, ich verderbe die Jugend, daß sie sich nicht zu helfen wisse, oder ich schmähe die Alten durch bittere Reden über ihr privates Leben und über ihr öffentliches: so werde ich weder die Wahrheit sagen können, nämlich: Mit Recht sage und tue ich das
c alles, nämlich als euer bestes, ihr Richter, noch sonst irgend etwas anderes; so daß ich wahrscheinlich, was sich eben trifft, werde leiden müssen.

Kallikles: Glaubst du nun wohl, daß es gut stehe um einen Menschen, der sich in solcher Lage befindet im Staate und unvermögend ist, sich selbst zu helfen?

Sokrates: Wenn es ihm nur daran nicht fehlt, was du oftmals zugegeben hast: wenn er sich nur dazu verholfen hat, nichts Un-
d rechtes jemals gegen Menschen oder Götter zu reden und zu tun. Denn dies ist, wie wir oft einig geworden, die wichtigste Hilfe, die jeder sich selbst zu leisten hat. Wenn mich nun jemand überführen könnte, daß ich hierin unvermögend wäre, mir selbst und andern

zu helfen, dann würde ich mich schämen, ich möchte dessen nun vor vielen oder vor wenigen überführt werden oder unter zweien; und wenn ich um dieses Unvermögens willen sterben müßte, das würde mich kränken. Wenn ich aber wegen Mangel an schmeichlerischer Redekunst sterben müßte: so würdest du sehn, das weiß ich gewiß, wie sehr leicht ich den Tod ertrüge. Denn das Sterben selbst fürch- e
tet ja wohl niemand, wer nicht ganz und gar unverständig ist und unmännlich; das Unrechttun aber fürchtet man. Denn mit vielen Vergehungen die Seele angefüllt in die Unterwelt zu kommen ist unter allen Übeln das ärgste. Willst du, so will ich dir auseinandersetzen, daß sich dies wirklich so verhält.

KALLIKLES: Wohl, da du das andere beendigt hast: so füge auch noch dieses hinzu.

[79. Einsetzung des gerechten Gerichts über die Toten durch Zeus]

SOKRATES: So höre denn, wie sie zu sagen pflegen, eine gar schöne 523 a
Rede, die du zwar für ein Märchen halten wirst, wie ich glaube, ich aber für Wahrheit. Denn als volle Wahrheit sage ich dir, was ich sagen werde.

Wie also Homeros erzählt, teilten Zeus, Poseidon und Pluton die Herrschaft, nachdem sie sie von ihrem Vater überkommen hatten. Nun war folgendes Gesetz wegen der Menschen unter dem Kronos schon immer, besteht aber auch noch jetzt bei den Göttern, daß, welcher Mensch sein Leben gerecht und fromm geführt hat, der gelangt nach seinem Tode zu den Inseln der Seligen und lebt dort b
sonder Übel in vollkommener Glückseligkeit; wer aber ungerecht und gottlos, der kommt in das zur Zucht und Strafe bestimmte Gefängnis, welches sie Tartaros nennen. Hierüber nun waren unter dem Kronos, und auch noch später, da schon Zeus die Herrschaft hatte, Lebende der Lebenden Richter und saßen zu Gericht an dem Tage, da jemand sterben sollte. Schlecht wurden daher die Sachen abgeurteilt. Weshalb denn Pluton und die Vorsteher aus den Inseln der Seligen zum Zeus gingen und ihm sagten, wie beiderseits bei ihnen unwürdige Menschen ankämen. Da sprach Zeus: Diesem will c
ich ein Ende machen. Denn jetzt freilich wird schlecht geurteilt, weil, sagte er, die zur Untersuchung Gezogenen verhüllt gerichtet werden; denn sie werden lebend gerichtet. Viele nun, sprach er, die eine schlechte Seele haben, sind eingehüllt in schöne Leiber und Verwandtschaften und Reichtümer, und wenn dann das Gericht ist, so stellen sich viele Zeugen ein, um ihnen Zeugnis zu geben, daß sie gerecht gelebt haben. Teils nun werden die Richter von diesen übertäubt, d
teils richten auch sie selbst verhüllt, da ja ihre Seele ebenfalls hinter Augen, Ohren und dem ganzen Leibe versteckt ist. Dieses alles nun steht ihnen im Wege, ihre eignen Verhüllungen und die der zu Richtenden. Zuerst also, sprach er, muß dieses aufhören, daß sie den Tod vorher wissen; denn jetzt wissen sie ihn vorher. Auch ist dies schon dem Prometheus angesagt, daß er es ändern soll. Ferner e
sollen sie gerichtet werden, entblößt von diesem allen. Wenn sie tot sind nämlich, soll man sie richten. Und auch der Richter soll ent-

blößt sein, ein Toter, um mit der bloßen Seele die bloße Seele eines
jeden anzuschauen, sogleich wenn jeder gestorben ist, entblößt von
allen Verwandtschaften und nachdem sie allen jenen Schmuck auf
der Erde zurückgelassen, damit das Gericht gerecht sei. Dies alles
habe ich schon früher eingesehen als ihr und habe von meinen
Söhnen zu Richtern ernannt zwei aus Asien, den Minos und Rha-
524 a damanthys, und einen aus Europa, den Aiakos. Diese also, sobald sie
nur werden gestorben sein, sollen Gericht halten auf der Wiese am
Kreuzwege, wo die beiden Wege abgehn, der eine nach der Insel
der Seligen, der andere nach dem Tartaros. Und zwar die aus Asien
soll Rhadamanthys richten und die aus Europa Aiakos. Dem Minos
aber will ich den Vorsitz übertragen, um die letzte Entscheidung
zu tun, wenn jenen beiden etwas allzu bedenklich ist, damit das
Urteil, welchen Weg die Menschen zu wandeln haben, vollkommen
gerecht sei.

[80. Zustand der Seele nach dem Tode] Dies, o Kallikles, halte ich,
b wie ich es gehört habe, zuversichtlich für wahr und erachte, daß
daraus folgendes hervorgehe. Der Tod ist, wie mich dünkt, nichts an-
deres als zweier Dinge Trennung voneinander, der Seele und des
Leibes. Nachdem sie nun voneinander getrennt sind, hat nichtsdesto-
weniger noch jedes von beiden fast dieselbe Beschaffenheit, die es
auch hatte, als noch der Mensch lebte. Sowohl der Leib hat seine
eigentümliche Natur und alles, was er sich angeübt hat und was
ihm zugestoßen ist, ganz deutlich. Wie wenn jemand von Natur oder
c durch seine Lebensweise oder durch beides einen großen Leib hatte,
so ist auch sein Leichnam noch groß, wenn er tot ist; war er fett,
ist auch der Leichnam fett, und alles andere ebenso; und mochte
einer gern langes Haar tragen, so ist auch der Leichnam langhaarig.
Und wiederum, wenn einer ein Zuchthäusler war und bei seinen
Lebzeiten Spuren von Schlägen an seinem Leibe trug oder von Hie-
ben und andern Wunden, so wird man auch an dem Leichnam des
Toten dieses selbige finden können. Und hatte einer irgend zer-
brochene oder verrenkte Glieder im Leben, so zeigt sich dies auch
d bei dem Toten; mit einem Worte, wie der Leib beim Leben be-
handelt und was ihm zugefügt wurde, das zeigt sich alles oder doch
größtenteils auch nach dem Tode noch einige Zeit. Dasselbe nun
dünkt mich auch mit der Seele sich zu begeben, o Kallikles. Sichtbar
ist alles an der Seele, wenn sie vom Leibe entkleidet ist, sowohl
was ihr von Natur eignete als auch die Veränderungen, welche der
Mensch durch sein Bestreben um dies und jenes in der Seele bewirkt
hat. Kommen sie nun vor den Richter, und zwar die aus Asien vor
e den Rhadamanthys: so stellt Rhadamanthys sie vor sich hin und
beschaut eines jeden Seele, ohne zu wissen, wessen sie ist, sondern
oft, wenn er den Großkönig vor sich hat oder andere Könige oder
Fürsten, findet er nichts Gesundes an der Seele, sondern durchge-
peitscht findet er sie und voller Schwielen von Meineid und Un-
525 a gerechtigkeit und wie eben jedem seine Handlungsweise sich in der
Seele ausgeprägt hat, und findet alles verrenkt von Lügen und Hoch-

mut und nichts Gerades daran, weil sie ohne Wahrheit aufgewachsen ist, sondern von aller Gewalttätigkeit und Weichlichkeit, Übermut und Unmäßigkeit im Handeln zeigt sich auch die Seele voll Mißverhältnis und Häßlichkeit. Hat er nun eine solche erblickt: so schickt er sie ehrlos gerade ins Gefängnis, wo sie, was ihr zukommt, erdulden wird.

[*81. Zwei Arten richtigen Strafens. Schicksal der ungerechten Mächtigen*] Dies aber kommt jedem in Strafe Verfallenen zu, der von b
einem andern auf die rechte Art bestraft wird, daß er entweder selbst besser wird und Vorteil davon hat oder daß er den Übrigen zum Beispiel gereicht, damit andere, welche ihn leiden sehen, was er leidet, aus Furcht besser werden. Es sind aber die, welchen selbst zum Vorteil gereicht, daß sie von Göttern und Menschen gestraft werden, diejenigen, welche sich durch heilbare Vergehungen vergangen haben. Dennoch aber erlangen sie diesen Vorteil nur durch Schmerz und Pein hier sowohl als in der Unterwelt, denn auf andere Weise ist nicht möglich, von der Ungerechtigkeit entledigt zu werden. Welche aber das Äußerste gefrevelt haben c
und durch solche Frevel unheilbar geworden sind, aus diesen werden die Beispiele aufgestellt, und sie selbst haben davon keinen Nutzen mehr, da sie unheilbar sind. Andern aber ist es nützlich, welche sehen, wie diese um ihrer Vergehungen willen die ärgsten, schmerzhaftesten und furchtbarsten Übel erdulden auf ewige Zeit, offenbar als Beispiele aufgestellt dort in der Unterwelt, im Gefängnis, allen Frevlern, wie sie ankommen, zur Schau und zur Warnung. Von diesen, behaupte ich, wird auch Archelaos einer sein, wenn Po- d
los die Wahrheit sagt, und wer sonst noch ein solcher Gewalthaber ist. Wie ich denn auch glaube, daß meistens diese Beispiele von den Tyrannen genommen werden und den Königen und Fürsten und denen, welche die öffentlichen Angelegenheiten verwaltet haben. Denn eben diese begehen vermöge ihrer Macht die größten und unheiligsten Verbrechen. Das bezeugt auch Homeros, denn Könige und Fürsten hat er in seinen Gedichten angeführt, als mit immerwährenden Strafen in der Unterwelt belegt, den Tantalos und Sisyphos e
und Tityos. Vom Thersites aber und andern geringen Leuten, die auch böse waren, hat niemand gedichtet, daß er mit schweren Strafen behaftet wäre, als ein Unheilbarer. Denn er hatte nicht Macht genug, um ein solcher zu werden; deshalb war er auch glücklicher als die, welche Macht dazu hatten. Sondern unter den Mächtigen, o Kallikles, finden sich die Menschen, welche ausgezeichnet böse 526 a
werden. Nichts hindert freilich, daß auch unter diesen rechtschaffene Männer sich finden, und gar sehr muß man sich ja freuen über die, welche es werden. Denn schwer ist es, o Kallikles, und vieles Lobes wert, bei großer Gewalt zum Unrechttun dennoch gerecht zu leben; und es gibt nur wenige solche. Gegeben aber hat es doch, hier sowohl als anderwärts, und wird auch, denke ich, noch künftig geben treffliche Männer in dieser Tugend, alles gerecht zu verwalten, was ihnen jemand anvertraut. Einer aber ist sogar vorzüglich berühmt, b

auch unter den andern Hellenen, Aristeides, der Sohn des Lysimachos.

[82. Folgerungen für die Lebensführung. Zusammenfassung der Thesen des S.] Die meisten aber unter den Mächtigen, o Bester, werden böse. Was ich also sagte, wenn jener Rhadamanthys einen solchen vor sich hat, so weiß er weiter gar nichts von ihm, nicht wer, noch aus welchem Geschlecht er ist, sondern nur, daß er ein Böser ist; und sowie er dies ersehen hat, schickt er ihn nach dem Tartaros, bezeichnet, je nachdem er ihn dünkt heilbar zu sein oder unheilbar, worauf dann jener bei seiner Ankunft das Gebührende leiden muß.
c Erblickt er aber bisweilen eine andere Seele, die heilig und in der Wahrheit gelebt hat, die eines zurückgezogen lebenden Mannes oder sonst eines, vornehmlich aber meine ich, o Kallikles, eines weisheitliebenden, der das Seinige getan und nicht vielerlei äußerlich betrieben hat: so freut er sich und sendet sie zu den Inseln der Seligen. Ebenso auch Aiakos. Und diese beiden richten mit einem Stab in der Hand. Nur Minos, die Aufsicht führend, sitzt allein, ein goldenes
d Zepter haltend, wie Odysseus beim Homeros sich rühmt, er habe ihn gesehn «mit goldenem Zepter geschmückt die Gestorbenen richtend». Ich meines Teils, Kallikles, habe mich durch diese Reden überzeugen lassen und trachte, wie ich mich mit möglichst gesunder Seele dem Richter darstellen will. Was also andern Menschen für Ehre gilt, lasse ich gern fahren und will der Wahrheit nachjagend versuchen, wirklich so sehr ich nur kann, als der Beste sowohl zu leben als auch,
e wenn ich dann sterben soll, zu sterben; ich ermuntere aber auch die übrigen Menschen alle dazu, soweit ich kann. Daher ich dann meinerseits auch dich ermuntere zu dieser Lebensweise und diesem Wettstreit, welcher vor allem, was man hier so nennt, den Vorzug hat, und es dir zum Schimpf vorrücke, daß du nicht vermögend sein wirst, dir selbst zu helfen, wenn jenes Gericht und jenes Urteil dir bevorsteht, wovon ich jetzt eben gesprochen; sondern daß, wenn
527a du vor deinen Richter, den Sohn der Aigina, kommst und er dich vornimmt, du dort ebenso mit offnem Munde stehn und schwindeln wirst, wie ich hier, und dort einer vielleicht dich sogar schmählich ins Angesicht schlagen könnte und auf alle Weise beschimpfen. Vielleicht nun dünkt dich dies ein Märchen zu sein, wie ein Mütterchen eins erzählen würde, und du achtest es nichts wert. Und es wäre auch eben nichts Besonderes, dies zu verachten, wenn wir nur irgendwie suchend etwas Besseres und Wahreres finden könnten. Nun aber siehst du ja, daß ihr drei, die Weisesten unter den Helle-
b nen heutzutage, nicht erweisen konntet, daß man auf eine andere Weise leben müsse als auf diese, die sich auch dort noch als zuträglich bewährt; sondern unter so vielen Reden, die alle widerlegt wurden, ist diese allein ruhig geblieben, daß man das Unrechttun mehr scheuen müsse als das Unrechtleiden, und daß ein Mann vor allem andern danach streben müsse, nicht daß er scheine, gut zu sein, sondern daß er es sei, in seinem besonderen Leben sowohl als in dem öffentlichen. Wenn aber jemand schlecht wird in irgendeiner Hinsicht, daß er dann muß gezüchtigt werden, und daß dies das zweite

Gut ist nächst dem Gerechtsein, es werden und durch Bestrafung dem Recht Genüge leisten. Und daß man alle Schmeichelei, sowohl c gegen sich selbst als gegen andere, seien es nun viele oder wenige, fliehen, und nur auf diese Art auch der Redekunst sich bedienen müsse, immer für das Recht, und so auch jedes andern Vermögens.

[83. Schlußparänese] Gib also mir Gehör und folge mir dahin, wo angelangt du gewiß glückselig sein wirst im Leben und im Tode, wie unsere Rede verheißt, und laß dann immer einen dich verachten als unverständig und dich beschimpfen, wenn er will, ja, beim Zeus, auch jenen schimpflichen Schlag laß dir getrost zufügen, denn d nichts Arges wird dir daran begegnen, wenn du nur in der Tat edel und trefflich bist und Tugend übst. Hernach erst, nachdem wir uns so gemeinschaftlich geübt, wollen wir, wenn es uns nötig dünkt, auch der Staatsangelegenheiten uns annehmen, oder was es uns sonst gut dünkt, wollen wir dann beschließen, wenn wir erst besser dazu geschickt sind als jetzt. Denn schmählich ist es uns, so beschaffen, wie jetzt offenbar geworden ist daß wir sind, noch groß zu prahlen, als wären wir etwas, da wir doch nie einig sind mit uns selbst über dieselbe Sache, und zwar über die wichtigste; so ganz und gar sind e wir noch untauglich. Zum Führer also laß uns diese Rede gebrauchen, welche uns jetzt klar geworden ist, welche uns anzeigt, daß dies die beste Lebensweise sei, in Übung der Gerechtigkeit und jeder andern Tugend leben und sterben. Dieser also wollen wir folgen und auch andere dazu aufrufen, nicht jener, welcher du vertraust und mich dazu aufrufst; denn sie ist nichts wert, o Kallikles.

DIE UNTER PLATONS NAMEN ÜBERLIEFERTEN BRIEFE

Übersetzt von
Hieronymus und Friedrich Müller

Erster Brief

Rücksendung des Reisegelds und Ermahnungen an Dionysios

Platon dem Dionysios fröhliches Gedeihen! 309 a

Nachdem ich so lange Zeit bei euch verweilte und vor allen andern
bei Verwaltung eurer Herrschaft durch Vertrauen ausgezeichnet
ward, ließ ich, während ihr davon den Nutzen zogt, über mich Ver-
leumdungen ergehen, so drückend sie auch waren; wußte ich doch,
daß ihr die Meinung hegen würdet, nichts Allzugrausames sei mit
meiner Zustimmung geschehen; denn alle Mitverwalter eures Staa-
tes, von denen ich vielen gerichtlichen Beistand leistete und ihre Be- b
freiung von nicht unbedeutenden Strafen bewirkte, bezeugen mir
das — und nachdem ich oft, mit unumschränkter Gewalt ausgerü-
stet, euren Staat erhielt, wurde ich in schimpflicherer Weise fortge-
schickt, als es euch ziemte, einen Bettler zu entlassen, der so lange
bei euch verweilt hätte, und ihm den Befehl zum Einschiffen zu
erteilen. Darum werde ich selbst für die Zukunft zu einer vom
menschlichen Verkehr mehr zurückgezogenen Lebensweise mich ent-
schließen, du aber wirst, wenn du so als Gewaltherrscher waltest,
ein vereinsamtes Leben führen. Das schöne Geld, welches du bei
meiner Entlassung mir gabst, bringt dir Bakcheios, der Überbringer c
dieses Briefes, zurück; war es doch weder als Reisegeld ausreichend
noch meiner ferneren Lebenseinrichtung förderlich, gereichte aber dir,
dem Geber, zu großer Schmach und auch mir, dem Empfänger, zu
nicht viel geringerer; darum nehme ich es nicht an. Für dich aber
macht es offenbar keinen Unterschied, ob du eine so geringe Summe
auszahlst oder empfängst. Deshalb nimm es zurück und begnadige
damit einen andern deiner Anhänger wie mich; wurde doch auch
ich in gar stattlicher Weise von dir begnadigt. d

Auch an die Worte des Euripides zu erinnern ist jetzt an der Zeit,
daß du, sollte deine Lage sich einmal anders gestalten,

An deine Seite solchen Mann dir wünschen wirst.

So will ich auch daran dich erinnern, daß nicht minder die meisten andern Tragödiendichter, lassen sie einen Gewaltherrscher auftreten, der durch jemanden seinen Tod findet, ihm den Ausruf in den Mund legen:

Von Freunden, ach, verlassen komm' ich Ärmster um! 310 a

An Mangel des Goldes ließ aber kein Dichter jemanden untergehen.

Auch jenen Dichterworten versagen Verständige nicht ihren Beifall:

Nicht funkelndes Gold, in dem Leben der Menschen an
Hoffnungen arm ein seltner Besitz,
Nicht edles Gestein, noch Silbergeschirr, höchst wert-
voll, wie es den Menschen bedünkt,
Strahlt uns entgegen, noch weiten Gefilds frucht-
schwangr' allnährende Fluren,
Wie tüchtiger Männer einmütiger Sinn.

Gehabe dich wohl und erkenne, daß du gegen uns einen solchen b
Fehlgriff begingst, damit du gegen andere verständiger verfahrest.

ZWEITER BRIEF

Über die wünschenswerte Beschaffenheit des Verhältnisses zwischen Platon und Dionysios

Platon dem Dionysios fröhliches Gedeihen!

Wie mir Archedemos sagte, meinst du, nicht bloß ich, sondern auch
die mir Befreundeten haben sich über dich ruhig zu verhalten und
nichts Nachteiliges gegen dich zu tun oder zu äußern. Nur den Dion
c nimmst du davon aus. Diese Äußerung aber, daß du den Dion aus-
nimmst, gibt zu erkennen, daß ich über die mir Befreundeten keine
Gewalt übe; denn übte ich sie über die andern und namentlich über
dich und den Dion, dann wäre es, wie ich behaupte, um euch ins-
gesamt sowie um die andern Hellenen besser bestellt. Jetzt aber
habe ich nur das Verdienst, daß ich mich als meiner Vernunft fol-
gend bewähre. So erkläre ich mich aber, insofern an dem, was Kra-
tistolos und Polyxenos dir berichtet haben, kein wahres Wort ist,
d von denen der eine behaupten soll, er habe zu Olympia gar manche
meiner Anhänger dich lästern gehört; der mag wohl ein schärferes
Gehör haben als ich, denn ich habe es nicht gehört. Meinem Bedün-
ken nach mußt du es in der Folge so machen: wenn jemand so etwas
über einen von uns berichtet, dann mußt du einen Brief an mich
absenden, um darüber mich zu befragen, denn ich werde weder
zögern noch mich scheuen, die Wahrheit zu sagen.

Mir und auch dir widerfährt aber, was unser gegenseitiges Be-
nehmen anbetrifft, folgendes: Weder gibt es einen Hellenen, möchte
ich sagen, welcher uns nicht kennt, noch bleibt unser Wechselver-
e kehr unbesprochen. Es entgehe dir aber nicht, daß er auch in zu-
künftiger Zeit nicht unbesprochen bleiben wird, ist er doch zur Kennt-
nis so angesehener Männer gelangt, da er weder ein vorübergehen-
der noch im Verborgenen stattfindender war. Was beabsichtigt dann
aber meine Rede? Das will ich dir vom ersten Anfang ausgehend
sagen.

Es liegt in der Natur, daß tiefe Einsicht und große Macht zu einem
sich verbinden; beide streben gegenseitig das eine nach dem andern,
suchen sich auf und vereinigen sich; ferner mögen auch die Menschen
gern unter sich darüber sich besprechen und von andern es sich
berichten lassen, sowohl im Einzelverkehr als in dichterischen Er-
311 a zeugnissen, wie sie z. B., wenn sie vom Hieron und dem Lakedaimo-
nier Pausanias sprechen, ihres Umganges mit dem Simonides erwäh-
nen, wie dieser gegen jene sich benahm und äußerte; so pflegen sie
auch des Korintherfürsten Periandros und des Milesiers Thales ne-
beneinander lobend zu gedenken, des Perikles und Anaxagoras und
des Kroisos und Solon als weiser Männer sowie des Kyros als eines
Großmächtigen. Das ahmen die Dichter nach und führen den Kreon
b und Teiresias nebeneinander auf, so wie den Polyeidos und Minos,
Agamemnon und Nestor, Odysseus und Palamedes. Meinem Bedün-
ken nach brachten die ersten Menschen auf irgendeine solche Weise
auch den Prometheus und den Zeus in Verbindung. Von diesen sin-

gen sie, wie die einen in Zwiespalt, die andern in Freundschaft, andere bald in Freundschaft, bald in Zwiespalt und sowohl einträchtigen als zwiespältigen Sinnes miteinander verkehrten. Das alles erwähne ich aber, um nachzuweisen, daß nach unserem Tode nicht auch c
das Reden über uns verstummen wird, so daß wir darauf Rücksicht nehmen müssen. Sind wir doch, scheint es, genötigt, auch die Zukunft uns zu Herzen zu nehmen, da es gewissermaßen in der Natur liegt, daß die am sklavischsten Gesinnten um dieselbe sich nicht kümmern, die Vernünftigsten aber alles aufbieten, um eine gute Nachrede für die Zukunft zu erlangen. Darin finde fürwahr auch ich einen Beweis, daß die Abgeschiedenen von dem hier sich Begebenden sich berührt fühlen, denn die edelsten Gemüter haben ein Vorgefühl, daß das so d
sich verhalte, die schlechtesten dagegen behaupten: nein; die Ahnungen gottähnlicher Männer sind aber gewichtiger als die derer, die das nicht sind. Ich wenigstens bin der Meinung, daß, wenn es den Früherlebenden, deren ich erwähne, gestattet wäre, ihrem Umgang eine bessere Richtung zu geben, sie eifrig danach streben würden, daß ihre Nachrede günstiger laute als jetzt. Uns aber ist es mit Gottes Hilfe noch gestattet, wenn bei unserem früheren Verkehr etwas versehen wurde, durch Wort und Tat das wiedergutzumachen. Denn meiner Behauptung nach wird das der Wahrheit entsprechende An- e
sehen der Philosophie ein besseres sein, wenn wir vernünftig verfahren, umgekehrt aber, lassen wir uns gehen. Und doch können wir wohl nichts Gottgefälligeres tun, als dafür Sorge tragen, noch etwas Gottvergesseneres, als darum uns nicht kümmern. Was aber stattfinden und wie von Rechts wegen unser Verhältnis beschaffen sein müsse, das will ich dir angeben.

Als ich nach Sizilien kam, stand ich in dem Rufe, ein sehr ausgezeichneter Philosoph zu sein; da ich aber, den Wunsch hegend, daß auch du, gleich andern, das mir bezeugest, damit mir die Philosophie 312 a
auch bei der großen Menge zu Ehren gelange, in Syrakusai erschien, war der Erfolg davon kein günstiger. Den Grund davon suche ich aber nicht darin, worin viele ihn wohl suchen dürften, sondern weil du offenbar kein großes Vertrauen auf mich setztest, sondern aus Mißtrauen, wie mich bedünkt, damit umgingst, irgendwie mich zu entlassen und andere herbeizurufen und nachzuforschen, was ich denn beabsichtige. Und es gab viele, welche darüber ein Geschrei erhoben und sagten, du habest mich gering geachtet und deine Wißbegier anderem gewidmet. Das ist die Rede, die sich verbreitet hat. b

Vernimm nun, was nach diesem von Rechts wegen geschehen müsse, damit ich auch das, wonach du mich befragst, beantworte, wie wir, ich und du, uns gegeneinander zu benehmen haben. Hast du überhaupt die Philosophie wertzuschätzen aufgehört, so laß sie laufen; hast du aber Besseres, als was ich dich lehrte, von einem anderen vernommen oder selber ausgesonnen, dann halte das in Ehren. Demnach mußt du auch, wenn das von mir Ausgehende deinen Beifall hat, mich vor allen in Ehren halten. Jetzt also gehe, wie es auch anfangs geschah, du voraus, ich aber werde nachfolgen. Von dir geehrt, werde auch ich dich ehren, nicht geehrt aber mich ruhig ver- c

halten; ferner wirst du auch, wenn du mich in Ehren hältst und dar-
in mir vorausgehst, die Philosophie in Ehren zu halten scheinen, und
gerade der Umstand, daß du auch anderweitig Untersuchungen an-
stelltest, wird dir bei vielen die günstige Meinung erzeugen, daß du
ein Philosoph seist. Ehre aber ich dich, ohne daß du mich ehrst, dann
werde ich den Reichtum wert zu achten und ihm nachzustreben
scheinen; doch das, wissen wir, erwirbt bei allen keine gute Nachre-
de. Um es in eins zusammenzufassen, das Inehrenhalten deinerseits
ist für uns beide rühmlich, meinerseits aber ein für beide Teile
d schimpfliches. Soviel also über diesen Gegenstand.

Die kleine Kugel ist nicht, wie sie sein soll, beschaffen; das wird
dir Archedemos, wenn er angelangt sein wird, erklären. Auch dar-
über, was beachtungswerter und göttlicher ist als das, weshalb du,
darüber in Zweifel, an mich schicktest, wird er sich in sehr gründ-
licher Weise erklären müssen. Du behauptest nämlich, durch seine
Auseinandersetzung sei dir noch kein befriedigender Beweis über
die Beschaffenheit des ursprünglich Ersten zuteil geworden. Dar-
über dich zu belehren, muß ich rätselhafter Ausdrücke mich bedie-
nen, damit, sollte dieses Schreiben in den Tiefen des Meeres oder in
einer Kluft des Festlandes verlorengehen, der Leser es nicht ver-
e stehe. Es verhält sich nämlich so:

Den König aller umgibt Alles, und Alles ist seinetwegen, und in
ihm liegt der Grund alles Schönen. Ein Zweites bezieht sich auf ein
Zweites, ein Drittes auf ein Drittes. Nun begehrt der Geist des Men-
schen darüber, wie es wohl beschaffen sei, sich zu belehren, indem
er seine Aufmerksamkeit auf das ihm Verwandte richtet, welches
313 a insgesamt der Vollkommenheit ermangelt. Das findet hinsichtlich
des Königs und des von mir zuerst Erwähnten durchaus nicht statt;
von dem ihnen Nachfolgenden aber behauptet es die Seele.

Wie steht es aber, Sohn des Dionysios und der Doris, um die Frage,
welche aller Übel Grund ist? Vielmehr aber sind es die Geburts-
wehen, welche durch sie in der Seele entstehen. Nimmer wird, wer
von diesen sich nicht befreit, wirklich zur Wahrheit gelangen. Du
aber erklärtest mir unter den Lorbeerbäumen in deinem Lustgarten,
b darüber habest du selbst nachgedacht und das sei etwas von dir
ausfindig Gemachtes. Und ich sagte dir, wenn du zu dieser Über-
zeugung gediehen wärest, dann werdest du wohl vieler Besprechun-
gen mich überhoben haben. Ich sei aber fürwahr, behauptete ich,
noch nie mit jemandem zusammengetroffen, welcher das ausfindig
gemacht, sondern bemühe mich sehr darum. Du aber hast dies viel-
leicht von jemand gehört, vielleicht auch bist du durch göttliche
Schickung darauf gekommen, hast dann aber, als deiner Sache ge-
wiß, die Beweise nicht in den gehörigen Zusammenhang gebracht,
sondern umgaukelst das Erzeugnis deiner Einbildungskraft bald von
c dieser, bald von jener Seite, dieses ist aber nicht von solcher Beschaf-
fenheit. Und nicht dir allein ist es so ergangen, sondern sei über-
zeugt, daß keiner, der meine Vorträge zuerst vernahm, jemals an-
fänglich in einer andern Lage sich befand; dem einen schuf es der
Schwierigkeiten mehr, dem anderen weniger, bis er davon mit Mühe

loskommt, fast keinem einzigen geringe. Da nun das so sich begab
und ungefähr so sich verhält, haben wir, meiner Ansicht nach, so
ziemlich die Antwort auf die Frage ermittelt, die du brieflich an mich
richtest, wie unser gegenwärtiges Verhältnis beschaffen sein müsse.
Da du nämlich sowohl mit andern über diese Gegenstände dich be-
sprichst als auch im Vergleich mit den Ansichten anderer an und für
sich sie in Betrachtung ziehst, wirst du, wenn du die Prüfung in rich- d
tiger Weise anstellst, diese dir aneignen und dich mit ihnen und mit
uns vertraut machen. Wie sollte nun dieses und alles, was wir be-
sprochen haben, nicht eintreten?

Jetzt hast du ganz recht daran getan, daß du den Archedemos an
mich schicktest, und vielleicht werden, wenn er zu dir zurückkehrt
und meinen Bescheid dir berichtet, in Zukunft noch andere Bedenk-
lichkeiten in dir sich erheben. Nun wirst du, wenn du wohl mit dir zu
Rate gehst, wiederum den Archedemos an mich absenden, dieser
aber wird mit einer neuen Fracht zu dir zurückkehren; tust du das
ein zweites und ein drittes Mal und prüfst sorgfältig meine Sen-
dungen, dann sollte es mich wundernehmen, sollten sich nicht dei- e
ne früheren oder deine gegenwärtigen Bedenklichkeiten ganz anders
gestalten.

So verfahre also getrosten Mutes. Denn ein besseres und gottgefäl-
ligeres Geschäft wirst nimmer du veranlassen noch Archedemos
machen. Sieh dich aber vor, daß diese Belehrungen nicht zur Kennt- 314 a
nis ungebildeter Menschen kommen. Denn meinem Bedünken nach
gibt es für die große Menge fast keine lächerlicheren, für die von
Natur Begabten dagegen keine bewundernswürdigeren und mehr
sie begeisternden Belehrungen. Diese aber werden, oft vorgetragen
und fort und fort und zwar viele Jahre hindurch vernommen, kaum,
dem Golde vergleichbar, mit großer Anstrengung geläutert. Doch ver-
nimm, was dabei zu verwundern ist. Es gibt nämlich manche, und
zwar mehrere, welche das mit anhörten, befähigt, es zu begreifen, b
befähigt, es im Gedächtnis zu bewahren und darüber nach allseiti-
ger Prüfung ein Urteil zu fällen, die, als bereits Ergraute, nachdem
sie es seit 30 Jahren wenigstens mit angehört, erklären, daß jetzt
ihnen das, was ihnen damals höchst unglaubwürdig erschien, als
höchst glaubwürdig und überzeugend sich darstelle; das damals höchst
Glaubwürdige dagegen als von der entgegengesetzten Beschaffenheit.
Mit Rücksicht darauf sieh dich vor, daß du nicht einmal zu bereuen
habest, was du jetzt in einer deiner unwürdigen Weise veröffentlich-
test. Das sicherste Mittel, das zu verhüten, ist, es nicht niederzuschrei-
ben, sondern es wohl sich anzueignen; denn bei dem Niederschrei- c
ben läßt sich die Veröffentlichung nicht vermeiden.

Darum habe ich nie etwas darüber niedergeschrieben, noch gibt es
eine Schrift Platons oder wird es eine geben; das jetzt Ausgespro-
chene sind Gedanken des schöner dargestellten und verjüngten So-
krates.

Gehabe dich wohl, folge mir und verbrenne diesen Brief, nachdem
du jetzt zuvor ihn zu wiederholten Malen durchlasest.

Das genüge hierüber. Hinsichtlich des Polyxenos wunderst du dich,

d daß ich ihn dir sende. Mein Urteil über den Lykophron und die an-
deren bei dir Weilenden war und bleibt aber dasselbe, daß du an
Redegewandtheit, Naturanlage und durch den Weg, den du bei Un-
tersuchungen einschlägst, sie bei weitem übertriffst, und daß keiner
von ihnen, wie manche glauben, sich freiwillig, sondern jeder nur
mit Widerstreben widerlegen läßt. Und doch scheinst du ganz freund-
lich mit ihnen zu verkehren und sie beschenkt zu haben. Doch so-
viel über diese Menschen, ja schon zu viel über Menschen der Art.
e Suchst du aus eigenem Antriebe Belehrung beim Philistion, so su-
che sie eifrig und suche sie, wo möglich, auch beim Speusippos und
entsende ihn dann. Auch Speusippos bedarf deiner Unterstützung.
Philistion aber versprach mir, entläßt du ihn, gern nach Athen zu
kommen.

Daß du den in den Steinbrüchen Verhafteten freigabst, daran hast
du recht getan. Leicht zu erfüllen war auch die die Sklaven dessel-
ben und den Hegesippos, den Sohn Aristons, betreffende Bitte;
315 a schreibst du mir doch, wenn jemand diesen oder jene beleidige und
es zu deiner Kenntnis komme, werdest du es nicht gestatten. Auch
dem Lysikleides muß ich bezeugen, was der Wahrheit gemäß ist;
denn er allein unter allen, die aus Sizilien nach Athen kamen, ent-
stellte nichts in der Erzählung über deinen Verkehr mit mir, son-
dern äußert sich stets gut darüber und stellt das Vorgefallene von
der besten Seite dar.

Dritter Brief

Verteidigung gegen Verleumdungen

Platon an Dionysios.

Wenn Platon dem Dionysios Freude wünscht, sollten dann diese
b Worte wohl die richtige Begrüßung treffen? Oder indem ich meiner
Gewohnheit nach fröhliches Gedeihen dir wünsche, mit welchem
Wunsche ich in meinen Briefen meine Freunde zu begrüßen pflege?
Du freilich redetest, wie die damals Wallfahrenden berichteten,
selbst den Gott zu Delphi mit eben dieser schmeichelnden Begrüßung
an und schriebst, wie man sagt:

Freude dir und bewahre ein fröhlich Gedeihn dem Gewaltherrn.
c Ich dagegen würde nicht einmal einem Menschen, geschweige denn
einem Gotte die Freude anempfehlen; einem Gotte nicht, weil es ein
seiner Natur zuwiderlaufender Zuruf wäre – ist doch das göttliche
Wesen fern von Lust und Schmerz –, keinem Menschen aber, weil
Lust und Schmerz oft Schaden bringt, indem sie in der Seele Be-
fangenheit, Vergeßlichkeit, Unverstand und Übermut erzeugen. Das
sind meine Ansichten über die Anrede; lies sie und eigne sie dir in-
soweit, wie es dir gefällt, an.

Nicht wenige berichten, du äußerest gegen manche der an dich Ab-
d gesandten, ich habe, als ich einst dich sagen hörte, du wollest die
Städte hellenischen Ursprungs in Sizilien wiederherstellen und den

Syrakusiern durch Umgestaltung der Gewaltherrschaft in eine königliche eine Erleichterung gewähren; davon also habe ich damals, wie du behauptest, dich, obschon du lebhaft es wünschtest, abgehalten, jetzt aber weise ich den Dion an, ebendasselbe zu tun, und so trachteten wir danach, dir durch deine eigenen Ratschläge die Herrschaft
zu entziehen. Ob solche Reden dir von Nutzen seien, weißt du selbst, e
doch gegen mich handelst du unrecht, indem du das Gegenteil von dem sagst, was geschah. Wurde ich doch schon genugsam vom Philistides und vielen anderen bei deinen Söldlingen und dem Volke von Syrakusai angeschwärzt, weil ich fortwährend auf der Burg meinen Aufenthalt hatte, die außerhalb derselben Wohnenden aber jeden Fehlgriff, wenn einer begangen wurde, mir beimaßen, indem sie behaupteten, du folgest in allem meinen Ratschlägen. Du selber
aber weißt am besten, daß ich aus freiem Antriebe in der Staatsver- 316 a
waltung anfangs, wie ich dadurch noch etwas zu fördern vermeinte, nur in wenigem dir beistand, so in manchen andern Kleinigkeiten als auch, indem ich ziemlich Eifer auf die Eingänge zu den Gesetzen verwendete, neben dem, was du selbst oder irgendein anderer ihnen vorausschickte; höre ich doch, daß später einige von euch dieselben überarbeiteten. Von wem nun das eine und das andere herrühre, wird gewiß denjenigen klar sein, welche meine Denkweise herauszufinden vermögen. Demnach bedarf es gegen mich, wie ich eben sagte, nicht weiterer Anschwärzung bei den Syrakusiern und wenn du noch bei anderen für dergleichen Rede Glauben findest, sondern weit mehr
einer Verteidigung wegen der früher gegen mich erhobenen Ver- b
leumdungen sowie wegen der jetzt nach jenen ärger und nachdrücklicher verbreiteten.

Gegen eine doppelte Verleumdung muß ich notwendig auch in zweifacher Weise mich verteidigen; erstens, daß ich mit Fug es vermied, an den Staatsgeschäften mit dir mich zu beteiligen; zweitens aber, daß der von dir erwähnte Rat und Widerstand nicht von mir herrührte; als ob ich dir widerstrebt habe, als du willens warst, die
Städte hellenischen Ursprungs wiederaufzubauen. Zuerst nun ver- c
nimm von dem, wovon ich zuerst gesprochen habe.

Ich kam nach Syrakusai, eingeladen von dir und dem Dion, einem von mir wohl erprobten und längst durch Gastfreundschaft mir verbundenen Manne, der in mittlerem und gesetztem Lebensalter stand, was in den Augen selbst mit nur geringer Einsicht Begabter erforderlich ist, wenn es gilt, über so wichtige Angelegenheiten, wie die deinigen damals, sich zu beraten; du aber warst noch sehr jung, sehr
wenig erfahren in diesen Dingen, in denen du es hättest sein sollen, d
und mir ganz unbekannt. Später veranlaßte, ob nun ein Mensch oder ein Gott oder ein Zufall neben dir die Vertreibung Dions, und du bliebst allein zurück. Hältst du nun wohl ein Zusammenwirken deiner- und meinerseits für den Staat damals für möglich, nachdem ich den verständigen Genossen verloren hatte, und nachdem nur der Unverständige, verbunden mit vielen schlechten Menschen, mir geblieben war, der nicht, wie er meinte, herrschte, sondern von Menschen solchen Schlags sich beherrschen ließ?

Was sollte nun ich unter diesen Umständen tun? Nicht etwa das,
was ich unter dem, was mir noch übrig war, zu wählen genötigt wirk-
e lich tat, indem ich, aus Besorgnis vor den Verleumdungen der Mißgunst,
um die Staatsverwaltung mich nicht bekümmerte, in aller Wei-
se es aber versuchte, euch beide, obschon ihr von einander geschie-
den und in Zwiespalt geraten wart, zu inniger gegenseitiger Freund-
schaft zu vereinigen? Auch du selbst bist hier mein Zeuge, daß ich nie
aufhörte, das zu erstreben. Und wir kamen, obschon nicht ohne Schwie-
317 a rigkeit, dahin überein, ich sollte, da Krieg zwischen euch bestand,
heimschiffen, komme es aber wieder zum Frieden, solle ich und
Dion nach Syrakusai zurückkehren, du aber dazu uns einladen.

Das war der Verlauf der Dinge hinsichtlich meiner ersten Reise
nach Syrakusai und meines Entkommens nach der Heimat; zum zwei-
tenmal ludest du mich nach Wiederherstellung des Friedens ein und
fordertest mich brieflich auf, nicht unserer Übereinkunft gemäß, son-
dern allein zu kommen; den Dion aber versprachst du später nach-
kommen zu lassen. Deshalb kam ich nicht und stieß damals auch
b beim Dion an; denn er hielt es für besser, ich reise und folge deiner
Einladung. Ein Jahr später trafen ein Dreiruderer und Briefe von
dir ein; der Hauptinhalt deiner Briefe aber war, wenn ich käme, wür-
de sich die Angelegenheit mit dem Dion ganz meinen Wünschen ge-
mäß gestalten, komme ich aber nicht, in entgegengesetzter Weise. Ich
scheue mich aber zu sagen, wie viele Briefe damals von dir und auf
c deinen Antrieb von anderen aus Italien und Sizilien an mich ge-
langten und an wie viele andere meiner Angehörigen und Bekann-
ten, welche alle in mich drangen, abzureisen und durchaus dir Folge
zu leisten. Die Meinung aller nun sowie vor allen die Dions war, ich
müsse zu Schiffe gehen und den Mut nicht sinken lassen, obschon ich
bei ihnen auf mein hohes Alter mich berief und hinsichtlich deiner
sie versicherte, du werdest denen, welche mich verleumdeten und uns
zu verfeinden suchten, nicht zu widerstehen vermögen; erkannte
ich doch auch damals, wie ich es jetzt erkenne, daß der große und
übermäßige Reichtum, so einzelner Bürger, als fast aller Fürsten,
d um so zahl- und einflußreicher üble Nachredner erzeuge, je bedeu-
tender er ist, und Menschen, die, jenen zu schmachvollem Verderben,
ihnen in allem zu gefallen suchen – der größte Schaden, den Reich-
tum bringt und der sonstige Einfluß großer Macht. Dessen ungeachtet
kam ich, ohne alle diese Bedenklichkeiten zu berücksichtigen, in
der Erwägung, ich dürfe keinem meiner Freunde den Vorwurf ge-
e statten, durch meine Fahrlässigkeit seien sie um ihre ganze Habe, die
ich ihnen zu erhalten vermochte, gekommen.

Nach meiner Ankunft – du weißt ja alles, was von der Zeit an
geschah – drang ich erst, der Zusage deiner Briefe zufolge, auf die
Zurückberufung des Dion, nachdem ich dich ihm versöhnt hätte, in-
dem ich eure Verwandtschaft geltend machte. Hättest du mir, diese
berücksichtigend, damals Gehör gegeben, dann wäre es vielleicht,
wie ein Blick in die Zukunft mich ahnen läßt, besser um dich be-
stellt und um Syrakusai und um die anderen Hellenen. Ferner be-
gehrte ich, das Vermögen Dions solle seinen Verwandten bleiben,

nicht aber diejenigen, die du wohl kennst, sich, wie sie es taten, dar- 318 a
ein teilen. Außerdem müsse er, glaubte ich, das ihm jährlich Aus-
gesetzte erhalten, und du müssest es ihm, nach meiner Ankunft,
in noch reichlicherem, nicht geringerem Maße übermachen. Als ich
von diesem allen nichts erlangte, wollte ich wieder abreisen. Darauf
beredetest du mich, noch ein Jahr zu bleiben, indem du erklärtest, du
wollest, nachdem du den gesamten Besitz des Dion verkauft, die
Hälfte ihm nach Korinthos nachsenden, das übrige aber für seinen
Sohn zurückbehalten.

Ich könnte noch vieles anführen, was du mir versprachst, aber nicht b
erfülltest, ich fasse mich aber wegen der Menge solcher Verspre-
chungen kurz. Nachdem du nämlich alle Besitztümer verkauft, ohne
Zustimmung des Dion, dem du nicht ohne seine Zustimmung sie zu
veräußern versprachst, setztest du, mein Seltsamer, im jugendlichen
Übermut allen deinen Verheißungen die Krone auf. Du ersannst
nämlich einen Kunstgriff, der weder rühmlich, noch anständig, noch
gerecht oder ersprießlich war, um mich, als mit dem damals Gesche-
henen unbekannt, einzuschüchtern, damit selbst ich mich nicht darum
bemühe, daß das Geld ihm übersendet werde. Als du nämlich den c
Herakleides verjagtest, was weder den Syrakusiern als rechtmäßig
erschien noch mir, vereinigte ich meine Bitten mit denen des Theo-
dotes und Eurybios, es nicht zu tun; das aber bedünkte dich ein aus-
reichender Grund, zu erklären, es sei schon längst dir offenbar, daß
ich für dich keine Teilnahme hege, wohl aber für Dion und Dions
Freunde und Angehörige; und ich, da nun Theodotes und Heraklei-
des als Vertraute des Dion verdächtigt wären, auf alle Mittel sinne,
diese der Strafe zu entziehen. d

Das ist der Verlauf unseres gemeinsamen Wirkens für den Staat;
bemerktest du aber auch noch eine andere Entfremdung meinerseits
gegen dich, so glaubst du mit Recht, daß daraus alles hervorging.
Und laß es dich nicht verwundern; denn mit Fug würde ich wohl
einem verständigen Manne als schlecht erscheinen, wollte ich, be-
stimmt durch die Größe deiner Herrschaft, den alten Herzens- und
Gastfreund, der sich durch dich in einer schlechten Lage befindet
und der, um es gerade herauszusagen, in nichts dir nachsteht, wollte
ich diesen aufgeben und dich, der du unrecht gegen ihn verfährst, e
ihm vorziehen und alles tun, wie du es beföhlest, offenbar um mich
zu bereichern; nichts anderes würde man dann für den Grund mei-
ner Sinnesänderung, wenn diese stattfände, erklären. Indem also
dieses in dieser Weise sich begab, bewirkte es unsere Wolfsfreund-
schaft und das Aufhören unseres gemeinsamen Wirkens.

Fast in unmittelbarem Zusammenhang mit dem eben Ausgespro-
chenen bietet sich mir das, weshalb ich mich, wie ich sagte, zweitens
zu verteidigen habe. Erwäge aber und gib wohl acht, ob ich irgend 319 a
etwas Falsches und Unwahres dir zu sagen scheine. Ich behaupte
nämlich, daß, während etwa 20 Tage vor meiner Abreise von Syra-
kusai nach meiner Heimat, Archedemos und Aristokritos im Garten
zugegen waren, du mir denselben Vorwurf machtest wie jetzt, daß
meine Teilnahme an dem Herakleides und jedem anderen größer

sei als an dir. Ferner stelltest du in Gegenwart dieser beiden an mich die Frage: ob es mir erinnerlich sei, daß ich sogleich nach mei-
b ner Ankunft dich aufforderte, die Städte hellenischen Ursprungs wieder aufzubauen. Ich aber gab dir zu, daß ich dessen mich erinnere und daß noch jetzt das mir als das Beste erscheine.

Aber auch die darauf folgenden Reden kann ich, lieber Dionysios, nicht umhin zu wiederholen. Ich fragte dich nämlich, ob das der einzige Ratschlag sei, den ich dir erteilt habe, oder außer diesem noch einen anderen? Du aber erwidertest hoch erzürnt und auf eine für mich, wie du meintest, verletzende Weise — welche Gesinnung die damals vermeinte Kränkung jetzt zu einer wirklichen machte
c — und sagtest mit unverstelltem Hohngelächter, «wenn ich mich noch erinnere, hast du mich aufgefordert, dies alles nach empfangener Unterweisung auszuführen oder nicht auszuführen».

Du hast ein gutes Gedächtnis, erwiderte ich.

Nicht wahr, in der Meßkunst unterwiesen? entgegnetest du, oder wie?

Ich aber unterdrückte die Antwort, die sich mir aufdrängte, in der Besorgnis, ein flüchtiges Wort möge die Aussicht auf meine Abreise, der ich entgegensah, mir sehr verkümmern.

Der letzte Zweck von allem, was ich sagte, ist aber folgender: Gib mir nicht fälschlich schuld, ich habe es nicht geschehen lassen, daß du die durch die Barbaren ihrem Untergange entgegengeführten
d Städte hellenischen Ursprungs wiederherstelltest, oder den Syrakusiern, durch Umgestaltung der Gewaltherrschaft in ein Königtum, Erleichterung schaffest. Denn etwas meiner Sinnesart minder Angemessenes als das könntest du wohl nimmer mir andichten, und außer dem Gesagten vermöchte ich, sähe ich irgendwo einen zur Entscheidung befähigten Gerichtshof, noch einleuchtendere Beweise als die angegebenen aufzustellen, daß ich dazu dich antrieb, du aber es nicht ausführen wolltest; und gewiß war es nicht schwer, überzeugend nachzuweisen, daß dessen Ausführung für dich und die Syrakusier und die Sizilioten insgesamt das Beste war.

e Doch, mein Vortrefflicher, erklärst du das, was du gesagt hast, nicht gesagt zu haben, so habe ich Genugtuung; bekennst du dich aber dazu, dann wirst du, indem du hinfort die Weisheit des Stesichoros anerkennst und seinen Widerruf nachahmst, an die Stelle einer falschen Aussage die wahre treten lassen.

Vierter Brief

Ratschläge an Dion

320 a Platon dem Syrakusier Dion fröhliches Gedeihen!

Meine fortwährende Teilnahme an dem, was sich begeben, liegt, denke ich, zutage, und daß ich mit großem Eifer das Gelingen deines Unternehmens mitbeförderte, durch nichts anderes mehr dazu bewogen als durch mein Streben für das Gute; halte ich es doch für

recht, daß den wahrhaft Wackergesinnten und ihren Grundsätzen b
gemäß Handelnden der ihnen gebührende Ruhm zuteil werde. Was
die gegenwärtige Lage der Dinge anbetrifft, so ist es, gestatte uns
Gott diese Rede, eine erfreuliche; für die Zukunft aber steht der
größte Kampf bevor. Denn es möchte wohl scheinen, es gelinge auch
manchem andern, durch Tapferkeit, Schnelligkeit und Stärke sich
auszuzeichnen; durch Wahrheitsliebe dagegen und Gerechtigkeit und
Hochherzigkeit sowie ein damit verbundenes wohlanständiges Beneh-
men — da möchte man wohl mit Recht einräumen, daß diejenigen, c
welche auf diese Dinge einen Wert zu legen bemüht sind, vor an-
dern sich hervortun. Was hier meine Meinung ist, liegt zutage; den-
noch müssen wir es uns selbst in das Gedächtnis zurückrufen, daß
es sich ziemt, daß sie, du weißt ja wohl wer, vor den anderen Men-
schen sich mehr auszeichnen, als Männer vor den Knaben. Wir müs-
sen also zeigen, daß wir wirklich die Männer sind, für die wir uns
ausgeben, insbesondere da es, Gott gestatte uns die Rede, leicht ist.
Denn andere nötigen ihre Verhältnisse, weite Gegenden, wollen sie d
sich bekannt machen, zu durchschweifen, deine gegenwärtige Lage
aber ist so beschaffen, daß die Bewohner der ganzen Erde, sollte die-
se Behauptung auch jugendlich keck erscheinen, ihre Blicke nach ei-
ner Gegend und hier vor allen auf dich richten.

Schicke dich also, als einer, auf den aller Augen sehen, an, jenen
alten Lykurgos darzustellen und den Kyros und wenn sonst jemand
irgend einmal durch seinen Charakter und seine Staatseinrichtungen
sich auszuzeichnen schien, insbesondere da viele und fast alle Be-
wohner hiesigen Landes sagen, es sei sehr wahrscheinlich, daß nach e
dem Sturze des Dionysios das Unternehmen infolge deiner Ehrsucht
sowie der des Herakleides, Theodotes und der übrigen Häupter
scheitern werde. Lasse also, was das beste wäre, keiner von dieser
Sucht sich hinreißen; sollte es aber bei einem geschehen, dann zeige
du dich als Arzt, und ihr dürftet wohl das beste Ziel erreichen. Daß
ich das sage, erscheint dir vielleicht lächerlich, weil es dir selbst nicht 321 a
unbekannt ist; sehe ich aber doch, daß auch in den Theatern die
Wettkämpfer von der Jugend aufgeregt werden, geschweige denn
von ihren Freunden, von welchen man glaubt, daß sie im Ernste
wohlwollend ihnen zurufen. Darum besteht selbst diesen Wettkampf
und wendet euch erforderlichenfalls brieflich an uns.

Hier stehen die Dinge ziemlich ebenso, wie als ihr noch zugegen
wart. Schreibt uns auch, was ihr ausgeführt habt oder eben ausfüh- b
ren wollt; denn ungeachtet vieler Gerüchte, die an uns gelangen,
wissen wir nichts Bestimmtes. Auch jetzt kamen Briefe vom Theo-
dotes und Herakleides nach Lakedaimon und Aigina, wir aber hören,
wie gesagt, vieles über die dortigen Begebnisse, ohne etwas Bestimm-
tes zu wissen.

Bedenke auch, daß manche dich für minder leutselig halten, als
dir geziemte; darum vergiß nicht, daß auf unserem Beliebtsein bei
den Menschen unsere Wirksamkeit beruht, daß aber mit einem un-
freundlichen Wesen Vereinzeltstehen verbunden ist. c

Glück auf!

Fünfter Brief

Empfehlung des Euphraios an den makedonischen König Perdikkas III.

Platon dem Perdikkas fröhliches Gedeihen!

Dem Euphraios riet ich, deiner Angelegenheiten, wie du mir schriebst, sich anzunehmen und ihnen seine Zeit zu widmen; mir selbst aber kommt es von Rechts wegen zu, dir einen gastfreundschaftlichen und, wie man sagt, heiligen Rat sowohl über anderes, dessen du etwa
d erwähnst, als auch darüber zu erteilen, wozu du den Euphraios jetzt zu benutzen hast. Denn der Mann ist zu vielem zu gebrauchen, hauptsächlich aber zu einer Sache, die jetzt auch dir not tut deiner Jugend wegen und weil junge Männer hierin nicht viele Ratgeber finden.

Jede Staatsverfassung hat nämlich, wie es auch bei manchen Tieren der Fall ist, ihre eigene Sprache, die Volksherrschaft eine andere, eine andere die Herrschaft Weniger und desgleichen auch die
e Alleinherrschaft. Sehr viele dürften sich wohl dieser Sprache kundig zu sein anmaßen, sind aber mit Ausnahme einiger weniger weit entfernt, sie zu verstehen. Derjenige Staat nun, welcher in der ihm eigentümlichen Sprache zu Göttern und Menschen spricht und sein Verfahren ihr gemäß einrichtet, der gedeiht und erhält sich, geht aber zugrunde, wenn er eine andere nachahmt. Dazu könnte dir wohl Euphraios vorzüglich von Nutzen sein, obschon er auch in anderer Hinsicht tüchtig ist. Denn von ihm erwarte ich, daß er unter
322 a denen, welche deine Umgebung ausmachen, vor allen beitragen wird, die der Alleinherrschaft zukommenden Reden zu ermitteln. Indem du nun dazu ihn gebrauchst, wird das dir selbst Nutzen bringen und auch ihn wirst du dadurch sehr fördern.

Sollte aber jemand, der das hört, sagen: Platon gibt sich das Ansehen, als verstehe er das der Volksherrschaft Ersprießliche; obgleich es ihm aber gestattet ist, vor dem Volke zu sprechen und die besten Ratschläge zu erteilen, trat er doch nie auf oder ließ seine Stimme vernehmen; so läßt sich darauf erwidern: Platon wurde für sein Vaterland zu spät geboren; er fand das Volk bereits in ei-
b nem vorgerückten Lebensalter und von den Früherlebenden gewöhnt, gar manches den von ihm zu erteilenden Ratschlägen Widersprechendes zu tun. Nichts wäre ihm lieber gewesen, als ihm, wie ein Sohn dem Vater, Ratschläge zu geben, hätte er nicht geglaubt, er werde dadurch sich vergeblich in Gefahr stürzen und gar nichts ausrichten.

Das würde, denke ich, wohl auch der Erfolg des etwa mir erteilten Rates sein. Denn schiene unsere Sinnesweise eine unheilbare zu sein, dann würde der Ratgeber sich von mir losgesagt und sich
c ferngehalten haben von jedem Rat über mich und meine Angelegenheiten.

Glück auf!

Sechster Brief

Aufforderung zur Freundschaft

Platon dem Hermeias, Erastos und Koriskos fröhliches Gedeihen!

Der Götter einer versetzt euch, scheint es mir, wohlwollend und zur Genüge in eine, wenn ihr sie wohl benutzt, glückliche Lage. Denn ihr wohnt in nachbarlicher Nähe und so, daß ihr einander, wenn es not tut, in den wichtigsten Angelegenheiten von Nutzen sein könnt. Steht doch dem Hermeias weder in einer großen Reiterschar noch in d
anderer kriegerischer Bundesgenossenschaft, noch durch des Goldes Gewinn eine größere Macht zu Gebote als durch zuverlässige, redlich gesinnte Freunde. Erastos und Koriskos aber bedürfen, behaupte ich, so alt ich auch bin, neben unserer schönen Kenntnis der Ideen der Befähigung, vor schlechten und ungerechten Menschen sich vorzusehen und gegen sie sich zu verteidigen; entbehren sie doch der Er- e
fahrung, weil sie einen großen Teil ihres Lebens mit uns das rechte Maß haltenden und nicht unredlichen Männern verbrachten.

Aber darum erklärte ich, daß ihnen das noch not tue, damit sie sich nicht genötigt sehn, die echte Weisheit zu vernachlässigen und größere Sorgfalt, als sie sollten, auf die menschliche und durch das Bedürfnis bedingte zu wenden. Diese Klugheit scheint nun Hermeias mir, soweit ich, der noch nicht mit ihm zusammenkam, dies beurteilen kann, sowohl von der Natur begünstigt als durch auf Erfah- 323 a
rung gegründete Kunst erlangt zu haben.

Was ist nun der Zweck meiner Rede? Dir, lieber Hermeias, erkläre ich, der ich in längerer Zeit als du den Erastos und Koriskos kennenlernte, und mache es dir kund und bezeuge es dir, daß du gegenwärtig nicht leicht deines Vertrauens würdigere Menschen finden werdest; und ich rate dir, in jeder zu Recht bestehenden Weise diese Männer, ohne es für etwas Geringfügiges anzusehn, an dich zu fesseln; umgekehrt erteile ich auch dem Erastos und Koriskos den Rat, an den Hermeias sich anzuschließen und sich zu bemühen, durch dieses gegenseitige Anschließen zu einer freundschaftlichen b
Vereinigung zu gelangen. Sollte aber einer von euch dieses Band irgendwie zu lösen scheinen, sind doch menschliche Ansichten nicht etwas durchaus fest Bestehendes, dann schickt hierher an mich und meine Anhänger ein Schreiben, welches über das, was Anstoß gibt, Beschwerde führt; denn unsere auf Rechtsgefühl und fromme Scheu gegründeten Vorstellungen werden, glaube ich, wenn die Entzweiung nicht eben eine allzu entschiedene ist, die Trennung kräftiger als irgendein Zauberspruch wieder aufheben und euch wieder zu der vorher bestehenden Freundschaft und Gemeinschaft vereinigen, in Bezug auf welche, wenn wir insgesamt, so wir wie ihr, der Weis- c
heit, soviel wir können und es die Lage eines jeden gestattet, nachstreben, das orakelmäßig oben Vorausverkündete in Erfüllung gehen wird. Was aber geschehen wird, wenn wir das nicht tun, mag ich nicht aussprechen: denn Worte guter Vorbedeutung soll meine Vorausverkündigung enthalten, und ich behaupte, daß wir, unter der

Gottheit Beistand, so einen durchaus guten Erfolg haben werden.

Diesen Brief müßt ihr drei insgesamt lesen, am besten zusammen, wo nicht, zu zweien gemeinschaftlich, insoweit es möglich und tunlich ist, zu vielen Malen, und an der Verbindung und dem euch
d bindenden Gesetze festhalten, es beschwörend, wie es recht ist, mit einem nicht unwissenschaftlichen Eifer und dem ihm verschwisterten heitern Geistesspiele und bei dem alles, das Seiende wie das Werdende, lenkenden Gotte und dem echten Vater dieses Lenkers und Urhebers, euch dazu verpflichten, zu dessen deutlicher Erkenntnis wir, wenn wir wirklich der Weisheit nachstreben, alle, soweit die Kräfte von Gott begünstigter Menschen es vermögen, gelangen werden.

GLIEDERUNG

A. Einleitung: Zusage der Unterstützung der Freunde Dions. Platons Vertrautheit mit dessen Gesinnungen (1. Kap., 323 e 7 — 324 b 7)

B. Hauptteil:

I. Die Entstehung von Platons politischen Ansichten bis zum 1. Besuch bei Dionysios (324 b 8 — 330 b 7). 1. Erste politische Erfahrungen in Athen und ihre Folge: Vorläufige Zurückhaltung von praktischer Betätigung (2. Kap., 324 b 8 — 326 b 4). 2. Eindrücke der 1. Reise nach Italien und Sizilien (389/88), Zusammentreffen mit Dion (3. Kap., 326 b 5 — 327 b 6). 3. 1. Besuch bei Dionysios (366/65). Darlegung seiner Gründe und seines Verlaufs (4. Kap., 327 b 6 — 330 b 7).

II. Ratschläge an die Freunde Dions (330 b 8 — 337 e 2). 1. Platons Ansicht über das Erteilen von Ratschlägen (5. Kap., 330 b 8 — 331 d 5). 2. Platons und Dions Ratschläge an Dionysios (6. Kap., 331 d 6 — 333 a 5). 3. Einschub über die Schicksale Dions (7. Kap., 333 a 5 — 334 c 2). 4. Die Ratschläge an Dions Freunde (8. Kap., 334 c 3 — 337 e 2).

III. Die Ereignisse beim 2. Besuch bei Dionysios (361/60) und Exkurs über Darstellungsmöglichkeit und Entstehung philosophischer Erkenntnis (337 e 3 — 351 a 1). 1. Darstellung der Motive für den 2. Besuch (9. Kap., 337 e 3 — 340 b 1). 2. Prüfung der angeblich philosophischen Neigungen des Dionysios (10. Kap., 340 b 1 — 341 a 7). 3. Unmöglichkeit der Darstellung philosophischer Erkenntnis (11. Kap., 341 a 7 — 342 a 1). 4. Über die stufenhafte Genesis der Erkenntnis (12. Kap., 342 a 1 bis 343 a 4). 5. Grund der Darstellungsschwierigkeit: Verwechslung des Was mit dem Wie. Erfordernis der Verwandtschaft der Seele des Lernenden mit der Sache selbst (13. Kap., 343 a 4 — 344 d 2). 6. Erweis der philosophischen Unfähigkeit des Dionysios (14. Kap., 344 d 3 — 345 c 3). 7. Die Ereignisse beim 2. Besuch und der Bruch mit Dionysios (15. Kap., 345 c 4 — 350 b 5). 8. Platons Absage an Dion, am Rachewerk gegen Dionysios teilzunehmen (16. Kap., 350 b 6 — 351 a 1).

C. Schluß: Verteidigung Dions. Seine Vorbildlichkeit (17. Kap., 351 a 1 bis 352 a 7).

Platon den Vertrauten und Freunden Dions seinen Gruß!

1. Eure Gesinnung müsse, schriebt ihr mir, dieselbe bleiben, welche auch Dion hegte, und fordertet vor allem mich dringend auf, durch Wort und Tat, insofern ich es vermag, dabei euch zu unterstützen. 324 a
Ich aber sage euch, wenn eure Meinung und euer Streben mit dem jenes übereinstimmt, meine Teilnahme zu, daß ich es aber, ist das nicht der Fall, zuvor reiflich überlegen werde. Welcher Art aber seine Gesinnung und sein Streben war, kann ich euch im allgemeinen nicht nach bloßer Vermutung, sondern nach genauer Kenntnis berichten.

Als ich nämlich, in einem Alter von fast vierzig Jahren, zuerst
nach Syrakusai kam, stand Dion in dem Alter wie jetzt Hipparinos,
und der Meinung, die er damals faßte, ist er fortwährend treu ge-
b blieben, dem Glauben nämlich, es komme den Syrakusern zu, frei
zu sein und der besten Gesetze sich zu erfreuen. Sonach ist es nicht
zu verwundern, wenn der Götter einer auch ihn mit mir zu den-
selben Ansichten über Staatsverwaltung vermochte.

In welcher Weise erzeugte sich aber diese in mir? Das zu ver-
nehmen möchte wohl der Teilnahme von jung oder alt nicht unwert
sein, und ich will es, da es jetzt an der Zeit ist, euch darzulegen ver-
suchen.

2. Dereinst, als ich noch jung war, ging es mir ebenso wie vielen.
Ich war gesonnen, sobald ich zur Selbständigkeit gelangt sein
würde, sogleich zur Teilnahme an den öffentlichen Angelegenhei-
c ten mich anzuschicken. Da traten für mich hinsichtlich der öffent-
lichen Angelegenheiten manche Zufälligkeiten ein. Es fand näm-
lich, da unsere Staatsverfassung dem Tadel vieler unterlag, eine
Umgestaltung derselben statt, und diese Umgestaltung leiteten, als
Urheber derselben, einundfünfzig Männer, von denen elf in der
Stadt, zehn im Peiraieus, beiderseitig das, was es auf dem Markte
anzuordnen gibt, anordneten; dreißig aber bestimmten sie zu un-
d umschränkten Oberherren des ganzen Staats. Nun traf es sich, daß
von diesen einige mir verwandt und bekannt waren; diese forderten
mich alsbald auf, an den Staatsgeschäften als etwas mir Zukommen-
dem mich zu beteiligen. Wie es bei meiner Jugend mir erging, war
nicht zu verwundern. Ich glaubte nämlich, sie würden den Staat so
verwalten, daß sie aus einem Zustande der Ungerechtigkeit zu ei-
ner gerechteren Lebensweise ihn hinführten, so daß ich mit großer
Spannung erwartete, was sie ausrichten würden. Da ich nun aber
sah, daß diese Männer in kurzer Frist die frühere Verfassung als
eine goldene erscheinen ließen, unter anderm einen mir befreun-
e deten älteren Mann, den Sokrates, den ich fast unbedenklich für
den gerechtesten aller damals Lebenden erklären möchte, nebst an-
dern nach einem Bürger aussandten, um diesen mit Gewalt seiner
Hinrichtung entgegenzuführen, damit jener, ob er nun wolle oder
325 a nicht, bei ihrem Tun sich beteilige; er aber gab ihnen kein Gehör
und setzte sich lieber der äußersten Gefahr aus, als daß er an ihrem
frevelhaften Treiben teilnahm; – da ich das alles sowie noch man-
ches dem Ähnliche von nicht geringer Bedeutung sah, da erfüllte
es mich mit Unwillen, und ich selbst zog mich von dem damaligen
schlechten Regimente zurück.

Nicht lange darauf erlitt aber die Herrschaft der Dreißig und die
ganze damalige Staatsverfassung einen Umsturz. Nun fühlte ich wie-
der, obwohl in langsamerer Entwicklung, die Begierde, bei den ge-
b meinsamen und öffentlichen Angelegenheiten mich zu beteiligen;
doch auch hier geschah, der eingetretenen Verwirrung zufolge, gar
manches, was jemandes Unwillen erregen konnte, und es war nicht
zu verwundern, wenn, bei mancher Veränderung, ihre Rache an

ihren Feinden das rechte Maß überschritt, obschon die damals Zu-
rückgekehrten mit vieler Mäßigung verfuhren.

Unglücklicherweise zogen einige Gewalthaber wieder unsern
schon erwähnten Freund, den Sokrates, vor Gericht, indem sie eines
großen, am allerwenigsten dem Sokrates zuzutrauenden Frevels ihn c
ziehen: denn die einen klagten der Gottlosigkeit ihn an, die andern
erkannten ihn für schuldig und richteten einen Mann hin, der zuvor
an dem frevelhaften Verfahren gegen einen ihrer damals, als das
Unglück der Verbannung sie selbst betroffen hatte, vertriebenen
Freunde nicht hatte teilnehmen wollen.

Indem ich nun darauf und auf die die öffentlichen Angelegen-
heiten leitenden Männer sowie auf Gesittung und Gesetze mein
Augenmerk richtete, erschien mir die Leitung der Staatsgeschäfte, je
mehr ich dieser Betrachtung mich hingab und je weiter ich in den
Jahren fortschritt, um so schwieriger; denn es sei unmöglich, etwas d
ohne Freunde und zuverlässige Genossen, welche unter den schon
Befreundeten nicht leicht aufzufinden waren, auszurichten – wurde
unser Staat doch nicht mehr den Sitten und Einrichtungen unserer
Väter gemäß verwaltet –, andere, neue aber ohne große Schwierig-
keit sich zu erwerben ergab sich als unmöglich; die schriftlich abge-
faßten Gesetze und das Herkömmliche aber hatten ihr Ansehen
verloren, und das nahm über die Maßen überhand; so daß mir, der
ich anfangs mit großem Eifer zur Verwaltung der Staatsgeschäfte e
mich anschickte, als ich das berücksichtigte und das Gemeinwesen
in jeder Hinsicht in vollständiger Verwirrung sah, zuletzt schwindelte
und ich zwar es nicht aufgab, darüber, wie es wohl in eben dieser
Hinsicht und in betreff der gesamten Staatsverwaltung sich besser
gestalten könne, nachzusinnen, fortwährend aber wieder für meine 326a
wirkliche Beteiligung auf günstigere Umstände wartete und zuletzt
von allen jetzt bestehenden Verfassungen erkannte, daß dieselben
insgesamt schlecht verwaltet werden – denn ihre Gesetzgebung be-
findet sich in einem ohne wundersam günstige, vom Glück unter-
stützte Veranstaltungen fast heillosen Zustande –, und daß ich zu
der Äußerung mich gedrungen sah, daß, indem ich die echte Weisheit
lobpries, nur aus ihr alles, was in Bezug auf die öffentlichen Angele-
genheiten sowie die aller einzelnen das Recht erheische, sich erkennen
lasse, und daß demnach die Bedrängnis der menschlichen Gattung
nicht aufhören werde, bis entweder die Genossenschaft der echten b
und wahren Weisen zur Herrschaft im Staate gelange oder bis die
der Machthaber in dem Staate durch eine göttliche Fügung wirklich
der Weisheit sich befleißige.

3. In dieser Überzeugung begab ich mich, als es zum erstenmal
geschah, nach Italien und Sizilien. Als ich dorthin kam, sagte mir
das, was man dort bei reichlichen italischen und sizilischen Lecke-
reien ein glückliches Leben nennt, keineswegs und in keiner Weise
zu, dahinzuleben, indem man zweimal des Tags sich vollpfropft und
keine einzige Nacht allein schläft und welche Gewohnheiten sonst c
an ein solches Leben sich knüpfen. Könnte und würde doch von al-

len Menschen unter der Sonne keiner — denn so glückliche Tempe-
ramente wird es nicht geben — jemals bei einer solchen Lebenswei-
se zu einem Verständigen und Besonnenen werden. Dieselbe Be-
hauptung möchte wohl auch von den übrigen Tugendgattungen
gelten, und kein Staat dürfte, seien seine Gesetze beschaffen wie sie
wollen, zur Ruhe gelangen, wenn seine Bürger meinen, alles im
d Übermaß vergeuden und nichts anderes der Bemühung wert achten
zu müssen als Schmäuse und Zechgelage und eifrig erstrebte Lie-
besgenüsse. Es erschien mir notwendig, daß bei solchen Staaten der
Wechsel zwischen Gewaltherrschaft und der Herrschaft Weniger und
der des Volks nimmer aufhöre, und daß die Gewalthaber in dem-
selben es nicht ertragen, daß einer gerechten, auf gleichen Gesetzen
ruhenden Verfassung auch nur gedacht werde. Indem ich solche Be-
trachtungen an die frühern knüpfte, setzte ich meine Wanderung
e bis nach Syrakusai fort, zum Glücke vielleicht, scheint das doch da-
mals manchem, der eine Herrschaft der Bessern beabsichtigte, den
Anstoß zu dem gegeben zu haben, was jetzt mit Dion und Syrakusai
sich begab; doch fürchte ich, auch zu noch weitern Unruhen, wenn
nicht ihr mir, indem ich zum zweitenmal als Ratgeber auftrete, Ge-
hör verleiht.

Mit welchem Rechte behaupte ich denn nun, daß meine Ankunft
327a in Sizilien den Anstoß zu allem damals Geschehenen gegeben habe?

Indem ich mit dem Dion, damals einem jungen Manne, verkehrte,
scheint es mir selbst, als ich ihn über das, was ich für das Beste für
die Menschen halte, belehrte und ihm es zu üben riet, entgangen zu
sein, daß ich gewissermaßen einen davon zu erwartenden Umsturz
der Gewaltherrschaft vorbereitete. Denn der so im übrigen wie für
die von mir damals ausgesprochenen Äußerungen mit leichter Fas-
sungskraft begabte Dion gab mir so schnell und so willig Gehör
b wie kein anderer der Jünglinge, mit denen ich je in Verbindung
kam, und nahm sich vor, für sein übriges Leben eine von der der
Mehrzahl der Italioten und Sizilioten verschiedene Lebensweise in-
sofern zu wählen, als ihm die Tugend mehr galt als Wollust und
sonstige Schlemmerei. Darum führte er ein denjenigen, deren Le-
bensweise den gewaltherrscherischen Einrichtungen entsprach, an-
stößiges Leben, bis Dionysios seinen Tod fand.

4. Nach diesem Ereignis sann er darauf, daß die Ansicht, welche
c er selbst durch richtige Belehrung gewonnen hatte, nicht bloß in
ihm selbst vorwalte, und da er erkannte, daß sie auch in einigen
andern, obgleich wenigen, sich erzeuge, meinte er, vielleicht gehöre
durch der Götter Beistand zu diesen auch Dionysios, und wenn das
geschehen sei, werde demzufolge dessen und der übrigen Syrakusier
Lebensweise zu einer über die Maßen glückseligen sich gestalten.
Außerdem glaubte er, ich müsse durchaus sobald wie möglich, um
an seinen Bestrebungen teilzunehmen, nach Syrakusai kommen, ein-
d gedenk, wie leicht unser beiderseitiger Umgang bewirkte, daß in
ihm die Begierde nach dem schönsten und besten Leben erwachte;
gelang es ihm, das jetzt auch, wie er es versuchte, beim Dionysios zu

erreichen, dann hegte er große Hoffnungen, ohne Blutvergießen
und Hinrichtungen und all das Unheil, was jetzt sich begeben hat,
ein glückseliges und wahrhaftes Leben im ganzen Lande herbeizu-
führen. Indem Dion mit Recht das hoffte, bewog er den Dionysios,
nach mir auszusenden, und er selbst ersuchte mich durch eine be-
sondere Botschaft, baldmöglichst zu kommen, bevor andere zu dem e
Dionysios sich fänden und seinen Sinn von der besten Lebensweise
ablenkten. Durch folgende Vorstellungen — sollte ich auch in mei-
ner Erzählung etwas weitschweifig werden — unterstützte er seine
Bitte. Auf welche Umstände, sagte er, günstiger als die durch der
Götter Beistand jetzt eingetretenen, wollen wir warten? Nun schil-
derte er die Herrschaft desselben in Sizilien und Italien und seinen
eigenen Einfluß auf sie, das jugendliche Alter des Dionysios und sei- 328 a
ne lebhafte Begierde nach Weisheit und Geistesbildung, indem er da-
bei anführte, wie seine eigenen Neffen und Anverwandten gar leicht
zu den Grundsätzen und der Lebensweise, wie ich sie anempfahl,
zu bestimmen und sehr geeignet seien, eben dafür auch den Diony-
sios zu gewinnen, so daß, wenn je, auch gegenwärtig die Hoffnung
vollständig sich erfüllen werde, Weise und Oberhäupter großer Staa-
ten in denselben Männern vereinigt zu sehen. Darauf und auf gar b
manches dem Ähnliche gründete sich seine Aufforderung; bei mei-
nem Entschlusse aber trat die Besorgnis ein, wie der Beistand der
jungen Leute beschaffen sein werde — denn die Neigungen solcher
Menschen sind vorübergehend und nehmen oft eine entgegengesetzte
Richtung; dagegen kannte ich die seiner Sinnesart angemessene Fe-
stigkeit des Dion und wußte, daß er bereits in den mittleren Jahren
sich befinde. Als ich daher die Sache erwog und schwankte, ob ich
die Reise unternehmen und ihm Gehör geben solle oder nicht, ent-
schied ich mich für die Ansicht, es tun und jetzt versuchen zu müs-
sen, ob irgend jemand es unternehmen werde, einmal meine Ge- c
danken über Gesetze und Verfassung auszuführen: denn wenn ich
nur den einen vollständig überzeugte, würde ich so alles Gute be-
wirkt haben.

Mit diesen Gedanken und solchem Vertrauen segelte ich von Hau-
se ab, nicht in der Absicht, die manche mir beilegten, sondern haupt-
sächlich, weil ich Scheu vor mir selber hegte, mein ganzes Wesen
möchte mir selbst geradezu als bloße Worte erscheinen, ohne irgend
aus freier Wahl Hand an irgendeine Tat zu legen, und zunächst
möchte ich an der Gastfreundschaft und Genossenschaft des Dion,
der wirklich in nicht geringe Gefahr geraten war, zum Verräter zu d
werden scheinen. Sollte ihm also entweder etwas Menschliches wi-
derfahren oder sollte er, vom Dionysios und seinen übrigen Wider-
sachern vertrieben, als Verbannter zu uns kommen und solche Wor-
te an mich richten: «Da komme ich nun zu dir, Freund Platon, als
Vertriebener, nicht weil es mir gegen meine Widersacher an Schwer-
gerüsteten und Reiterei fehlte, sondern an überzeugender Rede, von
der ich wußte, daß du vor allen imstande seist, durch sie junge Män-
ner zu dem, was gut und gerecht ist, zu vermögen und unter allen
Umständen zu gegenseitiger Freundschaft und Genossenschaft zu

e vereinigen; dessen durch deine Schuld ermangelnd siehst du mich
jetzt, nachdem ich Syrakusai verließ, hier. Doch zu geringerer Schan-
de gereicht dir mein Schicksal; wie bist du aber nicht, so wie an mir,
an der Philosophie, insoweit es von dir abhing, zum Verräter ge-
worden, deren Lob du stets preist und von der du behauptest, sie
werde von den übrigen Menschen gering geachtet? Und wäre Me-
329 a gara mein Aufenthaltsort gewesen, dann wärst du gewiß als Hel-
fer zu dem, wozu ich dich aufforderte, gekommen, um nicht aller
Achtung vor dir selbst verlustig zu gehen; jetzt aber glaubst du
wohl, indem du der weiten Reise und der Größe der Fahrt und des
Mühsals die Schuld beimißt, irgend dem Vorwurfe der Zaghaftig-
keit zu entgehen? Das wenigstens wird keineswegs der Fall sein.»

Welche ehrenhafte Antwort hätte ich auf solche Reden? Die gibt
es nicht. Vielmehr machte ich mich, bestimmt durch Gründe der Ver-
b nunft und des Rechts, wie sie irgend unter den Menschen gelten,
auf und verließ solcher Ursachen wegen meine nicht unrühmlichen
Beschäftigungen, indem ich mich unter die Gewalt einer meiner
Lehre und mir selbst nicht angemessenen Herrschaft begab. Durch
meine Reise machte ich mich frei von Schuld gegen den gastlichen
Zeus und rein vom Tadel des Weisen, der mich betroffen haben wür-
de, hätte ich aus Bequemlichkeitsliebe und Zaghaftigkeit mit arger
Schmach mich beladen. Bei meiner Ankunft, denn ich muß mich
kurz fassen, fand ich des Dionysios ganze Umgebung mit Zwiespalt
c erfüllt und mit Verleumdungen Dions bei dem Gewaltherrscher. So
nahm ich also seiner mich an, konnte aber nur wenig ausrichten,
sondern es setzte, vielleicht etwa im vierten Monate, Dionysios den
Dion, den er heimlicher Anschläge gegen die Gewaltherrschaft be-
schuldigte, auf ein kleines Fahrzeug und entfernte ihn in unehren-
voller Weise. Nach diesem Vorfall waren wir Freunde Dions insge-
samt in Furcht, Dionysios möge an einem, der Teilnahme an den
Anschlägen Dions ihn beschuldigend, Rache nehmen, ja über mich
verbreitete sich sogar ein Gerücht in Syrakusai, ich habe, als der Ur-
heber von allem, was damals geschehen war, durch Dionysios mei-
d nen Tod gefunden. Als dieser aber dieser Stimmung bei uns allen
inne ward, suchte er, in der Besorgnis, das könne etwas Größeres
herbeiführen, durch seine Freundlichkeit alle zu ermutigen; vor al-
lem sprach er mir selbst Trost zu, hieß mich guten Mutes sein und
auf jeden Fall bleiben; denn floh ich vor ihm, gereichte ihm das kei-
neswegs zur Ehre, wohl aber, wenn ich blieb, darum stellte er sich
auch, als sei das sein lebhafter Wunsch. Wir wissen aber, daß die
Bitten der Gewaltherrscher mit einiger Nötigung verbunden sind.
e In dieser Absicht hinderte er entschieden meine Abfahrt, indem er
nach der Burg mich führte und mir eine Wohnung anwies, von wo
aus kein Schiffsherr ohne einen ausdrücklichen Befehl des Diony-
sios dazu, geschweige denn wider seinen Willen, mich weggeführt
haben würde; auch kein Handelsmann, kein den Ausgangspässen
des Landes Vorgesetzter hätte mich nur ziehen lassen, ohne sofort
mich zu verhaften und wieder zum Dionysios zurückzubringen, da
daneben das dem vorigen entgegengesetzte Gerücht sich verbreitet

hatte, daß Dionysios den Platon mit ganz besonderer Liebe umfas- 330a
se.
Wie aber war dieses Verhältnis beschaffen? Denn ich muß der
Wahrheit treu bleiben. Er gewann mich im Verlaufe der Zeit, durch
das Bekanntwerden mit meiner Lebensweise und meinem Charak-
ter, immer lieber, wünschte aber, daß ich mehr sein Lob als das des
Dion preise und entschieden mehr ihn als jenen für meinen Freund
halte, und zeigte das zu erreichen einen entschiedenen Wetteifer.
Wodurch aber das, war es zu erreichen, am schönsten zu erreichen
gewesen wäre, indem er durch Lernbegier und Anhören meiner die b
Philosophie betreffenden Reden sich mir befreundete und mir
näher trat, das scheute er, weil die Reden meiner Verleumder ihn
besorgt machten, es möge eine Falle ihm gelegt sein und so Dion
vollständig seinen Zweck erreicht haben. Ich aber ließ mir alles ge-
fallen, dem ersten Gedanken, der mich hierher führte, treu, ob sich
irgend in ihm die Neigung zu einem der Philosophie angemessenen
Leben erzeuge. Aber sein Widerstreben machte denselben zunichte.

5. So geschah es, daß diese Bestrebungen insgesamt mich das er-
stemal nach Sizilien führten und dort mich beschäftigten. Späterhin c
begab ich mich wieder auf die Reise und traf zum zweitenmal ein,
indem Dionysios sehr dringend nach mir sandte; welche Absichten
ich aber hatte und wie angemessen und dem Rechten gemäß ich ver-
fuhr, darüber will ich, nachdem ich zuvor euch meinen Rat erteilt,
was nach den jetzigen Ereignissen zu tun sei, später sprechen, den
weitern Fragen, in welcher Absicht ich zum zweitenmal mich ein-
fand, zu begegnen, damit ich nicht in den Fall komme, die Neben-
sache als Hauptsache zu behandeln. Mein Rat ist aber folgender.
Muß, sage ich, derjenige, welcher einem kranken und eine der Ge-
sundheit nachteilige Lebensweise führenden Manne einen Rat er- d
teilt, etwas anderes raten, als daß dieser zunächst seine Lebenswei-
se ändere, und nur, wenn derselbe ihm Gehör geben will, ihm wei-
tere Ratschläge erteilen? Will aber derselbe das nicht, dann würde
ich den, welcher einer solchen Beratung sich entzieht, für einen
männlich Entschlossenen und Heilkundigen halten, doch für un-
männlich und nicht sachverständig, wer das sich gefallen läßt. Das-
selbe gilt auch vom Staate, ob nun einer oder mehrere über ihn
walten; kann er nämlich, wenn der Staat in seiner Verfassung den
geziemenden und richtigen Weg einschlug, irgendeinen ersprießli-
chen Rat geben, dann zeugt es von Einsicht, dem Bürger eines sol- e
chen Staats einen Rat zu erteilen; es aber bei denjenigen zu tun,
welche durchaus die richtige Verfassung verschmähen und diese
Bahn keineswegs einschlagen mögen, sondern im voraus von dem
Ratgeber verlangen, er solle die Verfassung bestehen lassen und
daran nicht rütteln, da, rüttele er daran, der Tod ihn bedrohe, und 331a
begehren, daß er, ihren Wünschen und Begierden schmeichelnd, wie
sie für immerdar auf das leichteste und schnellste sie befriedigen
können, seinen Rat erteilt — wer auf ein solches Raterteilen sich
einläßt, den würde ich wohl für unmännlich, für mannhaft aber

denjenigen halten, welcher nicht darauf eingeht. Nachdem ich nun
zu dieser Einsicht gelangt, erteile ich ihm, wenn jemand über die
wichtigsten, auf die eigene Lebenseinrichtung bezüglichen Angele-
genheiten mich um Rat fragt, wie etwa über das Erwerben von
b Schätzen oder die auf Leib oder Seele zu wendende Sorgfalt, bereit-
willig meinen Rat und lasse mich nicht nach bloß formaler Erledi-
gung davon abhalten, sobald sein tägliches Leben ein geziemendes
mir zu sein scheint oder er bereit ist, mir in dem, worüber er sich
mit mir bespricht, Folge zu leisten; zieht er aber mich durchaus nicht
zu Rate oder legt er deutlich zutage, daß er in nichts mir Gehör ge-
ben wird, zu einem solchen komme ich nicht aus freiem Antriebe,
um ihm Rat zu erteilen, um aber Gewalt zu brauchen nicht einmal,
wenn es mein Sohn wäre. Einem Sklaven aber würde ich auch wi-
der seinen Willen Rat erteilen, daneben auch Gewalt brauchen. Bei
c Vater und Mutter dagegen, wenn sie nicht an dem Siechtum der
Geistesverwirrung leiden, halte ich auch Gewalt anzuwenden nicht
für etwas Gottgefälliges. Ist aber ihre Lebensweise eine feststehen-
de, die wohl *ihnen*, doch nicht *mir* behagt, dann gilt es, weder durch
vergebliche Zurechtweisungen ihnen Verdruß zu erregen, noch auch
schmeichlerisch sich ihnen dienstfertig zu erweisen, indem man zur
Befriedigung von Begierden ihnen behilflich ist, von denen erfüllt
ich selbst nicht leben möchte. Desselben Sinnes muß der Verständi-
ge auch hinsichtlich des Staats, dem er angehört, sein; er muß, wenn
d die Verfassung desselben ihm nicht gut erscheint, es aussprechen,
sobald seine Rede keine vergebliche sein noch auch sein Leben be-
drohen würde, der Gewalt aber gegen sein Vaterland zur Umge-
staltung der Verfassung sich nicht bedienen, wenn es nicht möglich
ist, ohne Landesverweisungen und Blutvergießen die beste Verfas-
sung herbeizuführen, vielmehr sich ruhig verhalten und auf gute
Wünsche für sich und sein Vaterland sich beschränken.

6. So beschaffene Ratschläge möchte ich wohl auch euch erteilen
und erteilte sie, in Verbindung mit Dion, dem Dionysios; erstens sein
tägliches Leben so einzurichten, daß er möglichst sich selbst beherr-
e sche, und zuverlässige Freunde und Anhänger sich zu erwerben,
damit es ihm nicht ergehe wie seinem Vater, welcher, nachdem er
vieler großer, von den Barbaren verheerter Städte sich bemächtigte,
nicht imstande war, den einzelnen von neuem eingerichteten durch
seine Anhänger festbestehende Verfassungen zu verleihen, ob er
332 a nun anderswoher stammenden Fremden oder seinen Brüdern das
übertrug, welche er, da sie jünger waren, selbst auferzog und aus
dem Bürgerstande zu Machthabern sowie aus der Dürftigkeit zu
großen Reichtümern erhoben hatte. Von diesen vermochte er in kei-
nem durch Überredung, Belehrung, Wohltaten oder vermittels der
Verwandtschaft einen Beistand in seiner Herrschaft sich zu erzie-
hen und zeigte sich so um das Siebenfache ohnmächtiger als Darei-
os, welcher nicht Brüdern oder von ihm selbst Auferzogenen sein
Vertrauen schenkte, sondern bloß denjenigen, welche mit ihm den
b Meder und Verschnittenen bewältigt hatten, der dann sein Reich in

sieben Teilen, deren jeder einzelne größer war als ganz Sizilien, an
sie verteilte und so an ihnen treue Beistände hatte, die weder ihm
noch sich untereinander nachstellten, und ein Muster gab, wie der
gute Gesetzgeber und König beschaffen sein müsse; denn durch die
Gesetze, welche er aufstellte, hat er die Herrschaft der Perser auch
bis auf heute noch erhalten. Ferner behaupteten auch die Athener,
welche viele von den Barbaren ihrer Bewohner beraubte Städte
der Hellenen nicht selbst neu gründeten, sondern bereits eingerich-
tet überkamen, siebzig Jahre lang die Herrschaft über sie, indem c
sie in jedem einzelnen Staate Männer sich zu Freunden machten;
Dionysios dagegen, welcher ganz Sizilien zu einem Staate vereinigte,
erhielt sich kaum, weil er aus Weisheit keinem vertraute; denn er
war arm an Freunden und ihm treu Ergebenen, für den Wert oder
Unwert eines Mannes gibt es aber kein sichereres Kennzeichen, als
ob er solcher Männer entbehre oder nicht. Den Rat gaben wir, ich
und Dion, auch dem Dionysios, weil die Lage seines Vaters sich so
gestaltet hatte, daß derselbe so sehr des Umgangs Gebildeter sowie d
zu ihm passender Vertrauter entbehrt hatte, erstens sich darum zu
bemühen, unter seinen Verwandten und Altersgenossen andere von
gleicher Liebe zur Tugend Beseelte sich zu Freunden zu machen,
vorzüglich aber sich mit sich selbst zu befreunden; denn daran fehl-
te es ihm in so hohem Grade, was wir nicht so unumwunden aus-
sprachen, denn das konnten wir nicht mit Sicherheit, wohl aber dar-
auf hindeuteten und in unsern Reden es verfochten, daß auf diese
Weise ein jeglicher sich und diejenigen, die er seiner Leitung unter-
wirft, erhalte, schlägt er aber einen andern Weg ein, von diesem e
allen das Gegenteil bewirken wird; verfolgt er dagegen die von uns
angegebene Bahn und gründet von neuem, nachdem er Einsicht und
Besonnenheit sich aneignete, die ihrer Bewohner entblößten Städte
Siziliens und verbindet sie untereinander durch Gesetze und Ver-
fassungen, so daß er sie zu dem gegen die Barbaren zu leistenden
Beistand sich selbst und untereinander geneigt macht, dann werde
er die vom Vater ererbte Gewaltherrschaft nicht bloß verdoppeln, 333 a
sondern in der Tat vervielfachen; geschehe nämlich das, statt ihnen,
damit im Widerspruch, wie sein Vater einen Tribut aufzuerlegen,
dann stehe es in seiner Gewalt, die Karchedonier mit weit leichte-
rer Mühe zu unterjochen, als es unter Gelons Herrschaft geschah.

7. So äußerten wir uns, dazu forderten wir ihn auf, die wir dem
Dionysios nachstellen sollten. Dergleichen Behauptungen wurden
von vielen Seiten her verbreitet, welche auch beim Dionysios die
Oberhand gewannen und den Dion verjagten, uns aber Furcht ein- b
jagten.

Um aber kurz das nicht Wenige, was in weniger Zeit sich begab,
zusammenzufassen, Dion kehrte aus dem Peloponnes und Athen
zurück und brachte durch die Tat den Dionysios zur Besinnung.
Nachdem nun Dion dem Staate zweimal die Freiheit verliehen hat-
te und seinen Bürgern ihre zurückgab, ging es den Syrakusiern da-
mals mit dem Dion ebenso wie auch dem Dionysios, als jener es ver-

suchte, durch Unterweisung und Heranbildung ihn zu einem der
Herrschaft würdigen Könige zu gestalten, um dann für sein ganzes
Leben an seinen Bestrebungen teilzunehmen; er (Dionysios) aber
c maß jenen Verleumdern Glauben bei, welche behaupteten, Dion
tue alles, was er damals tat, indem er insgeheim nach der Gewalt-
herrschaft strebe, damit Dionysios, vom Zauber der Geistesbildung
umstrickt, um die Herrschaft sich nicht kümmere, sondern ihm sie
überlasse, er aber derselben sich bemächtigen und den Dionysios
verjagen könne. Solche Reden machten damals sich geltend, siegten,
unter den Syrakusern verbreitet, zum zweitenmal und führten ei-
nen seltsamen, für die Urheber desselben schimpflichen Sieg her-
bei. Denn wie dies sich zutrug, müßt ihr, die ihr mich zur Teilnah-
d me an den jetzigen Ereignissen auffordert, vernehmen.

Ich, ein Athener, kam, ein Freund Dions, als sein Verbündeter zu dem Gewaltherrscher, um statt des Kriegs Freundschaft zu stiften; aber im Kampfe mit seinen Verleumdern unterlag ich. Indem jedoch Dionysios durch Ehrenbezeigungen und Geldgeschenke mich zu vermögen suchte, als sein Zeuge und Freund zur Rechtfertigung seiner Vertreibung des Dion gegen diesen aufzutreten, mißlang das durchaus.

Als Dion später die Rückkehr in seine Heimat beabsichtigte, nahm
e er sich zwei Brüder aus Athen mit, welche nicht die Philosophie ihm
befreundet hatte, sondern die weitverbreitete Genossenschaft, wel-
che man durch gastfreundschaftliche Verbindungen und die Ein-
weihung in die Mysterien ersten und zweiten Grades herbeizufüh-
ren pflegt; dadurch waren auch diese beiden, die ihn bei seiner
Rückkehr in die Heimat unterstützten, sowie durch die ihm dabei
geleisteten Dienste seine Freunde geworden. Diese kamen nach Si-
334 a zilien; als sie aber inne wurden, daß Dion bei den von ihm befrei-
ten Siziliern verdächtigt sei, als sei insgeheim sein Streben auf die
Gewaltherrschaft gerichtet, da verrieten sie nicht bloß ihren Freund
und Genossen, sondern vollzogen, gewissermaßen eigenhändig, sei-
ne Ermordung, indem sie mit bewaffneter Hand seinen Mördern
Beistand leisteten. Das Schmähliche und Verruchte dieser Tat will
ich aber weder unerwähnt lassen noch auch hervorheben; denn vie-
le andere ließen es sich angelegen sein, wiederholt ihren Tadel dar-
b über auszusprechen, und werden auch in der Folge es tun, was aber
von den Athenern gesagt wird, daß sie Schande über ihre Stadt
brachten, dem widerspreche ich; denn auch der Mann, behaupte ich,
ist ein Athener, welcher an ebendemselben nicht zum Verräter wur-
de, obschon er große Geschenke und andere Auszeichnungen dadurch
erlangen konnte; hatten doch nicht niedrige Beweggründe ihn zu
Dions Freunde gemacht, sondern die Gemeinschaft edler Geistes-
bildung, welcher allein der Verständige mehr vertrauen muß als
der Verwandtschaft der Gesinnungen und des Blutes; so daß die
c Mörder des Dion keine Schande über ihre Vaterstadt brachten, als
hätten sie eines besondern Ansehens sich erfreut.

8. Das alles wurde angeführt, um den Freunden und Verwand-
ten Dions meinen Rat zu erteilen; demnach gebe ich euch denselben
Rat und führe, bereits zum drittenmal befragt, zum drittenmal die-
selbe Rede: Meinen Ansichten zufolge nicht der Herrschaft herrsch-
süchtiger Menschen Sizilien oder sonst einen Staat, sondern der der
Gesetze zu unterwerfen; denn jener Versuch ist ein weder für die
Unterjochenden noch für die Unterjochten, für sie selbst, ihre Kin- d
der und die Nachkommen ersprießlicher, sondern ein durchaus ver-
derblicher, und der Seelen niedriger und unfreier Sinn pflegt der-
gleichen Vorteile an sich zu reißen, ohne von dem menschlich und
göttlich Guten und Gerechten für Zukunft und Gegenwart etwas
zu wissen. Davon suchte ich zuerst den Dion, zweitens den Dionysios,
und davon suche ich jetzt drittens euch zu überzeugen. Gebt mir
aber um Zeus' des Erretters willen, dem wir das dritte Trankopfer
weihen, Gehör, und indem ihr ferner auf den Dionysios und den
Dion hinblickt, deren einer, weil er dem kein Gehör gab, jetzt ein
nicht rühmliches Leben führt, der andere dagegen, der ihm Gehör e
gab, eines rühmlichen Todes starb. Ist es doch recht und rühmlich
zugleich, bei dem Streben nach dem für uns und unser Vaterland
Rühmlichsten zu erdulden, was irgend zu erdulden ist. Denn Un-
sterblichkeit verlieh keinem von uns die Natur, noch würde ihn das,
würde es ihm zuteil, wie die große Mehrzahl meint, glückselig ma-
chen.

Gibt es doch für das Unbeseelte kein erhebliches Gut oder Übel,
sondern das widerfährt jeder Seele, indem sie entweder mit dem 335 a
Körper verbunden oder von ihm getrennt ist; man muß aber stets
in der Tat an die alten und heiligen Überlieferungen glauben, wel-
che uns die Unsterblichkeit der Seele verkünden, und daß Richter ih-
rer harren und daß sie, würde sie vom Körper befreit, die strengste
Buße zu bestehen habe; deshalb muß man es auch für ein gering-
fügigeres Übel halten, große Vergehungen und Ungerechtigkeiten
zu erdulden, als sie zuzufügen. Davon hört der geldgierige und gei-
stesbeschränkte Mensch nichts oder findet es, wenn er davon hört, b
seiner Meinung nach lächerlich und reißt schamlos allerwärtsher
alles an sich, wovon er, wie das Tier, glaubt, daß er durch seine Un-
ersättlichkeit den Genuß des Essens und Trinkens sowie der niedri-
gen, aller Anmut entbehrenden, mit Unrecht aphroditisch genann-
ten Wollust sich verschaffen werde, indem er verblendet ist und
nicht erkennt, welches Tun die Gottvergessenheit und welches Un-
heil stets das Unrechttun zur Folge hat; welche Gottvergessenheit
dem Unrechthandelnden notwendigerweise stets anhaftet, solange
er auf Erden verweilt und wenn er, in die Unterwelt zurückkeh-
rend, seine schmachvolle und in jeder Hinsicht durchaus jammer- c
volle Wanderung antritt.

Durch solche und ähnliche Reden suchte ich den Dion zu überzeu-
gen und könnte wohl mit dem größten Recht auf diejenigen, welche
ihn umbrachten, ganz in gleicher Weise zürnen wie auf den Diony-
sios. Denn beide fügten mir und den andern Menschen, fast allen
insgesamt, möchte ich sagen, den größten Schaden zu, die einen, weil

sie den aus dem Wege räumten, welcher die Gerechtigkeit walten
d lassen wollte, der andere aber, weil er, mit der größten Macht aus-
gerüstet, durchaus die Gerechtigkeit während seiner ganzen Regie-
rung nicht walten lassen mochte; hätte aber hier Philosophie und
Herrschgewalt in demselben sich vereinigt, dann hätte das der rich-
tigen Ansicht vor allen Menschen, Hellenen und Barbaren, den aus-
reichenden Glanz verliehen, daß nimmerdar weder ein Staat noch
ein Einzelner glückselig werden könne, welcher nicht einsichtsvoll
in Gerechtigkeit sein Leben verbringe, die er entweder selbst sich
zu eigen machte oder weil er in der Lebensweise über ihn herrschen-
der, gottseliger Menschen auferzogen und unterwiesen wurde. Die-
e sen Schaden stiftete Dionysios. Ein Schaden, mit dem verglichen wohl
jeder andere Schaden mir geringfügig erscheinen würde. Der Mör-
der des Dion aber weiß nicht, daß er dasselbe bewirkte wie jener.
Denn vom Dion weiß ich gewiß, insofern ein Mensch von Menschen et-
was mit Gewißheit behaupten kann, daß er, hätte er die Herrschaft
336a behauptet, niemals einer anderen Gestaltung dieser Herrschaft sich
zugewendet haben würde als dieser; er hätte zuerst Syrakusai, seiner
eigenen Vaterstadt, nachdem er sie von ihrer Knechtschaft befreite
und dadurch erfreute, eine freie Verfassung gegeben, hätte darauf
seiner Bürger Wohl mit Aufbietung aller Mittel durch die angemes-
senen und besten Gesetze gefördert und, nachdem dies geschehen,
sich zu bewirken bemüht, ganz Sizilien mit Ansiedlern zu bevölkern
und von den Barbaren, indem er die einen verjagte, die andern mit
größerer Leichtigkeit als Hieron sich unterwarf, frei zu machen. Ge-
b schähe das nun durch einen gerechten, tapfern, besonnenen und wei-
sen Mann, dann werde sich im Volke dieselbe Ansicht von der Tu-
gend erzeugen, welche sich, ließ Dionysios sich überzeugen, wohl bei
allen Menschen, möchte ich sagen, erhalten hätte. Nun aber hat ent-
weder ein Dämon oder ein Frevler mit Gesetzlosigkeit, Gottvergessen-
heit und, was das Schlimmste ist, mit dem kecken Mute der Unwissen-
heit, in welcher alles Unheil wurzelt und keimt und später denen,
welche sie erzeugten, die herbste Frucht trägt, wiederum alles zum
zweitenmal über den Haufen geworfen und zunichte gemacht. Doch
c jetzt wollen wir zum drittenmal, der guten Vorbedeutung willen, von
frohen Hoffnungen sprechen. Demungeachtet rate ich euch, den Freun-
den, den Dion, die wohlwollende Gesinnung desselben gegen sein
Vaterland und die besonnene Einrichtung seiner Lebensweise in er-
höhtem Maße nachzuahmen und es zu versuchen, seine Absichten
unter besseren Vorzeichen zu vollenden. Worin diese aber bestanden,
das habt ihr deutlich von mir vernommen; doch wer von euch nicht
in dorischer Weise, der vaterländischen Sitte getreu, zu leben ver-
d mag, sondern der der Mörder des Dion und der sizilischen nachstrebt,
den fordert nicht zur Teilnahme auf und glaubt nicht, daß von ihm
je etwas Zuverlässiges und Beständiges sich erwarten läßt; die an-
dern aber fordert auf, Gleichheit vor dem Gesetze und den Anbau
ganz Siziliens zu bewerkstelligen, sowohl aus Sizilien selbst als aus
der gesamten Peloponnesos, und scheut selbst Athen nicht, denn
auch dort gibt es vor allen andern durch Tugend sich auszeichnende

Männer und solche, welche die Verwegenheit an dem Leben ihrer
Gastfreunde frevelnder Menschen hassen. Sollte nun in der Folge
das sich ereignen – es bedrohen euch aber die zahlreichen und man-
nigfaltigen täglich aus Aufständen entspringenden Zerwürfnisse –, e
dann muß wohl ein jeglicher, dem eine göttliche Fügung auch nur
einigermaßen richtige Ansichten zuteil werden ließ, wissen, daß für
die Aufständischen es kein Aufhören ihres Ungemachs gibt, bevor
die in den Schlachten Obsiegenden aufhören, durch Verjagen und
Niedermetzeln von Menschen des erlittenen Unheils zu gedenken und
auf an ihren Feinden zu nehmende Rache bedacht zu sein, sondern 337 a
mit Besiegung der eigenen Leidenschaften allen gemeinsame Geset-
ze geben, welche nicht mehr ihren eigenen Wünschen als denen der
Besiegten entsprechen, und diese durch einen zweifachen Zwang, durch
Scheu und Furcht, nötigen, dieser Gesetze sich zu bedienen; durch
Furcht, indem sie zeigen, daß sie an Macht ihnen überlegen seien,
ferner aber auch durch Scheu, indem sie sich der Sinnenlust über-
legen bewähren und als Männer, die vielmehr den Gesetzen sich zu
unterwerfen bereitwillig und imstande sind. Anders kann nimmer-
dar ein durch innere Aufstände beunruhigter Staat des Unheils ledig b
werden, sondern in dazu geneigten Staaten pflegen Feindschaften,
Haß und Mißtrauen der Bürger untereinander einzutreten. Stets
muß aber die Partei, welche die Oberhand gewann, wenn glückliches
Bestehen ihr Streben ist, Männern aus ihrer Mitte vor den andern
den Vorzug geben, von denen sie in Erfahrung bringt, daß es die
besten seien; zuerst Bejahrteren, welche daheim Frauen und Kin-
der haben und sehr viel wackere und im besten Rufe stehende Vor-
eltern und alle im Besitz eines ausreichenden Vermögens sind; fünf-
zig solcher Männer möchten eine für eine Stadt von zehntausend c
Bürgern ausreichende Zahl sein. Diese mögen sie durch Bitten und
die ausgezeichnetsten Ehrenbezeigungen aus ihrer Heimat zu sich
einladen und, nachdem sie erschienen, sie bitten und von ihnen be-
gehren, Gesetze zu geben, nachdem sie eidlich sich verbindlich mach-
ten, weder die Sieger noch die Besiegten zu bevorzugen, sondern
das Gleiche und Gemeinsame für den gesamten Staat anzuordnen.
Sind aber die Gesetze gegeben, so beruht darauf alles. Zeigen näm-
lich die Sieger selbst sich abhängiger von den Gesetzen als die Be-
siegten, dann verheißt alles in vollem Maße Glückseligkeit und Fort- d
bestehen und Rettung von allem Unheil; wo aber nicht, dann ladet
weder mich noch einen andern zur Genossenschaft mit demjenigen
ein, welcher den jetzt aufgestellten Vorschriften kein Gehör gibt. Sind
doch diese mit dem verwandt, was Dion und ich, Syrakusais Wohl-
fahrt beabsichtigend, als einen zweiten Versuch auszuführen unter-
nahmen; das erste allen gemeinsame Heil wurde mit dem Dionysios
selbst zu erwirken versucht, doch dies vereitelte das Menschenkräf-
ten überlegene Schicksal. Jetzt aber versucht ihr es mit größerm e
Glücke, von den Umständen und göttlichem Beistande mehr begün-
stigt, zu bewerkstelligen.

9. Soviel genüge über den Rat, den ich euch erteile, über das, was
ich euch an das Herz lege, und meine erste Reise zum Dionysios.
Wie zweckgemäß aber und mit wie gutem Vorbedacht meine zweite
Seefahrt und Reise stattfand, das vernehme nun derjenige, dessen
Teilnahme das erregt. Die Zeit meiner ersten Reise verlief nämlich
338 a so, wie ich erzählte, bevor ich euch, den Freunden und Verwandten
Dions, meinen Rat erteilte. Nach den erzählten Vorgängen überre-
dete ich, so gut ich es irgend vermochte, den Dionysios, mich ziehen
zu lassen. Wir kamen aber beide überein, wäre der Frieden geschlos-
sen, denn damals war Krieg in Sizilien. Dionysios erklärte, er werde
mich und den Dion zurückrufen, sobald er seine Herrschaft sich mehr
gesichert habe; den Dion bat er aber, das Frühere nicht als eine
b Verweisung, sondern nur als eine Ortsveränderung anzusehen, ich
aber versprach, solchen Äußerungen zufolge, wieder zurückzu-
kehren. Nach geschlossenem Frieden sandte er nach mir, den Dion
ersuchte er, noch ein Jahr zu warten, ich dagegen solle, begehrte er,
jedenfalls kommen. So forderte mich nun auch Dion auf und bat
mich, mich einzuschiffen, denn aus Sizilien verlautete es vielfältig,
daß Dionysios jetzt von einem wundersamen Eifer für die Philosophie
ergriffen sei; darum bat mich Dion auf das dringendste, der an uns
ergangenen Einladung nicht zu widerstreben. Ich aber wußte zwar,
c daß es jungen Leuten in der Philosophie wohl oft so ergehe, hielt es
aber demungeachtet für sicherer, mich jetzt mit Dion und Dionysios
durchaus nicht zu befassen, und erregte bei beiden Anstoß, indem ich
antwortete: Ich sei teils ein alter Mann, teils entspreche von dem,
was jetzt geschehe, nichts den mir gewordenen Zusagen. Nach die-
sem scheint Archytas beim Dionysios gewesen zu sein — denn bevor
ich abreiste, hatte ich eine gastliche Verbindung und Freundschaft
d zwischen Archytas und denen in Tarentum und zwischen Dionysios
vermittelt; auch befanden sich einige andere zu Syrakusai, die man-
ches aus Dions Munde vernommen hatten, und wieder andere, die
von einigen halbbegriffenen philosophischen Behauptungen erfüllt
waren; diese scheinen mir, als sei Dionysios bereits von allem, was
ich beabsichtige, unterrichtet, es versucht zu haben, mit ihm Gesprä-
che über dergleichen Gegenstände anzuknüpfen. Ihm aber fehlte es
nicht an der Fähigkeit zum Lernen, und er war in hohem Grade
ehrgeizig, nun gefiel ihm vielleicht, was er hörte, und er schämte sich,
würde es offenbar, daß er, als ich bei ihm verweilte, mir kein Gehör
e gegeben habe; daher erwachte in ihm teils der Wunsch, das Genauere
zu hören, teils trieb daneben der Ehrgeiz dazu ihn an. Weshalb er
aber bei meinem früheren Aufenthalt mir keine Aufmerksamkeit
schenkte, das ergibt sich aus dem, was ich eben weiter oben erzählt
habe. Als ich daher glücklich nach Hause zurückgekehrt war und,
wie ich eben sagte, seine zweite Einladung ausschlug, scheint es Dio-
nysios durchaus als eine Ehrensache betrachtet zu haben, daß nicht in
manchen die Meinung sich erzeuge, ich achte ihn, nachdem ich aus
339 a Erfahrung seine Anlagen, seine Gesinnung und seine Lebensweise
kennenlernte, gering und wolle, damit unzufrieden, nicht wieder
zu ihm kommen. Meine Pflicht aber ist es, die Wahrheit zu berichten

und es mir gefallenzulassen, wenn jemand, nachdem er das Vor-
gefallene vernahm, von meiner Philosophie verächtlich denkt und den
Gewaltherrscher für einen verständigen Mann ansieht. Es schickte
nämlich Dionysios, einen dritten Versuch zu machen, einen Dreiru-
derer, die Reise mir zu erleichtern, nach mir, auch sandte er den Ar-
chedemos, einen der Anhänger des Archytas, von dem er glaubte,
daß er bei mir vor allen in Sizilien das meiste gelte, sowie andere b
meiner Bekannten in Sizilien. Diese berichteten mir insgesamt das-
selbe; es sei zu verwundern, welche Fortschritte Dionysios in der Phi-
losophie gemacht habe. Er sandte mir auch einen sehr langen Brief,
da er mein Verhältnis zum Dion und den lebhaften Wunsch des-
selben kannte, ich möge unter Segel gehen und nach Syrakusai mich
begeben; denn auf das alles bezog sich dieser Brief, dessen Anfang
ungefähr so lautete: «Dionysios seinen Gruß dem Platon.» Indem
er darauf das Gewöhnliche folgen läßt, hat er nichts Angelegentli- c
cheres zu schreiben als: «Wenn du jetzt, unseren Wünschen nach-
gebend, nach Sizilien kommst, wird zuerst alles auf den Dion Be-
zügliche sich so gestalten, wie du selbst es wünschst. Ich weiß aber,
daß deine Wünsche angemessen sein werden, und diese werde ich
gewähren; kommst du aber nicht, dann wird von den Angelegen-
heiten Dions, ob sie auf anderes oder auf ihn selbst sich beziehen,
nichts deinen Wünschen entsprechen.» So äußerte er sich hierüber;
zu weitschweifig und nicht hierher gehörig würde es sein, auch das d
übrige anzuführen.

Auch andere Briefe von Archytas und den Freunden in Tarent er-
hielt ich, welche das Weisheitsstreben des Dionysios lobpriesen und
daß, komme jetzt ich nicht, ich die von mir zwischen ihnen und dem
Dionysios gestiftete Freundschaft, die von nicht geringem politischem
Einfluß sei, vollständig auflösen werde. Indem also zu damaliger
Zeit die Aufforderung in der Weise an mich erging, daß sie von Si-
zilien und Italien aus mich heranzuziehen suchten, die athenischen
Freunde aber geradezu mit ihren Bitten mich forttrieben, so bekam
ich wieder dasselbe anzuhören: ich dürfe nicht die Sache Dions und e
der Gastfreunde und Genossen zu Tarent aufgeben. Mir selbst aber
erschien es in der Erinnerung als nichts Wundersames, daß in einem
Befähigten, der als junger Mann das über wichtige Dinge Gesagte
wenig beachtete, die Liebe zu einem tugendhaften Leben erwache.
Das also, ob es so oder so damit bestellt sei, habe ich gründlich zu
erforschen, um das Ermittelte in keiner Weise unbeobachtet zu las-
sen, noch selbst einen gegründeten Vorwurf mir zuzuziehen.

So machte ich also, indem ich durch solche Überlegung mich täusch- 340 a
te, unter vielfältigen Befürchtungen und indem mir natürlich nicht
ganz Gutes ahnte, mich auf. Demnach übergab ich mich zum dritten-
mal dem Retter Zeus und erlangte das wenigstens wirklich; denn
glückliche Rettung wurde mir zuteil, und das muß ich, nächst dem
Gotte, dem Dionysios danken, welcher die Absicht vieler, mich zu ver-
derben, vereitelte und sich einigermaßen durch die Rücksicht auf mei-
ne Verhältnisse bestimmen ließ.

b 10. Als ich aber angelangt war, glaubte ich zuerst dies meiner Prü-
fung unterwerfen zu müssen, ob Dionysios wirklich von der Liebe
zur Weisheit wie von einem zündenden Funken ergriffen, oder ob
dieses weitverbreitete Gerücht als ein grundloses nach Athen ge-
langt sei. Dergleichen in Erfahrung zu bringen gibt es aber ein nicht
unedles, sondern bei Gewaltherrschern und zumal solchen, die mit
halbverstandenen Behauptungen überfüllt sind, wovon auch ich so-
gleich nach meiner Ankunft merkte, daß es bei Dionysios gar sehr
der Fall sei, wirklich angemessenes Mittel. Solchen Männern muß
man zeigen, worin das ganze Unternehmen bestehe, von welcher Be-
c schaffenheit, mit welchen Anstrengungen und Beschwerden es ver-
bunden sei. Ist nämlich, wer dies hört, wirklich ein Weisheitlieben-
der, fühlt er als ein Gottbegeisterter der Weisheit sich verwandt und
des Unternehmens würdig, dann meint er, eine vortreffliche Anwei-
sung vernommen zu haben und jetzt sich anstrengen zu müssen, sonst
werde ihm, tue er das nicht, das Leben unerträglich; und nun strengt
er sich an und läßt nicht von dem, welcher die Bahn ihm vorzeichnet,
los, bis er entweder seinen Zweck vollständig erreichte oder die Be-
fähigung erlangte, ohne einen, der ihm den Weg zeigt, sein eigener
d Führer zu sein. In diesem Sinne und solches beabsichtigend lebt so
einer, indem er bei allem, was er irgend schafft, es berücksichtigt,
in allem stets an der Philosophie festhält und an der täglichen Le-
bensweise, die ihn, bei der ihm innewohnenden Nüchternheit, so leicht
fassend, merksam und zum Nachdenken geschickt wie möglich ma-
che; und indem die dieser entgegengesetzte Lebensweise ihm stets
zuwider ist. Die jedoch keine echten Weisheitsfreunde, sondern,
wie der von der Sonne gebräunte Körper, mit Meinungen übertüncht
sind, und die da sehen, wieviel des zu Erlernenden und wie groß
e die erforderliche Anstrengung sei und wie angemessen dem Unter-
nehmen die wohlanständige tägliche Lebensweise, diese halten es
für etwas Schwieriges und ihnen Unmögliches und sind außerstande,
341 a ein solches Leben zu führen; einige von ihnen aber überreden sich
selbst, das Ganze zur Genüge vernommen zu haben, und achten sich
keiner weitern Bemühungen bedürftig.

Das ist die augenscheinliche und vor allem zuverlässige Prüfung der dem Wohlleben Ergebenen und zur Anstrengung Unfähigen, damit einer nicht dem ihm den Weg Zeigenden, sondern sich selbst die Schuld beimesse, weil er nicht imstande ist, alles dem Unternehmen Ersprießliche auszuführen.

11. So wurde das hier Ausgesprochene auch gegen den Dionysios
ausgesprochen. Doch alles trug weder ich dem Dionysios vor, noch
b begehrte er es; denn er gab sich den Anschein, als sei er von vielem
des Wichtigsten durch die unzureichenden Belehrungen anderer zur
Genüge unterrichtet. Später, höre ich, habe er selbst über das, was
er damals hörte, geschrieben, indem er es für sein eigenes Kunst-
werk, aus nichts von dem, was er hörte, zusammengefügt, ausgab;
doch ist mir davon nichts bekanntgeworden. Wohl aber kenne ich
einige andere, die über eben diese Gegenstände geschrieben haben,

die nicht einmal zur Kenntnis ihrer selbst gelangten. Soviel kann
ich aber über alle, welche geschrieben haben und noch schreiben wer-
den, indem sie das zu wissen behaupten, worauf mein Bestreben ge- c
richtet ist, ob nun, als haben sie es von mir oder von andern gehört,
oder auch selbst ausgesonnen, sagen, daß sie meiner Meinung nach
nichts von der Sache verstehen. Von mir selbst wenigstens gibt es
keine Schrift über diese Gegenstände, noch dürfte eine erscheinen;
läßt es sich doch in keiner Weise, wie andere Kenntnisse, in Worte
fassen, sondern indem es, vermöge der langen Beschäftigung mit
dem Gegenstande und dem Sichhineinleben, wie ein durch einen ab-
springenden Feuerfunken plötzlich entzündetes Licht in der Seele sich d
erzeugt und dann durch sich selbst Nahrung erhält. Soviel wenigstens
weiß ich, daß ich, wenn ich es ausspräche oder niederschriebe, auf
das sorgfältigste es tun und es mir gewiß vor allen andern leid sein
würde, wäre es schlecht abgefaßt. Ergäbe es sich mir aber, daß es
sich in einer der Mehrzahl verständlichen Weise niederschreiben und
aussprechen ließe, was könnte dann von uns im Leben Schöneres ge-
schehen, als etwa den Menschen zu großem Heile Gedeihendes nie-
derzuschreiben und das Wesen der Dinge für alle an das Licht zu
ziehen? Nun aber halte ich das, was sich für einen Versuch hierüber e
ausgibt, für nichts den Menschen Ersprießliches, mit Ausnahme eini-
ger weniger, welche selbst es vermittels eines leisen Fingerzeiges
aufzufinden imstande wären; von den übrigen aber würde es die
einen, wie es nicht sollte, mit einer keineswegs angemessenen Ge-
ringschätzung erfüllen, die andern aber mit einem hochfliegenden
und törichten Dünkel, als haben sie irgendwelche erhabene Wahrhei-
ten begriffen.

12. Doch ist in mir der Gedanke erwacht, noch ausführlicher dar- 342 a
über mich zu verbreiten, denn vielleicht dürfte, ist das geschehen,
manches von dem, worüber ich spreche, deutlicher werden. Es gibt
nämlich eine der Wahrheit entsprechende, demjenigen, der sich über
irgend etwas der Art zu schreiben erdreistet, widerstrebende Lehre,
die von mir vorher zu wiederholten Malen ausgesprochen ward und
die ich auch jetzt aussprechen zu müssen glaube. Jedes von dem, was
da ist, umfaßt dreierlei, wodurch seine Kenntnis erlangt werden muß.
Das vierte aber ist diese selbst, als fünftes muß man das annehmen,
was da erkennbar und wahrhaft ist; das eine von diesen ist der Na- b
me, das zweite der Begriff, das dritte das Abbild, das vierte die
Erkenntnis. Nun nimm, wenn du das jetzt Gesagte zu begreifen
begehrst, das Einzelne vor und denke dir alles in folgender Wei-
se:

Wir bezeichnen etwas als Kreis, was den eben von uns angegebe-
nen *Namen* führt; sein in Worten und Redeweisen ausgedrückter
Begriff ist das zweite. Wo nämlich das Umgrenzende allerwärts von
der Mitte gleichweit absteht, das dürfte der Begriff von dem sein,
was den Namen des Runden, des Umringenden und des Kreises führt.
Das dritte ist, was da hingemalt und wieder ausgelöscht, abgerun- c
det und dieser Eigenschaft wieder beraubt wird; von diesem allen

widerfährt dem Kreise an sich, um den sich unsere ganze Rede dreht,
als einem davon Verschiedenen, nichts.

Das vierte ist die Kenntnis, die Einsicht und die richtige Meinung
in diesen Dingen. Ferner muß man das Ganze als ein Einheitliches
ansehen, welches nicht in Lauten und körperlicher Gestaltung, son-
dern in den Seelen seinen Sitz hat, woraus hervorgeht, daß es etwas
von der Natur des Kreises an sich und den vorher erwähnten dreien
d Verschiedenes ist. Am nächsten kommt, vermöge seiner Verwandt-
schaft und Ähnlichkeit, der Geist dem fünften unter diesen, von
den übrigen ist er mehr verschieden.

Dasselbe gilt von dem Geraden und Umkreisenden, von Gestalt
und Farbe, von dem Guten, Schönen und Gerechten, von jedem, ob
nun durch Kunst erzeugten oder von Natur entstandenen Körper, von
Feuer, Wasser und allem derartigen, von jedem Lebenden und der
den Seelen innewohnenden Gesinnung und von dem gesamten Tun
e und Leiden; denn nimmer wird, wer nicht von den Gegenständen
irgendwie jenes Vierfache erfaßt, einer vollständigen Kenntnis des
fünften teilhaftig werden. Denn außer jenen vieren unternimmt er
es ebensowohl, die Beschaffenheit und das Sein eines jeden vermit-
343 a tels der Ohnmacht der Sprache darzulegen. Dieser Ohnmacht wegen
wird kein Verständiger es wagen, in ihr seine Gedanken niederzu-
legen und noch dazu in unwandelbarer Weise, was bei dem schrift-
lich Abgefaßten der Fall ist.

13. Ferner gilt es auch das, was wir jetzt anführen, zu erwägen.
Jeder in der Wirklichkeit gezeichnete oder abgerundete Kreis ist mit
dem dem fünften Widersprechenden erfüllt. Denn allerwärts streift er
an das Gerade. Aber der Kreis an sich, behaupten wir, begreift we-
der viel noch wenig von der entgegengesetzten Beschaffenheit in sich.
b Auch ein bestimmter Name, behaupten wir, gelte für nichts, und es
hindere nichts, das, was jetzt krumm heißt, gerade zu nennen und
das Gerade krumm, und es werden diejenigen, welche die Benen-
nung umwechseln und die entgegengesetzte vorziehen, zu nichts Be-
stimmterem gelangen. Gewiß gilt auch vom Begriffe dieselbe Behaup-
tung, wenn Worte und Redeweisen ihn ausdrücken, daß nichts in
genügend bestimmter Weise bestimmt sei. Ferner läßt es sich in be-
zug auf jegliches der vier in tausendfacher Weise nachweisen, wie
unklar es sei; das Wichtigste aber ist folgendes: indem, wie wir kurz
zuvor bemerkten, ein Zweifaches vorliegt, das Sein und die Be-
c schaffenheit, und die Seele nicht das *Wie*, sondern das *Was* zu wis-
sen strebt, hält jedes der vier der Seele das nicht Gesuchte in Wort
und Wirklichkeit vor, so daß jedes Gesagte und Gezeigte ständig leicht
durch die Sinne widerlegt werden kann und in jedem ohne Ausnah-
me, möchte ich sagen, jede Art von Unklarheit und Ungewißheit er-
regt. Bei Erörterungen also, bei welchen wir, einer schlechten Er-
ziehung zufolge, nicht gewohnt sind, der Wahrheit nachzuforschen,
und wo man mit dem aufgestellten Abbild sich begnügt, erscheinen
wir uns gegenseitig nicht lächerlich, die Befragten nämlich den Be-
d fragenden, welche jene vier Auffassungen zu verwerfen und zu wi-

derlegen imstande sind; wo wir uns aber genötigt sehen, in unserer
Antwort auf jenes fünfte uns zu beziehen und es darzulegen, da siegt
wer da will von den zum Verwerfen Befähigten und bewirkt, daß
derjenige, welcher etwas durch Rede, Schrift oder Erwiderung zu
erläutern sucht, der Mehrzahl der Zuhörer nichts von dem, worüber
er zu schreiben oder zu sprechen versucht, zu wissen scheine, welche
bisweilen nicht wissen, daß nicht der Geist des Schriftstellers oder
des Sprechenden widerlegt wird, sondern die von Natur schlechte
Beschaffenheit einer jeden der vier Auffassungen. Aber das Durch- e
führen durch diese alle, welches zu jedem Einzelnen hinauf- oder
herabsteigt, erzeugt doch endlich ein Wissen des seiner Natur nach
Richtigen in dem seiner Natur nach Befähigten. Ist jemand aber
schlecht befähigt, wie es von Natur die Geistesanlage der meisten
für das Erlernen und die erwähnte Gesinnung ist, dann sind es ver-
lorene Worte, und dann vermöchte solchen Menschen selbst kein
Lynkeus die Augen zu öffnen. Mit einem Worte: den der Sache sich 344 a
nicht verwandt Fühlenden wird weder Gelehrigkeit noch Gedächt-
nis dazu machen; denn bei einer dem widerstrebenden Gemütsbe-
schaffenheit erzeugt sich das von vornherein nicht. So daß diejenigen,
welchen von Natur das Gerechte und andere Schöne nicht innewohnt
und welche diesem nicht verwandt sind, von denen aber die einen
das, die andern jenes leicht fassen und behalten, sowie solche, die
zwar etwas dem Verwandtes haben, aber von schwacher Fassungs-
kraft und Erinnerungsfähigkeit sind, so daß von diesen beiden kei-
ne das wahre Wesen derTugend oder Untugend, insoweit es sich be- b
greifen läßt, begreifen. Denn sowohl das haben sie zu erlernen, als
auch durch allseitige Übung und mit großem Zeitaufwand, wie ich
anfangs sagte, das Täuschende und das Wahrhafte des gesamten
Seins. Indem nun das Einzelne, Namen, Begriffe, Anschauungen und
Wahrnehmungen untereinander verglichen und in guter Absicht
durch aller Mißgunst entbehrende Fragen und Antworten geprüft
wird, so flammt über jedes Einsicht auf und Denken, wenn man sich
anstrengt, wie es nur menschlichen Kräften möglich ist. Darum ist c
jeder Mann, dem es Ernst ist, weit entfernt, dadurch, daß er als
Schriftsteller über ernste Dinge unter den Menschen auftritt, in Miß-
gunst und Zweifel sie zu verwickeln. Es läßt sich, mit einem Worte,
daraus erkennen, daß, sieht man die Aufzeichnungen jemandes, des
Gesetzgebers etwa in den Gesetzen oder sonstwo, niedergelegt, die-
se ihm nicht, wenn er selbst die Sache mit Ernst betreibt, das des
größten Ernstes Würdige waren, daß es aber doch dem schönsten
Teile seiner Besitzungen angehört. Wurde aber dieses wirklich als
ein mit Ernst zu behandelnder Gegenstand in seinen Schriften nie-
dergelegt, dann raubten ihm nicht die Unsterblichen, wohl aber d
sterbliche Menschen die Besinnung.

14. Wer nun dieser Rede und Abschweifung aufmerksam folgte, der wird recht gut wissen, daß, ob nun Dionysios etwas über das Erste und Höchste in der Natur schriftlich verfaßte oder ein mehr oder minder Begabter, dieser von dem, was er niederschrieb, nichts

meinen Ansichten zufolge Haltbares gehört oder sich angeeignet
hatte, sonst hätte ihn eine gleiche Scheu wie mich davon abgehalten
und er nicht gewagt, es durch Mangel an Zusammenhang und an-
gemessener Darstellungsweise zu entstellen. Denn sich dessen zu
erinnern schrieb er es nicht nieder, ist doch nicht zu besorgen, daß
e jemand es, hat er es einmal im Geiste aufgefaßt, vergesse; es beruht
ja auf der vor allem kürzesten Darlegung; er schrieb es aber, wenn
er es tat, von einem schimpflichen Ehrgeiz getrieben nieder, indem
er es als etwas ihm Eigenes hinstellte oder als sei eine Unterwei-
sung ihm zuteil geworden, welcher er nicht wert war, da er den aus
345 a solcher Teilnahme ihm erwachsenden Ruf erstrebt. Erlangte das
Dionysios durch das einmalige Gespräch, so möge es darum sein;
wie er es aber erlangte, «dat weet Zeus», sagt der Thebaner; denn
ich besprach es in der angeführten Weise und einmal nur, später
aber niemals wieder. Nun mag derjenige, welchem daran liegt,
den Hergang der Sache zu ermitteln, erwägen, wie es doch geschah,
daß wir es nicht zum zweiten und dritten oder zu öftern Malen be-
sprachen; ob Dionysios, nachdem er es einmal hörte, es nun begrif-
b fen zu haben glaubt und zur Genüge begriff, sei es nun, daß er
selbst es auffand oder auch früher von andern erlernte, oder weil
er das Gesagte geringschätzte oder drittens es seinen Verhältnis-
sen nicht angemessen und darüber hinausgehend fand und als füh-
le er sich wirklich nicht imstande, im Leben nach Weisheit und Tu-
gend zu streben.

Achtete er nämlich es für gering, dann wird er gar manche Ge-
währsmänner zu bekämpfen haben, denen in dergleichen Dingen
ein weit gewichtigeres Urteil zusteht als dem Dionysios; glaubt er
aber, es aufgefunden und begriffen zu haben, und hält es für etwas
der Ausbildung eines freien Geistes Angemessenes, wie hätte er
c dann, ohne als ein seltsamer Mensch zu erscheinen, seinen Weg-
weiser und den Inhaber dieser Wahrheiten mit so leichtsinniger Ge-
ringschätzung behandelt? Inwiefern mit Geringschätzung, das
könnte ich wohl angeben.

15 Ohne darauf lange zu zögern, gestattete er nun, während er
vorher den Dion im ruhigen Besitz und dem Nießbrauch seines Ver-
mögens ließ, den Geschäftsführern desselben nicht mehr, nach dem
Peloponnes dasselbe ihm zu senden, als sei jener Brief ganz seinem
Gedächtnis entschwunden; denn nicht dem Dion gehöre es, sondern
d dessen Sohne, seinem Neffen, dessen gesetzmäßiger Vormund er sei.
So weit hatte er es damals getrieben; ich aber hatte nach solchen
Vorfällen deutlich erkannt, wie es mit dem Eifer des Dionysios für
die Philosophie bestellt sei, und es stand mir frei, ob ich Lust habe,
ihm zu zürnen oder nicht; denn es war damals bereits Sommer und
die Abfahrtszeit der Schiffe. Ich glaubte aber, nicht mehr Ursache
zu haben, auf den Dionysios zu zürnen als auf mich selbst und die-
e jenigen, welche mich nötigten, zum drittenmal die Meerenge der
Skylla zu befahren,

Daß ich zurück noch kehrte zur unheilvollen Charybdis

um Dionysios erklären zu müssen, es sei mir unmöglich zu bleiben,
da Dion so geringschätzig behandelt werde. Er aber suchte mich zu
beruhigen und bat mich zu bleiben, in der Meinung, es werde ihm
nicht zum Ruhme gereichen, wenn ich selbst sogleich als der Über-
bringer solcher Nachrichten zurückkehre; da er mich aber nicht zu
überreden vermochte, versprach er, selbst für meine Rückfahrt Sor-
ge zu tragen. Ich war nämlich, erbittert und in der Meinung, ich müs- 346 a
se, wolle man mich abhalten, jeder Gefahr mich aussetzen, da ich
offenbar kein Unrecht irgend beging, wohl aber erduldete, geson-
nen, die Frachtschiffe zu meiner Rückfahrt zu benutzen.

Als er aber sah, daß ich zum Zurückbleiben nicht zu bewegen sei,
ersann er folgende List, damit ich die damalige Abfahrt nicht be-
nutze. Er kam am Tage nach jener Erörterung zu mir und ließ sich
in annehmlicher Weise so gegen mich vernehmen: «Es höre für
mich und dich Dion und dessen Angelegenheiten auf, eine Veran- b
lassung wiederholten Streites zu sein. Deinetwegen», fuhr er fort,
«will ich das für Dion tun. Ich fordere ihn auf, nachdem er das ihm
zustehende Vermögen zurückempfing, im Peloponnes zu leben, nicht
aber als ein Landesverwiesener, sondern als einer, dem es gestattet
sei, selbst hierher zurückzukehren, wenn es sein und mein und eu-
er, seiner Freunde, gemeinsamer Beschluß ist; das finde aber nur
statt, wenn er gegen mich keine Anschläge macht. Dafür jedoch
müßt ihr, du und deine Freunde und die hiesigen Freunde Dions,
mir Bürgen sein, er aber gewähre auch dafür Sicherheit. Das Geld
aber, was er empfängt, werde im Peloponnes und in Athen in die c
Hände derer niedergelegt, die ihr irgend dazu auserseht, und Dion
habe den Nießbrauch, sei aber nicht berechtigt, ohne eure Zustim-
mung davon etwas aufzunehmen. Dem Dion nämlich traue ich nicht
recht, ob er, wenn er über das Geld zu verfügen hätte, gegen mich
verfahren werde, wie es recht ist; ist doch die Summe keine gerin-
ge; in dich dagegen und deinen Anhang setze ich größeres Vertrau-
en. Erwäge nun, ob das deinen Beifall hat, und bleibe dann unter
diesen Bedingungen dieses Jahr, beim Eintritt der guten Jahres-
zeit aber reise mit diesen Geldern zurück, und ich bin überzeugt, d
daß Dion dir es großen Dank wissen wird, daß du das für ihn aus-
wirktest.»

Als ich diese Worte vernahm, verdroß es mich zwar, demunge-
achtet erklärte ich, ich wolle tags darauf, nachdem ich es mir über-
legte, meinen Entschluß ihm kundtun. Das war unsere damalige
Übereinkunft.

Darauf überlegte ich, mir selbst überlassen, die Sache nicht ohne
große Unruhe. Zuerst sprach ich bei dieser Überlegung so zu mir
selbst: Wohlan, wenn Dionysios von dem, was er verspricht, nichts e
zu halten gesonnen ist, nach meiner Abreise aber über mich in ganz
scheinbarer Weise an den Dion schreibt, er selbst und seine zahl-
reichen Freunde, denen er das dem Dion zu melden anbefiehlt, was
er jetzt gegen mich äußert, als sei er bereitwillig, ich aber habe mich
zu dem, wozu er mich aufgefordert, nicht verstehen wollen, sondern
um Dions Angelegenheit nicht im geringsten mich gekümmert;

wenn er außerdem mich nicht abreisen lassen will, indem er selbst
347 a keinen Schiffsherrn damit beauftragt und alle deutlich merken läßt,
es sei sein Wille nicht, daß ich abreise, wird dann ein Schiffsherr
mich, der aus dem Hause des Dionysios kommt, mitnehmen wol-
len? Ich wohnte nämlich, neben andern Beschränkungen, in dem
an dieses Haus stoßenden Garten, aus dem nicht einmal der Tür-
hüter ohne einen vom Dionysios dazu erhaltenen Befehl mich hätte
entlassen mögen. Bleibe ich aber noch dieses Jahr, dann werde ich
an den Dion schreiben können, wie meine Lage beschaffen ist und
wie es mir ergeht. Und erfüllt Dionysios etwas von dem, was er ver-
b spricht, dann wird, was ich tat, nicht ganz lächerlich erscheinen;
denn vielleicht beläuft sich das Vermögen des Dion, wenn man es
richtig abschätzt, auf nicht weniger als hundert Talente. Sollte aber,
wie wahrscheinlich, was jetzt sich vermuten läßt, geschehn, dann
bin ich zwar in Verlegenheit, was ich anfangen soll, es dürfte aber
wohl dennoch notwendig sein, daß ich noch ein Jahr ausharre und
es versuche, den Dionysios durch die Tat seiner Anschläge zu über-
führen.

Da ich für den folgenden Tag diesen Entschluß gefaßt hatte, er-
c klärte ich dem Dionysios, ich sei zu bleiben entschlossen; doch wün-
sche ich, fuhr ich fort, nicht, daß du glaubst, ich habe über den Dion
zu gebieten, sondern daß du mit mir einen Brief ihm sendest, der
von unserm Beschluß ihn benachrichtigt und ihm die Frage vor-
legt, ob ihm das genüge, wo aber nicht und wenn er etwas ande-
res wünscht und begehrt, daß er auch das schleunigst brieflich er-
kläre und daß du in dem auf ihn Bezüglichen noch keine Änderung
triffst.

So besprachen wir uns, und das war, ungefähr so wie es jetzt er-
zählt wurde, unsere Übereinkunft. Darauf segelten die Schiffe ab
und es war mir nicht mehr möglich abzureisen, als Dionysios gegen
d mich sich erklärte, nur die eine Hälfte des Vermögens komme dem
Dion, die andere dessen Sohne zu; er werde es, sagte er, veräußern
und die Hälfte mir für den Dion mitgeben, die andere Hälfte aber
werde hier für dessen Knaben zurückbleiben, das Verfahren sei
nämlich das rechtmäßigste. Durch das mir Mitgeteilte verletzt, hielt
ich es zwar für höchst lächerlich, noch etwas darauf zu erwidern,
sagte aber dennoch, wir müßten den Brief Dions abwarten und
dann wieder das ihm schreiben. Er aber veräußerte darauf in sehr
e leichtsinniger Weise das ganze Besitztum Dions, um welchen Preis,
in welcher Weise und an wen er wollte; doch mit mir sprach er nicht
darüber, so wie auch ich nicht weiter die Angelegenheiten Dions mit
ihm besprach, glaubte ich doch dadurch nichts auszurichten.

Insoweit war ich in dieser Weise für die Philosophie und meine
Freunde tätig gewesen. Von nun an aber war unser Verhältnis, das
348 a meinige und das des Dionysios, so beschaffen: Ich blickte, wie ein
Vogel, der dem Käfig zu entfliehen begehrt, nach außen; er aber
sann darauf, wie er mich wegscheuche, ohne etwas von dem Vermö-
gen des Dion mir zu übergeben; dessen ungeachtet galten wir in ganz
Sizilien für Freunde.

Dionysios versuchte es, den Sold seiner ältern Söldner, dem von
seinem Vater Eingeführten zuwider, herabzusetzen; die Krieger aber
versammelten sich, darüber erbittert, haufenweise und erklärten
sich abgeneigt, das sich gefallenzulassen. Er aber versuchte, das
zu erzwingen, indem er die Tore seiner Burg schloß, sie aber dran- b
gen alsbald, unter Anstimmung eines Kriegsgesangs in fremder
Sprache, auf die Mauern los, was dem Dionysios solche Furcht ein-
jagte, daß er alles und den damals versammelten Leichtbewaffne-
ten noch ein Mehreres zugestand. Nun verbreitete sich bald das Ge-
rücht, das alles sei vom Herakleides ausgegangen. Als davon Hera-
kleides hörte, machte er sich auf die Seite und hielt sich verbor-
gen, Dionysios aber suchte seiner habhaft zu werden und beschied,
weil er nicht wußte wie, den Theodotes in den Garten, in welchem c
aber auch ich gerade auf einem Spaziergang begriffen war. Doch
von ihrem übrigen Gespräch weiß ich nichts noch hörte ich es mit
an; was aber Theodotes in meiner Gegenwart zum Dionysios sagte,
das weiß ich und dessen erinnere ich mich. «Ich suche nämlich, o Pla-
ton», sagte er, «den Dionysios da zu vermögen, daß Herakleides,
sollte es mir möglich sein, denselben zu einer Verantwortung we-
gen der jetzt ihm gemachten Anschuldigungen hierher zu bringen,
und sollte es dem Dionysios bedünken, daß derselbe nicht in Sizi-
lien bleiben dürfe, seinen Sohn und sein Weib mit sich nehme, nach
dem Peloponnes schiffe und dort, ohne etwas gegen den Dionysios d
zu tun, seine Einkünfte verzehre. Nun forderte ich den Heraklei-
des früher auf und will auch jetzt ihn auffordern, ob er der frühe-
ren oder der jetzigen Aufforderung Folge leistet. Vom Dionysios
aber begehre und erbitte ich, daß, sollte jemand den Herakleides,
ob nun hier oder auf dem Lande, finden, demselben sonst kein Leid
widerfahre, sondern daß er, bis Dionysios seine Meinung ändert, das e
Land meide. Gestehst du das zu?» fuhr er, an den Dionysios sich
wendend, fort.

Ich gestehe es zu, erwiderte er, kein Leid soll ihm, meiner jetzi-
gen Zusage zuwider, widerfahren, sollte er sogar in der Nähe dei-
ner Wohnung betroffen werden.

Am Abend des folgenden Tages kamen Theodotes und Eurybios
eilig und in großer Aufregung zu mir. Du warst doch, sagte Theo-
dotes, gestern bei dem zugegen, Platon, was Dionysios gegen mich
und dich in betreff des Herakleides zusagte?

Freilich, erwiderte ich.

Nun aber, fuhr er fort, streifen seine Leichtbewaffneten umher,
den Herakleides aufzugreifen; und dieser mag sich wohl hier in
der Nähe befinden; du aber begleite uns in aller Eile zum Dionysios. 349 a

So machten wir uns also auf und traten bei ihm ein. Die beiden
aber standen stillschweigend da und weinten, ich aber sagte: Diese
Männer befürchten, du mögest, deinen gestrigen Zusagen zuwider,
irgend sonst etwas über den Herakleides verfügen; er ist nämlich,
glaube ich, auf seiner Flucht hier in der Nähe gesehen worden.

Als er das hörte, loderte er auf und wechselte, wie es wohl ein
in Zorn Geratender zu tun pflegt, die Farbe; Theodotes aber warf

b sich, indem er seine Hand ergriff, vor ihm nieder, weinte und flehte dringend, so etwas nicht zu tun.

Nur getrost, Theodotes, nahm ich beruhigend das Wort, wird doch Dionysios es nicht über sich vermögen, etwas seinen gestrigen Zusagen Zuwiderlaufendes zu tun.

Er aber warf auf mich einen höchst gewaltherrscherischen Blick. Dir, sagte er, habe ich weder Großes noch Kleines zugesagt.

Ja bei den Göttern, versetzte ich, über das, was dieser nicht zu tun jetzt dich bittet. Und nach diesen Worten wandte ich mich um und entfernte mich.

c Er machte hierauf auf den Herakleides Jagd; Theodotes aber sandte diesem Botschaft und forderte ihn dringend zu flüchten auf. Dionysios dagegen sandte den Tisias mit Leichtbeschildeten ihn zu verfolgen aus, Herakleides aber kam ihnen, wie es hieß, um wenige Stunden, indem er auf das Gebiet der Karchedonier flüchtete, zuvor.

Nach diesem Vorfall glaubte wohl Dionysios, bei seinem langgehegten Anschlage, das Vermögen des Dion nicht herauszugeben, einen scheinbaren Vorwand zu einer gegen mich feindseligen Gesinnung zu haben, und zwar entfernte er zuerst mich aus der Burg,
d indem er das Vorgeben aussann, in dem Garten, wo ich wohnte, haben die Frauen ein zehntägiges Opferfest zu begehen. Diese Zeit befahl er mir außerhalb, beim Archedemos, zuzubringen.

Während ich da mich aufhielt, ließ mich Theodotes rufen, äußerte vielfach seinen Unwillen über jenen Vorfall und sprach sich tadelnd über Dionysios aus. Als dieser aber hörte, daß ich das Haus des Theodotes betreten habe, ließ er das wieder für einen zweiten,
e dem ersten verwandten Vorwand, mit mir sich zu entzweien, gelten, sandte einen an mich ab und ließ mich fragen: Ob ich wirklich eine Zusammenkunft mit Theodotes, von diesem aufgefordert, gehabt habe?

Ja, allerdings, war meine Antwort.

Sonach läßt er, sagte jener, dir sagen, es sei von dir nicht recht getan, daß dir stets Dions Freunde mehr gelten als er.

Diese Erklärung wurde mir. Er ließ mich nun nicht mehr in seine Wohnung bescheiden, als ob es bereits zutage liege, daß ich ein Freund des Theodotes und Herakleides und sein Feind sei, und nahm an, daß ich, da Dions Vermögen ganz verloren war, nicht fürder ihm wohlwolle.

350 a Fortan wohnte ich nun außerhalb der Burg, inmitten seiner Söldner. Es kamen aber andere und insbesondere auch meine Landsleute, die zur Dienerschaft gehörigen Athener, zu mir und benachrichtigten mich, ich sei bei den Leichtbewaffneten verleumdet und manche stießen die Drohung gegen mich aus, mich es, würden sie irgend meiner habhaft, entgelten zu lassen. Zu meiner Rettung ersann ich folgenden Ausweg. Ich sende zum Archytas und den andern Freunden in Tarent und schildere ihnen meine Lage. Diese aber wußten es dahin zu bringen, daß sie eine Gesandtschaft von Staats wegen vorschützen konnten, und senden einen Dreißigrude-
b rer und den Lamiskos, einen aus ihrer Mitte, der sich zum Diony-

sios begab, um eine Fürbitte für mich einzulegen, indem er meinen Wunsch abzureisen aussprach, was er doch ja nicht hindern möge. Dieser aber willigte ein und versah mich mit Reisegeld; von den Geldern Dions dagegen forderte weder ich etwas zurück noch zahlte jemand mir etwas aus.

16. Als ich nun nach dem Peloponnes zurückgekehrt war und den
Dion auf einer Festreise begriffen in Olympia antraf, berichtete ich
ihm, was geschehen war. Er aber forderte, indem er den Zeus zum
Zeugen seiner Worte nahm, mich und meine Vertrauten und Freun-
de auf, Rache am Dionysios zu nehmen, wir der Gastrechtsverlet- c
zung wegen, denn das war seine Meinung und so drückte er sich
aus, er selbst aber des Unrechts der Ausstoßung und Landesver-
weisung halber. Als ich das vernahm, riet ich ihm, die Freunde,
wenn sie dazu geneigt wären, aufzufordern. Was mich aber anbe-
trifft, fuhr ich fort, so hast du und die andern mich gewissermaßen
mit Gewalt zum Tisch- und Hausgenossen des Dionysios und zum
Teilnehmer an seinen Opferfesten gemacht. Dieser glaubte vielleicht,
auf die Verleumdungen vieler hin, ich stelle mit dir ihm und seiner
Gewaltherrschaft nach und tötete mich dessen ungeachtet nicht, son-
dern scheute sich dessen. Nun bin ich aber fast zu alt, um irgend d
jemandem im Kriege beizustehen, und stehe zwischen euch beiden,
wollt ihr etwa, gegenseitiger Freundschaft Bedürfnis fühlend, et-
was Gutes euch erzeigen; solange ihr aber auf Böses sinnt, fordert
andere dazu auf. Diese Antwort gab ich im Verdruß über meine Irr-
sale und Widerwärtigkeiten in Sizilien. Doch da sie widerstrebten
und meinen Vorstellungen kein Gehör gaben, führten sie selbst über
sich die eingetretenen Unglücksfälle herbei, deren keiner mensch-
licher Voraussicht nach eingetreten wäre, hätte Dionysios dem Dion
sein Besitztum zurückerstattet oder überhaupt sich mit ihm ausge- e
söhnt. Denn den Dion hätte ich durch meine Wünsche und meinen
Einfluß leicht in Schranken gehalten. Nun aber gingen sie aufein-
ander los und brachten über alles des Unheils Fülle.

17. Und doch bezweckte Dion eben das, wovon ich behaupten möch- 351a
te, daß ich selbst es bezwecken und worauf auch ein anderer sin-
nen müsse, der in Bezug auf das eigene Ansehn, seine Freunde und
sein Vaterland mit Mäßigung verfährt, um durch die größten die-
sen erzeigten Wohltaten zu Ansehn und den höchsten Ehrenstellen
zu gelangen. Das ist aber nicht möglich, wenn jemand, durch Nach-
stellung und Mitverschworene, die er sich gewinnt, sich selbst und
seine Genossen und sein Vaterland bereichert als ein Dürftiger, wel-
cher, ohne Herrschaft über sich selbst, in seiner Schwäche von sei-
nen Begierden sich hinreißen läßt und nun die Vermögen Besitzen-
den, welche er für seine Feinde erklärt, tötet, ihrer Reichtümer sich b
bemächtigt und seine Helfer und Genossen auffordert, das ihm, dem
Dürftigen, wie er sich nennt, nicht zum Vorwurf zu machen; so auch,
wenn er solche Wohltaten seiner Vaterstadt erweist und von ihr
hoch geehrt wird, indem er durch Beschlüsse die Habe weniger un-

ter die vielen verteilt; oder wenn er an der Spitze eines großen,
über viele kleine herrschenden Staates seinem eigenen in wider-
c rechtlicher Weise die Habe der kleinern zuwendet. Denn weder ein
Dion noch sonst einer wird je aus freier Willkür so einer ihm selbst
und seiner Sippschaft für immerdar verderblichen Macht nachstre-
ben, sondern einer Verfassung und der Aufstellung der besten und
gerechtesten Gesetze, ohne die geringste Anwendung von Hinrich-
tungen oder Landesverweisungen. Indem nun auch Dion dies jetzt
beabsichtigte und Unrecht zu erdulden dem es Zufügen vorzog, da-
bei aber dem es zu Erdulden vorzubeugen suchte, kam er dennoch,
ohne daß es zu verwundern war, zu Falle, als er bereits ganz nahe
d daran war, seinen Feinden obzusiegen. Denn ein gottergebener
Mann im Kampfe mit den Gottlosen, ein Besonnener und Verstän-
diger, dürfte sich zwar über die Gesinnung solcher Menschen über-
haupt niemals täuschen, es wäre aber vielleicht nicht zu verwun-
dern, wenn es ihm ebenso erginge wie einem tüchtigen Steuermann,
dem zwar ein bevorstehender Sturm wohl nicht verborgen bleiben,
den aber doch der Stürme plötzliche und unvorhergesehene Heftig-
keit, die er nicht erwarten konnte, gewaltsam dem Untergange ent-
gegenführen dürfte. Dasselbe brachte auch den Dion ins Verderben;
denn daß die ihm Verderben Bereitenden schlecht seien, war ihm
gar nicht verborgen, wohl aber, welche Höhe ihre Verblendung so-
e wie ihre übrige Schlechtigkeit und Habgier erreicht hatte; dadurch
gestürzt unterlag er und versetzte Sizilien in unendliche Trauer.
352a Welche Ratschläge ich euch, nachdem das jetzt Erzählte geschah,
erteile, ist so ziemlich von mir schon ausgesprochen, und das möge
genügen. Weshalb ich aber meine zweite Reise unternahm, glaubte
ich wegen der Seltsamkeit und Widersinnigkeit des Vorgefallenen
notwendigerweise berichten zu müssen.

Schien aber manchem das Erzählte vernunftgemäßer zu sein und zur Erklärung des Geschehenen ausreichende Gründe anzugeben, dann dürfte wohl unsere jetzige Erklärung als eine hinreichende und ihrem Zwecke genügende sich bewähren.

Achter Brief

Ratschläge an Dions Freunde im Sinne Dions

b Platon den Vertrauten und Freunden Dions fröhliches Gedeihen!

Worauf jedoch euer Sinn gerichtet sein muß, um wirklich fröhlich
zu gedeihn, das will ich euch, so gut ich es vermag, darzulegen ver-
suchen. Mein Rat soll aber, hoffe ich, das Ersprießliche nicht bloß
für euch darlegen, doch allerdings zunächst für euch, zweitens aber
c für alle Bewohner Syrakusais und drittens auch für eure besondern
und eures Vaterlandes Feinde, es sei denn, daß einer bis zur Ver-
ruchtheit herabsank; denn dann wird es unheilbar und niemand ver-
möchte wohl solchen Schandfleck auszuwaschen. Erwägt denn, was
ich jetzt euch sage.

Ihr habt in ganz Sizilien nach der Aufhebung der Gewaltherrschaft
eben darüber einen Kampf zu bestehen, indem die einen die Herr-
schaft wiederzuerlangen, die andern dagegen die Auflösung der Ge-
waltherrschaft vollständig auszuführen trachten. Die meisten glau-
ben in solcher Hinsicht jedenfalls das anraten zu müssen, was den d
Gegnern das größte Unheil, den Freunden aber den größten Vorteil
bringt. Es ist aber keineswegs leicht zu vermeiden, daß man, indem
man andern viel Übles zufügt, nicht selbst viel andres der Art er-
fahre. Und dieses deutlich zu erkennen, braucht ihr gar nicht weit
zu gehen, sondern könnt euch auf das beschränken, was jetzt eben
in Sizilien geschah, indem die einen Böses zuzufügen, die anderen es
von sich abzuwehren versuchten; durch dessen Erzählung ihr bei je- e
der Gelegenheit auch unter anderen als tüchtige Lehrmeister auftre-
ten könntet. An Belegen dafür fehlt es wohl kaum; was da aber ge-
schehen könnte, was entweder allen Freunden und Gegnern zum
Vorteil oder zum möglichst geringen Nachteil gereichte, das zu er-
kennen oder, nachdem man es erkannte, auszuführen ist nicht leicht;
ein solcher Rat oder der Versuch einer solchen Belehrung ist mehr
einem frommen Wunsche zu vergleichen. Sei es nun durchaus nur
ein frommer Wunsch — ziemt es uns doch, bei allen unseren Reden 353 a
und Gedanken von den Göttern auszugehen — er gehe aber in Er-
füllung, indem er uns etwa folgenden Rat eingibt.

Jetzt herrscht über euch und zumeist auch über die euch, seit der
Krieg ausbrach, Verfeindeten fortwährend eine Sippschaft, denen
dereinst eure Väter die Herrschaft damals übertrugen, als die größte
Gefahr über den von Hellenen bewohnten Teil Siziliens kam, er mö-
ge ganz, von den Karchedoniern aus seinen Wohnsitzen vertrieben,
dem Barbarentum anheimfallen. Damals wählten sie nämlich, wie
man sagt, zur Rettung Siziliens den Dionysios, als einen jungen kriegs-
lustigen Mann, zu den ihm angemessenen kriegerischen Unternehmun- b
gen, zu seinem Ratgeber und älteren Beistand aber den Hipparinos,
und zwar mit unumschränkter Gewalt, indem sie ihnen den Namen
Tyrannen beilegten. Und ob nun jemand annimmt, daß göttliche Fü-
gung und ein Gott oder daß die Tüchtigkeit der Herrschenden oder
auch beides, unterstützt durch den Beistand der damaligen Bürger,
die Rettung herbeiführte, das bleibe dem Dafürhalten eines jeden
anheimgestellt; Rettung erfolgte fürwahr durch das, was damals sich
begab. Bei solchem Verlauf der Dinge also mußten von Rechts we-
gen alle denen, die sie retteten, es Dank wissen. Hat aber in der fol- c
genden Zeit die Gewaltherrschaft nicht den rechten Gebrauch von
dem vom Staate ihr Verliehenen gemacht, so hat sie zum Teil dafür
gebüßt, teils büße sie noch.

Welche verdiente Buße dürfte nun wohl notwendig unter diesen
Umständen sie treffen? Wäret ihr imstande, leicht und ohne Gefah-
ren und Anstrengungen ihren Angriffen zu entgehen, oder jene, oh-
ne Schwierigkeit der Herrschaft wiederum sich zu bemächtigen, dann
wäre es nicht einmal tunlich, den Rat, den ich euch auszusprechen
im Begriff bin, euch zu erteilen. Nun aber müßt ihr beiderseits be- d
denken und ins Gedächtnis euch zurückrufen, wie oft ihr beide die

Hoffnung hegtet, glauben zu können, daß es stets an einer Kleinig-
keit mangele, um in allem eure Wünsche erfüllt zu sehen, und daß
es dann sich jedesmal zuträgt, daß diese Kleinigkeit die Veranlas-
sung großer und tausendfacher Widerwärtigkeiten wird, und daß
es nie zu einer endlichen Entscheidung kommt, sondern daß das, was
schon längst das Ende zu sein schien, stets an einen neu sich erzeu-
genden Anfang sich knüpft, und daß durch diesen Kreislauf die ge-
e samte wie die gewaltherrscherische so die volksherrschaftliche Par-
tei in Gefahr gerät unterzugehen und ganz Sizilien, wenn etwas von
dem geschehen sollte, was wahrscheinlich, aber unerwünscht ist, der
griechischen Sprache fast verlustig geht, indem es seinen jetzigen Zu-
stand mit einer Herrschaft und Obmacht der Phöniker oder Opiker
vertauscht. Doch auf ein Heilmittel dagegen müssen alle Hellenen
mit allem Eifer bedacht sein. Kennt nun jemand ein richtigeres und
besseres, als was ich anraten will, dann dürfte er, wenn er es zum
354 a besten gibt, mit dem größten Rechte ein Hellenenfreund heißen; was
irgend aber ich jetzt dafürhalte, will ich euch freimütig und mit das
beiderseitige Recht berücksichtigenden Worten darzulegen versuchen.

Ich spreche nämlich gewissermaßen als ein Schiedsrichter, als wie-
derhole ich zwei Gegnern, einem die Gewaltherrschaft Übenden und
einem ihm Unterworfenen, jede Partei als einen einzelnen betrach-
tend, meinen schon längst ausgesprochenen Rat. Auch jetzt dürfte
mein jedem Gewaltherrscher zu erteilender Rat wohl dahin lauten,
diesen Namen und das Verfahren eines solchen zu meiden und seine
b Herrschaft womöglich zu einem Königtume umzugestalten. Mög-
lich aber ist es, wie durch die Tat ein weiser und tugendhafter Mann,
Lykurgos, bewies. Als dieser sah, daß die Sippschaft seiner Ver-
wandten in Argos und Messene von der königlichen zur gewaltherr-
scherischen Macht gelangt war und jeder der beiden sich und seinen
Staat in das Verderben gestürzt hatte, wendete er, um seinen eige-
nen Staat und seine Sippschaft besorgt, das Heilmittel der Herrschaft
der Alten und der die königliche Gewalt durch die Ephoren erhal-
tenden Beschränkung an, so daß sie bereits seit so vielen Menschen-
c altern ruhmvoll besteht, indem die vom Gesetze geübte Herrschaft
zum Könige der Menschen, nicht aber die Menschen zu Gewaltherr-
schern der Gesetze wurden.

Das ist es, was auch jetzt meine Rede allen anrät, sowohl denen,
deren Sinn auf Gewaltherrschaft steht: das vermeinte Glück uner-
sättlich begehrlicher, unverständiger Menschen zu scheuen und eif-
rigst zu fliehen, es vielmehr zu versuchen, die Herrschaft zu der
Weise des Königtums umzugestalten und einem König angemessenen
Gesetzen sich zu unterwerfen, indem sie im Besitz der höchsten
Ehrenstellen mit Zustimmung der Menschen und Gesetze sich be-
d finden: so wie ich auch denen, welche einer freieren Lebensweise
nachstreben und dem Sklavenjoch als einem Unheil zu entfliehen
suchen, wohl Vorsicht anraten möchte, nicht durch die unersättliche
Begierde nach einer der Lage der Dinge nicht angemessenen Freiheit
in den krankhaften Zustand ihrer Vorfahren zu geraten, in wel-
chen die damals Lebenden, von maßloser Freiheitsliebe getrieben,

durch eine übertriebene Unbeschränktheit verfielen. Denn die Sizilioten, welche vor Dionysios und Hipparinos die Herrschaft übten, lebten damals, wie sie meinten, glücklich, in Üppigkeit und ihre Befehlshaber befehligend: steinigten sie doch die zehn Feldherrn vor Dionysios, ohne sie nach irgendeinem Gesetze gerichtet zu haben, e
natürlich um keinem Herrn nach Recht und Gesetz untertan und ganz und gar frei zu sein: daraus entstanden für sie die Gewaltherrschaften.

Denn Untertänigkeit und Freiheit sind im Übermaße beide ganz schlecht, im rechten Maße aber ganz trefflich: im rechten Maße aber ist man der Gottheit, maßlos den Menschen untertan: Gottheit aber ist für die Vernünftigen das Gesetz, für die Unvernünftigen 355 a
aber die eigene Lust.

Unter diesen Umständen also ermahne ich die Freunde des Dion, das, was ich allen Syrakusiern rate, als einen von jenem und mir gemeinsam ausgehenden Rat auszusprechen; ich aber werde, was jener, wäre er noch am Leben und vermöchte er es, jetzt euch sagen würde, verdolmetschen. Welche Lehre nun, könnte jemand sagen, zeigt euch in betreff der gegenwärtigen Lage der Rat des Dion? Folgende: «Nehmt vor allem zuerst, ihr Syrakusier, Gesetze an, von denen ihr erkennt, daß sie euern Sinn und euer Verlangen nicht b
auf Gelderwerb noch Reichtum hinlenken werden, sondern von den drei Gütern, die es gibt, Seele, Leib und Besitz, der Trefflichkeit der Seele den höchsten Wert beilegen, demnächst der des Leibes, welche der der Seele nachsteht, als drittes und letztes den Wert des Besitzes aufstellen, welcher dem Leib und der Seele untertan ist. Und eine Satzung, die dies bewirkte, wäre für euch ein richtig c
gegebenes Gesetz, welches diejenigen, welche ihm folgen, wahrhaft glücklich macht; die Ausdrucksweise aber, welche die Reichen glücklich nennt, ist selbst unselig, ein törichtes Weiber- und Kindergerede, und macht die, welche ihr folgen, ebendazu. Daß aber das, wozu ich euch ermahne, wahr ist, werdet ihr, wenn ihr das, was jetzt über die Gesetze gesagt wird, erprobt, durch die Tat erkennen: und dies scheint mir doch in jeder Beziehung der wahrhafteste Prüfstein zu sein.

Habt ihr aber solche Gesetze angenommen, so würde, da Sizilien in Gefahr ist und ihr weder genügend die Oberhand habt d
noch auch entschieden unterliegt, es für euch alle recht und nützlich sein, einen Mittelweg einzuschlagen, für euch sowohl, die ihr die Strenge der Herrschaft vermeiden wollt, als für die, welche die Herrschaft wiederzuerlangen begehren, deren Vorfahren damals, was die Hauptsache ist, die Hellenen vor den Barbaren retteten, so daß es uns überhaupt vergönnt ist, jetzt über die Staatseinrichtung zu sprechen; denn wärt ihr damals untergegangen, so bliebe nirgends und in keinerlei Weise Besprechung oder Hoffnung übrig. Jetzt nun möge den einen Freiheit unter königlicher Herrschaft werden, den e
andern verantwortliche königliche Gewalt, so daß die Gesetze Herr sind wie über die übrigen Bürger, so über die Könige selbst, wenn sie etwas Ungesetzliches tun. Unter allen diesen Voraussetzungen

stellt mit aufrichtigem, gesundem Sinne in der Götter Namen als
König auf zuerst meinen Sohn, aus doppelter Rücksicht, auf mich
und meinen Vater. Denn dieser befreite zu jener Zeit die Stadt
356 a von den Barbaren, ich aber nun zweimal von den Gewaltherrschern,
wovon ihr selbst Zeugen geworden seid. Zum zweiten König macht
den, der mit meinem Vater denselben Namen führt, aber des Diony-
sios Sohn ist, mit Rücksicht auf die jetzt geleistete Hilfe und auf
seinen tugendhaften Charakter; denn dieser, obschon eines Gewalt-
herrschers Sohn, befreit jetzt die Stadt, indem er sich und seinem
Geschlechte statt einer kurzen und ungerechten Gewaltherrschaft
ewig dauernden Ruhm erwirbt. Als dritten muß man auffordern,
daß er mit seiner und des Staates Einwilligung König von Syraku-
b sai werde, den, der jetzt das feindliche Heer befehligt, Dionysios des
Dionysios Sohn, ob er sich vielleicht entschließt, freiwillig seine Lage
in die eines Königs umzuändern, aus Furcht vor Wechselfällen des
Geschicks, aber auch aus Mitleid mit seiner Vaterstadt, mit der
Vernachlässigung der Heiligtümer, mit den Gräbern, damit er nicht
aus Streitsucht dies alles gänzlich vernichtet, den Barbaren zur Scha-
denfreude; diese drei aber setzet als Könige ein, mögt ihr ihnen
nun die Gewalt der Lakonischen Könige geben oder ihnen noch
Macht nehmen und euch mit ihnen darüber einigen, etwa auf fol-
c gende Art, die auch freilich schon früher auseinandergesetzt wor-
den; indessen hört sie auch jetzt noch einmal.

Wenn das Geschlecht des Dionysios und Hipparinos zum Heile
Siziliens sich entschließt, den gegenwärtigen Leiden ein Ende zu ma-
chen, nachdem sie für sich und ihr Geschlecht Ehren für die Zu-
kunft und für die Gegenwart empfangen, so beruft auf die vorher
angegebenen Bedingungen bevollmächtigte Gesandte behufs der Ver-
söhnung, seien es nun Leute von hier oder von auswärts oder bei-
des, und in solcher Zahl, wie sie sich darüber einigen. Diese nun,
d nachdem sie gekommen, sollen zuerst Gesetze geben und eine sol-
che Staatsverfassung festsetzen, mit der es übereinstimmt, daß Kö-
nige die höchste Entscheidung über Opfer und alles übrige haben,
worüber denen die Entscheidung gebührt, die sich als Wohltäter des
Staates vormals gezeigt haben: zu Herren über Krieg und Frieden
aber sollen sie neben Volk und Rat Gesetzeswächter machen, fünf-
unddreißig an der Zahl: verschiedene Gerichtshöfe soll es über ver-
schiedene Sachen geben, wo es sich aber um Tod oder Verbannung
handelt, sollen die Fünfunddreißig Richter sein und außer diesen
auserlesene Richter aus den jedesmaligen Beamten des vorigen
e Jahres, einer aus jeder Behörde, der für den besten und gerechte-
sten gilt: diese sollen das folgende Jahr hindurch Recht sprechen
in allem, wo es sich um Tod, Gefängnis und Verbannung der Bür-
ger handelt: einem Könige aber soll es nicht gestattet sein, in sol-
357 a chen Prozessen zu richten, da er wie ein Priester rein sein muß
von Mord und Gefängnis und Verbannung.

Daß dies euch zuteil würde, war, als ich lebte, meine Absicht und
ist es noch jetzt. Und damals hätte ich, mit eurer Hilfe der Feinde
Herr geworden, die Verhältnisse meiner Absicht entsprechend ein-

gerichtet, wenn nicht die Erinnyen in Gestalt meines Gastfreundes
es gehindert hätten, und hätte dann das übrige Sizilien, wenn der
Erfolg der Absicht entsprochen hätte, kolonisiert, nachdem ich den
Barbaren das Land, das sie jetzt haben, abgenommen, soweit sie
nicht für die gemeinsame Freiheit den Kampf gegen die Gewalt-
herrschaft durchgekämpft, die früheren Bewohner aber der helle- b
nischen Gegenden in den alten Wohnsitzen ihrer Väter angesiedelt.
Dieses selbe rate ich aber auch jetzt allen gemeinsam zu erwägen
und auszuführen und alle zur Ausführung aufzufordern; wer es
aber nicht will, den gemeinsam als Feind zu betrachten.

Unmöglich aber ist dies nicht: denn wer das für unmöglich
hält, was sich in zwei Seelen vorfindet und was ganz geeignet ist,
von solchen, die darüber nachgedacht haben, als das Beste erfun-
den zu werden, der ist wohl nicht recht bei Verstande. Mit den bei- c
den Seelen aber meine ich die des Hipparinos, des Sohnes des Diony-
sios, und die meines Sohnes; denn wenn diese beiden sich geeinigt
haben, werden, meine ich, auch alle übrigen Syrakusier, soweit ih-
nen der Staat am Herzen liegt, ebenso darüber denken.

Erweist aber allen Göttern Ehren unter Gebeten und allen an-
dern, denen dies nächst den Göttern gebührt, dann aber sucht Freund
und Feind zu überreden und fordert sie auf, freundlich und auf je-
de Weise, lasset nicht ab, bis ihr das jetzt von uns Gesagte wie von
Gott gesandte Träume, die an die Wachenden herangetreten, leib- d
haftig ausgeführt habt, vollendet und glücklich.»

Neunter Brief

Pflicht zur Beschäftigung mit dem Gemeinwesen

Platon dem Tarentiner Archytas fröhliches Gedeihen!

Archippos, Philonides und ihre Begleiter kamen zu uns, über-
brachten den Brief, den du ihnen mitgabst, und mündliche Nach- e
richten von dir.

Ihre öffentlichen Aufträge erreichten sie mit Leichtigkeit, denn die-
se erheischten keine großen Bemühungen; dann besprachen sie mit
mir das von dir ihnen Aufgetragene, indem sie erklärten, es sei dir
einigermaßen unangenehm, daß du dich nicht von der Beschäf-
tigung mit dem Gemeinwesen loszumachen vermagst. Freilich be-
greift so ziemlich jeder, daß es das Angenehmste ist, im Leben
mit seinen eigenen Angelegenheiten sich zu beschäftigen, vorzüg-
lich, wenn jemand Ähnliches wie du als seine Angelegenheit be- 358 a
trachtet. Aber du mußt auch bedenken, daß jeder von uns nicht
bloß für sich selbst geboren ist, sondern daß einen Teil unseres Le-
bens das Vaterland beansprucht, einen Teil unsere Eltern, einen
andern die übrigen Freunde, und daß vieles auch von den unser
Leben betreffenden Ereignissen abhängig ist. Aber ungehörig ist es
wohl, wenn das Vaterland selbst uns zur Teilnahme an dem Ge-
meinwesen auffordert, dieser Aufforderung keine Folge zu leisten;

b denn dabei geschieht es auch, daß wir statt unserer schlechte Men-
schen eintreten lassen, welche nicht in der besten Absicht sich mit
dem Gemeinwesen befassen.

Soviel genüge über diesen Gegenstand. Für den Echekrates aber
tragen wir schon jetzt Sorge und werden es auch in Zukunft tun,
sowohl dir, als seinem Vater Phrynion und dem Jünglinge selbst
zuliebe.

Zehnter Brief

Lob für Freundschaft mit Dion

Platon dem Aristodoros fröhliches Gedeihen!

c Ich höre, daß du jetzt vor allen an den Dion dich anschließt und
stets anschlossest, indem du die dem Weisheitsjünger angemessen-
ste Gesinnung zeigst. Denn das Zuverlässige, Treue, Ungefälschte be-
gründet, wie ich behaupte, die echte Weisheit, andere und anderes
bezweckende Arten der Weisheit und Tüchtigkeit aber glaube ich
mit Recht als eitlen Schmuck bezeichnen zu müssen.

Du aber bleibe gesund und bleibe dieser Gesinnung treu, wie du
auch jetzt ihr treu verharrst.

Elfter Brief

Unwirksamkeit einer bloßen Aufstellung von Gesetzen

d Platon dem Laodamas fröhliches Gedeihen!

Schon früher habe ich dir geschrieben, es sei für alles, was du
sagst, sehr wichtig, daß du selbst nach Athen kommst; da du aber
behauptest, dies sei unmöglich, so wäre demnächst das Beste, daß
womöglich entweder ich oder Sokrates kämen, wie du schreibst.
e Jetzt aber leidet Sokrates am Harnzwang, für mich aber dürfte es
nicht anständig sein, wenn ich, dort angekommen, nicht durchführ-
te, wozu du mich aufforderst. Ich habe aber wenig Hoffnung, daß
dies geschehen würde: weshalb aber, das bedürfte eines andern
langen Briefes, wenn jemand alles anführen wollte. Und zugleich
befinde ich mich nicht einmal körperlich meines Alters wegen in
der Lage, herumzureisen und zu Wasser und zu Lande Gefahren,
wie sie vorkommen, zu bestehen: und zumal jetzt ist auf den Rei-
sen alles voll Gefahren.

359 a Einen Rat jedoch zu erteilen dir und deinen Kolonisten vermag
ich, der vielleicht, wenn ich ihn ausgesprochen, wertlos und schwer
verständlich, wie Hesiodos sagt, erscheinen dürfte. Denn wenn man
meint, daß ein Staat jemals infolge der Festsetzung irgendwelcher
Gesetze wohl eingerichtet sein werde, ohne daß eine Gewalt vor-
handen ist, welche sich im Staate um die tägliche Lebensweise küm-
mert, daß dieselbe mäßig sei und mannhaft bei Sklaven und
Freien, so hat man keine richtige Einsicht. Dies aber dürfte wohl

geschehen, wenn bereits dieses Amtes würdige Männer vorhanden sind; wenn es aber zur Heranbildung an jemand fehlt, dann habt b
ihr, wie ich meine, weder einen, der euch heranbildet, noch solche, die heranzubilden sind, sondern es bleibt nur übrig, die Gnade der Götter anzuflehen. Denn auch die früheren Staaten haben sich etwa auf dieselbe Weise gebildet und dann sich wohl befunden infolge des Zusammentreffens wichtiger Ereignisse im Kriege und in andern Verhältnissen, wenn in solcher Lage ein wackerer Mann im Besitze großer Macht auftrat.

Im voraus aber müßt ihr notwendig danach mit Eifer streben, c
freilich auch das erwägen, was ich euch sage, und nicht unverständig sein, indem ihr meint, ihr würdet mit leichter Mühe etwas ausrichten. Sei glücklich!

Zwölfter Brief

Dank für empfangene Schriften

Platon dem Tarentiner Archytas fröhliches Gedeihen!

Mit unaussprechlicher Freude empfingen wir die von dir uns übersandten Aufsätze, bewunderten im höchsten Grade ihren Verfas- d
ser und hielten ihn für einen würdigen Sprößling seiner bekannten alten Vorfahren. Denn man erzählt von diesen, sie seien Mysier – diese aber gehörten zu den Troern, die unter Laomedon ihre Heimat verließen –, wackere Männer, wie die über sie überlieferte Sage kundgibt.

Die von mir verfaßten Aufsätze, über die du mir schreibst, genügen mir zwar noch nicht, doch übersende ich dir sie so, wie sie eben sind.

Über die zu beobachtende Vorsicht sind wir beide einverstanden, e
so daß es keiner Aufforderung dazu bedarf.

Bleibe gesund.

Dreizehnter Brief

Rechenschaft über Verwendung von Geldern

Platon dem Tyrannen Dionysios von Syrakusai fröhliches Gedeihen! 360 a

Dies sei der Anfang meines Briefes und zugleich ein Zeichen, daß er von mir ist: als du einst die Jünglinge aus Lokroi bewirtetest, standest du, weil du weit von mir deinen Platz hattest, auf, tratest zu mir heran und sprachst freundlichen Sinnes verständige Worte zu mir, wie es mir und meinem Tischnachbarn schien, der aber war b
der Gebildeten einer. Er nun sagte damals: Wahrhaftig, Dionysios, du hast von Platon in bezug auf Weisheit viel gewonnen! Du aber sagtest: Auch in vielen anderen Beziehungen, da ich seit seiner Berufung eben schon daraus, daß ich ihn zu mir berief, sofort Nutzen zog.

Dies nun müssen wir festhalten, damit der gegenseitige Nutzen, den wir voneinander haben, immer mehr zunehme. Und ich schicke dir jetzt, indem ich eben dafür sorge, etwas von den Pythagoreischen

Schriften und von den Einteilungen, auch einen Mann, wie wir da-
c mals beschlossen, den du und Archytas (wenn anders Archytas zu
dir gekommen ist) werdet brauchen können. Sein Name ist Helikon,
er stammt aus Kyzikos, ist ein Schüler des Eudoxos und in dessen
ganzer Lehre wohl bewandert; ferner aber ist er auch mit einem
der Schüler des Isokrates umgegangen und mit Polyxenos, einem
Schüler des Bryson. Was aber selten damit verbunden ist, er ist
auch nicht ohne Anmut im Umgange und allem Anschein nach von
keinem schlechten Charakter, vielmehr dürfte er sanft und guther-
d zig erscheinen. Doch sage ich dies nicht ohne Besorgnis, da ich eine
Meinung über einen Menschen ausspreche, kein schlechtes, aber, we-
nige einzelne — und auch diese nur in gewissen Beziehungen —
ausgenommen, ein leicht veränderliches Wesen. Da ich nun auch die-
ses Mannes wegen besorgt war und nicht recht traute, beobachtete
ich ihn selbst, wenn ich ihn traf, und erkundigte mich bei seinen
Mitbürgern, und niemand sagte etwas Nachteiliges von ihm. Beobach-
te ihn aber auch selbst und sei vorsichtig. Vorzugsweise also, wenn
e du irgend Muße hast, lerne von ihm und strebe auch sonst nach
Weisheit: wenn nicht, so laß jemand von ihm unterrichten, damit
du, in Muße lernend, besser wirst und in guten Ruf kommst, damit
der Nutzen, den du von mir ziehst, nicht aufhöre.
361 a Soviel davon. Was aber das betrifft, was du mir zu schicken auf-
trugst, so habe ich den Apollon anfertigen lassen, und Leptines
bringt ihn dir, von einem jungen und tüchtigen Künstler, er heißt
Leochares. Es war aber bei ihm ein anderes, nach meiner Ansicht
sehr zierliches Werk; ich kaufte es in der Absicht, es deiner Frau
zu schenken, weil sie für mich, als ich gesund und als ich unwohl
war, meiner und deiner würdig Sorge trug; gib es ihr nun, wenn
du nicht anderer Meinung bist. Ich schicke aber auch zwölf Krüge
süßen Weines für deine Kinder und zwei mit Honig. Bei der Fei-
b genernte kamen wir zu spät, die zurückgelegten Myrthenbeeren aber
waren gefault, ein andermal wollen wir uns besser vorsehen. In
betreff der Pflanzen wird dir Leptines berichten.

Das Geld aber dazu, für diese Einkäufe und für gewisse Abga-
ben an den Staat entnahm ich vom Leptines, indem ich angab, was
mir für mich das Anständigste und doch der Wahrheit gemäß schien,
es sei mein Eigentum, welches ich auf das Leukadische Schiff ver-
wandt, etwa sechzehn Minen. Dies empfing ich also, gebrauchte es
c dann selbst und schickte euch diese Gegenstände. Was nun sonst die
Geldverhältnisse betrifft, deine in Athen und die meinigen, so höre,
wie es steht. Ich werde, wie ich dir damals sagte, dein Geld wie das
meiner andern Freunde benutzen; ich brauche aber möglichst we-
nig davon, nur soweit es mir notwendig oder gerecht oder an-
ständig erscheint für mich und für den, von dem ich es nehme.
Mir geht es nun jetzt so. Ich habe vier Töchter meiner Nichten, die
d damals gestorben waren, als ich trotz deiner Aufforderung keinen
Kranz aufsetzte; die eine ist jetzt heiratsfähig, die zweite achtjährig,
die dritte etwas über drei Jahre, die jüngste noch nicht ein Jahr alt.
Diese muß ich und meine Angehörigen ausstatten, soweit ich es er-

lebe: die, bei denen ich es nicht erlebe, gehen mich nichts an. Auch
die brauche ich nicht auszustatten, deren Väter reicher werden als
ich; für jetzt aber habe ich mehr Mittel als sie. Auch ihre Mütter
habe ich im Verein mit Dion und mit andern ausgestattet; die erste e
nun heiratet den Speusippos, dessen Schwestertochter sie ist: für die-
se sind nicht mehr als dreißig Minen nötig, denn das ist für unsere
Verhältnisse eine angemessene Ausstattung. Ferner aber, wenn
meine Mutter stirbt, brauche ich wieder nicht mehr als zehn Minen
zur Errichtung des Grabmals. Und darauf beschränken sich etwa
meine gegenwärtig notwendigen Ausgaben; wenn aber mit Bezug
auf meine Reise zu dir ein anderer Aufwand zu machen ist, für
mich oder an den Staat, so muß ich es machen, wie ich damals sagte,
ich muß mich bemühen, daß der Aufwand möglichst gering werde,
was ich aber nicht ändern kann, das mußt du bestreiten. 362 a

Weiter aber spreche ich über die Verwendung deiner Gelder in
Athen. Erstens, wenn ich auf eine Choregie oder dergleichen Geld
verwenden muß, hast du keinen Gastfreund, der es, wie wir doch
meinten, hergeben wird; denn auch wenn dir noch so viel daran
liegt, daß eine einmal gemachte Ausgabe auch sofort Nutzen bringt,
nicht gemacht aber und aufgeschoben, bis jemand von deinen Leu-
ten kommt, Schaden: so ist doch dieser Zustand nicht bloß lästig, son-
dern auch schimpflich für dich. Da ich nämlich den Erastos zum An- b
dromedes von Aigina schickte, von dem als eurem Gastfreunde du mich
auffordertest Geld zu entnehmen, wenn ich etwas brauchte, habe ich
dies erprobt, indem ich auch andere bedeutendere Gegenstände nach
deinem Auftrage dir schicken wollte. Der aber sagte, wie man es eben
von einem Menschen erwarten kann: er habe schon früher für deinen
Vater Geld ausgelegt und es mit Mühe wiederbekommen; er werde
auch jetzt Kleinigkeiten geben, Größeres nicht. So entnahm ich es
denn vom Leptines, und das muß ich am Leptines loben, er gab es
nicht nur, er gab es auch gern, und mit derselben Bereitwilligkeit
sprach und tat er offenbar für dich alles, was er als Freund vermochte. c
Denn ich muß dir solche Erfahrungen und auch die entgegengesetzten
mitteilen, wie sich jeder in seinen Beziehungen zu dir zeigt.

Über die Geldangelegenheiten nun werde ich frei mit dir spre-
chen: denn so ist es recht, und dabei kann ich darüber sprechen, da
ich deine Leute kenne. Diejenigen, welche in jedem einzelnen Falle
dir zu melden haben, welche Ausgaben sie für nötig halten, ent-
schließen sich nicht, es dir zu melden, in der Meinung, dir dadurch
unangenehm zu werden. Gewöhne sie nun und zwinge sie, dir dies d
und alles übrige mitzuteilen: denn du mußt, soweit möglich, alles
wissen und entscheiden und der Kenntnis davon nicht aus dem We-
ge gehen. Denn das wird für deine Herrschaft das beste sein: daß
ein richtig gemachter und richtig bezahlter Aufwand vorzüglich
auch für den Gelderwerb selbst von gutem Einfluß ist, sagst auch
du und wirst es künftig noch mehr sagen. Darum mögen dich die,
welche vorgeben, auf dich Rücksicht zu nehmen, nicht bei den Leu-
ten in übeln Ruf bringen; denn dies scheint weder ein vorteilhaftes
noch rühmliches Kennzeichen für dich zu sein.
e

Ferner möchte ich über Dion sprechen. Im übrigen nun habe ich, bevor dein besprochener Brief gekommen, noch nichts zu sagen: jene Dinge jedoch, welche du mir nicht gegen ihn zu erwähnen erlaubtest, habe ich nicht erwähnt und nicht mit ihm besprochen; doch machte ich einen Versuch, ob er wohl, wenn sie einträten, es sich ungern oder gern gefallen lassen würde, und es kam mir vor, als würde er vorkommendenfalls es gewaltig übel empfinden. Sonst schien mir Dion gegen dich in Wort und Tat gemäßigt zu sein.

363 a Dem Kratinos, dem Bruder des Timotheos und meinem Freunde, laß uns einen sehr schönen Brustharnisch für Schwerbewaffnete zu Fuß schenken und den Töchtern des Kebes drei Gewänder von je sieben Ellen, nicht von den kostbaren von Amorgos, sondern von den sizilischen linnenen. Des Kebes Namen aber kennst du zur Genüge: denn er kommt in den Sokratischen Gesprächen vor, wie er neben Simmias sich mit Sokrates in dem Gespräche über die Seele unterhält; der Mann ist uns allen befreundet und wohlwollend.

b Was das Kennzeichen dafür betrifft, mit welchen meiner Briefe ich es ernstlich meine und mit welchen nicht, so wirst du, meine ich, dich dessen erinnern, doch merke es wohl und achte darauf, denn es gibt viele, die mich auffordern, dir zu schreiben, die ich nicht leicht zurückweisen kann. Den Anfang jedes ernstlich gemeintes Briefes bildet das Wort *Gott, Götter* den eines weniger ernstlichen.

Die Gesandten baten auch, dir von ihnen zu schreiben, und dies
ist billig; denn sehr eifrig preisen sie überall dich und mich, und
nicht am wenigsten Philagros, der damals an der Hand litt. Auch
c Philaides, der vom Großkönige gekommen ist, sprach von dir; wenn
es aber nicht eines sehr langen Briefes bedürfte, hätte ich dir geschrieben, was er sagte; so aber erfrage es vom Leptines.

Wenn du den Brustharnisch oder etwas anderes von meinen Bestellungen schickst, so gib es, wem du selbst willst; wenn du aber sonst niemand hast, dem Terillos; er gehört zu denen, die regelmäßig die Fahrt machen, ist mein Freund und neben andern Vorzügen auch philosophisch gebildet. Er ist aber mit Tison verschwägert, der damals, als ich absegelte, Stadtverwalter war.

Bleib gesund und ein Freund der Weisheit, ermahne auch die an-
d dern jüngeren Leute dazu, grüße in meinem Namen die Genossen
beim Ballspiel und trage vor allen dem Aristokritos auf, wenn eine Schrift oder ein Brief von mir zu dir kommt, dafür zu sorgen, daß du es baldigst erfahrest, und dich zu erinnern, daß du für meine Aufträge Sorge trägst. Auch jetzt versäume es nicht, dem Leptines das Geld wiederzugeben; gib es ihm möglichst bald, damit auch die andern im Hinblick auf diesen um so eifriger sind, uns zu dienen.

e Jatrokles, den ich damals zugleich mit Myronides freiließ, fährt jetzt mit dem, was ich sende; gib ihm nun irgendeine Belohnung, da er dir wohlgesinnt ist, und brauche ihn, wenn du Lust hast, zu irgend etwas. Und was den Brief betrifft, entweder das Original oder eine Abschrift desselben bewahre auf und bleibe derselbe.

Von wem ist die Rede, außer von Geld?

Reichsein ist kein Ziel . . .

... sondern bedeutet nur eine Veränderung der Sorgen, schrieb er, von dem hier die Rede ist. Frei von Furcht auf einem Strohlager zu liegen sei besser, als voller Sorgen im goldenen Bett oder an beladener Tafel zu sein. Er selbst freilich schätzte gutes Essen sehr: «Ich wüßte nicht, was ich unter dem Guten verstehen sollte, wenn ich absähe von den Tafelfreuden und den Liebesfreuden», schrieb er, und er schrieb fleißig und viel. Daß er jedoch, wie die Fama behauptet, allein fürs Essen und Trinken täglich etwa 1500 Mark aufgewendet haben soll, scheint etwas übertrieben; denn seine Familie galt als arm.

Sein Vater war in jungen Jahren in eine Kolonie seiner Heimat ausgewandert und soll sich dort, Berichten zufolge, als Lehrer durchgeschlagen haben, während seine Mutter durch Rezitationen in Privathäusern ein bißchen hinzuverdiente.

Dennoch: Als er, der Sohn, 36 Jahre alt war, konnte er sich in der alten Heimatstadt seines Vaters einen Garten für (umgerechnet) etwa 120 000 Mark und ein Haus kaufen, wie aus seinem Testament hervorgeht. In diesem Garten eröffnete er eine Art Schule, wo sich Männer und Frauen trafen. Seine Feinde verbreiteten deshalb die Mär, dort feiere man Orgien. Etwas blieb hängen: Bis auf den heutigen Tag verbindet man seinen Namen mit der Vorstellung von Genuß und Sinnesfreuden. Dabei führte er, der Physiker und Philosoph war, ein untadeliges Leben und war ein Muster an Mäßigkeit und Wohlwollen. «Es macht mehr Freude, Wohltaten zu erweisen, als zu empfangen», schrieb er einst, und er handelte danach.

Wer war's? (Alphabetische Lösung: 5–16–9–11–21–18)

BIBLIOGRAPHIE

Literatur

zur Apologie:

ANDRÉE, G., Der Aufbau und die literarische Bedeutung der platonischen Apologie. Diss. Freiburg 1923

HORNEFFER, E., Der junge Platon, 1. Teil: Sokrates und die Apologie. Gießen 1922

MORR, I., Die Entstehung der platonischen Apologie. Reichenberg 1929

WOLFF, E., Platos Apologie. Neue philol. Unters. 6, Berlin 1929

PHILIPSON, C., The Trial of Socrates. London 1928

HACKFORTH, R., The Composition of Plato's Apology. Cambridge 1933

zu Kriton:

HARDER, R., Platos Kriton. Berlin 1934

COMPOSTO, R., Critone. Intr., trad. e note. Palermo 1950

PIOVANI, P., Per una interpretazione unitaria del Critone. Roma 1947

zu Protagoras:

NESTLE, W., Platons Protagoras (Kommentar), 7. Aufl., Leipzig 1931

GIGON, O., Studien zu Platons Protagoras. In: Phyllobolia Von der Mühll. Basel 1946

GUNDERT, H., Die Simonides — Interpretation in Platons Protagoras. In: Hermeneia, Festschrift O. Regenbogen. Heidelberg 1952

PESTALOZZI, H., Zur Auffassung von Platons Protagoras. Diss. Zürich 1913

BUCCELLATO, M., La «retorica» sofistica negli scritti di Platone. Milano 1953

zu Ion:

DILLER, H., Probleme des platonischen Ion. In: Hermes 83, 1955

FLASHAR, H., Der Dialog Ion als Zeugnis platonischer Philosophie. Diss. Tübingen 1954

KOSTER, W. J. W., Plato's Ion of over het wezen van het kunstenaarschap. Amsterdam 1937

VERDENIUS, W. J., L'Ion de Platon. In: Mnemosyne XI, 1943

zu Hippias:

KRAUS, O., Platons Hippias minor. Versuch einer Erklärung. Prag 1913

OVINK, B. J. H., Philosophische Erklärung der platonischen Dialoge Meno und Hippias minor. Amsterdam 1931

SCHNEIDEWIN, W., Platons zweiter Hippiasdialog. Paderborn 1936

zu Charmides:

SCHIRLITZ, C., Der Begriff des Wissens vom Wissen in Platons Charmides. In: Jahrbücher für classische Philologie 1897

TUCKEY, T. G., Plato's Charmides. Cambridge 1951

zu Laches:

MEISTER, R., Thema und Ergebnis des platonischen Laches I und II. In: Wiener Studien 1921
STEIDLE, W., Der Dialog Laches und Platons Verhältnis zu Athen in den Frühdialogen. In: Museum Helvetium 1950

zu Euthyphron:

GIGON, O., Platons Euthyphron. In: Westöstliche Abhandlg. R. Tschudi zum 70. Geburtstag, Wiesbaden 1954
KALITZUNAKIS, I. E., Der Begriff der Frömmigkeit in Platons Dialog Euthyphron und die Abfassungszeit dieser Schrift. Berlin 1930
REICH, K., Platon über die Frömmigkeit. Übers. u. Nachwort. Krefeld 1948
STARK, R., Platons Dialog Euthyphron. In: Annales Univ. Saraviensis I 1952

zu Gorgias:

SCHNEIDEWIN, W., Das sittliche Bewußtsein. Eine Gorgiasanalyse. Paderborn 1937
THIEL, E., Der ethische Gehalt des Gorgias. Diss. Breslau 1911
HUMBERT, J., Polycratès, l'accusation de Socrate et le Gorgias. Paris 1930
RIVIER, A., Les horizons métaphysiques du «Gorgias» de Platon. Lausanne 1948
STUMPO, B., Studi introduttivi al Gorgia. Palermo 1931

zu den Briefen:

ANDREAE, W., Platons Philosophie in seinen Briefen. In: Philologus 78, 1922
EGERMANN, F., Die platonischen Briefe VII und VIII. Diss. Berlin, Wien 1928
HELL, G., Untersuchungen und Beobachtungen zu den platonischen Briefen. Diss. Berlin 1933
HOWALD, E., Die Briefe Platons. Zürich 1923
MÜLLER, G., Die Philosophie im pseudoplatonischen 7. Brief. In: Archiv f. Philos. 1949
NOVOTNY, F., Platonis epistulae, comm. ill. Brünn 1930
PATZER, H., Mitteilbarkeit der Erkenntnis und Philosophenregiment im 7. Platobrief. In: Archiv f. Philos. 1953
STENZEL, J., Über den Aufbau der Erkenntnis im VII. platonischen Brief. In: Kleine Schriften zur griechischen Philosophie. Darmstadt 1956
BLUCK, R. S., Plato's life and thought, with a translation of the seventh letter. London 1949
HACKFORTH, R., The authorship of the Platonic epistles. Manchester 1913
HARWARD, J., The Platonic epistles, transl. with notes. Cambridge 1932
MORROW, G., Studies in the Platonic epistles. Illinois 1935
POST, L. A., Thirteen epistles of Plato. Introduction, translation and notes. Oxford 1925
PASQUALI, G., Le lettere di Platone. Firenze 1938

Gesamtdarstellungen der platonischen Philosophie

Brommer, P., Eidos et Idea. Etude sémantique et chronologique des œuvres de Platon. Assen 1940
Burnet, J., Platonism. Berkeley 1928
Diès, A., Autour de Platon. Paris 1927
Field, G. C., The Philosophy of Plato. Oxford 1949. Deutsch Stuttgart 1952
Friedländer, P., Platon. 1. Band, Berlin u. Leipzig 1928; 2. erw. u. verb. Aufl., Berlin 1954. 2. Band, Die platonischen Schriften. Berlin u. Leipzig 1930
Hiestand, M., Das sokratische Nichtwissen in Platons ersten Dialogen. Zürich 1923
Jäger, W., Paideia. 2. Band Berlin 1944, 3. Band Berlin 1947
Leisegang, H., Platon. In: Pauly-Wissowas Real-Enzyklopädie, 20. Bd., Sp. 2342—2537. Stuttgart 1950
Natorp, P., Platos Ideenlehre. 1. Aufl. Leipzig 1903, 2. Aufl. 1921
Pohlenz, M., Aus Platons Werdezeit. Berlin 1913
Raeder, H., Platons philosophische Entwicklung. Leipzig 1905
Ritter, C., Platon, sein Leben, seine Schriften, seine Lehre. 1. Bd. München 1910, 2. Bd. München 1923
Robinson, R., Plato's earlier Dialectic. 2. Aufl. Oxford 1953
Ross, D., Plato's Theory of Ideas. Oxford 1951
Shorey, P., What Plato said. Chicago 1933
Stenzel, J., Studien zur Entwicklung der platonischen Dialektik. 2. Aufl. Leipzig u. Berlin 1931
— Zahl und Gestalt bei Platon und Aristoteles. 2. Aufl. Leipzig u. Berlin 1933
— Platon der Erzieher. Leipzig 1928
Taylor, A. E., Plato. The man and his work. 1. Aufl. London 1926, 6. Aufl. London 1949
Wilamowitz-Moellendorff, U. v., Platon. 1. Bd. Leben und Werke, 2. Bd. Beilagen und Textkritik. Berlin 1919

INHALT